資本主義日本の歴史構造

石井寛治

東京大学出版会

The Historical Structure of Capitalistic Society of Japan

Kanji ISHII

University of Tokyo Press, 2015
ISBN 978-4-13-040270-5

資本主義日本の歴史構造／目次

序章　資本主義日本の世界史的位置……1

第一部　開港への商人的対応と日本型産業革命の展開――「独立」から「支配」への道

第一章　世界市場への編入と商人的対応……9
一　欧米諸国が対日使節を派遣した原動力　9
二　外圧への商人的対応とその成功　14
三　尊王攘夷の志士とシンパの商人たち　19

第二章　外資排除下の企業勃興……25
一　政府による近代化投資から民業育成へ　25
二　初期的な企業勃興の展開　29
三　本格的な企業勃興への道　32
四　外国資本の流通過程と生産過程への侵入　34

第三章　技術移転と資本形成の特徴……43
一　西洋技術の移転における外国人依存　43
二　絹綿二部門における技術革新の展開　48
三　銀行融資による成長促進と選別強化　52

第四章　賃労働者の増加と地域経済の変容……63
一　賃労働者の分布と地域経済の特徴　63
二　商品・労働市場を介する工場と小経営の関係　67

三　女子労働者の労働条件と工場法の制定　70
第五章　近代天皇制の歴史的位相……79
一　王政復古と文明開化による複合的権力　79
二　軍事大国化と国家主義思想の選択　83
三　東アジア三国における君主の運命　89

第二部　第一次世界大戦以降の経済の「高度化」構想——「支配」から「敗北」への道

第六章　第一次世界大戦とそのインパクト……103
一　第一次世界大戦の原因と勃発　103
二　新兵器の出現と兵器の「バロック的退廃」　107
三　独占資本の支配構造の定着へ　112
四　大戦ブーム下での格差の一時的縮小　116
第七章　「軍縮時代」のブルジョアジーと軍部……125
一　総力戦構想か軍縮構想か　125
二　ワシントン海軍軍縮会議とブルジョアジー　128
三　陸軍軍縮・ロンドン海軍軍縮と世論の動向　133
四　国際連盟軍縮会議の接近と日本陸軍の反発　137
第八章　昭和恐慌における階層別打撃……145
一　昭和恐慌研究の変化と問題点　145

二　階層別に見た恐慌による打撃の深度　149
三　個人投資家への恐慌の打撃　156

第九章　重化学工業化の限界と日中戦争……163
一　満洲事変における二つの軍事的ショック　163
二　自動車製造事業法の制定と結果　166
三　機械化不足の日本陸軍の中国での戦闘　170
四　零式艦上戦闘機が援護する重慶無差別爆撃　175

第一〇章　アジア太平洋戦争下の経済構造の変容……179
一　ドイツ軍事力への過信と対米開戦の決定　179
二　戦時経済統制の展開とそのモデル　184
三　戦時統制下の地主制と資本制の変容　191

第三部　戦後改革を基礎とする経済の高成長とその終焉——「改革」から「従属」への道

第一一章　政治・経済改革と経済復興……205
一　占領下の政治改革とその内発性の評価　205
二　経済改革の構想と現実　209
三　経済復興と政治的「独立」　214

第一二章　長期的高成長による大衆消費社会化……225
一　日本経済の長期的高成長——その共時性と固有性　225

二 長期的高成長の対外条件 228
三 重化学工業の技術導入と技術開発 230
四 「エネルギー革命」の進展 234
五 労働力と資金調達の固有性 236

第一三章 「産業国家」日本の社会と政治……245
一 所得格差の縮小傾向とその限界 245
二 「産業国家」日本への野党の観念的批判 249
三 テレビによるアメリカ的イデオロギーの浸透 252
四 対米軍事依存と日米経済摩擦の激化 253

第一四章 冷戦体制の崩壊と日本経済の挫折……261
一 過大な軍事支出による米ソ両国経済の危機 261
二 プラザ合意によるアメリカ経済の救済 265
三 バブル経済の発生とその崩壊 268

第一五章 ポスト冷戦体制下の日本経済の課題……277
一 不良債権の処理と責任究明の欠如 277
二 新自由主義的な成長政策とその失敗 284
三 対米従属下での軍事国家への回帰路線 288

終章 普遍的価値にもとづく独立・平和の日本へ……297

付論1 戦後歴史学と世界史――基本法則論から世界システム論へ……301
はじめに 301
一 「世界史の基本法則」論と「世界史像」論 302
二 「現代歴史学」と世界システム論 307
三 発展段階論の現代的再生に向けて――仮説的問題提起 310
付論2 個別的価値から普遍的価値へ――東アジアを中心とする国際関係の歴史的基礎……335
一 課題の設定 335
二 二〇世紀初頭の日中韓三国の状況 336
三 血縁共同体社会を克服する古典古代社会 339
四 個別的価値と普遍的価値の相克 343
五 古典古代からの二大潮流の分岐と収斂 347
あとがき 355
索引

序章　資本主義日本の世界史的位置

問題の所在と本書の構成

本書は、幕末開港から現在までの資本主義日本の歴史的発展が如何なる構造を生み出しつつ可能になり、その結果日本の経済・社会がどのような問題に直面しているかを明らかにすることを課題とする。叙述の方法は万遍なく諸側面を扱う通史的叙述ではなく、重要ではあるが十分掘り下げられていない諸問題を選んで論ずる問題史的叙述にしたい。近現代の日本経済・経営に関説した通史的叙述としては、最近では優れたものが相次いで刊行されており[1]、拙著『日本経済史〔第2版〕』（東京大学出版会、一九九一年）を現在の研究水準に立って改版することは屋上屋を重ねることになるからである。そうした問題中心の叙述方法を採るとすれば、取り上げる時代も当然私が専門としてきた近現代史を中心とすることになる。

とは言っても、開港以降の日本社会が辿った軌跡を理解するためには、世界市場に編入された時点での日本社会の特徴をあらかじめ把握しておくことが必要であるし、一八五九年の幕末開港から二〇一四年の現在まで一五五年というかなりの長期間の資本主義日本の動態的な歴史構造を、経済の発展という単純な尺度で跡付けることは適当でない。本書の題名を「日本資本主義の歴史構造」でなく「資本主義日本の歴史構造」としたのは、「日本資本主義」という抽象度の高い経済概念の歴史を論ずるのではなく、「資本主義」体制を基軸とする「日本」社会の具体的な全体像の歴史を探求したいと思うからである。そうした意味での経済社会の全体構造の把握を目指す本書の立場からすれば、それぞれの時期における国家権力の性格と経済との関わりについても検討しなければならない。

そこでまず序章において、開港までの日本社会の歴史的展開を世界史とりわけ東アジアの歴史の中で簡単に位置づけ、本書の歴史分析の方法についても明らかにしておきたい。その上で開港から第一次世界大戦の開始までを第一部、第一次世界大戦からアジア太平洋戦争の敗戦までを第二部、そして敗戦から現在までを第三部として段階的に資本主義日本の構造的変容を辿ることにする。

第一部では幕末開港時点での日本経済が先進国経済に較べてかなり遅れていたことを指摘し、そのギャップが如何にして克服されたかを問題とする。その際東アジアにおいてなぜ独立を維持しつつ経済を近代化できたのかという問題についても、権力的・商人的・民衆的対応のレベルから改めて考えてみたい。そこでは明治維新が「御一新」という民衆の期待に支えられながらも現実には「王政復古」という古代日本の権威への復帰をもたらし、大日本帝国憲法は近代的議会と古代的権威＝天皇大権との複合体であったことが問題とされる。さらに先進国とのギャップを埋める産業革命の過程が、当時の国際的常識に逆らって外資への依存を極力避けながら進展したこと、その最中に帝国主義化の途を選択したことが、どのような特徴を日本経済と日本社会に刻印したかが究明される。

本書の構成上の特徴のひとつは第二部の位置づけにある。いわゆる戦前日本資本主義と戦後日本資本主義という区分では第二部の時期は戦前日本資本主義に含めて理解されることが多い。しかし本書では、先進国経済が第一次世界大戦前後に自動車という耐久消費財を生産する新たな重化学工業段階に入り、戦争のあり方を機械戦・総力戦という新たなかたちに変化させたこと、日本政府と軍部もそうした新しい動向への対応を迫られたことを重視して第二部を設定する。そこでは日本経済が徐々に重化学工業中心へと変容しながらも、耐久消費財を生産し消費する水準にはなかなか達しなかったこと、それにもかかわらず日本軍部は満蒙の地下資源を獲得して機械化された軍事力を構築しようとし、国際的・国内的な軍縮ムードに危機感を覚えて満洲事変を計画・実行したことが明らかにされる。

戦後の資本主義日本を扱う第三部ではいわゆる高度経済成長の先進国的共時性と日本的固有性が再検討される。そこでは冷戦体制の下で日本がアメリカの軍事力に支えられることを条件に「高度成長」を遂げ、石油危機後も日本ではいわゆる「安定成長」が持続したことが指摘される。と同時にアメリカの経済的地位の低下を防ぐために行われた一九八五年のプラザ合意による負担が、日本経済にバブル景気とその崩壊を招く過程が扱われる。その上で、長期不況を克服すると称する新自由主義的成長政策が却って矛盾を激化させ、対米従属からも抜け出せないでいる現状が論じられる。

日本社会における普遍的価値と個別的価値

幕末開港時点でのいわゆる幕藩体制社会が世界史的に見てどのような社会であったかをめぐっては、歴史学界ではさまざまな意見がある。城下町に集められてサラリーマン化した武士は封建領主階級にもはや属さないから幕藩制社会は封建社会でないとする意見は、封建制にはさまざまなタイプがあることを見落とした謬論として無視するとしても、幕府の存在が示す集権性の強さは分権性を特徴とする封建社会の本質に反するという議論は無視できないからである。この問題については、幕府という存在が鎌倉幕府、室町幕府、江戸幕府と繰り返し現われたことを手掛かりにして理解すべきであろう。かつて石母田正氏は、在地領主を結集して鎌倉幕府を創設したはずの源頼朝が荘園領主の利害を守るという「裏切」を行ったと指摘し、日本での「中世的世界」の出現の困難さと「古代」権力の強固な存続を論じた(2)。その後の武士階級の発展の所産とされる室町幕府と江戸幕府がともに幕府という権力形態を引き続き採用しなければならなかったことは、東アジアでは例外的に権力主体となったとされる日本の武士階級が最後まで権力者としての正統性を自力で調達できなかったことを示すものにほかならない。すなわち、征夷大将軍として天皇から任命されることによって初めて将軍は武家の棟梁としての地位を保つことができたのであり、そのことが明治維新における倒幕を可能とし「王政復古」をもたらしたことは周知のとおりである。

問題は「古代」的権威としての天皇制が古典古代国家の形成に成功せず、血縁共同体（アジア的共同体）を基礎とする古代専制国家（アジア的古代）の伝統を引きずっていることであろう。古典古代国家とは、ヨーロッパではギリシア国家やローマ帝国のように古代哲学・キリスト教という普遍的思想を基礎にした国家であり、東アジアでは儒教思想を前提とする秦漢帝国がそれに当たると言ってよい(3)。人類がほぼ一万年前に農業を開始し、やがて国家権力を創出してから数千年の西暦紀元前の世界は、血の繋がりに基づく集団に最高の価値を認める血縁共同体を基礎にした社会であって、人々は同族の発展のために命を捧げ異なる同族を容赦なく弾圧・殺戮することを繰り返した(4)。それは、人類が自ら食糧を生産するという経済面では動物社会と異なる方向へ歩み始めたとはいえ、社会結合の原理としては未だ動物の群れと大差ない血縁原理が支配する社会に過ぎなかった段階の姿であった。紀元前五世紀前後からインド・中国・ギリシア・ユダヤに一斉に出現した世界宗教と古代哲学が血縁共同体から自立した人々に血縁以外の普遍的原理での社会結合を説くことによって、人類社会は初めて動物に近い段階から人間的社会を構成する段階に達することが可能になったのである(5)。

古代天皇制は中国から律令制を導入したとはいえ、科挙の試みの失敗が示すように中央官僚の支配は地方の末端には届かず、血縁共同体の首長の系譜をもつ地方豪族に頼っており、そうした地方権力者が武士階級としてやがて中央政治に進出する。仏教や儒教が導入され、聖徳太子の十七条憲法や鎌倉仏教のような普遍的価値の受容・創造も見られたが、儒教が本来もっていた天命を受けた為政者の仁政という基本理念は受容されず、日本社会には普遍的理念に立つ古典古代国家は遂に出現しなかった。武士階級が頼りにした古代天皇制の権威とは血統という個別的価値を重視する王権としての権威であり、そこには当然のことながら日本を超えた世界に通用する普遍的価値は含まれていなかった(6)。

幕末開港前の日本社会は、古代・中世を通じて主として中国・朝鮮から進んだ制度や技術を導入することによって、経済的にはかなりの水準まで発展したが、武士階級の力量が強まりながらも支配の正統性については一貫して天皇権威に頼らざるを得なかった。開港後の「外圧」に対抗しつつ創出された資本主義日本の国家権力と経済基盤は、そうした歴史的前提を踏まえたものであった。

このように、経済面での段階的発展と権力面での構造的変化とは直結するものではなく、相互に影響しながらも独自な動きを示すこと、経済と違って権力はその構成においてもイデオロギーにおいても古いものと新しいものが長期にわたって共存し支え合うことがあることに注意して、以下の分析を進めて行こう。本書の方法は、その意味では、数量分析重視の最近の経済史的アプローチでもなければ伝統的な社会経済史的アプローチでもなく、新たな政治経済史的アプローチの試みである。

（1）石井寛治・原朗・武田晴人編『日本経済史』全六巻（東京大学出版会、二〇〇〇―二〇一〇年）、大石嘉一郎『日本資本主義百年の歩み』（東京大学出版会、二〇〇五年）、〔経営史学会編〕『講座・日本経営史』全六巻（ミネルヴァ書房、二〇〇九―二〇一一年）、三和良一『概説日本経済史〔第3版〕』（東京大学出版会、二〇一二年）、杉山伸也『日本経済史――近世―現代』（岩波書店、二〇一二年）、粕谷誠『ものづくり日本経営史――江戸時代から現代まで』（名古屋大学出版会、二〇一二年）、中西聡編『日本経済の歴史――列島経済史入門』（名古屋大学出版会、二〇一三年）など。

（2）石母田正『中世的世界の形成』（伊藤書店、一九四六年、再刊、東京大学出版会、一九五七年、『石母田正著作集』第五巻、岩波書店、一九八八年）。頼朝のそうした「裏切」を許さざるを得なかった在地領主層の武力の限界については、拙著『日本経済史〔第2版〕』（東京大学出版会、一九九一年）三八頁参照。

（3）石井寛治「戦後歴史学と世界史」（歴史学研究会編『戦後歴史学再考』青木書店、二〇〇〇年、本書付論1として収録）四四頁。そこで依拠した本村凌二・鶴間和幸「帝国と支配――古代の遺産」（『岩波講座世界歴史5』一九九八年）には、「漢帝国の記憶は、……法治主義の秦と徳治主義の漢の組み合わせという形で人々に語り継がれていく。……秦漢帝国は、後世の政治の原点であり、語り継がれていく。……中国文明の一つの帰着点である秦漢時代四〇〇年の文化は、ヨーロッパにおけるギリシア・ローマの古典文化と同じような役割を果した。」（五一—五二頁）と記されている。

（4）『古事記』や『日本書紀』に記された日本古代史そのものが氏族間の激しい勢力争いによって彩られている。また、韓流ドラマ「宮廷女官チャングムの誓い」で、チャングムの敵役チェ・ソングムがチェ一族の繁栄こそが最高の願いだとして障害となる存在を容赦なく抹殺する血縁重視の生き方もその好例と言えよう。ドラマは李朝時代が題材であるが、そうした生き方は時代を超え形を変えて繰り返し現われる。重要なことは、一族（あるいは特定民族）の繁栄という価値は、他の一族（あるいは他民族）が受容する普遍的価値を全くもたない個別的価値に過ぎないことである。世界史における普遍的価値と個別的価値については、本書付論2を参照。

（5）石井寛治前掲「戦後歴史学と世界史」四三—四四頁。何故にこの頃人々が血縁共同体から自立することが可能になったのかについて、私は製鉄技術の開発と普及を通して血縁共同体のメンバー各自が鉄製農具を所有できるようになった結果、生産手段の共同所有を行う血縁共同体が崩壊したためであると論じた。この点について近藤哲生氏との共著『経済史入門』（有斐閣、一九七九年、改訂版、一九九五年）において世界史の発展法則を論じてきた塩沢君夫氏は、近著『歴史発展の法則』（創風社、二〇〇九年）において、私の前記仮説を採用し「長く続いた古代専制国家を崩壊させ、古代奴隷制的国家に発展させた生産力的条件としてもっとも重要なものは鉄製農具の普及であった」（四四頁）と記された。この仮説が実証できるか否かは、古代史の専門家の研究に待つしかない。

（6）この問題は、日本が植民地・占領地を支配する際の統合のイデオロギーとして天皇制の権威がほとんど役に立たなかったことによっても証明された。「満洲国」では、そうした限界を踏まえて、当初は、「皇道」＝天皇制と異なる「王道」主義が唱えられたが、中国の儒教に基づき易姓革命を認める「王道」と、日本固有の「皇道」の違いが問題化するにつれて、日本による統合の理念としての位置を喪失したことが注目される（駒込武『植民地帝国日本の文化統合』岩波書店、一九九六年、第Ⅴ章参照）。

第一部　開港への商人的対応と日本型産業革命の展開

——「独立」から「支配」への道

第一章　世界市場への編入と商人的対応

近代日本の起点である一八五四年の日米和親条約による開国と一八五九年からの自由貿易が、なぜ世界市場の形成を先導していたイギリスでなく、アメリカ合衆国によってもたらされたのか、また欧米列強の「外圧」に対して日本がなぜ独立を維持しつつ対応できたのかという問題は、未だ十分な答えが示されていない。日本が二世紀以上にわたって守ってきた鎖国を打破するためには、軍艦が一隻で長崎や江戸湾を訪れても駄目で、複数の軍艦が江戸湾に直接の軍事的圧力を加えることが不可欠と考えられていたが、そうした実力行使についてアメリカ政府と議会の承認を得ることは簡単ではなかった。

一　欧米諸国が対日使節を派遣した原動力

アヘン戦争とイギリス議会

中国の開港の場合を見ても、「かくも不正な戦争、かくも永続的に不名誉となる戦争を私はかつて知らない」と野党の代議士グラッドストーンが痛烈に批判したというアヘン戦争への戦費支出を、イギリス議会は賛成二七一票、反対二六二票の僅差で辛うじて承認した(1)。それは、アヘン商人の代表格であるジャーディン・マセソン商会のJ・マセソンが本国に帰って大量のアヘンが没収されたことを私有財産権の侵害として訴えたことが功を奏したためであったが、その背景には事柄がアヘンだけに関わるものではなく、インド・アヘンの中国輸出がイギリス綿布のインド輸出を可能にするという貿易面での構造連関が成り立っていたためだと言われてきた(2)。すなわちアヘンの中国輸出の帰趨はイギリス産業革命の中心部分である機械制綿工業の発展を左右する大問題であったというのである。しかし、さらに重要なことは、もともとアヘン商人であったジャーディン・マセソン商会が当時はイギリス綿布を直接中国に売り込むようになっていた事実であろう。一八三六年度における同商会の中国取引は、茶仕入二七四万ドル、生糸仕入二二五万ドル、アヘン売込五二八万ドル、綿花売込二一四万ドルに対して、繊維製品売込が八三万ドルに達しており、J・マセソンはパーマストン外相らに働きかけただけでなく、綿布の特約取引先であるマンチェスター商業会議所副会頭のJ・マクヴィガーに頼んで各地商業会議所を動員して政府・議会に圧力をかけたのである(3)。そのことがアヘン所有の問題を所有権一般の問題へと解消する上で役立ち、僅差での可決に繋がったように思われる。

イギリス商人の対日関心

ではアヘン戦争の余勢を駆って、イギリスが日本開国へと進む動きはなかったのであろうか。幕末開国に関する石井孝『日本開国史』(4)は、ビースリー氏の古典的研究(5)に依拠して、確かに一八四五年にはイギリス艦隊を日本に派遣する計画が立てられたが、自由貿易のあり方をめぐる中国とのトラブルが発生したため計画の実行は見送られたこと、そのことはイギリスにとっての主要な関心はあくまでも中国市場にあり、日本市場への関心は乏しかったことを意味すると指摘した。もっとも一八四九年には香港から帰国したイギリス人M・マーティンがマンチェスター商業会議所やバーミンガムの商人などを動員して、日本その他への使節派遣の訴えを政府に対して行ったが、政府によって拒絶されると運動は直ぐに下火になったという(6)。そのこともまた、本国のイギリス商人が日本市場への関心をあまり持っていなかったことを示すものと言えよう。事態は一八五〇年代に入ってからの東アジアにおいても変わらなかった。

この点についてはデント商会と並ぶ東アジア最大のイギリス商社ジャーディン・マセソン商会上海支店のJ・ウイッタルが香港本店のJ・ジャーディンに宛てた一八五九年一月六日付けの次のような手紙が良く示している。[7]

〔史料〕　Shanghai 6 January1859, James Whittall to Joseph Jardine (Hong Kong)
As to Japan I have nothing fresh to communicate. The more I look into the Trade as it exist, the clearer it appears to me that unless we can draw exports suitable for Europe or India, it would be useless competing with the Chinese.

すなわち、中国人による現在の長崎貿易を調べれば調べるほど、ヨーロッパやインド向けの適当な輸出品を発見できない限り、イギリス商社の対日貿易は中国人による貿易にかなわないだろうという悲観的見通しを述べているのである。実際にはこの年の七月から自由貿易が長崎だけでなく横浜、函館でも始まり、生糸と製茶という有力輸出品が見つかるのであるが、その直前のイギリス商人の対日関心はこの程度のものであった。

アメリカの使節派遣の推進者

それではアメリカはなぜこの時期に日本へ使節を派遣したのであろうか。前述の石井孝『日本開国史』は、使節派遣の要因として、太平洋を横断して中国市場へ綿布を運ぶ際の石炭補給基地として日本開国を迫ったという「貿易目的」説と、北太平洋で活躍するアメリカ捕鯨船が難破した際の乗組員の保護を求める「人道目的」説の二つを挙げ、前者こそが本質的であったとしている。[8]こうした通説的理解に対して、その後ペリー派遣の段階では「人道目的」が最優先課題であったことを強調する見解[9]が唱えられたこともあったが、ペリー自身が太平洋航路の開設という「真の目的」は航路助成問題が絡むので伏せておき議会向けには無難な「人道目的」を押し出すべきだと主張していた事実が明らかになったことを考えると、[10]「人道目的」優先説は表面的な見方に過ぎないとすべきであろう。

問題はむしろ、通説では日本開国がもっぱら対中貿易の発展の手段として把握されており対日貿易の役割が無視されていることである。それは、石井孝前掲『日本開国史』が、W・L・ニューマン『アメリカと日本』[11]などで指摘されれてきたA・H・パーマーをはじめとするニューヨークの貿易商人達による対日使節派遣のための運動を無視した結た結果に他ならない。パーマーは、一八四六年一一月にJ・ブキャナン国務長官に提出したアジア諸国への使節派遣を求める請願書によれば「合衆国最高裁判所で活躍しうる弁護士、アメリカ内外での代理会社の重役」(counsellor of the Supreme Court of the United States, and director of the American and Foreign Agency) という法律と経済の専門家であった。それによれば彼はニューヨークで一五年前から貿易商社を営み蒸気船・機関類をはじめ機械類の対外販売・宣伝を行ってきており、とくに日本に対しては一八四二年以来オランダの友人を介して何回となく大量のカタログや雑誌を長崎に送りつけたという。日本人については長崎在住のオランダ人から周辺のアジア諸国を上回る優れた知性と上品さと文明の持ち主であると聞いており、主要都市の商店と市場にはあらゆる種類の農産物と工業製品が溢れている、と貿易相手国としての可能性を高く評価している。[12]

人道目的を掲げて貿易目的を

しかし、こうした一般論では議会を説得して日本開国のための強力な艦隊を派遣させることは難しい。一八四九年一月にアメリカ東印度艦隊のプレブル号艦長グリン中佐が長崎に送られたアメリカの難破捕鯨船員を強引に引き取り、彼らが日本の役人によって虐待されていた事実を知ったという情報が伝わるや、同年九月にパーマーは「人道目的」を冒頭に掲げた強硬な日本開国案を作ってクレイトン国務長官に提出した。そこには難破したアメリカ船員の虐待への賠償と避難港の提供がまず記され、さらに太平洋航路の蒸気船への石炭補給基地の提供を求めることが記されていたが、同時に「日本帝国とその支配地の港をアメリカとの貿易のために開くこと」(The opening of certain ports of the empire and its colonial dependencies to American commerce) が明記されており、パーマーはそれらの「最後通牒」が将軍によって拒否された場合には江戸湾の海上封鎖をせよと提案していた。パーマーは、日本人は勇敢で好戦的だが僅か一隻の軍艦の攻撃に対しても領土を守る方法を持っていないと指摘しており[13]、アヘン戦争の決着を付けたのが揚子江と北京を繋ぐ大運河のイギリスによる封鎖であったこともパーマーの念頭にあったに違いなかろう。

このようにペリーの派遣は中国だけでなく日本との「貿易目的」を基本としつつ「人道目的」を表面に掲げて実現した。そのことはペリーの行動を制約することになり、彼自身は「貿易目的」の実現をハリスの交渉に委ねることになった。しかしペリーの対日派遣を推進し日本開国においてアメリカがイギリスを出し抜いた深部の力が、パーマーによって代表されるアメリカ貿易商人の対日貿易を求める持続的な活動にあったことは否定しがたい事実である。一八五五年一月のアメリカ議会が「パーマー氏は日本遠征の企画にもっとも貢献した人物である」とするかつての国務長官クレイトン議員の提案に応じて三〇〇〇〇ドルの報償金をパーマーに与えたことは、そのことを証明するものと言えよう[14]。

フランス政府の対日関心

なおイギリスとともに幕末日本の政局に多大の影響を与えたフランスについては、フランス政府が日本との条約締結を求めたのは貿易上の理由やキリスト教布教という理由ではなく、フランス国家の「威信」に関わる動機であり「極東への関心を示さないことは、世界におけるフランスの地位を低下させるという感覚だった[15]」とされ、それに関連してフランス公使ロッシュによる徳川幕府への異常なまでの肩入れも、ロッシュの個人的関心に基づく部分が大きかったことも指摘されている。

二 外圧への商人的対応とその成功

攘夷思想の中核をなす独立の精神

ペリーとハリスによる開国・開港の要求に対する幕府・諸藩・豪商農・民衆の対応は、攘夷路線を採用するか、それとも開国路線で行くかをめぐって大きく対立した。そうした対立に加えて勤王か佐幕かをめぐる対立が同一藩内でも起こり、幕末の政局は一挙に流動化する。ここでまず検討したいことは、攘夷か開国かをめぐる対立においてとくに攘夷論の果たした役割であり、また経済面での対外関係を主導した主体としての商人の対応の役割である。

幕末の日本が対外的に何とか独立を維持しつつ権力の転換をなしえたのは、攘夷運動のためではなく攘夷運動の突然の停止のためであったという服部之總の提言(16)以来、日本の政治史家の攘夷運動への評価は概して低い(17)。確かに攘夷運動の中には無差別テロに類する乱暴なものもあるが、経済的に欧米資本と対抗しようという健全なナショナリズムを体現するものもある。そうした広義の攘夷運動の中に共通して存在する大事な思想的要素を求めてゆくと、その中核には独立を守ろうとする精神があると言えよう。攘夷運動が国民的広がりを持つに至った背景には、開港による世界市場への強制的な編入の下で多くの民衆の生活が新たな商品流通に向き合い、激しい競争の渦に巻き込まれ対外従属の危機意識を持つようになった事実が横たわっていた。

内地通商禁止を破る外商との対抗

対外貿易に関係する商人の場合は、外国商人の手先が通商条約の禁止規定を潜り抜けて秘かに居留地から内地に潜入し商品売買を行うことへの対抗意識がしばしば見られた。例えば幕末最大の生糸産地である上州では一八六二年（文久二）に生糸の横浜出荷先を野沢屋惣兵衛・吉村屋忠兵衛など五軒の売込問屋に限定するとの川越藩の布告が出されるが、それは「異人掛り合等有之店」への出荷を阻止するために前橋分領内の生糸商人等が横浜生糸売込問屋と相談した結果を踏まえたものであった。[18] この布告は、一八六〇年以来英商ジャーディン・マセソン商会から多額の融資を受けた売込問屋高須屋清兵衛による産地直接買付が盛んに行われていたことへの対抗策であり、権力と結びついた商人的対応の結果上州から排除された高須屋の産地買付は奥州方面に限られ結局失敗に終わるのである。[19] 高須屋を用いた産地買付は最大規模の外国商館による大規模な試みであっただけに、その失敗は外商による生糸産地買付全体の後退をもたらし、外商の活動はほぼ居留地内部に限定されることになった。

もっとも、高須屋のように外国商人の手先となる日本人商人が存在したことは、外国商人への対抗意識がすべての日本商人によって共有されていたわけでは決してないことを示している。その意味では一八四二年の南京条約締結に際して外国商人の内地通商を禁止していた中国が一八五八年の天津条約で内地通商権を認めさせられたのに対して、徳川幕府が一八五八年の通商条約以降一貫して外国商人の内地通商権を禁止し続けたことが、日本商人の対抗意識を支え普及させる上で大きな影響力を持ったことは認めなければならない。

開港場に集まる有力日本商人

こうして幕府による権力的対応と結びついて貿易関係商人の商人的対応が展開し、外国商人による国内流通過程への侵入を阻止したのであるが、そのためには外国商人が居留地において大量かつ安定的な取引ができるような日本商人がそこへ向かって「蝟集《いしゅう》」することが必要条件であった。横浜や神戸などの開港場には売込商（問屋）・引取商と呼ばれる日本人商人が定着し、内地商人と外国商社の仲介をした。生糸・製茶・海産物などの輸出品を扱う荷主は商

表 1-1　横浜内外商の取引規模（1876 年）

順位	内商店名	金額	輸入品	輸出品	番号	外商店名	金額	輸入品	輸出品
1	野沢屋茂木惣兵衛	3,050	繊維	生糸・蚕種	63	Strachan & Thomas	1,731	繊維	生糸
2	亀屋原善三郎	1,412		生糸・蚕種	8	Hecht, Lilienthal & Co.	1,548	砂糖・繊維	生糸・蚕種・茶
3	吉村屋吉田幸兵衛	1,397		生糸・蚕種	3	Wilkin & Robinson	1,064	砂糖・繊維	生糸・茶
4	外村両平	1,071	繊維	生糸・蚕種	30	Reiss & Co.	954	繊維	生糸
5	茶屋中条順之助	940		茶	76	Bavier & Co.	908	繊維	生糸・蚕種・茶
6	越前屋中村惣兵衛	811	繊維	生糸・蚕種	35	Cornes Co.	819	繊維	生糸・蚕種・茶
7	芝屋清五郎	774		生糸・蚕種	90	Siber & Brennwald	795	繊維	生糸・蚕種
8	杉村屋甚三郎	721	繊維		180	Grosser & Co.	702	繊維	生糸
9	増田屋安部幸兵衛	644	砂糖・繊維		1	Jardine, Matheson & Co.	656	砂糖・繊維	生糸・茶
10	鹿塩屋庄兵衛	598	繊維		64	V. Aymonin & Co.	650	繊維	生糸
	小計	11,418				小計	9,827		
	合計	17,244				合計	17,244		

出典）井川克彦「明治初期の横浜貿易市場における有力商人とその取引」（『横浜近代経済史研究』1989 年）24-25 頁.

品を売込商に預けて代金の一部を前借し、外国商社への販売を頼んで手数料を支払った。売込商は輸出品を買取ることもあったが、しだいに手数料取得に専門化したため売込問屋と呼ばれるようになった。他方、洋糸・洋反物・砂糖などの輸入品を扱う開港場に在住する引取商は外国商社から現金で輸入品を買取って集散地に送るとともに、開港場を訪れる集散地の引取商のために宿泊と取引の便宜を図った[20]。では有力売込商・引取商の活動規模は、外国商館に比べてどの程度だったのであろうか。

表1－1は『横浜毎日新聞』に掲載された輸出入取引のうち、全体のほぼ四分の三の金額を占める主要品目について内外商別に取引を集計した井川克彦氏の研究に基づいて作成した有力商人各上位一〇店の取引規模である。ここで留意したいのは内商の首位を占める野沢屋茂木惣兵衛の扱う品目のうち輸入繊維品一〇五万七千円（綿糸九六万九千円、生金巾八万八千円）は、おそらく東京の引取商前川太郎兵衛が横浜に出向き同店において取扱った分ではないかと思われることである。その点も念頭において本表を見ると、上位内商と上位外商の取引規模が驚くほど似通っていること

に気づく。もちろん各内商の取扱が特定品目に偏っているのに対して、外商は多様な品目を扱っており、それは特定品目の取引における内商の優位を示すという理解もなされているが[21]、この当時の外国市場に関する情報は圧倒的に外商が握っていたことを考えると、この数値だけからの安易な想像は避けた方が良いであろう。しかし、デント商会やジャーディン・マセソン商会といった巨大商社が大きな力を振るった幕末に較べると、外商の活動規模が中小商社の進出を通して平準化する反面、大規模な内商が現われたことは否定しがたい。そして外国商人が排除された国内流通過程から、売込商・引取商が地方商人とともに大きな利益を蓄積したことは一八八七年の全国高額所得者（旧大名を除く）のうちに平沼専蔵・茂木惣兵衛・原善三郎・渡辺福三郎の四名の横浜売込商が、岩崎家・三井家・住友家といった有力財閥に続き、大阪の旧家鴻池家と並んでおり、安田家・大倉家・古河家などよりも上位に位置していることから窺うことができる[22]。

表 1-2　三井横浜御用所から野沢屋惣兵衛への生糸担保金融

融資年月	金額(両)	引当物件	融資年月	金額(両)	引当物件
慶応 3 年 9 月	5,000	生糸 20 個	慶応 3 年 12 月	1,000	生糸 4 個
同上	1,000	生糸 4 個	同上	1,000	生糸 4 個
同上	1,000	生糸 4 個	同上	900	生糸 4 個
同上	2,000	生糸 8 個	同上	1,000	生糸 4 個
同上	900	生糸 4 個	同上	2,000	生糸 8 個
同上	1,000	生糸 4 個	同上	1,500	生糸 6 個
同上	900	生糸 4 個	同上	2,100	生糸 12 個
同上	700	生糸 4 個	明治元年 1 月	1,000	生糸 4 個
同上	800	生糸 4 個	同上	2,000	生糸 8 個
慶応 3 年 10 月	1,500	生糸 6 個	合計	27,300	生糸 116 個

出典）日本経営史研究所編『三井両替店』（三井銀行，1983 年）386 頁.
備考）生糸 1 個は約 9 貫匁.

生糸売込商への三井組の金融

横浜の売込商や引取商が活動するためには多額の資金が必要であった。生糸売込商は荷主から預かった生糸に対して代金を前貸したが、その資金は幕府の海関税などを預かる三井の横浜御用所が有力生糸商の組合に対して供給した。表１－２は野沢屋惣兵衛に対する生糸担保金融の具体例であり、利息は月一・二五％であった。

表 1-3　丁吟東京店における逆為替取組上位 5 名（1875 年）

取組人	取立先	金額・円（回数）
横浜・越前屋中村惣兵衛	西京・大文字屋岩田平兵衛	54,600（34）
横浜・越前屋中村惣兵衛	大阪・越前屋中村善助	27,500（ 9）
東京・越前屋中村源太郎	西京・大文字屋岩田平兵衛	25,950（13）
東京・越前屋中村源太郎	大阪・越前屋中村善助	74,000（21）
東京・丁子屋薩摩治兵衛	大阪・竹村弥兵衛	73,883（48）
東京・丁子屋薩摩治兵衛	西京・大文字屋岩田平兵衛	18,400（12）
東京・丁子屋薩摩治兵衛	大阪・中原万助	7,950（ 9）
東京・丁子屋薩摩治兵衛	山内惣兵衛	8,500（ 6）
東京・丁子屋薩摩治兵衛	藤野嘉兵衛	4,493（ 7）
東京・仲屋木村源七	大阪・近江屋田中太七	73,250（44）
東京・仲屋木村源七	大阪・小西平兵衛	1,000（ 1）
横浜・武田長兵衛代嘉兵衛	大阪・近江屋武田長兵衛	60,000（41）
横浜・信濃屋大浜忠三郎	大阪・伊藤九兵衛	16,800（ 9）
横浜・信濃屋大浜忠三郎	大阪・笠井新兵衛	10,900（ 7）
横浜・信濃屋大浜忠三郎	大阪・平野平兵衛	11,350（10）
横浜・信濃屋大浜忠三郎	大阪・加藤市兵衛	6,800（ 4）
横浜・信濃屋大浜忠三郎	大阪・加藤嘉三郎	6,200（ 4）
横浜・信濃屋大浜忠三郎	大阪・岡　橋兵衛	1,650（ 2）

出典）丁吟史研究会編『変革期の商人資本』（吉川弘文館，1984 年）283 頁.

引取商への三都両替商・商人の金融

引取商は一回の取引に一〇〇〇円を超える多額の現金を用意しなければならなかった。そのため引取商の多くは豊富な資力を有する江戸や大坂の旧特権商人であったが、彼らといえども多額の取引を繰り返すには外部からの資金調達が必要であった。一八七〇年代後半に多くの近代的銀行が設立されるまでは、その役割は江戸や上方の両替商が担った。表1－3は、東京・大阪・京都の三都にまたがって活動した両替商丁子屋小林吟右衛門家が東京店において一八七五年（明治八）に行った逆為替取引三七七回・合計六四万二七五六円（平均一七〇五円）のうち上位取組五名の具体例である。最大の取組人中村惣兵衛は近江国犬上郡高宮村出身で明治初年には横浜最大の綿糸布引取商であり、表1－1にもリストアップされている。横浜本店（中村惣兵衛名義）と東京支店（中村源太郎名義）から、それぞれ大阪支店（中村善助名義）と京都の綿糸商大文字屋岩田平兵衛に宛てて逆為替（平均二三六四円）を振り出して丁吟東京店（ないし横浜出張員）へ売却していることが分かろう。丁吟から一八六七年（慶応三）に独立した薩摩治兵衛の京都取立先も岩田平兵衛であり、大阪では金巾綿糸商竹村弥兵衛を主要取立先としている。続く木村源七・大浜忠三郎両名は繊維品の引取商で取立先はいずれも大阪の諸商人であり、武田長兵衛は大阪の薬種仲買商であった。

こうした丁吟東京店における逆為替の取組によって、引取商は次の取引に必要な現金を直ちに入手できた。丁吟は京都では丁吟西京店が逆為替の名宛人からの取立業務を担当し、大阪での取立ては油屋河田彦三郎や布屋山口吉郎兵衛ら同地の両替商に依頼した。輸入品の現金決済という引取商側にとって不利な条件の下で、横浜の引取商が多額の現金決済を繰り返すことができた秘密は、彼ら自身の蓄積もさることながら丁吟のような為替業者のバック・アップを媒介とした京阪問屋層の資力の動員に、したがって、幕末維新期における三都両替商・商人層の蓄積に求められるべきであろう。

横浜の売込問屋・引取商らは攘夷論者ではないが、その活動は客観的には外国資本の内地侵入を阻止したのであり、彼らを支えた三都の両替商の多くは、旧特権商人が息を吹き返したものであったが、同様に外国資本の内地侵入を阻止する大きな役割を果たした。

三　尊王攘夷の志士とシンパの商人たち

坂下門外の変と江戸問屋佐野屋

続いて外圧への権力サイドの対応を、商人的対応との関連に注意して検討しよう。開港後に活動を活発化した商人の中からは、攘夷運動の志士たちの支援者として活躍するものも現われた。東日本では一八六二年（文久二）に老中安藤信正を坂下門外に襲撃し負傷・失脚させた水戸藩士や下野の医師らの志士たちの首謀者は、襲撃直前に逮捕された下野宇都宮出身の江戸木綿呉服問屋佐野屋の当主菊池教中とその義兄の儒者大橋訥庵であった。とくに訥庵は老中安藤の進める皇妹和宮の将軍家茂への降嫁といった公武合体策を厳しく批判し、朝廷主導による攘夷の遂行を求めたが、その背景には開港後の商況変化による佐野屋の経営不振があったとも言われている[23]。ただし、教中の父親佐野屋大橋孝兵衛が江戸の新興都市商人として築き上げた地位は絶大なもので、一八五一年（嘉永四）の問屋仲間再興時の調査によると、新規加入者一六名のうち関東各地からの「地木綿」仕入の四二％を占める別格の地位にあったから[24]、幕末の佐野屋の経営は七軒の質店を含めてさほど揺らがなかったようで、明治期には東京府屈指の富豪となるのである。

高杉の奇兵隊と下関問屋白石家

西日本の事例としては、下関の廻船問屋小倉屋白石正一郎が志士たちのシンパとして盛んに活動し、高杉晋作らの奇兵隊のスポンサーとして資産を使い果たしたケースが著名である。幕末の志士たちは地方の豪農商を拠点としつつ情報交換を行い連帯して行動したが、下関の白石家は彼らの格好の宿舎であり隠れ家であった。白石家を訪れた志士は薩摩・長州両藩の各四六名をはじめ総計一五一名に達し、西日本の著名な志士のほとんどの名を見出しうるという[25]。この小倉屋の商業資本としての歴史的性格については、国内商業の新しいルートの担い手ではなく藩権力と結びついた担い手に過ぎないと指摘されており、小倉屋は薩摩藩をはじめとする九州諸藩と結びついて活動していた[26]。そのことが一八六三年（文久三）の京都政変による薩長交易の中断と長州藩越荷方の活動によって同家の経営が圧迫される結果を生み、高杉が結成した奇兵隊に多額の資金を注ぎ込んだ同家の没落を招いたのであった[27]。

尊王による攘夷のもつ限界

以上述べた攘夷運動の志士たちの多くは尊王の志士でもあり、彼らは尊王攘夷運動の志士であった。しかし、かつて維新史家の遠山茂樹氏が「攘夷という主張のなかに民族の問題を解決する可能性はあったと思うんですね。ところが尊王と結びつくとその可能性が非常にせばめられてしまう[28]」と述べたように、尊王による攘夷という路線は天皇の考え方如何によって無原則な動揺を免れることができないという限界を持っていた。もっとも熱烈な尊攘の志士と自任してきた長州藩士は、一八六三年夏の京都政変によって突然朝敵と見做されるようになったため、そうした限界を嫌というほど感じさせられた。

以後、「非義の勅命は勅命に非ず」[29]という自律的判断を重視する立場が登場し、形式上は天皇の意向を至高の価値として掲げつつ、薩長両藩の倒幕派が自らの意志を貫いてゆくようになる。ただし、その際倒幕という政治変革の正統性を朝廷の権威に求め「王政復古」を唱えたことは、その後の新政権のあり方を構想する場合にも大きな制約条件となった。

注

（1）坂野正高『近代中国政治外交史』（東京大学出版会、一九七三年）一六三―一六四頁。
（2）田中正俊『中国近代経済史研究序説』（東京大学出版会、一九七三年）一五〇―一五六頁。
（3）石井摩耶子『近代中国とイギリス資本』（東京大学出版会、一九九八年）一二―一五頁。
（4）石井孝『日本開国史』（吉川弘文館、一九七二年）四―九頁。
（5）W. G. Beasley, *Great Britain and the Opening of Japan, 1834-1858*, London, 1951.
（6）W. G. Beasley, *op. cit.*, pp. 83-86.
（7）ジャーディン・マセソン商会文書（ケンブリッジ大学中央図書館所蔵）、B2・23・P423。
（8）石井孝前掲『日本開国史』一五―二九頁。
（9）加藤祐三「開国」（『岩波講座日本通史　近代一』、一九九四年）七五―七六頁。
（10）P・B・ワイリー著、興梠一郎訳『黒船が見た幕末日本』（TBSブリタニカ、一九九八年）七七、一〇三頁。ここで留意すべきことはペリーが単に大統領から頼まれた対日使節だったのではなく、彼自身が蒸気船による太平洋航路の開設に密接な関係をもつ利害関係者だったことである。すなわちペリーは、アメリカ艦隊を指揮してメキシコとの戦争の勝利に貢献しカリフォルニアを獲得することによって太平洋航路への関心を高めた点で対日使節派遣の途を自ら切り開いただけでなく、戦時に軍艦に転換できる蒸気郵船建造の主任監督官として海軍力の増強に努めていた点で太平洋航路の開設は願ってもないことだったのである（同上書七二―七三頁）。

(11) W・L・ニューマン著、本間長世・有賀貞ほか訳『アメリカと日本――ペリーからマッカーサーまで』（原著一九六三年、研究社出版、一九八六年）第二章。

(12) 石井寛治『大系日本の歴史12 開国と維新』（小学館、一九八九年、小学館ライブラリー、一九九三年）二八―二九頁。原資料はアメリカ議会下院行政文書（House Executive Documents）96（29-2）500, Vol. 4, 1846-47（国立国会図書館議会官庁資料室所蔵）。なお一八四五年二月に下院特別統計委員長プラットが、日本・朝鮮への使節派遣の提案をしたが（石井孝前掲『日本開国史』一八頁）、そこでは捕鯨問題は触れられていない。同提案は濱屋雅軌『黒船と幕府』（高文堂出版社、一九八四年）に訳出。

(13) アメリカ議会上院雑文書（Senate Miscellaneous Documents）、10（33-2）772, Vol. 1, 1854-55（国立国会図書館議会官庁資料室所蔵）。

(14) パーマーは一八六三年二月に八四歳で死去した。パーマーについては渡辺惣樹『日本開国』（草思社、二〇〇九年）参照。

(15) R・シムズ著、矢田部厚彦訳『幕末・明治日仏関係史』（ミネルヴァ書房、二〇一〇年）九、五一―七四頁。

(16) 「植民地化のための最大の政治的危機は、かえって攘夷運動の実践そのものと結びついていた……植民地化の危機から幕末日本を救出したものは攘夷運動の突然の停止。もっと根本的には攘夷運動の、支那のそれに比して著しい未発展、不徹底。もうひとつ根底的にはその経済的根拠」（服部之總「維新史方法上の諸問題」『歴史科学』一九三三年四―七月、『服部之總全集四』福村出版、一九七三年、五二頁）。

(17) ただし、宮地正人氏は、安政五年（一八五八）三月の孝明天皇による条約不勅許から文久三年（一八六三）の八・一八クーデタまでの「狭義の奉勅攘夷期を、無謀で非合理主義的な排外主義運動と見るのが、明治二〇年代から今日までの日本人の普通の理解だが、著者はそうは見ていない」（同『幕末維新変革史』上巻、岩波書店、四五七頁）と論じている。すなわち、宮地氏は、天皇の条約不勅許を、武士や民衆、なかでも豪農商層の民族的危機感を代弁し象徴する行為として積極的に評価しているのである。

(18) 「二〇三、文久二年五月、勢多郡箱田村生糸横浜売込問屋指定触留」（『群馬県史　資料編一三、近世五、中毛地域一』一九八五年）。

(19) 石井寛治『近代日本とイギリス資本』（東京大学出版会、一九八四年）二九―四八頁。

(20) 売込商と引取商の定義は従来あいまいであったが、ここでの引取商の定義は一八八〇年に横浜支店を設けるまで横浜の茂木商店の場で引取をした前川太郎兵衛なども含めるために考案したやや広めの定義である（石井寛治編『近代日本流通史』東京堂出版、二〇〇五年、一五頁）。
(21) 例えば、杉山伸也『日本経済史——近世―現代』（岩波書店、二〇一二年）一四〇―一四一頁。
(22) 石井寛治「幕末開港と外圧への対応」（石井寛治・原朗・武田晴人編『日本経済史1　幕末維新期』東京大学出版会、二〇〇〇年）二八頁。
(23) 秋本典夫『北関東下野における封建権力と民衆』（山川出版社、一九八一年）三三六―三九九頁。
(24) 林玲子『江戸問屋仲間の研究』（御茶の水書房、一九六七年）二六四―二七七頁。
(25) 田中彰『明治維新政治史研究』（青木書店、一九六五年）九二頁。
(26) 小林茂『長州藩明治維新史研究』（未来社、一九六八年）一一九―一二七頁、井上勝生『幕末維新政治史の研究』（塙書房、一九九四年）一一四―一一六頁。
(27) 中原雅夫『裏からみた長州の維新史』（創元社、一九七四年）一二六、一六七頁。
(28) 池田敬正ほか『シンポジウム日本歴史15　明治維新』（学生社、一九六九年）一五九頁。
(29) 慶応元年九月二三日付、西郷吉之助宛て大久保利通書簡（『大久保利通文書』第一、三三二頁）。

第二章　外資排除下の企業勃興

前章では、居留地貿易が外国資本の内地通商を阻止する「民族的防壁」(1)の役割を果たし、日本人商人による資本蓄積を可能にしたことを指摘したが、外国資本の国内侵入の試みは貿易面だけでなく生産・運輸面などでも見られ、それを防ぐために明治政権は多大の出費を余儀なくされるとともに、自ら鉄道や工場への投資を行った。本章では、外資の侵入を排除しつつ産業革命を行う筋道を日本政府がどのように見出し推進したかを検討しよう。

一　政府による近代化投資から民業育成へ

フランスからの横須賀造船所の回収

幕末における最大規模の近代工場建設は、江戸幕府がフランスの全面的援助を得て行った横須賀造船所であった。フランス公使ロッシュの尽力で一八六六年三月にフランス海軍工廠から派遣された熟練工によって開始された建設工事は毎年六〇万ドルの予算で進められ、一八六八年に新政府に未完成のまま引き継がれるまでに一五六万ドル余が支払われたという。新政府は旧幕府がフランスから輸入した大量の兵器の未払い代金を含めて支払っており、そのためにイギリス系のオリエンタル銀行横浜支店から五〇万ドルを年利一五％の高利で借り入れた。新政府が引き継いだ旧幕府の対外負債は、下関戦争の賠償金一五〇万ドルをはじめ合計約六〇〇万ドルとされている(2)。諸藩による外国商人への負債も一八七一年の廃藩置県の際の調査では三七藩、約四〇〇〇万円にのぼったが、新政府はそのうち二八〇万円余を肩代わりして支払った(3)。財政難の新政府が遣り繰りして幕府・諸藩の負債を支払ったのは、放置すると例えば上述の横須賀造船所などが抵当としてフランスなどに接収される恐れがあったためであった。

イギリス資金での鉄道建設

官営鉄道の建設も日本内部での計画が熟すのを待たずに、外国人による申請に対応する中で実現した。すなわち、アメリカの駐日公使館員のポートマンが旧幕府老中小笠原長行から得たという江戸・横浜間の鉄道敷設許可を承認してほしいと申し出たのに対して、新政府は許可は王政復古後であるから無効であるとした上で、自ら鉄道を敷設したのであった。その際イギリス人レイを介して一〇〇万ポンドを年利一二%で借りる契約を結び、その契約をオリエンタル銀行の仲介に切り替えてからは年利九%で借りることになった(4)。新政府がポートマンの申請を拒否してから直ぐに財政難にもかかわらず敢えて外資に頼って鉄道建設を企てたのは、担当者の大隈重信・伊藤博文の熱心な近代化構想のためだけではない。そこには、ロンドンでの外資調達によってオリエンタル銀行横浜支店からの前記高利負債などを返済する狙いが込められていた。一〇〇万ポンドのうち鉄道用に使われたのが三〇万ポンドに過ぎなかったこと(5)がその証拠であり、この外債は「鉄道外債というより借換債(6)」というべきだという指摘もなされている。

外資を排しての富岡製糸場の建設

官営富岡製糸場の建設もフランス系外国商社による器械製糸場の建設申請を断ったことを契機に進められた。この点を述べたものとして当時政府において設立事務を担当した渋沢栄一の回顧談を引用しよう(7)。

「初め和蘭八番館俗に蘭八と云ふ館主カイセンハイメル日本蚕糸の粗造なるにより、伊藤博文につき日本国内に一の器械製糸場設立し、製糸の模範を示さば大に製工上の面目を一新し、彼我の利益最も大なるべし、故に我等に設立の事許可ありたしと迫りたるも、元来条約文に抵触するを以て之を謝絶したるに復乞ふ、然は日本政府能く此事を監督し、資金は我等に於て処理すへしと云ふも亦謝絶したり。伊藤博文は於兹外商か斯く製糸場設立の事に熱心なるは其業に利益あるは疑なしと確信し、……議を民部、大蔵両省に回す。」

ここでいう「蘭八」とは当時はフランス系の有力商社エッシュ・リリアンタール商会（表1-1参照）のことであり、同商館の生糸検査技師ポール・ブリュナが日本政府に雇われて富岡製糸場の設立と指導に当たることになるのである(8)。

イギリス産業革命の担い手の発見

日本政府はこのように、当初自ら近代的工場や鉄道を経営したが、間もなく民間の力を動員しなければ経済全体の近代化は達成できないことに気づき、一八七三年一一月の内務省設置を画期に政府は民業発展の育成役となる方向へと転換する。政策転換の大きな契機となったのは、不平等条約改定のための岩倉使節団による海外とくに「世界の工場」イギリスの見学旅行であった。久米邦武編『特命全権大使米欧回覧実記』には彼らが近代国家と近代経済の実態と原理を探ろうと懸命の努力を重ねていることが詳しく記されている。イングランド東北部のニューカッスル府にある大砲製造工場アームストロング社を訪れた時の記録には次のようにある(9)。

「府中の人口十二万八千百六十〇人、英国に於て第十四等の都会なり、北海の西岸に於て第一の要港たり、石炭其他の貿易盛んに製造場も亦少なからす……朝九時半に「サー・アルムストロンク」氏親ら旅館に来り、其会社

表 2-1　三菱・日本郵船と輪船招商局の船舶

年次	三菱・日本郵船		輪船招商局	
	隻数	トン数	隻数	トン数
1877	50	43,740	29	30,526
1887	58	67,588	25	31,900
1897	66	160,418	26	39,632
1907	81	264,335	29	49,536

出典）朱蔭貴『国家干預経済与中日近代化』（東方出版社, 1994 年）256-257 頁.

の大砲製造場に案内す、「アルムストロンク」氏は年七旬に近し、丈高きこと七尺余、言寡く温温たる老翁にて容貌愚なるか如し、凡そ諸方を回り高名なる製造家に逢ふに往々にかかる人多し。」

「容貌愚なるか如し」というのは、司馬遷『史記』列伝の老子の箇所にある言葉で、孔子が周の都に赴き礼について老子に質問すると、老子は「君子は盛んな徳があっても容貌は愚者に似る」と、孔子の高慢と欲望を諌めたという故事である(10)。使節団のメンバーは「世界の工場」を支えていたのが立派な人格者である地方民間ブルジョアジーであることを知って驚いたのであり、彼らのかかる経験が帰国後の政策転換の一因であったことは間違いないであろう。

招商局と三菱会社のコントラスト

日清戦争前の東アジアにおいては、日本に若干先行して中国が近代産業の建設に努めていた。そこでは政府の力によるだけでなく、民間の力も動員する試みが見られたが、そのあり方は日本とかなり異なっていた。例えば李鴻章らの洋務派による近代化を代表する汽船会社輪船招商局の動きを見ると、民間から出資を募って政府が監督する「官督商辦」企業の形で一八七三年に開業し政府米の輸送特権に支えられつつ活躍しており、日本の三菱会社〔とその後身の日本郵船会社〕が一八七五年以降政府補助に支えられつつ活躍したのと好対照をなしていた。しかし、両者の発展振りを比べると表2－1に見るように大きな差があり、招商局の停滞振りが目立っている。

その違いの原因は、招商局の場合は一八八〇年代以降、監督官僚である盛宣懐のコントロールが強まり、利益のうちから盛宣懐傘下の諸企業への投資や政府諸部局への上納が増加したために内部蓄積が困難だったことにあった[11]。こうした負担は同社が政府による支援を受ける特権的立場にあった反面で政府の恣意的支配の下に置かれており、資本蓄積の前提条件である私有財産権の保障が与えられていなかったことを如実に物語るものと言えよう。

これに対して、三菱会社の場合は反三菱系の財界人が政府支援の下に設立した共同運輸会社との激しい競争を演じた一八八三―八五年の時期にも政府補助金は規定通りに給付されており、損失を出しながらも共同運輸を圧倒し日本郵船会社に事実上吸収することが出来た[12]。日本では政府といえども一旦結んだ契約には縛られたのであり、三菱の私有財産権はその限りではしっかりと保障されていたのである。また日本では政府との特権的結合をもたない汽船会社の設立の自由が広く認められており、その点でも中国との間に決定的な差があった。民間企業の設立の自由がない国では企業勃興はありえず、産業革命など起こりようがないのである。

二　初期的な企業勃興の展開

財政近代化による投資条件の成立

一八七〇年代中葉からの日本では、内務省の主導の下で三菱のような有力政商をその一環とした民業育成が進められ、製糸業・織物業・銀行業などの分野で「初期的な企業勃興」が展開した。その環境としては、外交面で台湾事件（一八七四年）の事後処理が終わって対外緊張が解消したことと、財政面で一八七三年開始の地租改正が一八七五年からの地位等級制度の導入によって本格的に進展するとともに、一八七六年の金禄公債発行による秩禄処分により支出の大幅改善が進み、恣意的な国家財政による民衆収奪が解消する見通しが付いたこと、さらに金融面では、秩禄処分と結びついた改正国立銀行条例（一八七六年）により成長通貨の供給が進んだことが挙げられよう。これらの環境整備により長期的な産業投資の条件がある程度整ったと言ってよいが、ただ、通貨価値の安定化という条件は本位制度の確立が先送りされたために整ったとは言えず、多額の設備投資を必要とする機械制大工業の本格的企業勃興は一八八六年の銀本位制確立を待たねばならなかった。

表 2-2　1870 年代後半の初期的企業勃興

	国立銀行設立	器械製糸場設立
1873 年以前	2	35
1874 年	2	30
1875 年	0	41
1876 年	1	72
1877 年	21	203
1878 年	69	282
1879 年	56	不明

出典）後藤新一『日本の金融統計』（東洋経済新報社，1970 年）44 頁，石井寛治『日本蚕糸業史分析』（東京大学出版会，1972 年）128 頁．

在来織物業の再生と発展

一八七〇年代中葉は、幕末開港以来輸入織物の圧力に晒されてきた在来織物業が、地域的な盛衰を伴いながら再生・発展し始めた画期であった。そのことは綿布輸入額が一八七三年をピークに減り始め、一八七八年には輸入額の首位を綿糸によって奪われたことが示していた。この当時の織物業の生産形態はマニュファクチュアや機械制大工業ではなく小経営であったとはいえ、一種の「企業勃興」現象が見られたのである。織物業の再生は居留地貿易という「民族的防壁」によって外国資本の流通面からする収奪から織物産地が守られた結果であると言うことができよう(13)。

銀行業に支えられた製糸業の発展

一八七〇年代中葉からマニュファクチュア形態での大々的な「企業勃興」を示したのは器械製糸業であった。表2－2によれば一八七九年六月調査の全国器械製糸場で設立年次の判明する六六三製糸場のうち、九〇％に当たる五九八製糸場が一八七〇年代後半の設立であった。その場合平均規模が二五釜と官営富岡製糸場の三〇〇釜を大きく下回ったことが留意されるべきであろう。ここでは移植技術が、日本経済の自生的基盤に合った適正技術へと転換されているのである。また、全六六六製糸場の所在は長野県三五八、岐阜県一四三、山梨県八〇と、三県に八七％が集中し、座繰製糸の盛んな群馬県、福島県には、それぞれ一一、一〇製糸場しか存在しなかった(14)。

同表で注目したいのは、一八七〇年代後半に国立銀行の設立が相次いでいることである。器械製糸業と銀行業の設立は何らかの関係があるのであろうか。当時の国立銀行の製糸家への融資の基本は輸出港横浜への生糸荷為替の取組であったから、大蔵省『銀行局報告』によって一八八〇・八一・八二年平均の荷為替貸出額を見ると、長野県三二三万円、群馬県二八二万円、福島県二六三万円と、これら三県に全国合計一四一五万円の六一％が集中している(15)。群馬県では横浜第二国立銀行前橋・高崎両支店を中心に前橋生糸商が荷為替取組を行い、福島県では第六国立銀行、第百七国立銀行を中心に福島生糸商が荷為替取組を行った。長野県では上田第十九銀行本店において上田生糸商が荷為替を取組む一方で八一年から同行は諏訪出張所を設け、松本第十四国立銀行と東京第九十五国立銀行が七九年から設けた諏訪出張所とともに荷為替金融を行った(16)。片倉兼太郎家の垣外製糸場（三二釜）が一八七九年七―八月に第九十五、第十四両行で計一〇〇〇円の融資を受けたのは荷為替ないしそれを前提とする融資で、共同出荷結社開明社を介する金融であったものと思われる(17)。山梨県の場合は甲府第十国立銀行本店の生糸荷為替貸出が一八八〇年から同行東京支店取立の他所割引手形の形に変わり、甲府の一〇〇釜を超える大規模製糸家や生糸商へと融資された。郡部の小規模製糸家はそれら生糸商や銀行類似会社からの高利金融に依存するしかなかった(18)。

このように生糸産地の国立銀行は横浜生糸売込問屋による為替の受け払いを支える第一・第二・第七十四国立銀行との連携のもとで、生糸商や器械製糸結社に荷為替金融・割引手形金融を展開したのであって、器械製糸場の資金回転は最初からそうした多様な製糸金融のネットワークを背景としていた。したがって、一八七〇年代後半の製糸業と銀行業の企業勃興は相互に密接な関連をもっていたと言えよう。

三　本格的な企業勃興への道

本位制による投資条件の確立

一八七〇年代後半の初期的な企業勃興は、多額の不換政府紙幣に加えて同紙幣を引換とする多額の国立銀行紙幣の発行を基礎に展開したために激しいインフレーションを引き起こした。それは長期的な産業投資を妨げ、固定額の地租収入に頼る財政難を生んだので、政策を転換し本位通貨制を樹立することが不可避となった。そこで参議大隈重信は、一八八〇年五月に外債一〇〇〇万ポンド（＝約五〇〇〇万円）を募集して、政府紙幣・国立銀行紙幣を一挙に兌換券にする提案をしたが、政府内では賛否両論があったため最終決定は宮中に持ち込まれて否決された。通例の参議だけの賛否を問うと賛成多数で可決されそうになったため、反対論の右大臣岩倉具視は省卿への意見聴取という異例の措置を行い、賛否同数に持ち込んだ上で宮中に採否を委ね自分の思惑通り否決した。「外債中止の決定は岩倉の老練な政治指導の勝利であった(19)」とされる所以である。賛否の分布は表2－3に示すとおりであり賛成者に薩摩藩出身者が多く、反対者に長州藩出身者が多いことが分かる。

自力によるインフレ解消へ

提案者の大隈の考えは、一八七〇年代を通じて拡大してきた経済の規模を縮小することなく通貨価値の安定化を図ろうというものであった。しかし反対派は、国税総額に匹敵する莫大な外資を輸入すると金禄公債などの内国債と合わせた国債残高は急増して返済不可能となる恐れがあり、そうなると日本は債権国に従属する危険があると論じた。実際一八七六年に支払停止に陥ったトルコ帝国の国家財政はイギリスほかの債権国の共同管理の下に置かれ、一八七九年にはエジプト財政もイギリス・フランスの管理下に入った。日本政府の一八八〇年末の国債発行残高二億四九三四万円に外債五〇〇〇万円を加えると二億九九三四万円となり、さらに政府紙幣もまた政府の借金証書と見做して発行残高一億二四九四万円を加えると政府負債残高は四億二四二八万円となり、推定国民総生産八億二九〇〇万円の五一％に達するから、反対派の心配にはそれなりの根拠があった。しかし大隈の狙いどおり、外債によって政府紙幣を一挙に兌換券に転換できればそれは政府負債ではなくなるから、外債の返済は金額によっては可能であったと言えよう。実際伊藤博文は、財政再建の方策として一〇〇〇万円程度の外債は止むをえないと考えていたが、政府内の対立が五〇〇〇万円の可否を問うという二者択一の形で争われたため伊藤は妥協案を提起できなかった[20]。このように反対論が多い長州系参議にも伊藤のように絶対反対でなかった者がいたとすると、政府の選択を反対論の牙城である宮中に持ち込んだ右大臣岩倉の強いリーダーシップが否決の決め手であったと言えよう。

宮中での否決の結果、外債に頼らず超緊縮財政を実行して絞り出した財政黒字分だけの政府紙幣を償却する形での紙幣整理が進められることになり、インフレは一転してデフレになった。大隈に代わって参議兼大蔵卿となった松方正義によるいわゆる松方デフレである。

表 2-3　大隈の外資導入案への賛否

賛成			反対		
参議	大隈重信	肥前	参議	伊藤博文	長州
参議	黒田清隆	薩摩	参議	井上　馨	長州
参議	西郷従道	薩摩	参議	山県有朋	長州
参議	川村純義	薩摩	参議	大木喬任	肥前
参議	山田顕義	長州	内務卿	松方正義	薩摩
海軍卿	榎本武揚	幕府	大蔵卿	佐野常民	肥前
陸軍卿	大山　巌	薩摩	文部卿	河野敏鎌	土佐
司法卿	田中不二麿	尾州	工部卿	山尾庸三	長州

出典）坂本一登『伊藤博文と明治国家形成』(吉川弘文館，1991 年) 31 頁．
備考）参議寺島宗則（薩摩）は意見なし．

豪農路線から政商路線へ

殖産興業政策の資金源も大幅にカットされたため民業育成の対象に含められていた地方豪農層は対象外に追いやられた。例えば群馬県の養蚕製糸農民を結集した巨大な結社・上毛繭糸改良会社は政府資金の貸付を受けて生糸品質の改良を行うとともに外国商社を通さずに日本商社によって外国へ直輸出する計画を立て、一八八〇年一一月に大蔵官僚前田正名が前橋で七〇万円くらいは貸付できると演説したのを信用して、同年一二月に会社を設立、政府融資を当てにした社員は銀行から多額の借金をして桑畑や蚕室の改良を行った。ところが政府が緊縮財政に転じたため政府資金は下りず、必死の陳情の結果、翌年三〇万円の融資が横浜正金銀行を通じてなされたが、融資の短期返済を迫られた社員は紙幣整理で円高になったため返済難に陥り、土地を処分したものが相次いだ。(21)豪農の発展を促進する路線はこうして破綻したのである。それに対して三菱会社のような一部の政商は、前述のように補助金を引き続き与えられて経営の拡大・多角化を推し進め、財閥への道を辿った。

松方デフレを画期に日本経済は豪農の広範な発展を促進する豪農路線を否定し、大都市の少数の政商の発展を優先する商人的対応という意味での政商路線の形へと変化した。その一因は、大隈の外資案を否定しつつ銀本位制を確立し、自力で通貨を安定させようと試みたことにあったと言えよう。一八八五年五月には日本銀行から銀兌換の銀行券が発行され、翌一八八六年一月には政府紙幣の銀兌換も開始され、銀本位制が確立した。こうした本位通貨制による通貨価値の安定によって、大規模な機械制工業への投資という本格的な企業勃興の条件が整えられたのである。それは自由民権運動の担い手である豪農たちの発展を押し潰した上での企業勃興であったことが銘記されなければならない。

四　外国資本の流通過程と生産過程への侵入

外資排除の下での産業革命

一八九九年の条約改正によって外国人に対する裁判権が回復され開港場の居留地が撤廃されるまで、日本政府は外資への依存を極力避けつつ民間企業の外資導入も禁止した。日本の産業革命は当時の国際常識に逆らって外資を排除しながら進行した。

その背後には、一八七〇年代に高島炭鉱と三井組という日本最大の生産拠点と金融機関に、イギリス系のジャーディン・マセソン商会とオリエンタル銀行によって巨額の外資が導入され、経営の実権を掌握されかけたという苦い経験が横たわっていたことは、しばしば指摘されるとおりである[22]。

政府は、一八七三年の日本坑法によって鉱山での外資排除を法制化するとともに、一八七六年の改正国立銀行条例でも第一条に「此条例を遵守し国立銀行を創立せんとする者は、何人を論せす（外国人を除くの外）五人以上結合したる人々、成規第一条に掲くる所の手続を以て其創立願書を大蔵省の紙幣寮へ差出すへし」と、一八七二年の条例になかった外国人株主の禁止を明示した[23]。その他の分野での外資禁止については会社設立時に行政指導を行ったようである。例えば一八八一年に仮免状が下付された日本鉄道会社の定款第七条は外国人株主を排除するとしており、一八八二年設立の大阪紡績会社の創立要旨第六条にも同様な定めが記されているのである。

買弁的資本の活躍の有無

しかしながら、企業活動を活発化しようとすればするほど資金需要が増え、豊富な資金をもつ外国商社からの資金に頼ろうとする動きは強まらざるをえない。そこで政府の禁止を掻い潜って居留地外商から借金するものが繰り返し現われた。とくにそれは会社形態をとらない製糸業や流通業などの分野で見られたようである。

そのうち、一八九三年当時三四〇釜という全国最大規模の器械製糸場であった八王子の萩原製糸場などへの外資投入については、すでに詳しく触れたことがある[24]ので再論は避けよう。ここでは製糸業に次ぐ輸出産業である製茶業関連の売込問屋大谷嘉兵衛の場合について外資との関連を吟味したい。なぜなら外国商館から独立した大谷商店は、そ

表 2-4　製茶売込問屋大谷嘉兵衛と外国商館 178 番の取引（1895 年）

（単位・斤）

売込問屋	大谷嘉兵衛	大谷嘉兵衛	大谷嘉兵衛	大谷以外	合計	全売込問屋
外国商館	178 番館	その他商館	合計	178 番館	178 番館	全貿易商館
5 月	1,109,000	413,300	1,522,300	704,505	1,813,505	10,369,700
6 月	285,700	271,290	556,990	251,300	537,000	4,799,500
7 月	242,600	83,900	326,500	264,600	507,200	2,942,700
合計	1,637,300	768,490	2,405,790	1,220,405	2,857,705	18,111,900

出典）『時事新報』1895 年 5-7 月.

の後も一貫して外商の手先として産地買付を行う買弁的存在であった可能性があると指摘されてきたからである。(25)

表2－4は、一八九五年当時三一二万斤を売り込む横浜最大の製茶売込問屋であった大谷嘉兵衛商店と、三六九万斤を買い付ける横浜最大の製茶扱い外国商館一七八番（スミス・ベーカー商会）の取引関係を示したものである。両者ともに五―七月の三カ月間に年間取引の七七％台を扱っている。一八六七年にスミス・ベーカー商会に雇われた大谷が大規模な産地買付で巨利をもたらし、その功績を買われて翌年大谷商店として独立開業してからも同商館の番頭を続けていたが、問題は同商館の買い付ける製茶は原則として大谷商店以外からのものであったという大谷伝記の記述(26)と大谷商店の入荷の八―九割はスミス・ベーカー商会へ売り込まれたという同商店元店員の証言(27)の何れが正しいかである。表2－4の示すところによれば、この三カ月間（ないし五月中）における大谷商店の売込の六八％（ないし七三％）がスミス・ベーカー商会に向けられており、スミス・ベーカー商会の買付の五七％（ないし六一％）が大谷商会からであった。すなわち伝記の記述とは異なり、両者の取引関係はきわめて密接なものであったが、元店員の証言にもやや誇張があるように思われる。

もしも大谷嘉兵衛が独立後も外国商館に大きく依存し、その資金に頼って産地買付を展開し続けたのであれば、少なくとも一八九九年迄の大谷は外国商人による内地通商禁止の政策を突き破る外商の手先であり、中国での買弁に匹敵する活動をしていたことになろう。しかし一八七八年に茂木惣兵衛らと横浜第七十四国立銀行を設立し頭取にもなり、横浜財界の中心人物として名声を博した大谷の活動ぶりを見ると、外国商館の買弁的存在を続けていたというイメージはどうもそぐわない。その点で、日本最大の器械製糸場を経営しながら地元の八王子財界では毀誉褒貶が定まらなかった萩原彦七とは大差がある。その違いの一因は、外国商人と密接な関係を保ちながらも、そこに上下の関係があったか否かにあるように思われる。

萩原の場合は、大規模な器械製糸場が必要とする運転資金の多くは特定外国商館に仰いでいたから、そこでは製糸家側の従属的位置は避けられなかったであろう。それに対して大谷の場合は、自前の「機関銀行」を立ち上げて資金面での独立を達成しただけでなく大谷自身が外国商館のパートナーとなった可能性がある。一九一一年に大谷を取り上げた論評は、次のように記している(28)。

「氏が信用は次第に昂まり、手腕は愈々現はれ来るの時、当然の結果といはんか偶然の成行といはんか、亜米利加第三番〔スミス・ベーカー商会〕の組織は変更せられて合資組織となり、主人たりし旧館主と君とは同等の権利権限の下に合資者の一人となり、氏の地位は昨日までの一商館番頭にあらずして、立派なる主人公となったのである。独立独歩の商人となったのである。正直なる君が既往の行為と果断なる君が性格とは、甚だ旧主人たる商館主の意を安んぜしめ、名は合資組織とするも事業の経営、事務の拡張其他管理監督の事に至るまで一切を挙げて君の手に委ねたのである。されば氏は善悪利害を一身に負ひ、自己の信ずるが儘に縦横に手腕を振るひたる結果、世界の市場は製茶其物の性質よりも寧ろ君を信じて売買するに至りしのである。」

ここで言う「合資組織」への変更と大谷の「番頭」から「主人公」への昇格が正確に何時のことかは分からないが、そう新しいことではあるまい。そうだとすれば製茶取引において大谷が買弁的活動をしたのは独立前後の限られた時期のことであったと思われる。表2－4の示す大谷と一七八番館外商との密接な関係は、外商の下に大谷が従属していたのではなく、むしろ大谷が貿易業務の一部へと進出した結果を示すと言えよう。それ故、製茶の国内流通過程に関する限り、外商の資本投下は大規模に展開することなく終わったと見ることができよう。

ただし、だからと言って、日清戦争前における「内地雑居」反対論が問題としたようなさまざまな貿易品の国内流通過程への外商の資本投下がすべて事実無根であったわけでは決してないことは、すでに指摘したとおりである。[29]

一八九九年以降の外資の直接投資

一八九九年に条約改正が行われて外国人への裁判権を日本が獲得した結果、居留地が撤廃されて外国人による直接投資が原則として解禁された。ところが、予想に反して外国資本による直接投資はさほど盛んには行われなかった。その実態を検討した村上勝彦氏は、一九一三―一四年当時の外国人の日本企業への株式投資残高が重工業部門を中心に一九五八万円であり、それは投資先企業の株式総額の三・一％に過ぎないため、企業の資本支配は極めて限定されていたことを示した。[30]事実、調査時点における重要投資先は、日本製鋼所の七四五万円（五〇％）、大阪瓦斯三六九万円（六一％）、東京電燈七五万円（二％）、芝浦製作所七五万円（二七％）、日本電氣六五万円（四四％）などであった。重工業関係の企業で比較的資本導入が進んでいるのは、一八九九年に日本が工業所有権保護同盟条約に加入したため、特許による保護が多かった電機部門などで外国企業との提携による技術導入が行われたためのようである。[31]そうだとすれば、外資導入の乏しさは、「経済大国」よりも「軍事大国」の道を選択した日本の重工業の先端的部分の発展の遅れを示すものと見るべきであろう。最大の受入れがアームストロング・ヴィッカーズ両社と北海道炭礦汽船との合弁による兵器製造の日本製鋼所であることは、日本重工業の発展の軍事的特徴を象徴するものと言わねばならない。[32]

しかしながら、一八九九年から一九一四年までの間に導入された外国資本で早くも撤退したものもあったことが留意される必要がある。村上論文でも注記の形で触れられているタバコ部門と石油部門の外資がそれである。これらは何れも日本市場を支配しようとするアメリカの巨大資本が、条約改正で関税自主権の半ばを回復した日本政府がタバコや石油の輸入関税を引上げることを見込んで、直接投資を試みたものであった。アメリカ・タバコ会社は、一八九九年に日本の合名会社村井兄弟商会と折半出資で一〇〇〇万円（のち一二〇〇万円）の株式会社村井兄弟商会を設立した。同商会はライバルの岩谷商会などを圧倒して日本市場を独占的に支配した上、中国・朝鮮市場への輸出を増やし、アメリカ・タバコ会社のアジア戦略の拠点企業として活躍したが、一九〇四年に日本政府が煙草専売法を制定したため、アメリカ資本は撤退を余儀なくされた(33)。アメリカのスタンダード石油会社が、日本の採掘・精製部門に進出するため、一九〇〇年に公称資本金一〇〇〇万円（一九〇七年払込五五〇万円）のインターナショナル石油会社を設立したことも国内石油業界に大きな脅威となった。スタンダード会社としては、サミュル・サミュル商会などとのアジア市場争奪戦において日本を拠点とするべく直接投資に踏み切ったのであるが、実績は芳しくなく一九〇七年に日本石油会社に資産を売却して撤退した(34)。これらを考慮すると対日直接投資の金額はもう少し増えるが、それでも全体としての少なさを否定することはできないであろう。

注

（1）「民族的防壁」という言葉を用いて居留地貿易のあり方に言及したのは、中村政則「器械製糸業の発展と殖産興業政策」（『歴史学研究』第二九〇号、一九六四年）あたりが最初だったように思われる。
（2）高村直助「維新前後の〝外圧〟をめぐる一、二の問題」（同『再発見　明治の経済』塙書房、一九九五年）三三—三九頁。
（3）合計三九六万円の国籍別内訳は、オランダ一四三万円、アメリカ九三万円、イギリス七七万円、プロシア四〇万円、フランス二四万円、その他一九万円であった。詳しくは、石井寛治「幕末開港と外圧への対応」（石井寛治・原朗・武田晴人編『日本経済史1　幕末維新期』東京大学出版会、二〇〇〇年）二五頁参照。
（4）林田治男『日本の鉄道草創期』（ミネルヴァ書房、二〇〇九年）。
（5）藤村通『明治前期公債政策史研究』（大東文化大学東洋研究所、一九七七年）三四頁。
（6）せんだみのる『日本外債（資）史論』（教育総合出版、一九九九年）二四頁。

（7）富岡製糸場誌編さん委員会編『富岡製糸場誌（上）』（富岡市教育委員会、一九七七年）七頁。原典は大塚良太郎編『蚕史』後編（一九〇〇年）である（カタカナを平仮名に直して引用した――以下同様）。
（8）上條宏之「ポール・ブリュナ――器械製糸技術の独創的移植者」（『講座　日本技術の社会史　別巻二 人物篇近代』日本評論社、一九八六年）。富岡製糸場については多くの研究がなされたが最近の研究水準を示すものとして、今井幹夫『富岡製糸場の歴史と文化』（みやま文庫、二〇〇六年）を挙げておこう。なお、富岡製糸場に先立って一八七〇年に設立され、富岡の女工管理のモデルとなった日本最初の器械製糸場である前橋藩営製糸場も、英商ジャーディン・マセソン商会からの共同経営の申し出を断った上で、前橋藩が設立したものである。同藩の下級武士速水堅曹がスイス商社シーベル・ブレンワルド商会（甲九十番館）の紹介で技師C・ミューラーを四カ月雇い入れて人力六人繰（のち一二人繰）のイタリア式製糸場を建設したが、藩からの資金供給が滞ったため危うく甲九十番館の資本支配下に編入されかけたときに、廃藩置県となり政商小野組（ついで前橋商人勝山宗三郎）が引受けたため独立を保つことができた（速水美智子編・内海孝解題『速水堅曹資料集』文生書院、二〇一四年）。
（9）久米邦武編・田中彰校注『特命全権大使米欧回覧実記（二）』（岩波文庫、一九七八年）二五九頁。
（10）小川環樹ほか訳『史記列伝（一）』（岩波文庫、一九七五年）二四頁。
（11）朱蔭貴『国家干預経済与中日近代化』（東方出版社、一九九四年）一二〇―一二一、一三〇―一三一頁によると、一八八二年から一九一一年にかけての社外投資が合計四四二万両、政府上納が合計一六三万両に達しており、一八九七年に資本金が四〇〇万両になった同社にとって如何に巨額の負担であったかが明らかである。
（12）旗手勲『日本の財閥と三菱』（楽游書房、一九七八年）二八―二九頁。
（13）石井寛治『日本の産業革命』（朝日新聞社、一九九七年、講談社学術文庫、二〇一二年）五六―五八頁。幕末・明治前期の綿織物業の地域的再編成については、谷本雅之「在来産業の変容と展開」（石井寛治・原朗・武田晴人編前掲『日本経済史1 幕末維新期』）参照。そこではアジア市場での中継商人の活動が、イギリスの綿布製造業者による日本市場の需要動向への的確な対応を難しくしているという問題も指摘されているが、内地通商が実現していれば事態は大きく変わったであろう。
（14）石井寛治『日本蚕糸業史分析』（東京大学出版会、一九七二年）一二八―一三二頁。
（15）同上書、一一九頁。
（16）山口和雄編著『日本産業金融史研究　製糸金融篇』（東京大学出版会、一九六六年）八四―八五、九〇―九二、四九〇―

四九三、五〇二、五七四―五七五頁。

(17) 海野福寿『明治の貿易』（塙書房、一九六七年）四〇―四三頁。開明社が売込問屋や地方銀行から豊富な資金を提供された理由として、開明社とそのメンバーの製糸経営が優れた活動を行っていたことが推定される。その問題を克明に実証したのが中林真幸『近代資本主義の組織』（東京大学出版会、二〇〇三年）である。

(18) 山口和雄編著前掲『日本産業金融史研究　製糸金融篇』三七七―三八〇頁、石井寛治前掲『日本蚕糸業史分析』一四四―一四七頁。

(19) 坂本一登『伊藤博文と明治国家形成』（吉川弘文館、一九九一年）二八―三三頁。

(20) 同上書、二八頁。

(21) 上毛繭糸改良会社に加盟した豪農の没落の研究としては、清水吉二『群馬自由民権運動の研究』（あさお社、一九八四年）第七章における群馬県群馬郡中室田村（現榛名町）の久森烏暁の事例研究がある。久森が自由党員として自由民権運動を闘ったことが留意されるべきであろう。

(22) 石井寛治『帝国主義日本の対外戦略』（名古屋大学出版会、二〇一二年）五六―六〇頁。

(23) 明治財政史編纂会編『明治財政史　第一三巻 銀行編』（明治財政史発行所、一九〇五年）一四九頁。

(24) 石井寛治前掲『帝国主義日本の対外戦略』六七―七〇頁。

(25) 石井寛治前掲『日本の産業革命』一〇五頁。

(26) 大谷嘉兵衛翁頌徳会編『大谷嘉兵衛翁伝』（一九三一年）四五頁。

(27) 吉良芳恵「大谷嘉兵衛」（横浜開港資料館編『横浜商人とその時代』有隣堂、一九九四年）一七四頁。そこで引用されている山口金太郎（一八七三年生）のヒヤリングは、一九六五年七月一五日に横浜市史編集委員会が行ったものである。なお、同論文は、大谷商店の急成長の一因を伊勢出身の大谷と伊勢製茶荷主のネットワークに求められないかと述べているが、一八九五年五月中の同商店への入荷一万四一六九個のうち、伊勢分は一四九四個に過ぎず、遠州・駿河分一万五八個はもちろん、武州分二三一六個にも及ばない。

(28) 島田福太郎『成功者と其人格』（春江堂、一九一一年）一〇頁。

(29) 石井寛治前掲『帝国主義日本の対外戦略』六七―七八頁。

(30) 村上勝彦「貿易の拡大と資本の輸出入」（石井寛治・原朗・武田晴人編『日本経済史2 産業革命期』東京大学出版会、二〇〇〇年）四五―四九頁参照。

(31) 鈴木淳「重工業・鉱山業の資本蓄積」（石井寛治・原朗・武田晴人編前掲『日本経済史2　産業革命期』）二二三頁参照。

(32) 奈倉文二『日本軍事関連産業史――海軍と英国兵器会社』（日本経済評論社、二〇一三年）参照。

(33) 三和良一・鈴木俊夫『日本たばこ産業――百年のあゆみ』（日本たばこ産業株式会社、二〇〇九年）。

(34) 日本石油史編集室編『日本石油史』（日本石油株式会社、一九五八年）。

第三章　技術移転と資本形成の特徴

日本の産業革命は、外資導入という当時の国際常識に逆らっていわば自力で遂行されたことを前章で述べたが、技術に関しては欧米の進んだ機械技術を導入したことは言うまでもない。問題はその導入に際して外国人技術者にどのように依存し、如何にしてそこから自立し、日本人技術者がイノベーションを実行したかにある。また、国内で如何にして企業の設立・活動の資金を調達できたのかという問題も解明されなければならない。以下、本章では日本における産業革命の展開を可能にした技術と資本のあり方を検討したい。

一　西洋技術の移転における外国人依存

官雇外人技師への依存と脱却

インド・中国の機械制綿糸紡績業や中国上海の器械製糸業の技術移転に際しては、かなり長期に亘って外国人技術者に依存していたが、日本の場合はどうだったのであろうか。インドでは一八五〇年代から機械制綿糸紡績業が発展し、中国や日本へ綿糸輸出を行い、インド綿糸の輸入が両国での機械制綿糸紡績業の移植の契機となったが、インド紡績の機械と技師は専らイギリスから導入され、インド人技師の育成はほとんど行われなかったという(1)。また中国では、例外的な好成績を挙げた張謇の大生紗廠（一八九九年開業）でも専らイギリス人技師に依存するという技術面での

表 3-1　お雇い外国人の人数の推移

年次	合計 官雇	合計 私雇	学術教師 官雇	学術教師 私雇	技師 官雇	技師 私雇	事務 官雇	事務 私雇	その他 官雇	その他 私雇
1873（明 6）	507	73	127	43	204	16	72	2	104	12
1877（明 10）	381	457	109	62	146	169	55	32	71	194
1882（明 15）	157	493	53	44	51	215	43	29	10	205
1887（明 20）	195	394	81	125	56	231	52	22	6	16
1892（明 25）	130	572	66	319	18	210	40	33	6	10
1897（明 30）	92	765	69	315	7	281	16	29	0	140

出典）　梅渓昇『お雇い外国人 1 概説』（鹿島研究所出版会，1968 年）52-53 頁．

人材の欠如が問題とされ、そうした「重商軽工」の傾向は民族紡全体の問題であったと指摘されており[2]、上海器械製糸業においては第一次世界大戦の頃には外国人技師の中国人による代替が完了したとされているとはいえ[3]、大戦直前の調査には「外国人の経営せる製糸場にては、其の管理人及び教婦は多くは伊仏人を以て之に充て、又た清国人単独の経営に係るものと雖も其の優等糸を産せる処は多くは伊仏人の技師に托して其の繰糸法に就ては之れか指導を受けつつあるものの如し[4]」と報じられる状態だった。

そこで表3－1によって、明治中期までの日本政府（官雇）ないし私企業・団体（私雇）に属した外国人の職業別推移を見よう。一見して明らかなように官雇の教師・技師の人数が一八八〇年代に著しく減少している反面で、私雇の教師・技師の人数は増加傾向にあった。明治初期にもっとも多かったのは官雇の技師であり、工部省を中心として多数のイギリス人・フランス人技師が雇われ、官営の鉄道・通信、機械工業などの建設を担当した。官営富岡製糸場の建設に当たったフランス人技師P・ブリュナは管轄官庁である大蔵省、のち内務省に所属して働いた[5]。官雇の技師が減少したのは鉄道建設を担当したイギリス人技師E・モレルの提案に示唆を受けつつ、工部省内部に日本人技師の養成機関（のちの工部大学校）が設立されるなど、日本人技師の養成が鋭意進められた結果であったが[6]、減少のテンポが急激なのは、高額な給与を払って招いたお雇い外国人のための財政支出が一八七〇年代後半の大隈重信のインフレ政策による財政難のために困難になったためであった[7]。契約期限が来なくても技術伝習が完了したと見做しうるや否や政府がお雇い外国人を解雇しようとしたことは、一八七一年一月から五年間の契約で雇われた前述のブリュナが、損失続きの場合は三年間で契約を打ち切ることができるという契約条項を理由に「職務放免」されかけた事実が示している。この解雇は模範製糸場として損失が止むをえなかった理由をブリュナが説明したために撤回され、ブリュナは満期一杯勤めることになった。[8] ブリュナがフランスから連れて来た四人の繰糸教婦は病気のため任期途中で帰国しており、一八七五年一二月限りでブリュナとともにフランス人医師が退職すると、富岡製糸場にはお雇い外国人は一人も居なくなった。[9] 重要なことは、富岡製糸場をモデルにして設立された民間の器械製糸場において中国上海で見られたような外国人技師を雇うケースが全く見られなかったことである。それは長野県諏訪に代表される豪農・中農を担い手とする民間製糸場が、鉄製の繰糸器械を備えた蒸気動力の大規模なレンガ造りの富岡製糸場を模倣しながら、木鉄製の簡易化された繰糸器械を備えた水力動力の中小規模製糸場として発足したためであった。そこでは農村部の技術的・資金的条件に合わせた「適正技術」の形を創造しながら西洋技術の移転が行われたのであり、そこでは外国人技師に頼る必要がそもそもなかったのである。

日本政府が、性急にお雇い外国人の人数を減らそうとしたことに対しては批判も行われた。例えばドイツ人科学者G・ワーグナーは、一八八一年九月に提出した内国勧業博覧会報告書のなかで「日本の斯く厳に外国資本の注入を遮断し、又外国学術の応援を其度に制限し、曾て諸外国の如く其関を開かず、猶ほ全く昔在孤居の態を蟬脱せざるは、抑策の得たるものか否かは一大疑問」であると批判している。かく言うワーグナー自身、指導していた内務省勧業寮事業の縮小、京都府舎密局の廃止と、次々と職場を奪われたばかりであった。[10]

紡績と海運における外人技師の有無

「官雇」が減少したのに対して「私雇」の技師が何故増えたのであろうか。機械制綿糸紡績業の場合、紡績機械の据え付けに関しては二千錘紡績がもっぱら官員技師に頼ったのに対し、大阪紡績などの大規模紡績は初めのうちは外国人技師に頼ったと指摘されている。[11] しかし彼らは紡績会社に雇われたとはいえ、機械の据付・維持をしただけで機械の運転にはほとんど関わっていなかった。[12] その意味では紡績機械を動かしたのは基本的には日本人技師であったと言ってよい。大阪紡績を創設する際に渋沢栄一が滞英中の山辺丈夫に頼んで紡績経営と技術を習得させたこと、三重紡績の斎藤恒三や平野紡績の菊池恭三のような工部大学校卒業生がイギリスへ派遣されて紡績技術を習得したことが注目されねばならない。イギリスのように技術者が現場のたたき上げによって育てられるのではなく、日本では高等教育を受けた人材までが技術者として採用され、彼らがやがて経営の責任を負うようになった点に日本紡績業がインド・中国だけでなくイギリスをも凌駕する人材面の根拠があったのである。

紡績関係の外国人技師の「私雇」があまり多くないとなると、外国人技師を多く雇った私企業は一体どこだったのであろうか。その中心は蒸気船を運行する海運企業だったと思われる。『帝国統計年鑑』には海員技術免状の授与人員の統計が記されているが、一八九七年（明治三〇）末の遠洋航海をなしうる甲種免状所有者（船長・一等運転士・二等運転士）が内国人七一九名、外国人五五〇名、同じく遠洋航海に従事しうる免状をもつ機関長・一等機関士・二等機関士合計が内国人一〇四一名、外国人三六五名であった。[13] 免状所有の外国人全員が海運企業に「私雇」されているわけではない。例えば最大規模の日本郵船会社の場合、一八九七年九月末現在の外国人船員（船長・運転士・機関長・機関士）は一七八名で日本人船員は五〇九名であった。同社に雇われた外国人船員数はこの頃をピークに以後漸減し、一九〇七年九月末には八三名になることを考えると、明治中期までの「私雇」外国人技師の多くが大規模な海運企業に雇われていたことは間違いなかろう。その理由は日本人船員では外国の保険会社の海上保険料が高くて荷物が集まらないことであった。日本郵船は一八九五年以降、官公立の商船学校生徒の中から給費生を募集して日本人船員の養成を支援した。[14]

『帝国統計年鑑』記載のお雇い外国人統計は一八九八年限りで終わっている。これは一八九九年に第一次条約改正が実現して領事裁判権と居留地制度が廃止されたことと関係するのであろう。したがって一九〇一年に操業を始めた官営八幡製鉄所が雇った一九名のドイツ人技師・職工長たちの位置づけを全体の統計との対比から行うことは困難であるが、彼らの雇用期間については一九〇一—〇二年に集中しており、一九〇四年三月には転炉担当の職工長一名を残して全員解雇され、一九〇四年七月の第三次操業以降の高炉の安定操業はもっぱら日本人技師たちの手によって実現した(15)。この点は清国漢陽製鉄所が一八九二年の創設以来、技術面はドイツ・ベルギー・フランス人技師に任せ切りだったのと対照的だといってよい(16)。その基礎には、この頃までには野呂景義をはじめとする日本人技術者の力量が蓄積されていた事実があったが、一九〇一年二月の第一次高炉操業が一九〇二年七月に中止された原因については、日本の実情に疎いドイツ人技術者を過信したことを強調する通説に対して、コークス設備の未完のまま開業を急いだ経営方針こそが問題であり、一九〇四年四月の第二次高炉操業が一七日間で中止された原因については日本人技師の操業の未熟さが指摘されている(17)。おそらくそのとおりであろう。

以上のように、西洋の進んだ技術を導入するために日本の政府や企業は高給を払って外国人を雇うことを躊躇しなかったが、彼（女）たちから技術を習得するために懸命の努力を重ね一日も早く技術的に自立しようとした。とくに紡績業・海運業・製鉄業のように大きな技術格差のある分野で、欧米の機械技術をそのまま受容しようとする場合は、すでに見たように機械技術を習得した日本人技師を官民相協力して養成することを通じて自立を達成しようと努めた。他方、製糸業のように技術格差が乏しい分野では西洋技術を日本の在来技術に近い「適正技術」へと改変しつつ受容することにより外国人技師への依存抜きで技術導入を達成することができた。しかし、導入したはずの新技術も時間が経つと陳腐化してしまい国際競争上役に立たなくなる可能性がある。そうした国際競争に打ち勝つためには新しい技術を自ら生み出す技術革新（イノベーション）が必要である。つぎに日本が世界的な優位を獲得した綿糸紡績業と生糸製糸業について、如何なる技術革新が行われたかを検討しよう。

二　絹綿二部門における技術革新の展開

表 3-2　日印両国綿糸の上海価格構成

	日本綿糸	インド綿糸
原綿代価	65.250	59.414
製造工費	10.350	18.111
小計	75.600	77.525
内地諸掛	5.500	4.424
上海諸掛	5.545	5.545
合計	86.645	87.494
輸出税免除	3.780	0
差引	82.865	87.494

出典）　村山高前掲『世界綿業発展史』379 頁.
備考）　1 梱当り価格（円）.『明治 27 年外国貿易概覧』.

綿紡績業におけるコスト軽減策

表３－２は、一八九四年五月当時の上海市場における日本綿糸とインド綿糸の価格構成を大蔵省官吏が実業家の意見に基づいて作成したものである。これによれば、綿糸原価の六八―七五％を占める原料綿花価格については輸入綿花に頼る日本綿糸の方がかなり高くついているが、製造工費は逆に日本綿糸がインド綿糸よりはるかに低く、その結果合計では日本綿糸のコストがやや低目になっている。そして同年五月に公布された綿糸輸出税（従価五％）の免除法が同年七月から実施された場合には日本綿糸がさらに優位に立つことが示されているのである。

綿糸の国際競争力を強化するためには何よりも価格構成の最大部分をなす原綿価格を引き下げることが必要であり、そのために日本の紡績会社はさまざまな取引上の改善（イノベーション）を試みた。その一つは「輸入棉花海関税」の廃止（一八九六年四月実施）であり、いま一つは紡績連合会加入の紡績会社・綿花商社と日本郵船との間で一八九三年一〇月に締結されたインド綿花積取契約による運賃引き下げであった。後者については、政府が日本郵船への助成金の交付と横浜正金銀行ボンベイ出張所の設置によって強力な側面援助を与えたことが留意されるべきであろう(18)。またインド綿花を購入する綿花商社も出来るだけ安く仕入れるために、ボンベイなどでインド商人から購入するだけでなく一九〇六年からは綿花産地にまで乗り込んで仕入れるようになったことも注目されよう(19)。

さらに製造工費の低さを規定したものとしては「インド以下的」ともいうべき低賃金があるが、それを可能にした条件としては、当時の都市・農村の女子過剰人口の存在に加えて紡績会社が採用した女子労働者の二交替制深夜業とミュール紡績機からリング紡績機への早期の転換による女子労働者比率の急増という生産過程での革新（イノベーション）が注目されねばなるまい。[20]前者の女子深夜業はイギリス・インドではすでに工場法によって禁止されていた旧い方法であるのに対して、後者のリング紡績機はアメリカで発明された新しい技術であった。リング紡績機への転換比率は、一九一三年当時のイギリスでは全錘数の一九％に過ぎず、インドでは七二％とかなり転換しているが、日本の九六％、アメリカの八七％に比べると転換が遅れていた。[21]すなわち日本紡績業は技術移植のモデルであったイギリス紡績業の忠実な模倣を続けたのではなく、イギリスが捨て去った旧い制度とイギリスが採用していない新しい技術の双方を吸収しつつ独自の途を歩んだのである。大阪紡績の山辺丈夫は二交替制深夜業を率先して開始したことで知られているが、実はリング紡績機への転換についても山辺の率先した判断と実績が重要であり、三重紡績の技師の斎藤恒三などはむしろ転換に消極的であったことが最近実証されている。[22]

蚕糸業における一代交雑蚕種の開発

次に表3－3を手掛かりに輸出生糸の競争条件を検討しよう。本表から明らかなように、日本生糸の製造費はイタリアのそれを上回り繭購入のための借入金の利子は各国中もっとも高い。イタリアより低賃金であるにもかかわらず百斤当り製造費が高いのは労働生産性の低さのなせる業である。[23]日本生糸の国際競争力の強さの秘密は価格構成の八〇―八二％を占める原料繭代の低さにあると言ってよい。

一八七三年にイタリアを訪問した岩倉使節団は養蚕・製糸業を視察した結果「養蚕の方

表3-3　各国生糸100斤の価格構成　（1899年，円）

	原料繭代	製造費	購繭利子	合計
フランス	728.000	162.626	14.560	905.186
イタリア	728.000	144.737	14.560	887.297
中国上海	706.800	156.000	18.829	881.629
日本	696.470	152.000	23.206	871.676

出典）横浜原合名『欧米蚕業一斑』（1900年）21頁．
備考）製造費は工男女給料，固定資本利子，消耗品．購繭利子は仏伊年6％，中国8％，日本10％，4カ月分．

は日本と大抵相同し、然則日本生糸の価乏しきは只唯製糸に拙なるにより勝を欧州に譲れるのみ」[24]と記している。実際いずれも小農経営の枠組みの中での養蚕技術であったとすれば、賃金水準の低い日本の繭価格が低くなるのは当然であった。

近世中期から盛んになった日本の養蚕業においては、幕末の一八四九年（嘉永二）には奥州伊達郡梁川村の中村善右衛門が火力と温度計を用いた科学的な飼育法「温暖育」を発表し、[25]一八六三年（文久三）には上州佐位郡島村の田島弥平が換気を重視する「清涼育」のための越屋根を付けた瓦葺きの養蚕農家を建設し、これがその後の養蚕農家の建築のモデルとなった。そして一八八三年（明治一六）には上州緑野郡高山村の高山長五郎が「温暖育」と「清涼育」の長所を取り入れ、換気の調整と温度の管理を行う「清温育」を完成させ、この養蚕法は私的な養蚕教育組織「高山社」を通じて全国に広まった。[26]さらに一八七五年（明治八）に信州南安曇郡中萱の藤岡甚三郎が蚕種を風穴のような冷所に貯蔵することによって孵化を抑制する方法（窮理法）を発見したことにより夏秋蚕の飼育が発達した。[27]養蚕業におけるこれらの技術革新が日本製糸業に十分な原料繭を供給した結果、日本生糸の輸出量は一九〇八年にはイタリアの生糸生産量、一九〇九年には中国の生糸輸出量を抜いて生糸世界市場においてトップの座を占めることになった。[28]

もちろんその過程では製糸業における技術革新も見られた。例えば器械製糸場の繰糸器械緒数は一八七〇年代はイタリア・フランス水準の富岡製糸場の二口繰をまねた二口繰が中心であったのが、一九〇〇年代後半には全国的に三口繰が優勢となった。しかし、その頃のイタリアでは六口繰が標準であったから日本との生産性の差は拡大した。[29]もっとも中国上海については、一八九五年の調査で「一台にて四条乃至六条を繰す」とあったのに対して、一九一〇年の調査でも全く同様の報告がなされており、この間の技術革新が全く見られなかった。[30]日本の変化はイタリアと中国の中間に位置すると言えよう。問題は日本製糸業の場合、三〇年程の間にイタリアや中国には見られないような巨大企業が幾つも育って、さらなる技術革新を推進したことである。すなわち、一九一一年当時の日本では、長野県諏訪郡に本拠をもつ片倉組（一五工場、四四七九釜）、山十組（一一工場、三二二七釜）、小口組（一一工場、三二一〇釜）といった三〇〇〇釜以上の設備を有する巨大製糸家が誕生していたが、それらに匹敵する規模の製糸家はヨーロッパにも中国にも存在しなかった(31)。

一九〇九年に日本が世界最大の生糸輸出国になったといっても、それは輸出量から見た話であって、品質面では日本糸はイタリア糸や上海糸には敵わなかった。そうした状況を一挙に逆転し日本生糸が質量共に世界市場を制覇することを助けたのが、一代交雑蚕種の開発と普及であった。同蚕種の実用化は第一次世界大戦期以降に属するとはいえ、その開発は一九一〇年代に入る頃から急速に進んだので、ここでその経緯を跡付けておこう。

蚕糸業の基礎をなす蚕種の改良は茂木商店系の三竜社や原商店系の名古屋製糸所において異種蚕種の交配などの形で試みられていたが、折角優良品質の蚕種が生まれても交配を繰り返すと品質の劣化が進むため改良が行き詰まっていた。その時、農学博士外山亀太郎（一八六七―一九一八）は一九〇六年の論文においてメンデルの遺伝法則が蚕にも当てはまり一代交雑種のみが独自の優性遺伝を示すことを実験によって確証した。生糸輸出が量的に世界最大となる一九〇九年の官民実業懇話会において、片倉組の今井五介と生糸売込問屋兼製糸家の原富太郎が政府の尽力によって蚕種の統一をしてほしいと発言したのをきっかけに、蚕種統一とその方法をめぐる激しい論争が行われ、政府は一九一一年三月に蚕糸業法を公布して政府・府県営の原蚕種製造所を設立し、外山の指導のもとに一代交雑蚕種の開発を進めた。こうして優れた品質の蚕種が開発されたが、養蚕家にそれを使わせる実用化のリスクを誰が負担するかで行き詰まっていた。一九一四年三月にその話を聞いた片倉組の今井五介が自らのリスク負担で一代交雑蚕種の製造と配布を始めたことを手始めに有力製糸家が次々と製造・普及の担い手となることを通じて普及が進み、一九一八年には全国春蚕の五五％が一代交雑種によって行われ、一九二六年にはその比率が九九％に達したのである。優れた自然科学者外山の研究成果が政府研究機関と有力製糸家の力に支えられて実用化に成功したと言えよう(32)。

三　銀行融資による成長促進と選別強化

資本市場説と銀行融資説の対立

外資への依存度が低いという制約条件のもとで、日本経済がアジアで初めて産業革命を達成できたのは何故であろうか。この問題への従来の回答は、厳しい租税収奪による官営企業の設立とその払下げを強調する戦前来の財政重視説から大企業が株式会社制度を利用して資本市場から資金を調達したことを重視する直接金融＝資本市場説[33]へと変わりつつあるようである。後者の説は、後発資本主義国日本では、個人投資家の数が少なく蓄積資金も限られており、より多数の中小預金者による銀行預金がさまざまな形で株式企業に流入したことを重視する間接金融＝銀行重視説[34]への批判である。最近では、それらの見解が特定の産業分野のイメージを全体に押し広げる誤りを犯していると両面批判しつつ、在来産業・公益関連大企業・製造関連大企業ごとの資金調達パターンを確定し、三分野の比重の変化が全体の変化を規定すると見る新しい見解[35]も提起されている。この新見解について私は、分野ごとの資金調達パターンは必ずしも同一ではなく規模の違いと時期の違いによって異なると批判し、資本市場から設備資金を調達できたという運輸大企業の株主は日本銀行の株式担保金融を前提とする銀行融資に大きく頼っており、紡績大企業も急成長の過程ではしばしば銀行から設備資金の融資を受けていたこと、中規模の運輸・紡績企業は産業革命末期においても銀行からの設備資金の融資に頼っていたこと、などを指摘した[36]。

商人中心の個人投資家層の形成

ここでは、まず産業革命期の株式会社の株主はどのような人々であったかを指摘し、ついで株主の投資が銀行の株式担保金融によって支えられていたかを検討する。株主分析としては、一八九八年当時の綿紡績会社の大株主の研究が最初であり、綿業関係者ら商人が中心であることが指摘された[37]。では一九〇〇年当時、綿紡績業（七〇社、払込資本金三四〇〇万円）よりもはるかに資本金額が大きい鉄道業（四一社、同一億八一〇〇万円）、銀行業（一八〇二行、同二億三九〇〇万円）の場合はどうであろうか。日本鉄道・北海道炭礦鉄道とともに五大私鉄をなす関西鉄道・山陽鉄道・九州鉄道三社の一九〇一年九月現在の株主の地域分布を見ると、何れも東京府・大阪府・京都府の株主の所有株数が過半を占めていることから株式の大半が商人を中心とする商工業者によって所有されているものと判断される。また、一八九五年一二月当時の国立銀行の「平民」株主の所有株が二〇七〇万円（うち商業者一〇八九万円）と華族の一八〇九万円、士族の一〇一三万円を上回り、旧両替商を含む商人によって設立された普通銀行の資本金が四九八一万円に急増して国立銀行の資本金四八九三万円を上回った。したがって、この時点では国立銀行と普通銀行の資本金のほぼ三分の二が商人によって提供されていたことになる[38]。

このように明治中期には、紡績・鉄道・銀行などの株主の過半が商人によって占められていたのであるが、彼らは商人全体の中ではどのような階層だったのであろうか。一九〇一年末の大阪・京都・神戸・名古屋四市の株式・公債所有者は合計九〇二〇名であり、この数は四市の所得税納入商工業者二万七四九六名の三分の一に過ぎず、国税納入商工業者五万五九三八名との比較では六分の一に当たる。しかも五〇〇〇円以上の所有者一六八七名（所得税納入商工業者の六％、国税納入商工業者の三％）が株式公債の九一％を所有しており、一〇〇〇円以上の所有者三九二五名にまで広げると株式公債の九八％を所有しているのであって、大都市の個人投資家としては大体この辺りまでを問題にすれば足りるように思われる[39]。すなわち、大都市では商工業者の上位三％に当たる最上層のみが有力な個人投資家として活躍しているのであり、その数は意外と限定されていたのである。逆に言えば余裕資金額が株式投資に投入するほど纏まっていないが銀行へ預金として預けることのできる分厚い階層が存在したのであり、その預金をどのようなルートで産業企業に向けて動員するかが問題となるのである。

銀行による株式担保金融の新推計

そこで、つぎに銀行による株式担保金融について検討しよう。銀行融資のうち株式担保金融が占める割合についての従来の推定値は著しい過小評価に陥っていた。かつて私は、一八九六年末当時の国立銀行と普通銀行における株式担保金融について、「割引手形」（その大半は手形貸付）も「貸付・貸越」と同率の四二・〇％が株式担保で、株式払込額の八掛けで融資がなされたと仮定すると、当時の会社株式払込額三億九七五七万円の四八％に当たる一億九〇五八万円の株式が銀行の担保に入っている計算になり、産業株に限ればその比率はさらに高まることを論じた(40)。だが、この推定（表3－4の比重①）に際して「割引手形」の株式担保比率を「貸付・貸越」のそれと同率と仮定したのは誤りであり、そうした仮定では一九一六年に「手形貸付」勘定が新設された時に株式担保比率が前年＝一九一五年の二一・五％から一挙に四〇・〇％へと急増する事実を説明できなくなる。実際には、一九一五年までの「割引手形」の株式担保比率は「貸付・貸越」のそれを大きく上回っていたのである。そこで、一九一五年から一九一六年にかけて貸付・貸越・割引が均等に増加し、貸付・貸越における株式担保の比率が一九一五年のままだと仮定すると、一九一六年に貸付勘定に移った「割引手形」＝手形貸付（旧手形割引の六三・一％）に占める株式担保の比重は六一・六％と推定される。これらの比率を使って一八九三―一九一五年についても「割引手形」に占める手形貸付、そのうちの株式担保の金額を推定し、「貸付・貸越」のうちの株式担保の金額と合計して貸付・貸越・「手形貸付」における株式担保比率の新推計を行った（表3－4の比重②）。

この比重②によれば、一八九六年から一九一五年にかけての二〇年間に比重①が四二％から二二％へと半減したのと異なり、株式担保の比率はほぼ一貫して四〇％前後の水準を維持していることになる。会社払込資本金が三億九七

表 3-4　民間銀行による株式担保金融

（千円，％）

年末	貸付・貸越	株式担保	比重①	割引手形	手形貸付	株式担保	比重②
1893	130,163	46,897	36.0	39,256	24,771	15,259	40.1
1894	146,005	50,372	34.5	64,768	40,869	25,175	40.4
1895	183,790	68,314	37.2	85,083	53,687	33,071	42.7
1896	271,008	114,421	42.2	127,813	80,650	49,680	46.7
1897	287,734	104,379	36.3	158,682	100,128	61,679	42.8
1898	317,769	115,847	36.5	151,904	95,851	59,044	42.3
1899	341,551	97,302	28.5	287,670	181,520	111,816	40.0
1900	389,944	107,890	27.7	335,745	211,855	130,503	39.6
1901	397,474	104,694	26.3	298,514	188,362	116,031	37.7
1902	417,268	99,865	23.9	340,625	214,934	132,399	36.7
1903	435,428	95,928	22.0	372,156	234,830	144,655	35.9
1904	450,835	95,652	21.2	369,429	233,110	143,596	35.0
1905	475,115	102,943	21.7	422,364	266,512	164,171	36.0
1906	522,126	134,685	25.8	715,950	451,764	278,287	42.4
1907	609,671	152,904	25.1	652,261	411,577	253,531	39.8
1908	613,075	145,171	23.7	632,316	398,991	245,778	38.6
1909	621,546	131,906	21.2	655,624	413,699	254,839	37.4
1910	665,069	147,570	22.2	754,786	476,270	293,382	38.6
1911	727,143	157,067	21.6	868,813	548,221	337,704	38.8
1912	801,873	175,326	21.9	953,000	601,343	370,427	38.9
1913	879,676	198,153	22.5	1,053,000	664,443	409,297	39.3
1914	928,530	203,943	22.0	1,091,000	688,421	424,067	38.8
1915	917,388	197,502	21.5	1,249,000	788,119	485,481	40.0
1916	2,162,128	865,886	40.0	585,000			40.0
1917	2,803,326	1,053,265	37.6	845,000			37.6
1918	3,759,793	1,257,106	33.4	1,340,000			33.4
1919	5,172,745	1,887,978	36.5	1,960,000			36.5
1920	5,954,802	1,891,076	31.8	1,546,000			31.8

出典）　石井寛治「戦前日本の株式投資とその資金源泉」（『金融研究』2006 年 3 月）.

備考）　比重①は貸付・貸越に占める株式担保の比重．比重②は手形貸付を含めた比重．原資料と推計方法は，出典の表備考を参照．ただし，備考 5 の 1916 年に貸付勘定に移った手形貸付は正しくは 9 億 9,882 万円である．

五七万円（一八九六年）から一〇億八九九六万円（一九〇六年）、二四億六八〇〇万円（一九一六年）へと増加しているため、銀行に担保に入っている株式の推定比率は五一・六％（一八九六年）、四七・四％（一九〇六年）、四三・九％（一九一六年）と徐々に低下するとはいえ、産業株に限れば比率はさらに高まることを考えると、個人投資家による産業企業への株式投資が銀行からの株式担保金融によって大きく支えられていたことは明白であると言ってよい。直接金融優位か間接金融優位かという単純な二者択一の問いかけでなく両者の具体的関連こそが問われなければならない。欧米では銀行による取引所の証券業者への融資が重要なのに対して、日本の銀行は証券業者への融資には消極的であり[41]、産業企業への貸出・投資（とくに社債）という直接的ルートと投資家への株式担保金融という間接的ルートを通じて産業企業に資金を供給していたのである。

査定と選別を通じて二極構成へ

このように銀行融資は資本市場を利用しうる大企業の場合を含めて産業企業の成長を著しく促進し、ほぼ二〇年という短期間での産業革命を可能にした。そうした積極的融資の実行は、銀行としては貸し倒れのリスクを大きく背負うことを意味したから、融資の回収を確実にするために査定を厳密にしなければならなかった。鉄道業・海運業の場合は、日本銀行が一八八五年から日本鉄道会社の株式を担保とする割引を行い、一八九〇年恐慌の対策として急遽九州・山陽・北海道炭礦・水戸・両毛・甲武・関西・阪堺・大阪・讃岐の一〇鉄道会社と日本郵船会社・東京海上保険会社の株式を担保品に加えたが、そうした措置はそれらの特定企業の信用を日本銀行が保証する意味をもつものであった。その結果一八九〇年において、日銀担保株に指定されなかった鐘淵紡績株の価格が急落し続けたのに対して、北海道炭礦の株価は上昇を続け、九州・山陽会社株は価格の低落に歯止めがかかったことが明らかにされている。(42) 鉄道会社の営業実績については五大鉄道に対するその他の中小鉄道の劣位が明らかであるが、(43) その原因の一つは日本銀行による信用面での選別にあったと言えよう。

綿紡績業は最初から比較的大規模な株式会社として発足し、確立と同時に企業合同が始まった。一九〇〇年には七九社・八〇工場で一一四万錘だったのが、一九一三年には四四社・一五二工場で二四一万錘となり、同年最大の鐘淵紡績の四六万余錘を上回る会社は、イギリスに一社、アメリカに二社あるのみであった。(44) のちの三大紡となる鐘淵紡、三重紡・大阪紡（一九一四年に合併して東洋紡）、尼崎紡・摂津紡（一九一八年に合併して大日本紡）の五社は、一九〇〇年頃から何れも特定製品の生産に集中することで独占的な利益を上げたが、(45) その過程では中心をなす鐘紡・三重紡・尼崎紡はそれぞれ資金調達上の難関に遭遇し、その克服のために銀行の特別な支援を受けた。

すなわち、鐘紡は大株主でもあった三井銀行からの融資に頼って次々と他紡績の合併を行い、三重紡は設備資金のために十分な資本金を調達できたとはいえ、株式の発行は第一銀行四日市支店が同社株主に対してかなり多くの株式担保金融を行うことによって初めて実行できた。また尼崎紡は創業時に出資を依頼した大阪の旧両替商の設立した関係銀行の融資に頼り、それら関係銀行が日清戦後に破綻した時は商務副支配人田代重右衛門の縁故によって大垣共立銀行からの多額の融資によって漸く窮地を脱することができたのであった[46]。これらの銀行の介入がなかったとすれば、三大紡の形成の核となる有力紡績の急速な発展はなく紡績業界の構成はよりフラットなものに終わった可能性がある。

表 3-5　第十九銀行の製糸金融手形の再割引先（1906 年 9 月末）（千円）

振出元／再割先	日本銀行		横浜正金銀行		都市銀行		地方銀行	合計	
銀行重役	77				370		710	1,157	
片倉組		120		100	60	210		60	430
尾沢組		40		14	50	133		50	187
林国蔵		38		10		124			172
小口組		25				75			100
其他 21 製糸			130		145	50	50	325	50
合計	77	223	130	124	625	592	760	1,592	939

出典）「明治三十九年夏期手形再割引表」（八十二銀行所蔵）.
備考）左欄は約束手形，右欄は問屋引受為替手形．都市銀行は三菱・三井・第一・十五・住友の各行．問屋は小野・茂木・原の各商店．

日本の製糸業が明治末期には世界最大の規模をもつ片倉組・山十組・小口組などを生み出していたことはすでに述べた。これらの巨大製糸の発展が開明社や竜上館という独特な製糸結社による統一的な生産管理の成功を基礎とすることは事実であるが[47]、そうした製糸資本を選別して急速な成長を促進したのが製糸業地の地方銀行と横浜の生糸売込問屋を主たる担い手とする製糸金融のシステムだったことも見落とされてはならない。とくに生糸売込問屋は融資対象である製糸家の出荷生糸を取り扱っているため、製糸家の経営能力の査定においては銀行を上回る知識をもつとともに多額の販売手数料の蓄積があるため長期融資が可能な立場にあった。例えば、上記三大製糸に次ぐ地位の信州諏訪の林瀬平家（のちの山一林組）が一八九四年度末に借金返済難に陥ったときの生糸売込問屋の小野商店による返済猶予・免除のケースや、のちに片倉に比肩する巨大経営に成長する京都府の郡是製糸が一九一四年度に自己資本を上回る損失を出した時に生糸売込問屋神栄株式会社が日本勧業銀行からの救済融資に関して保証人の役割を果たしたケースなどを、直ちに思い浮かべることができよう(48)。ここでは表3－5によって製糸資金の最終的な供給者である日本銀行の選別融資について見ておきたい。

この表は長野県上田に本店のある第十九銀行の製糸金融手形の再割引先である。手形の多くは製糸家振出し横浜生糸売込問屋引受けの為替手形（右欄）であったが、問屋の介在しない約束手形（左欄）もあった。再割引先が日本銀行の製糸家は開明社社長組の片倉・尾沢・林の三名と旧竜上館館長の小口善重（小口組）だけで、そのほかの製糸家は再割引利率の低い日本銀行の再割引対象から外されている。その結果第十九銀行による割引利率も、片倉組などが年七—八％であるのに対して、そのほかの二五製糸家は年八—一〇％であった。このように日本銀行などに依存する地方銀行においても製糸家の明確な選別融資が見られたのである。

以上、鉄道・紡績・製糸の三部門を取り上げて、銀行による融資が発展を促進する反面で融資先の厳しい選別を行っていたことを明らかにした。そうした産業革命の過程から生み出された資本の構成は、少数の巨大資本と多数の小資本という二極構成であり、中間部分にあたる「中級資本の支配的発達」は見られなかった。ここに日本資本主義における「自由主義」的要素の未熟さの歴史的要因があったのである(49)。

注

（1）村山高『世界綿業発展史』（青泉社、一九六一年）三三六—三四七、四五四頁。
（2）中井英基『張謇と中国近代企業』（北海道大学図書刊行会、一九九六年）三八四頁。
（3）曽田三郎『中国近代製糸業史の研究』（汲古書院、一九九四年）一九五頁。
（4）紫藤章『清国蚕糸業一斑』（農商務省生糸検査所、一九一一年）八〇頁。
（5）梅渓昇『お雇い外国人1　概説』（鹿島研究所出版会、一九六八年）六九—七二頁。

(6) 林田治男「エドモンド・モレル」(小池滋・青木栄一・和久田康雄編『日本の鉄道をつくった人たち』悠書館、二〇一〇年)八頁。
(7) 交通・通信分野における技術の自立については、山田直匡『お雇い外国人4　交通』(鹿島研究所出版会、一九六八年)、高橋善七『お雇い外国人7　通信』(鹿島研究所出版会、一九六九年)参照。
(8) 上條宏之「ポール・ブリュナ」(『講座・日本技術の社会史　別巻2　人物篇近代』日本評論社、一九八六年)三〇―三四頁。
(9) 今井幹夫『富岡製糸場の歴史と文化』(みやま文庫、二〇〇六年)六三―一一三頁。
(10) 中村政則・石井寛治・春日豊校注『日本近代思想大系8　経済構想』(岩波書店、一九八八年)四〇三頁、加藤幸三郎「G・ワグネルと殖産興業政策の担い手たち」(前掲『講座・日本技術の社会史　別巻2　人物篇近代』)八三―八四頁。
(11) 高村直助『日本紡績業史序説　上』(塙書房、一九七一年)一四一頁。
(12) 紡績業における外国人技師への依存と脱皮については、岡本幸雄『明治期紡績技術関係史――日本の工業化問題への接近』(九州大学出版会、一九九五年)第三章「紡績会社勃興期の技術者問題」が詳しい実証を行っている。
(13) 内閣統計局編『日本帝国統計年鑑　一七』(東洋書林、二〇〇一年)八二〇頁。
(14) 財団法人日本経営史研究所編『日本郵船株式会社百年史』(日本郵船株式会社、一九八八年)七九、一四五―一四七、一八三頁。
(15) 三枝博音・飯田賢一編『日本近代製鉄技術発達史』(東洋経済新報社、一九五七年)四一八―四四一頁。
(16) 長島修『官営八幡製鉄所論――国家資本の経営史』(日本経済評論社、二〇一二年)三三六―三三七頁。
(17) 同上書、二三三―二五七頁。
(18) 高村直助前掲『日本紡績業史序説　上』二二六―二三六頁。
(19) 石井寛治「貿易と金融における日英対抗」(杉山伸也、ジャネット・ハンター編『日英交流史1600-2000　④　経済』東京大学出版会、二〇〇一年)一二六頁。
(20) 高村直助前掲『日本紡績業史序説　上』三〇一頁。
(21) 村山高前掲『世界綿業発展史』二七八頁。
(22) 阿部武司「生産技術と労働――近代的綿紡織企業の場合」(阿部武司・中村尚史編著『講座　日本経営史2　産業革命と企業経営1882〜1914』ミネルヴァ書房、二〇一〇年)八九―九九頁。

(23) 石井寛治『日本蚕糸業史分析』(東京大学出版会、一九七二年) 二四三―二五二頁。
(24) 久米邦武編・田中彰校注『特命全権大使 米欧回覧実記 (四)』(岩波文庫、一九八〇年) 三一二頁。
(25) 庄司吉之助『近世養蚕業発達史』(御茶の水書房、一九六四年) 一〇五―一一三頁。
(26) 松浦利隆『在来技術改良の支えた近代化――富岡製糸場のパラドックスを超えて』(岩田書院、二〇〇六年) 第二章、第三章。
(27) 石田孫太郎『明治蚕業大事紀』(大日本蚕糸業学会、一九一二年) 第二章。長野県で始まった風穴の利用は各地に広がったが、中でも群馬県甘楽郡下仁田町において養蚕家庭屋静太郎が一九〇五年から一九一四年にかけて建設した第一号から第三号の荒船風穴は、一一〇万枚の貯蔵能力をもつ日本最大規模の風穴であった。
(28) イタリアの生産量を凌駕した年を一九〇五年とする通説は、輸入繭による生糸生産量を除いており、その分を加えると一九〇八年凌駕となる。
(29) 石井寛治前掲『日本蚕糸業史分析』二四五―二四七頁。
(30) 錦戸右門『清国繭糸事情』(横浜井上商店、一八九七年) 四〇頁、紫藤章前掲『清国蚕糸業一斑』一〇一頁。上海製糸業において技術革新が見られなかったのは、ヨーロッパ式の大規模製糸場をそのまままねて設立した商人・地主が一年間の短期契約で企業家に貸し出す「租廠制」が行われたためであった (清川雪彦『近代製糸技術とアジア――技術導入の比較経済史』名古屋大学出版会、二〇〇九年、二四〇頁)。
(31) 石井寛治『近代日本金融史序説』(東京大学出版会、一九九九年) 四〇五―四〇六頁。
(32) 加藤集次編『本邦に於ける一代交雑種の発祥史』(一代交雑種発祥紀念会、一九二八年)、竹内長正編『外山亀太郎記念録』(外山直養、一九四〇年)。外山亀太郎の研究は世界的に高く評価され、日本国内では一九一五年の帝国学士院賞を授与された。蚕種統一運動について詳しくは石井寛治「一九一〇年前後における日本蚕糸業の構造」(大塚久雄ほか編『資本主義の形成と発展――山口和雄博士還暦記念論文集』東京大学出版会、一九六八年) を参照。
(33) 岡崎哲二・奥野正寛「現代日本の経済システムとその歴史的源流」(岡崎哲二・奥野正寛編『現代日本の経済システムの源流』日本経済新聞社、一九九三年)。
(34) 石井寛治前掲『近代日本金融史序説』序章。
(35) 寺西重郎『戦前期日本の金融システム』(岩波書店、二〇一一年)。

(36) 石井寛治「企業金融の形成」(阿部武司・中村尚史編著前掲『講座　日本経営史2　産業革命と企業経営 1882〜1914』)。
(37) 山口和雄編著『日本産業金融史研究　紡績金融篇』(東京大学出版会、一九七〇年) 八六—九六頁。
(38) 石井寛治『帝国主義日本の対外戦略』(名古屋大学出版会、二〇一二年) 一三—一四頁。
(39) 石井寛治前掲『近代日本金融史序説』五〇八—五一一頁。五〇〇〇円以上の階層を取るか一〇〇〇円以上の階層を取るかは、問題設定によって異なろう。
(40) 同上書、五—六頁。
(41) 石井寛治「再考：戦前期日本の直接金融と間接金融」(日本銀行『金融研究』第三一巻第一号、二〇一二年一月)。
(42) 靎見誠良『日本信用機構の確立——日本銀行と金融市場』(有斐閣、一九九一年) 二三二—二四五頁。
(43) 高村直助『日本資本主義論』(ミネルヴァ書房、一九八〇年) 九五頁。
(44) 米川伸一「再論　紡績企業成長の国際比較」(『社会経済史学』第四七巻第五号、一九八二年) 二五頁。
(45) 高村直助「資本蓄積（一）軽工業」(大石嘉一郎編『日本帝国主義史1　第一次大戦期』東京大学出版会、一九八五年) 一五四頁。
(46) 山口和雄編著前掲『日本産業金融史研究　紡績金融篇』四〇二—四〇三、四六一—四七四、五二七—五四三頁。
(47) 中林真幸『近代資本主義の組織——製糸業の発展における取引の統治と生産の構造』(東京大学出版会、二〇〇三年) における開明社の分析を参照。
(48) 石井寛治前掲『近代日本金融史序説』四〇七頁。
(49) 野呂榮太郎『日本資本主義発達史』(岩波書店、一九五四年) 二五二頁。

第四章　賃労働者の増加と地域経済の変容

本章では、産業革命を通じてどの地域にどのような部門の資本制産業が発展したかを究明し、資本制産業が自らと較べて膨大な有業人口を擁する在来産業（小経営）と労働市場・商品市場を介して如何なる相互依存関係ないし収奪関係を取り結んだかを検討する。その上で、賃労働者の多数を占めた女子労働者の労働条件が工場法によってどのように規制されたかを問題としたい。

一　賃労働者の分布と地域経済の特徴

賃労働者の増加と地域的分散

近代日本の産業革命はどの地域で発展し、どの位の賃労働者を生み出したのであろうか。日本の産業革命を通説どおり一八八六年からの機械制大工業の本格的企業勃興によって始まり、日露戦後の一九〇七年恐慌前後における機械そのものの生産の「見通しの確立」によって終了すると考えるとき[(1)]、この間における官民の工場・鉱山で働く賃労働者の地域的分布は表4－1のとおりであった。参考までに重化学工業が本格的に発展する一九三九年当時のデータも掲げておいた。これによれば、一八八六年から一九〇九年までの二三年間に賃労働者数は約一〇万人から約一一五万人へと一一倍強に急増しており、その増加テンポは一九〇九年から一九三九年にかけての三〇年間の四倍弱をはるか

表 4-1　地域別の鉱工業賃労働者

（人，%）

	1886 年（明治 19）		1909 年（明治 42）		1939 年（昭和 14）	
	賃労働者数	対人口比	賃労働者数	対人口比	賃労働者数	対人口比
北海道	1,126	0.34	26,836	1.92	128,280	3.92
東北	13,417	0.32	77,855	1.47	190,685	2.66
北関東	1,462	0.06	47,855	1.55	164,416	3.99
南関東	18,708	0.40	173,617	2.69	924,256	7.25
北陸	3,087	0.08	70,145	1.81	251,078	5.85
東山	21,513	0.88	93,623	3.21	173,034	4.76
東海	4,651	0.14	114,555	2.74	518,585	8.12
近畿	20,919	0.39	233,786	3.36	986,409	8.27
山陰	2,386	0.22	10,494	0.91	32,113	2.62
山陽	2,290	0.07	63,108	1.68	238,494	5.31
四国	580	0.02	39,771	1.29	125,353	3.76
北九州	12,212	0.29	183,861	3.37	438,741	5.84
南九州	21	0.00	15,836	0.88	57,279	2.36
沖縄	0	0.00	2,099	0.42	12,991	2.26
計	102,372	0.26	1,153,441	2.31	4,241,714	5.80

出典）石井寛治「地域経済の変化」（佐伯尚美・小宮隆太郎編『日本の土地問題』東京大学出版会，1972 年）352 頁.

備考）南関東は東京・神奈川・埼玉・千葉，東山は長野・山梨・岐阜，東海は静岡・愛知・三重，山陰は鳥取・島根，北九州は福岡・佐賀・長崎・大分・熊本を指す.

に上回っている。まさに産業革命に相応しい増加ぶりと言ってよい。しかし、一九〇九年当時の総人口四九八〇万人に較べると賃労働者一一五万人は僅か二・三%に過ぎず、人口のほぼ半ばを占める推定有業人口二五四二万人に較べても四・五%にしかならない。工場・鉱山以外の交通業・官庁などで働く者を加えた近代的雇用者全体一六三万人との比較でも、その有業人口に占める構成比は六・四%である。残りの二三七九万人（農林業一六〇三万人、非農林業七七六万人）は在来的な産業で働いている計算になる。[2]

こうした近世以来の在来産業の近代における発展を考えない限り、産業革命期の経済全体の成長を理解することができないと指摘したのが中村隆英氏の「在来産業論」[3]であり、在来産業の発展を近世の事態の単なる延長としてではなく近代における独自な発展経路と見做すのが谷本雅之氏の「在来的経済発展論」[4]である。これらの説は上述したように産業革命終了時点においても有業人口の九四%が従事する在来産業が全く停滞的であったとすれば、六%の労働力が従事する近代産業・部門が如何に急速に発展したとしても日本経済全体の成長は困難だということを指摘した点で注目に値しよう。その際もっとも困難な問題は両者の関係の把握であり、例えば綿紡績業と織物業の間、あるいは製糸業と養蚕業の間の相互依存・対立の関係については、さまざまな見解が対立したままである。そうした点については次節で触れることにし、ここでは表4－1に戻って同表の示す地域性について考えておこう。

同表において京浜工業地帯を含む「南関東」と阪神工業地帯を含む「近畿」の比重がほかの地域を押さえて中心的な地位を占めるのは、参考までに記した一九三九年のことで同年の両地域の比重は全国の四五・〇％に達する。それに対して、産業革命期の「南関東」「近畿」両地域の比重は一八八六年の三八・七％から一九〇九年には三五・三％と、むしろ低下気味であることが注目される。これは産業革命の中心的産業が繊維産業と鉱山業であり、とくに製糸業と織物業が大都市よりも農村地域に広がって発展し、鉱山業も大都市以外の場所に発展したことによるものと言えよう。一八八六年にもっとも多くの賃労働者を擁していたのが長野・山梨・岐阜の三県からなる「東山」地域であり、その後も有力な工業地域をなしていたことはその点を象徴している。一九〇九年の繊維工場労働者四八万六五〇八名の七八・五％に当たる三八万一七四六名、鉱山労働者二三万五八〇九名の九九・九％に当たる二三万五六六九名は、三大都市を擁する東京・京都・大阪の三府以外の地域に散在して働いているのである。それに対して官営工場を含めた機械・金属工業の労働者は、一九〇九年には全国の五一・九％に当たる九万三七八九名が東京・神奈川・大阪・兵庫に集まっており、一九三九年には民間の機械・金属工業の賃労働者の六〇・四％（九五万二五二〇名）がそれら四府県に集中している。(5) したがって大都市立地の性格を強めつつある重工業の発展とともに、前述のように賃労働者の「南関東」「近畿」への集中度が高まることになるのである。

地域の産業編成の不均等化

このような資本主義的鉱工業の発展は各地域の産業編成全体をどのように変えたのであろうか。この問題を一八七四年（明治七）と一九二四年（大正一三）という半世紀を隔てた二時点の各地域の生産物構成の比較によって見たのが

表 4-2　地域別の工鉱産物額と域内比率　（千円，％）

	1874 年（明治 7）		1924 年（大正 13）	
	産額	域内比率	産額	域内比率
北海道	157	4.6	207,356	42.1
東北	10,632	30.7	334,480	36.4
関東	22,080	34.6	1,570,776	67.3
北陸	12,242	35.3	384,303	51.0
東山	8,944	35.2	504,440	61.6
東海	10,716	32.3	972,849	70.5
近畿	31,272	45.4	2,323,550	82.9
中国	14,180	31.6	422,963	50.1
四国	8,912	33.8	261,209	49.0
九州	10,759	27.7	754,213	51.9
沖縄	—	—	12,285	28.1
全国	129,896	34.7	7,748,420	62.6

出典）山口和雄・石井寛治編『近代日本の商品流通』（東京大学出版会，1986 年）10-13 頁．

表4－2である。一九二三年の関東大震災の打撃を考慮すると一九二四年という時点は適切さを欠くが、データ収集の都合上止むをえない。

一八七四年当時の各地域における工鉱産物比率（総生産物額に占める工鉱産物額の比率）を見て気が付くのはその驚くべき均等性である。未開拓の北海道と後進地九州および先進地近畿を除くとすべての地域の比率が三〇％台に集中している。この均等性は近世日本が明治四年の廃藩時に二八三に及ぶ大名領に分かれており、諸藩が独立の経済圏として発展してきた結果にほかならない。もちろん諸大名は幕府への参勤交代などの義務を果たすために畿内の先進的工業との結びつきを必要としており、それが近畿の高比率をもたらしているが、おそらく幕末にかけての近畿の相対的地位はかなり低下したものと思われる。

こうした均等性は産業革命期を含む半世紀後には大きく崩れ去る。全国平均比率がほぼ倍増するなかで、依然として首位を維持する近畿の八〇％台と新規参入の沖縄の二〇％台の間に、東海七〇％台、関東・東山六〇％台、九州・北陸・中国五〇％台、四国・北海道四〇％台、東北三〇％台という具合に序列化された諸地域が並んでいるのである。東北の比率が一八七四年から若干上昇しているとはいえ、他地域との比較では東北はもっとも農業に特化した地域になった。すなわち、工業地域近畿と農業地域東北という地域的特徴が明確化したのはまさに産業革命を含むこの半世紀を通じてであった[6]。東北がもともと農業中心の後進地域だったとする通念は、近世以来のこうした歴史的変遷を無視した謬見と言わねばなるまい。このような歴史的変化を生んだのは、交通機関の近代化を含む産業革命の過程を通じて統一的国内市場が創出され地域の閉鎖性が破られた結果、地域産業の間に厳しい競争が行われたためであった。以下、その問題を近代産業と在来産業の関係に注目しながら検討しよう。

二　商品・労働市場を介する工場と小経営の関係

紡績業のカルテル活動と織物業

日本の産業革命を代表する綿糸紡績業の活動と膨大な数の農家小経営の関係については、紡績女工の多くが小作農民の家計補充のための出稼ぎ女工であるという、労働市場の特徴に着目して両者は「高率小作料と低賃金の相互規定」の関係にあるという評価が与えられてきた(7)。他方、紡績会社の株主の中心が小経営を蓄積基盤とする商人であるという前章での指摘は、資本市場のあり方から紡績工場と小経営の関係を把握しようとする試みであった。それに対して、紡績工場の産出する綿糸が農家小経営の家内工業として営まれる織物業によって消費されるという商品市場のあり方に着目した研究はあまり行われてこなかった。紡績業研究の側からは高村直助氏が、紡績連合会による不況期の操業短縮（カルテル活動）が第三次操業短縮（一九〇〇年五月—〇一年三月）以降本格化し負担を織物生産者さらに消費者に転嫁するようになったこと、操短と輸出奨励が巨大紡績に有利に働き独占利潤を創出したことを指摘し、通説として受容されてきた(8)。こうした指摘に対して織物業研究の側では、紡績業による価格支配は小規模・零細機業家には当てはまるが産地織物大経営には当てはまらないとする阿部武司氏の批判がなされ(9)、尾西織物業を分析した近藤哲生氏らは同地織物業が「紡績資本の制縛下に編成替えされた」ことを指摘しながら紡績側のカルテル活動に関する言及はなく、具体的な「支配」関係を明らかにするには至っていない(10)。総じて紡績連合会の活動に関する研究は乏しく、織物業についても綿糸価格に関する具体的検討はなされていないため、紡績業が織物業を「支配」し「制縛」したという説明は具体的な実証を伴わない想定に過ぎないと見做されているのが研究史の現状である。しかし、ここでもその空白を埋めるだけの実証的準備はないので、問題点を指摘するに止め今後の研究の進展を待ちたいと思う。

製糸業の共同購繭活動と養蚕業

製糸業についても、製糸労働者の労働市場に関する研究や購繭資金の調達に関する金融市場の研究が深められてきたのに対し、製糸業が原料繭を養蚕業からどのように調達したかという商品市場の研究は遅れており、製糸業と養蚕業の関係をどのように見るかは未解決の問題である。拙著『日本蚕糸業史分析』が「糸価→繭価の不安定性と、それを理由とする繭価の人為的切下げによって、養蚕経営は「労賃」部分の実現を阻害され大規模化の途を閉ざされただけでなく、基本的には「副業」の枠のなかに押し込められ(11)」たと論じたことに対して、さまざまな批判が相次いだ。例えば井川克彦氏は、繭生産の拡大の原因は栽桑・養蚕過程における技術発展が低価格で繭を販売する養蚕農民に高い収益をもたらしたためであるとし、石井の言うような製糸家による養蚕農民の収奪はありえないと厳しく批判する。技術発展の重要性は言われる通りであり拙著の検討が不十分だったことは認めるが、当時の製糸家たちの購繭行動を調べると相互の購繭競争を制限することにより繭価の高騰を抑えようと懸命の努力をしていたことは事実であり、信州系製糸家がその点でもっとも優れた手腕を発揮していたこともまた紛れもない事実である(12)。あるいは中林真幸氏は、鉄道網の整備によって繭価格の地域差が収束し先進地では自生的に後進地では地方政府の補助によって地方繭市場が形成され、製糸家による養蚕家の収奪が阻止されたと論じている。しかしこの見解は、製糸家の競争入札を行うタイプの繭市場の形成を過大評価しており、本格的な繭市場が数多く生まれ養蚕組合による共同販売が勢いを増すのが第一次世界大戦以降だという事実と矛盾するように思われる(13)。このように考えると、産業革命期における製糸工場と養蚕小経営が市場での対等な取引関係を結んだのではなく、そこには前者による後者の収奪が存在したことを主張する拙著の見解はなお生命力を保っているように思われる。具体的な養蚕経営のデータや繭取引の実態を示す史料による批判が深められることを期待したい。

重工業労働者の供給源再考

紡績業と製糸業の女子労働者はそのほとんどが小作農である農家小経営の子女の出稼ぎ労働であったが[14]、重工業の男子労働者はどこから供給されたのであろうか。この問題については、それもまた農家の次三男の出稼ぎであるとする大河内一男氏の「出稼ぎ型賃労働」論の主張[15]もあったが、それは事実に反するとして批判され、代わって、小作貧農ないし年雇層が挙家離村して都市下層に沈殿した「雑業層」（人力車夫・工場人夫・土建人足・家内労働等）が重工業企業の不熟練労働者となり、他方、農家の次三男や都市雑業層の若い子弟が都市の重工業企業の徒弟となり、数年にして熟練労働者となったという見解が隅谷三喜男氏らによって唱えられた[16]。隅谷説は農民層分解と労働市場の関係をめぐる大河内説への批判として提起されたために、もともと都市で働いていた職人層については捨象した議論になっている。この点から生ずる欠陥を鋭く衝いたのが最近の西成田豊氏の見解である。西成田氏は、重工業経営の熟練労働者の賃金が工場人夫ら不熟練労働者に較べて早くから高いのは「一定の技能をすでに保有していた職人が賃労働化」して熟練労働者になったためであるという[17]。おそらくそのとおりであろうが、熟練労働者の供給源ということについて見るならば、かつて隅谷氏が熟練労働者に転化できた「一部の業種」の職人とともに熟練労働者に転化できた「少数の幸運者」としての士族の存在を指摘し[18]、古島敏雄氏が明治前期の特殊事情として「下層家臣団」の労働者化[19]の重要性を指摘したことがあり、士族層の問題にもいっそう立ち入って検討する必要があろう。

士族層はその知的能力を買われて教員・官吏になったものを除けば大多数は窮民化したのち、不熟練労働者となったことが強調されてきたが、知的能力を生かして熟練労働者になったものは本当に例外に過ぎなかったのであろうか。

ほんの一例に過ぎないが鈴木淳編『ある技術家の回想』に出て来る小野正作（一八五一―一九三九）の事例は士族出身の熟練労働者の可能性を示す好例であろう。[20] 幕臣の家に生まれた小野は維新後、輸入金巾の染色や煙草刻みの内職で生計を立てるが、一八七〇年に横須賀造船所の図工の試験に運よく受かり日給二八銭で働きつつフランス語の勉強に努め、間もなく官吏に登用される。以後一八七三年には月俸二五円で長崎造船所へ赴任、さらに赤羽工作分局（およびその後身の海軍兵器製造所）にも勤め、一八八七年から大阪鉄工所などいくつもの民間企業を経て、一九〇一年からは官営八幡製鉄所で技師として勤務して一九一七年に退職した。小野は内職を止めてから横浜外商のところに奉公しようと試みたが奉公口は見つからず、図工の試験も全く未経験な実技試験で上手く線引きができず本人は落第だと覚悟していたという。したがって採用はまったく運が良かったというしかないが、試験官のフランス人技師は小野には製図を覚える知的能力があると見込んだのであろう。工学教育を受けたことがない小野は、仕事を通じて西洋技術を覚えていったのである。このように士族の子弟が熟練労働者ないし技術者になる事例は、団琢磨や山辺丈夫のような著名な事例だけでなく、探せばもっと増える可能性があるのではなかろうか。

三　女子労働者の労働条件と工場法の制定

工場法の制定

工場における労働は、必然的に資本家による賃金労働者の酷使・使い捨てを生み出し、一定の質と量の労働力の維持を困難にするため、とくに女子・幼少年労働者を対象に労働条件の規制が政府によって行われた。大河内一男氏は「工場工業の産物」としての工場立法は同時にそれの確立・発展のための条件でもあったこと、工場法による労働条件の均等化は紡績業に代表される「大経営の勝利」をもたらすものであったことを指摘した。[21] イギリス工場法の成立過程を分析した戸塚秀夫氏も「「主導産業」における主導的資本の発展の軌道上の進行に拍車をかけるべく、工場法は成立する」(22)と論じている。先進国イギリスに較べて後進国日本では政策立案者である政府の役割がはるかに大きかったとはいえ、立法の内容は主導的資本の将来に向けての利害と一致していた点では、イギリスの場合と共通していたように思われる。

深夜業の禁止をめぐる紡績業界の動き

一八九八年から一九一一年にかけての工場法の成立過程と一九一六年の施行過程を分析した隅谷三喜男氏は、政府案に対して基本的に賛成の姿勢を示していた紡績業界が一九一〇年二月に議会へ提出された政府案に反対したのは、それまでの政府案になかった二交替制深夜業を一〇年で禁止するという規定が突然挿入されたためであり、紡績連合会は野党の政友会に圧力をかけてそれを廃案に追い込み、同年一〇月の生産調査会で深夜業禁止は一五年後まで猶予するとの答申案を勝ち取った結果、中小紡績業者の反対を押さえて翌一九一一年三月の法案可決を支持したことを明らかにした(23)。深夜業禁止の規定が突然入り込んできた経緯について隅谷論文は、法案担当の農商務省が工場法を工場の国際競争力の上昇に役立つと考えていたのに対し内務省衛生局は公衆衛生の観点から工場法のもつ労働力の保全の役割に注目しており、中央衛生会が夜業禁止規定を導入すべきだと決議したのを受けて農商務省にその採択を迫った結果であると論じている。その背後には『職工事情』に集約される工場労働の詳細な実態調査と職工供給地における出稼女子労働者の帰郷後の実態調査の結果、その多くが結核その他の病気に陥って死亡していたという恐るべき事実が判明していた。

一九一〇年一〇月の生産調査会における政府案の説明に際して、提案者の大浦兼武農商務大臣は、表４－３のようなデータを示しながら次のように訴えた。

表 4-3　「出稼女工」の帰郷後の健康状態（1909 年）

	新潟県（人）	同比率	ほか 6 県（人）	同比率
出稼女工数	6,409		8,425	
帰郷女工数	2,082		3,276	
状態判明数・A	1,175		2,939	
①疾病のため帰郷	409		468	
（うち結核）	168		77	
②帰郷後に重病	51		51	
（うち結核）	36		15	
③帰郷後に死亡	132		122	
（うち結核）	90		28	
①＋②＋③＝B	592		641	
（うち結核）・C	294		120	
④事故のため帰郷	583		2,298	
死亡・病気比率（B／A）		50.4		21.8
（うち結核）比率（C／B）		49.7		18.7

出典）「工場衛生調査資料」（『生活古典叢書 5　女工と結核』光世館，1970 年）．
備考）「ほか 6 県」は同上書 55-56 頁の表から香川県を除いた千葉，宮城，青森，鳥取，徳島，愛媛の 6 県計．

「帰郷女工の状態を調べたところに依ると、新潟県に於ては半分は一年内に死亡する、即ち郷里へ帰った女工が例へば千人あったとしたならば其中の五百人は一年内に死亡する者であるか若くは病人である、斯ういうことが現はれて参りました、而して此半分の中で更に其半分即ち四分の一は結核性疾患に罹って居ると云ふ統計を得て居るのでございます。……まあ新潟県の如きは余程極端なる方の例でございまして、他の府県悉く然りと云ふのではございませぬ。其他の府県に就いて平均数〔新潟県を加えた――引用者〕を取って見ますると、〔帰郷女工〕千人の中で二百三十人即ち二割三分は一年内に死ぬ者か或は現に病気に罹って居る者である……其三割三分は結核性疾患……に罹って居ると云ふ事実を発見致して居るのでございます[24]。」

表示したように新潟県とその他では比率に大差があり、そのことを指摘しながらの大浦大臣の説明は比率の基準がやや混乱しているが、新潟県のデータの扱いそのものは正確である。同県における事態の深刻さは、専門研究者ですら大浦大臣は実態をオーバーに論じていたに違いないと誤解するほどであった[25]。

こうして紡績業界は深夜業の禁止を条件付きで受け入れざるをえなくなったのであるが、将来の深夜業禁止を受け入れた理由について、高村直助氏は、とくに巨大紡績資本が深夜業なしでも資本として存立しうる条件を確保するに

至ったためであろうと指摘している。(26)

就業時間の制限をめぐる製糸業界の動き

製糸業については、就業時間を一〇年後に一二時間へと制限するという一九〇二年の政府案に対して、各地商業会議所や生糸同業組合から厳しい反対意見が出された。ある諏訪郡製糸家は「私共目下の状態から申上げると……夏季が午前四時から午後七時までと致して十五時間……それへ食事の時間と申せばそれはホンの二、三分……私共工場主の活路は全く此の時間の一点にあるのであります」と、休憩一時間半、一二時間就業という法案に真っ向から反対している。その対応として政府は製糸業に限って時間制限を緩める案を提起したが、一九一〇年の生産調査会では製糸業の二時間延長という特例は一五年限りとするという期限が付された。紡績連合会と異なり大日本蚕糸会が特別委員を出せなかったためであろう。しかし大日本蚕糸会は議会での審議過程で、野党の政友会を通じて一層の緩和案（繁忙時一二〇日に限ってさらに一時間延長）を盛り込むことに成功した。こうして製糸業界は工場法施行後一五年間にわたって「普通糸」を生産する諏訪製糸家による現行の一五時間就業を続けることができることになったのであるが、「優等糸」を生産する製糸家は早くから時間制限に賛成していたことが注目されるべきであろう。例えば、一九一一年三月の貴族院本会議において父親が山陰製糸を経営する桑田熊蔵は、「生糸業者は労働時間の制限に向っては寧ろ歓迎の意を表すべきものであって、反対すべき理由は毛頭ないと信じます。……伊太利と日本の生糸業の競争に付いて日本の生糸業者の執るべき方針はどうかと云ふと品質の改良、糸の品質を良くしなければならぬ。……〔信州地方のように〕十五六時間乃至十八時間も職工を使ひまして、職工の精神気力も全く疲れ果てて居る、此職工に向って精良なる生糸を造れ、品質の改良を望むのは、如何に蚕種の統一を致しましても、是は空望であると信じます」と発言した。製糸業界内部にも、就業時間の短縮の下でこそ利益を上げることのできる製糸資本が育ちつつあったのである。(27)

適用規模の下限をめぐる織物業界の動き

紡績・製糸両部門と異なり、中小規模の工場が多い織物業界では、工場法の適用範囲を政府案の一〇人以上から二〇人以上に修正することを要求していたが、なかなか政府の認めるところとならず、一九一一年二月の衆議院工場法委員会においても同様な修正案が出された。大浦兼武農商務大臣は、二〇人以上とすると織物小工場が対象外になり、「工場法の目的は殆ど半分潰れる勘定になります」と次のように反対した。

「十人を二十人とする論になりますと、誠に遺憾なる点は……十人以上二十人の処が弊害の最も多いところで、其数は十人以上とすると、其工場の数は一万五千四百有余ございます、そこで若し之を二十人以上とすれば、工場の数は半分減ずる、此法律の取締の範囲外になる七千百二十有余が減じて来る……此工場中には或は織物が最も多数で十人二十人の処が最も多い、それが多数を占めて居りますから、織物工場は先きに申す通り先づ此虐待をするとか、いろいろ弊害があるから、どうしても十人二十人と云ふ処の辺を最も注意しなくてはなるまいと考へます。[28]」

大臣の反対にもかかわらず委員会は修正案を可決したので、政府は政友会と折衝し、一五人以上への修正で妥協した。さらに、隅谷前掲論文[29]によれば、工場法の施行が遅れたのは織物業者の反対運動が根強く続いたためで、製糸業界に認められた時間制限の例外規定を織物業界にも適用することが決まったのちに、漸く一九一六年九月になって工場法が施行されたのである。

このように、政府は工場法の制定を推進し、その過程では工場労働者の実態を工場内だけでなく出身農村との関係を含めて調査するとともに関係業界の意見を繰り返し聴取した。その結果出来上がった工場法は、労働保護立法として杜撰な面もあったが、労働災害に関する工場主の責任が明確化された点を含めて、労資関係の近代化に向けての重要な国家介入として機能することになる。(30)

注

(1) 石井寛治『日本の産業革命』（講談社学術文庫、二〇一二年）二〇九―二一九頁。
(2) 中村隆英『戦前期日本経済成長の分析』（岩波書店、一九七一年）三三八―三三九頁。
(3) 同上書、七〇―九七頁。
(4) 谷本雅之『日本における在来的経済発展と織物業』（名古屋大学出版会、一九九八年）。
(5) 石井寛治「地域経済の変化」（佐伯尚美・小宮隆太郎編『日本の土地問題』東京大学出版会、一九七二年）。なお、同論文では女子労働者の地域分布については言及していないが、一九〇九年当時の工場労働者全体の六一・六％を占める女子労働者の比率が、南関東では四八・八％、近畿では五〇・二％であるのに対して、その他の地域では七〇・五％と高い比率を占めていることが注目される。
(6) 山口和雄・石井寛治編『近代日本の商品流通』（東京大学出版会、一九八六年）一六―二二頁。
(7) 山田盛太郎『日本資本主義分析』（岩波書店、一九三四年、岩波文庫版、一九七七年）八八―九一頁。
(8) 高村直助『日本紡績業史序説　下』（塙書房、一九七一年）九四―一〇〇、一七五―一七八頁。
(9) 阿部武司『日本における産地綿織物業の展開』（東京大学出版会、一九八九年）三七九頁。
(10) 塩沢君夫・近藤哲生編著『織物業の発展と寄生地主制』（御茶の水書房、一九八五年）三七〇頁。なお、谷本雅之前掲書も幕末維新期中心の分析であり、産業革命期における紡績業による織物業の支配関係については言及していない。
(11) 石井寛治『日本蚕糸業史分析』（東京大学出版会、一九七二年）四五五頁。
(12) 石井寛治「書評・井川克彦『近代日本製糸業と繭生産』東京経済情報出版、一九九八年」（『土地制度史学』第一六六号、二〇〇〇年一月）参照。
(13) 石井寛治「書評・中林真幸『近代資本主義の組織』東京大学出版会、二〇〇三年」（『史学雑誌』第一一四編第三号、二〇〇五年三月）参照。

(14) もっとも、出稼ぎが出身農家の「生計補充」としての意味を実際にもったかどうかは問題であり、紡績業の場合は実家への自主的送金はほとんど見られない点で製糸業の場合と異なっていたことが東條由紀彦氏によって指摘されている（東條由紀彦『近代・労働・市民社会』ミネルヴァ書房、二〇〇五年）。
(15) 大河内一男「賃労働における封建的なるもの」（『経済学論集』第一九巻第四号、一九五〇年四月）。
(16) 隅谷三喜男「日本資本主義と労働市場」（東畑精一編『農村過剰人口論』日本評論新社、一九六〇年、のち『隅谷三喜男著作集』第二巻、岩波書店、二〇〇三年）。なお、隅谷三喜男・小林謙一・兵藤釗『日本資本主義と労働問題』（東京大学出版会、一九六七年）および兵藤釗『日本における労資関係の展開』（東京大学出版会、一九七一年）、尾高煌之助『職人の世界・工場の世界』（リブロポート、一九九三年）も参照のこと。
(17) 西成田豊『近代日本労働史』（有斐閣、二〇〇七年）一三八頁。
(18) 隅谷三喜男『日本賃労働史論』（東京大学出版会、一九五五年、のち『隅谷三喜男著作集』第一巻、岩波書店、二〇〇三年）。
(19) 古島敏雄『資本制生産の発展と地主制』（御茶の水書房、一九六三年）三七七頁。
(20) 鈴木淳編『ある技術家の回想——明治草創期の日本機械工業界と小野正作』（日本経済評論社、二〇〇五年）。
(21) 大河内一男『社会政策の基本問題　増訂版』（日本評論社、一九四四年）二七三—二八七頁。
(22) 戸塚秀夫『イギリス工場法成立史論』（未来社、一九六六年）三五一—三五二頁。
(23) 隅谷三喜男「工場法体制と労使関係」（隅谷三喜男編著『日本労使関係史論』東京大学出版会、一九七七年）。なお、隅谷論文が工場法体制を「主従の情誼」の体現物と見做している点を批判したものとして、東條由紀彦「工場法の法理」（東條由紀彦前掲『近代・労働・市民社会』）が興味深い。
(24) 生産調査会『生産調査会録事（第弐回）』（一九一一年二月）四〇—四二頁。
(25) 東條由紀彦前掲「工場法の法理」は、大浦の新潟県に関する説明を引用しつつ、注で「このパラグラフの数字は先とは異なり、衛生局野田技師の直接の実態調査によるものではなく、あまり厳密なものとは考えられない。実際の帰郷女工の罹病率はおそらくはるかに「マシ」ではあったものと思われる」と断っているが、篭山京氏の解説によれば、『工場衛生調査資料』に纏められた調査は、一九一〇年から野田技師のところで着手されたようである。なお、新潟県の病死者の比率がとくに高い理由としては、罹病率が生糸工場や織物工場の二—三倍とされる紡績工場への出稼者の比重が同県では高かった可能性と、帰郷女工のうち状態が判明した者の割合が低く、判明した者が病死者に偏っていた可能性が考えられる。

(26) 高村直助前掲『日本紡績業史序説　下』二四六頁。

(27) 石井寛治「工場法成立過程の一断面」(高橋幸八郎・安藤良雄・近藤晃編『市民会の経済構造――松田智雄教授還暦記念Ⅱ』有斐閣、一九七二年)。

(28) 衆議院『工場法案委員会議録』一九一一年二月二八日。

(29) 隅谷三喜男前掲「工場法体制と労使関係」三三―三七頁。

(30) なお、工場法は婦人および幼少年労働者を対象としたが、労働災害の条項だけは全労働者を対象として災害扶助を工場主に義務づけており、この点では労働保険法が存在したヨーロッパの場合とも異なっていた(同上書、三〇―三一頁)。

第五章　近代天皇制の歴史的位相

徳川幕府が欧米列強からの外圧に押されて開国を余儀なくされたことが契機となり、鎖国によって二世紀以上保たれてきた幕藩体制は、自由貿易の開始から一〇年足らずの短期間であっけなく崩壊した。この章では、代わって登場した近代天皇制国家が、古代以来の日本史において如何なる歴史的位相を占める権力として形成され、東アジアの諸王権のなかでどのような役割を果たしたかを検討しよう。

一　王政復古と文明開化による複合的権力

横井小楠の儒教的対応

ペリーの開国要求にどのように対応すべきかに関しては、熊本藩の思想家横井小楠（一八〇九―一八六九）のように、儒教の教える普遍的立場から対応しようと主張する者もあった。すなわち、小楠はペリー来航の一八五三年に「有道の国は通信を許し、無道の国は拒絶する」べきで、「有道無道を分かたず一切拒絶する」のでは、「遂に信義を万国に失ふ」であろうと論じた。この時の小楠は、アメリカを無道の国と見做していたが、その後中国の魏源編著『海国図志』を熟読することにより、その認識を改めて開国論に転じ、さらに無道なのは日本の方だとの反省から、福井藩主松平慶永を助けて国内政治の改革を志した。(1) 小楠の儒学は、熊本藩の儒者大塚退野の影響を強く受けており、その退野は、朝鮮李朝時代の代表的な儒者李退溪（一五〇一—一五七〇）の著作によって開眼したというから、小楠は退野を介して退溪に結びつくことになる。小楠自身も、退溪を元明以降の「古今絶無の真儒」と高く評価している。(2) 朝鮮を経由して中国の儒教が日本に伝えられ強い影響力を発揮していたと言えよう。しかし、血統に基づく世襲君主制を批判する小楠の儒教的政治論は、幕末日本の支配階級である武士の世界ではなかなか受け入れられぬまま、小楠は一八六九年に攘夷論者の手にかかって暗殺されてしまった。

吉田松陰の尊王攘夷論

幕末における外圧への権力的対応をリードしたのは、第一章で述べたように開国論者よりも攘夷論者であった。彼らの攘夷論を支えたものは、小楠のような普遍的価値に立脚する思想ではなく、日本を神国とする素朴な排外意識であり、外国人を「禽獣」と見做す孝明天皇がもつ攘夷への執念が攘夷論者の頼りであった。そうした攘夷論者の対外姿勢は、幕藩体制の支配者としての彼ら武士階級が、儒教を思想的信条としていたとはいえ、その儒教倫理は仁政による徳治という肝心な部分を無視したものであり、彼らの現実の行動様式は、対内的には民衆に対する暴力的支配という傾向を抜きがたく保っていたことと無関係ではなかろう。もっとも、そうした素朴な感情の底には日本の独立を維持しようという重要な精神が横たわっていたことも見逃がすわけにはいかない。吉田松陰（一八三〇—五九）の松下村塾における教育が、儒教的普遍主義を否定し自己の所属する共同体の倫理的規範を生き方の原点とする偏狭な限界をもちながらも、強烈な実践的エネルギーを生み出したのは、独立のための思想的拠点を築こうとする松陰の真剣な指導の故であった。そこでは、天皇への忠誠は、「神州」という国家への忠誠を引き出す手段として機能したのである。(3)

市民政府論の拡がり

明治初年の文明開化を思想的にリードしたのは、攘夷論者の対極に位置する明六社に結集した西周・中村正直・加藤弘之・福沢諭吉らであり、とくに福沢の『学問のすすめ』全一七編は、各編ごとの小冊子が二〇万部も売れるという大変なベストセラーとして、国民の意識を大きく変革した。『学問のすすめ』の第一編（一八七二年刊）の冒頭において、「天は人の上に人を造らず人の下に人を造らずと言えり」と人間の自由独立を高らかに宣言した福沢は、外国との交際についても自由独立の精神を強調し、「天理人道に従って互いの交わりを結び、理のためにはアフリカの黒奴にも恐れ入り、道のためにはイギリス、アメリカの軍艦をも恐れず、国の恥辱とありては日本国中の人民一人も残らず命を棄てて国の威光を落さざるこそ、一国の自由独立と申すべきなり」と論じた。そして、政府については、第七編（一八七四年刊）において、「国中の人民申し合せて一国と名づくる会社を結び社の法を立ててこれを施し行う」と説明するとともに、政府が暴政を行うときは、「その苦痛を忍びて我志を挫くことなく、一寸の兵器を携えず片手の力を用いず、ただ正理を唱えて政府に迫る」べしと、社会契約に基づく市民政府論と非暴力抵抗の権利を堂々と説いて止まなかった。

こうした市民政府論が当時の政府エリート層によって共有されていたことは、例えば、地租改正令の公布に際して大蔵省内部で作成された人民告諭書において、「政府の官員は人民一統の総代に立て事を行ふものなり」とした上で、そのための費用を人民が出すのは当然の務めであると説明していることから窺える。[4]この人民告諭書が結局公表されなかったのは、地租改正がその実施過程において中央から地方へ平均反収を割り当てて減租を回避する地位等級制度の適用という専制的なものへと変質したためであった。

民権運動の高揚と衰退

福沢をはじめとする啓蒙主義者が謳い上げた市民政府論を理論的背景として、一八七四年から自由民権運動が始まったが、一八八〇年に盛り上がった国会開設請願運動をピークとして運動が衰えるのにあまり時間が掛からなかった。すなわち、一八八一年の政変でイギリス流の議院内閣制を唱える大隈重信らを政府から追放した伊藤博文らは、国会を一八九〇年に開設する勅諭を出して民権運動を弾圧するとともに、伊藤自らウィーン大学のシュタインのところで学んできた知識をもとに、広範な大権をもった天皇を元首とし議会制度と組み合わせた複合的な性格をもつ大日本帝国憲法を一八八九年に制定、翌九〇年に国会を開設した(5)。

福沢諭吉と勝海舟の差

福沢自身の主張も「官民調和論」と「脱亜論」によって大きく変わって行き、福沢は日清戦争にはもろ手を挙げて賛成した(6)。ここでは、幕末の福沢が開国論者としての線を貫き、第二次長州戦争の時は負け戦の幕府に対し、フランスの軍事力を借りてでも長州を征服せよという建白を行っており、日本の独立が損なわれることへの危機意識をまったく欠いていたことを指摘しておく。明治期における福沢の独立論は、幕末期の福沢が攘夷＝独立闘争の経験を欠いていた分だけ、思想としての底の浅さを帯びていたことは否定しがたい。幕末において攘夷か開国かで悩んだ末、「攘夷のための開国」路線を探り当てた勝海舟が、朝鮮の独立を害する日清戦争に反対したのと対照的な態度が福沢には見てとれるのである(7)。

王権の古代的権威と議会制

周知のとおり、一八六八年に官軍が江戸城総攻撃を中止した日、京都御所では明治天皇がいわゆる五箇条の誓文を発布し、「万機公論に決す」ることを誓うとともに、天皇が「親ら四方を経営」するという宸翰を発表した。幕府を倒した維新政権は、倒幕のための攘夷路線を幕府から継承した開国路線に変更することを内外に明示するとともに、権力の編成原理としては議会制と君主制の複合体を採用することを表明したのである。議会制の中味が具体化されるのは上述の憲法制定を待たねばならなかったが、君主制の中味については、王政復古の沙汰書において「諸事 神武創業の始に原つき」執り行うと宣言されていた。「神武創業」という表現は国学者玉松操の意見を岩倉具視が容れたといわれるが、幕府のみならず摂関制をも合わせて廃絶することで天皇統治の一点を除く過去の一切を否定し、それによってすべてを一新できる条件を提供したと指摘されている[8]。そのことは、逆に言えば、天皇家という王権の古くからの歴史的権威に依存することによって維新政権がその支配の正統性を獲得しようとしたことを示すものであった。議会制の原理が近代欧米世界の築き上げた普遍的価値であるとすれば、西暦紀元前からと想定された君主制は血縁共同体のもつ剝き出しの実力に基づく個別的価値にほかならない。近代天皇制国家は、天皇を元首とする点からして、最終的には天皇家という特定の血統に至高の価値を認めるという個別的価値に立脚する国家だったのである。それは、議会制と君主制のバランス如何によって、事実上の立憲君主制国家にもなりうるし、軍部独裁的なファシズム国家にも成長しうるという柔軟な複合的構造をもつ権力として誕生したのであった[9]。

二 軍事大国化と国家主義思想の選択

日清戦争による国民の形成

憲法制定によって近代天皇制国家の制度的枠組みが確定したとはいえ、そこで定められた衆議院への民衆の参加は性別・財産による厳しい限定があり、多くの民衆にとって国民としての自覚をもつことは困難であった。その限界を一挙に突破したのが日清戦争であり、その後の三国干渉であったことはしばしば指摘されるとおりである。群馬県沼田町に生まれたジャーナリスト生方敏郎（一八八二—一九六九）は、憲法制定から日清戦争にかけての頃を次のように回顧している[10]。

「憲法発布前は勿論、その後両三年位までも、私の地方民は明治政府に心から服従していなかった。……日清戦争になるまでの私の周囲は、ことごとく反明治新政府の空気に満たされていた。……老人連は御一新をただ薩長武士の企てた革命とのみ考えていた。……私が数え年十三歳の夏から翌年にわたり、日清戦争があった。……平壌は難攻不落という評判であった。イギリスが支那に精鋭な武器を貸すという噂だった。……ところが、その年の八月幾日かに、我軍は一蹴して平壌を屠ってしまったので、むしろあっけない位だったが、その時の国民の悦びは全く有頂天という言葉に相当していた。……私は母に言い付けられて、一日に何度も警察前の掲示板を見に行ったものだ。……この平壌の陥落した捷報を得た時くらい人々の悦んだ時はなかろう。仕事をしていた男は仕事を止めて悦んだ。掃除していた女は箒を投げ出して悦んだ。子供は絶叫した。女や老人は涙をこぼした。」

沼田藩主は戊辰戦争時に官軍に恭順の意を示したとはいえ、関東地方においては幕府贔屓の雰囲気が圧倒的だったこと、それが日清戦争を契機に日本軍＝政府支持へと一転する様子が窺えよう。もっとも、それ以前にも、例えば自由民権運動が、民衆に向かって「国民としての自覚」を促すことによって、政府がなかなか実行できなかった「国民」創出の役割をある程度果たしたことは事実であろう。しかし、政府に対して「客分」としての意識しかもたなかった多くの民衆が「国民」という意識を明確にもつようになったのが、日清戦争という巨大な政治的体験を通じてであったことは確かであった[11]。

民族共同体のエゴとその抑制

そして、さらに言えば「国民」としての自覚をもつ基礎として、世界市場に巻き込まれつつ産業革命を展開する過程で、国内市場が統一されていったことが重要な役割を果たしたことに留意しなければなるまい。その意味では「国民」とは特定の「民族」を中心とする近代固有の「国民国家」の担い手であると言ってよいが、難しいのはその「民族」なるものが「同一の血縁的結びつきという信仰を土台とする習俗の共同体」[12]と言われるような存在であり、歴史的に遡っていくと西暦紀元前のアジア的古代社会の血縁共同体にまで辿り着く共同体を原基形態としていることであろう。それは血縁的結合に基づくものと信ぜられた広義の共同体である限り、それ自体の維持・発展を至高の価値とするエゴイスティックな傾向を本質的に含んでおり、そうしたエゴが抑制される場合にはナショナリズムは民族共同体を纏め上げる健全な役割を果たすが、歯止めが外れた場合には対外膨張を行い、他の民族共同体への支配を試みることになり易い。そうした膨張を阻止するためには、当然他の民族共同体が対抗手段を講ずるので、相互に大規模なトラブルが生ずることになる。したがって、「民族」ないし「国民」の利害を超えた普遍的価値に基づく「国民国家」相互の関係の構築が必要となるが、近代世界はそうした関係の構築にあまり成功しなかった。そうした近代世界の一員に後から参入した日本国家が、東アジアにおいて如何なる位置を占めたかがここでの問題である。中国からの朝鮮の独立を日清戦争の大義名分として掲げた日本政府が、対清開戦の前提としてソウルの王宮を武力占領した上で大院君を担ぎ出すというクーデターを実行し、戦争中に再蜂起した東学農民軍を朝鮮政府軍と組んで鎮圧したこと、戦争後に赴任した三浦梧楼公使が日本軍人と壮士を使って反日派の閔妃を殺害したことなどを考慮すると、日本政府は日清戦争を契機に朝鮮民族の支配へと踏み込んだことは明らかであった[13]。

経済大国化か軍事大国化か

日清戦争に勝利した結果、中国から獲得した多額の賠償金の用途については、日本政府内部でも軍備拡張にどの程度投入すべきかをめぐって意見の対立があり、産業革命を遂行中のブルジョアジーの主流は経済発展を阻害しない範囲に軍拡を制限せよという意見をもっていた。もしも、伊藤博文内閣の松方正義蔵相や東京商業会議所の渋沢栄一・中野武営らの意見のように、軍拡を抑えて殖産興業に役立つ方向への資金投下を集中的に行ったとすれば、日本経済は成長テンポを高め「経済大国」への道を早くから歩んだ可能性があった。しかし、そうした選択は日本帝国が「軍事大国」化してロシア帝国と満洲・朝鮮の支配を張り合うことを断念することを意味していた。一八九七年一二月の渋沢らの建議が、「我国現時の軍備は宜しく守勢に依て画策すへく、攻勢を取て之を画策するか如きは国力の未た許ささる所なるを信す」と述べているのは、日本が「軍事大国」化してアジア大陸に軍事的膨張を行うことを断念せよと主張するものであり、日清戦後の基本国策についての真正面からの政府批判であった。この建議を全国商業会議所連合会の決議として纏め上げる計画が、横浜正金銀行副頭取の高橋是清の反対によって挫折した経緯については、すでに触れたことがあるので再論は避けよう(14)。日本政府はブルジョアジーの反対を無視しつつ、賠償金のほとんど全額を軍備拡張に投入し、来るべき日露戦争の準備を進めたのである。

加藤弘之の社会ダーウィニズム

ここで検討しておきたいのは、日清戦争と三国干渉の後に急速な軍備拡張を進めることになった日本社会の思想状況の変容に関する問題である。この問題については、宮地正人氏による優れた実証研究(15)があるので、それによりながら考えてみたい。宮地氏は、一八九七年一一月のドイツによる膠州湾占領と租借に始まり、ロシアの遼東半島租借、フランスの広州湾租借、イギリスの威海衛租借という一八九九年一一月にかけての一連の事件が、日本の政治指導者に国際政治には道義が何ら必要とされず軍事力がすべてに優先するということを確信させたと指摘する。

そうした考え方を説き続けた代表的イデオローグが、ドイツ思想の研究家で帝国大学総長や帝国学士院長を歴任する加藤弘之（一八三六―一九一六）であった。明六社の社員として天賦人権論を唱えていた加藤は、自由民権運動が台頭するや一転して『人権新説』（一八八二年）を著し、ドイツで盛んになった社会ダーウィニズム（社会進化論）によって天賦人権論を論破せんと試みた。すなわち、加藤によれば、人類社会は野蛮未開の太古から文明開化の今日に至るまで優勝劣敗の生存競争の行われる「一大修羅場」であり、優秀なものが劣悪なものを圧倒して制する点では「彼の動植物世界と全く異なる所」がないという。(16) ダーウィンの進化論を人類の歴史にも当て嵌めようとするこの議論は、一万年前に農業を始めて動物世界から分岐して以降の血縁共同体を基礎とする人類社会を視野に含め、一見科学的な印象を与えるが、それぞれの血縁共同体を至高の価値としつつ相互に殺戮を繰り返した社会の批判として紀元元年前後に相次いで古代哲学・世界宗教が出現したことの画期的・人類史的意義を全く否定するものに他ならない。もちろん、人間同士の殺戮自体は一九世紀末の当時に至るまで繰り返し行われたが、そのことへの批判と反省が動物と大差ない人間をしだいに人間らしい精神をもつ存在へと高めてきたことこそが人類史の主題でなくてはならない。

しかるに『強者の権利の競争』（一八九三年）以降の加藤の著作は、キリスト教や仏教の説く人類愛や利他心は人類開化に必要なものではないこと、国際社会では道徳は必要ではなく各国相互間ではひたすら自国の利益を進めることが必要であると論じた。念のために加藤同上書から、近代の国際競争に関する加藤自身の叙述の一部を引用しよう。(17)加藤は、東南アジア諸国に対するヨーロッパ列強の支配の残酷さを告発しつつ、次のように述べている。

「余を以て之を視れは基督の正教を奉せる文明開化の欧人は極めて暴猛寧悪なる野獣と称せさるを得さるなり。虎獅の如き猛獣すら尚決して開明欧人の如き暴悪をなすこと能はされはなり。……〔しかし、それは〕決して道義に反し法理に背けることには非すして却て当然のこととせさるを得さるなり。……〔なぜならば、その結果〕物質的心神的の開化の大進歩を致すこととなりたるなり。……今日の開明進歩は決して基督の博愛及ひ人類平等の主義等の結果に非さるのみならす、全く此主義と氷炭相反せる生存競争自然淘汰の結果に外ならさることは甚た見易き道理に非すや。」

ここには、キリスト教国がアジア民族への残忍な支配を広げつつある現実を厳しく批判しながらも、その結果「開化の大進歩」がなされる以上かかる現実は「当然のこと」として肯定すべきであるという現状追認がなされている。加藤の言う「開明進歩」とは、「富裕を増すこと」と「学術技芸の進歩」のことであり、多数を占める民衆の権利と生活という基本問題は全く念頭にないことが留意されるべきであろう。

加藤によれば、道徳や倫理は時代とともに変わるものであり、不変不易な博愛なり人道は存在せず、儒教の性善の教えも根拠がないものとされた。こうした考え方が、帝国大学総長を務めた加藤だけでなく文部省に関係する倫理学者の間に広まった結果、一九〇〇年には小学校の修身徳目から「良心」と「人道」が削除されたという(18)。

井上哲次郎による国体論

さらに、井上哲次郎（一八五六―一九四四）は、ドイツ留学（一八八四―九〇年）から帰国後、日本人として初代の帝国大学哲学科教授となり、一八九〇年一〇月に発布された教育勅語に関する解説の執筆を依頼され『勅語衍義』（一八九一年）を著した。井上は君主国を国家の典型とし、ドイツ流の国家有機体説によって国家こそが社会の最高形態であるとしつつ、国家有機体のあり方は各国固有の歴史・伝統・文化によって決定されるとし、日本では忠孝の倫理が基本だという忠君愛国の「国体論」を押し出した。宮地氏によれば、この井上の議論は後に猛威を振るう「国体論」の原型そのものであるという(19)。井上のこのような解釈は、勅語には儒教的徳目が散りばめられているとはいえ、真の狙いは、いざという時には「臣民」が天皇家という血統にもとづく個別的価値の維持のために命を捧げて戦う点にあることを明らかにするものであった。そこには、儒教における仁政というような普遍的理念は全く存在せず、あるのは他国と異なる日本国の権力編成の特殊な個別性重視という特徴に過ぎなかった。このように、特定国家を最高の価値とする井上にとって国家を超越する倫理を説くキリスト教が最大の障害と映ったことは当然のことであり、その後の井上は日本のキリスト教徒への批判と弾圧を執拗に行うことになる。

こうして、日清戦後の日本社会では、帝国大学の権威者によって先導されつつ個別的価値に過ぎない国家主義思想が思想界・教育界に広まり、中国伝来の儒教倫理や近代に解禁されたキリスト教が説く普遍的価値は日本の「国体」に合わないものとして排斥された。しかし、社会ダーウィニズムは現実を追認するだけで人間行動を規律する理念としての普遍的内容に乏しく、それを援用した加藤らの国家主義思想はナショナリズム相互の弱肉強食の争いを制御する役割を全く果たせなかった。日清戦争を通じて後発帝国主義国となった近代天皇制国家は、その方向と行動を律する普遍的理念を欠くまま、ひたすら「軍事大国」として膨張する道を歩むことになったのである。

三　東アジア三国における君主の運命

日中韓三国の王権の危機

日本・中国・韓国三国の君主制は、何れも一九一〇年代初頭に重大な危機に直面した。すなわち、韓国の皇帝高宗（一八五二―一九一九）は一九〇七年七月に日本政府の圧力によって譲位させられた上、一九一〇年八月には韓国そのものが日本の植民地とされ、中国では一九一一年一〇月に開始された辛亥革命の結果、一九一二年二月には幼い皇帝溥儀（一九〇六―六七）が退位して清朝が滅亡した。韓国も中国も、王朝の交替・離合集散を経ながら二千年以上の永きにわたって王権による支配が続いたが、この時をもって王権の時代は最終的に消滅したのである。これに対して、日本列島では、五世紀のヤマト国家を基礎に七世紀に律令国家が成立して以降、天皇家を頂点とする朝廷の支配に武家の勢力が食い込む諸幕府の歴史を経つつ、一九世紀中葉の明治維新を画期に近代天皇制国家が成立したが、一九一二年七月にはその初代元首である明治天皇（一八五二―一九一二）が死去した。その後も、大正天皇、昭和天皇と交代しつつ王権による支配は継続するが、隣国である韓国と中国における君主制の消滅は、日本の君主制のあり方にも大きな影響を与えた。

伊藤博文の韓国植民地化構想

韓国は一八九七年に大韓帝国となり、皇帝主導の富国強兵を図ったが、制度改革には消極的だったため十分な財源の確保ができず、外国企業との激しい競争に晒された民間企業を保護育成することは困難であった[20]。韓国が日本の植民地になる過程での最後の画期は日露戦争での日本の勝利であり、一九〇五年一一月の第二次日韓協約によって韓国は外交権を日本に奪われ、初代統監として就任した伊藤博文が内政全般への「指導」を開始した。小川原宏幸氏の研究[21]によれば、当時の皇帝高宗（在位一八六三―一九〇七）は、実父大院君（一九二〇―九八）や妻の閔妃（一八五一―九五）の存命中と異なり、大韓帝国の独裁者として朝鮮史上もっとも強化された王権を握っていたため、伊藤は韓国を植民地化する上で、皇帝権力の制限と利用が極めて重要であると考えていた。そこで、伊藤は皇帝高宗および宮中に対する韓国政府の独立性を強めるとともに、皇帝と反日義兵勢力との結びつきを絶ち、在野の儒生の意見を皇帝が傾聴する「上疏」の慣行を禁止した。「上疏」は儒教的民本主義を支える民意調達の回路であり重要な政治文化であったが、伊藤はそれを非「文明国」的として禁止したのである。小川原氏によれば、伊藤は他方では皇帝の権威を利用して民心を鎮撫せんと試み、義兵に対しては武力弾圧の一方で、皇帝が宣諭使を派遣する形をとって帰順を勧めたが、その際伝統的作法と異なり宣諭使が軍隊を率いて行ったため、全くの逆効果に終わったという。ここに日本と同じ王権であっても、儒教国家である韓国の王権の基本的なあり方に関する伊藤の無理解が露呈されていると言えよう。

高宗は一九〇四年末から、アメリカ・ロシア・フランス等に「密使」を送り、日本の侵略による独立の危機を繰返し訴えた。一九〇七年六月にハーグで開催された平和会議にも「密使」を派遣し正式参加を求めたが、会議の準備過程からの日本の妨害工作のために拒否された(22)。伊藤統監は、この事件を奇貨として高宗の責任を追及し、同年七月に皇太子への譲位を実現するとともに、第三次日韓協約を結んで軍事権を含む全内政権を掌握した。新皇帝純宗(一八七四—一九二六)は、李朝の第二七代の王であるが、その在位は僅か三年間に過ぎず併合による廃位は目前に迫っていた。この時点で伊藤統監が日本と韓国との関わりの歴史をどのように総括していたかを、一九〇七年七月の記者団への演説から見よう(23)。

「韓人は三四千年来固有の独立を有する如くに言ふも、予は之を承認せず。日本は出来る丈け韓国を独立せしめんと欲したりき。然れども韓国は終に独立する能はず。為めに日本は日清日露の二大戦役を開くの已むを得ざるを致せり。其結果として日本は遂に韓国を保護国とせり。……然れども日本は非文明非人道の働をして迄も韓国を亡ぼさんと欲するものに非ず。……日本は韓国の陰謀を杜絶する為め韓国の外交権を日本に譲れと言へり。日本は韓国を合併するの必要なし。合併は甚だ厄介なり。韓国は自治を要す。然かも日本の指導監督なくんば、健全なる自治を遂げ難し。是れ今日の新協約を見たる所以〔である〕。」

韓国を中国やロシアの支配から「独立」させ、日本の支配下に置こうとして日清・日露の両戦争を闘った事実が、伊藤にとってはこのような全く転倒した論理によって了解されていること、日本による支配の「非人道」性への批判を意識せざるをえないでいることが分かる。と同時に、支配の将来像は一種の「自治」植民地として構想されていることが窺えよう。[24] 伊藤はそうした構想を新皇帝純宗の協力を得て実現しようと思ったが、朝鮮人軍隊の解散を契機に激化した義兵闘争は伊藤の構想の甘い見通しを打ち砕き、伊藤が統監を辞しハルビンで暗殺された後、一九一〇年八月に韓国は日本に併合された。併合の決定には、一九一〇年七月のロシアとの第二次日露協約により、満洲での支配的地位を保証された日本軍部が、日本本国との中間に位置する韓国の完全支配を求めたことが強く働いていたと指摘されている。[25] 韓国皇帝は併合後「太公」を名乗るという日本側の案は、韓国政府の強い反対で「李王」と改められたが、その政治的実権は完全に失われた。[26]

韓国が植民地化された最大の要因は、帝国主義化の足掛かりを求める隣国日本の侵略にあったが、侵略に対抗する実力を涵養できなかった韓国側の要因は、何よりも王制と内閣制がバラバラで王制内部も意志統一が欠けていたという政治体制の脆弱性にあり、さらに近代化のモデルが中国洋務派と同様に官営企業中心という限界性を帯びていたことにあったと言えよう。

清帝国の改革とその挫折

中国の辛亥革命が二千年以上続いた王権支配に終止符を打つことに成功した一因は、打倒相手の清王朝が漢民族から見れば異民族である満洲族による征服王朝だったことにあった。すなわち、一八九五年の日清戦争の敗北以降の列強による中国分割の危機に清王朝が的確な対応を取ることが出来なかった際に、漢民族を中心とする新しい権力を創出すべきだという孫文（一八六六—一九二五）らの革命運動が起こった。度重なる蜂起の失敗の末、一九一一年一〇月の武昌蜂起を契機に運動の全国的な高揚が生じ、一九一二年一月に立憲共和制としての中華民国が誕生したのである。もともと清王朝は、乾隆帝（在位一七三五—九五）の時代に史上最大となった支配領域の多民族を統合するために、それぞれの文化の多様性を容認する政策を取り、満洲族の清が天命によって王朝として選ばれたのは、広大な領域に平和な秩序を形成する軍事的実力の故であると力説してきた(27)。それだけに、アヘン戦争以降の内憂外患への軍事的・外交的対応に失敗したことは清朝の支配の正統性を動揺させ、新たな権力創出＝革命への動きを誘発することになったと言えよう。

もちろん、清朝政府においても外圧に対応して権力の強化・改革を図る動きは漢人官僚を中心として繰り返し見られた。曽国藩・李鴻章らによる軍事力・経済力の近代化を図る洋務運動、康有為・梁啓超らによる政治体制の近代化を求める変法運動は、その代表であるが、何れも失敗に終わった。洋務運動は日本の明治維新と並行する近代化政策であるが、本書第二章でも触れたように、民間人の経済活動の自由を抑え込んでの旧い権力が主導する政策であったために産業革命の導火線となることができず、権力の旧い体質を改めて日本に近い立憲君主制を求める一八九八年の戊戌変法は、若い光緒帝（一八七一―一九〇八、在位一八七五―一九〇八）の支持を得て進められたが、保守派の反撃に遭って挫折した。この保守派のリーダーが西太后（一八三五―一九〇八）である。咸豊帝の後宮の西太后は、一八六一年に咸豊帝が死ぬと同治帝の生母として実権を握り、七五年同治帝が死ぬと四歳の甥（光緒帝）を帝位に付けて実権を握り続けた。彼女が別荘頤和園の費用に海軍費を流用したことが李鴻章の北洋海軍の停滞を招き日清戦争の敗因となったこと、戊戌変法が王朝から権力を奪うとして強く反対して袁世凱の武力を背景に光緒帝を幽閉し変法派を処刑・追放したこと、義和団の乱を利用して列強に宣戦布告をして大敗したことなど、西太后の統治は二千年に亘る王権支配の幕引きを早めるものであった。

孫文の革命思想と袁世凱の役割

西太后に忠誠を尽くし、辛亥革命後は自ら皇帝への道を目指した袁世凱（一八五九―一九一六）の客観的評価を試みたＪ・チェン氏は、日清戦争後の中国の思想界の特徴として、ナショナリズムが社会ダーウィニズムによって鼓舞され正当化されたこと、「それは中国の弱さを中国の悪業だとみなした点で内省的であった」[28]と述べている。同じ時期の日本では、前述のように社会ダーウィニズムが対外膨張を正当化する論理として広まったのに対して、中国では自国の弱さを反省させる論理として受け止められ、梁啓超のような改革派も「力〔強権〕は正しく〔公理〕はないとはいえ、正義と認められねばならない」と主張していたという。流行学説としての社会ダーウィニズムが東アジアに導入された場合に、日本と中国では全く対照的な形で受け止められたことが注目されよう。[29]

そうした状況のなかで袁世凱が果たした役割を再検討した横山宏章氏は、「革命絶対史観によって孫文を高く評価しすぎると、その反動として袁世凱を稀代の悪徳政治家として評価する過ちを犯すこととなる」とした上で、袁を「辛亥革命によって統一力を失った分裂の危機に直面する大中華を再統合する」道を驀進した人物として高く評価した。[30] 傾聴すべき指摘であるが、社会ダーウィニズムを信条とする時代というだけでは、辛亥革命のもたらした中国の新しい姿を余りに過小評価しているのではあるまいか。その点では、孫文が掲げた革命の狙いとしての「三民主義」（民族・民権・民生）は、「民族」とは五族（漢・満・蒙・回・蔵）協和でなく漢民族中心の中華民族を指すのか、「民権」とは民衆を基礎とするのかエリート主役なのか曖昧だという難点を帯びつつも、革命を牽引する理念としての役割を果たしたように思われる。また、一九二四年の神戸における講演で、西洋の「武力で人間を圧迫する」文化を「覇道文化」、東洋の「仁義、道徳の文化」を「王道文化」とした上で、日本民族は「西方の覇道の番犬となるのか、東方の王道の干城となるのか」と日本人に迫ったことも、東アジアにおける日本の進路への厳しい問いかけとしての意義を持つと言えよう。[31]

石橋湛山による時代批判

韓国と中国での王権の廃絶のインパクトを受けながらも、一九一二年七月に明治天皇から大正天皇へと交替しつつ、日本の王権＝天皇制は存続した。そして、日露戦争に勝利した日本人は、「一等国」に昇格した嬉しさに酔いしれながら欧米帝国主義との競争の道へと参加して行った。(32) しかし、当時の日本人は山積する内外の諸問題に長期的展望に立って立ち向かう識見を欠いていたという厳しい批判が、新進気鋭のジャーナリスト石橋湛山（一八八四―一九七三）によって次のように行われた。(33)

「実に我が国今日の人心に深く深く食い入っておる病弊は、世人が屢々言う如く、そが利己的になったことでも、打算的になったことでも、乃至不義不善に陥っておることでもない。……然らば吾輩の認めて以て我が国現代の痛弊となす処のものは何か。曰く、今述べたる利己に付けても利他に付けても其他何事に付けても、「浅薄弱小」ということである。換言すれば「我れ」というものを忘れて居ることである。確信の無いことである。膊力の足りないことである。右顧左眄することである。例えばこれを我が外交に見よ。我が外交家は口を開けば常に言う、我に誠意ありと。然しながら彼等のいう所謂誠意とは抑も如何なるものであるか。吾輩はそこに唯だ諸外国に対する気兼気苦労より外に何者をも認むることは出来ない。また例えばこれを我が政党政治家に見よ。彼等口を開けば則ち言う。我等虚心坦懐唯だ国政を思うのみと。然しながら彼等のいう所謂虚心坦懐とは抑も如何なるものであるか。吾輩はそこに唯だ御都合主義と狎れ合いと無定見との外に何者をも認むることは出来ない。……然らば我が現代の人心は何故に斯くの如く浅薄弱小、確信無く、力無きに至ったかということである。吾輩はこれに対して直ちに斯う答える。曰く、哲学が無いからである。言い換えれば自己の立場に就ての徹底せる智見が彼等に欠けておるが故であると。」

ここで石橋が必要だと主張する「哲学」は、自己主張を奨める点で一見当時流行の社会ダーウィニズムと似ているかのようであるが、石橋の主張が社会ダーウィニズムとは全く別物であることは、彼が加藤弘之の国家至上主義を厳しく批判していることからも明らかである[34]。石橋の狙いは社会進化論に基づいて弱肉強食の生存競争を勝ち抜くための無定見な自己主張に努める当時の政治家たちを批判し、「自己の立場」についての反省こそが肝要だと説くことにあったのである。政治・経済批評で活躍する石橋が、早稲田大学の哲学科出身であり、最初の共著が『世界の宗教』であったことに留意すべきであろう。

没落する王権と変容する天皇制

一九一〇年の韓国併合は、日本が大規模な植民地を有する帝国主義国になったことを示すものとして、多くの日本国民の帝国主義的心性を強めることになった。そのことは、併合に際してほとんどの新聞が揃って併合を祝ったことによって明らかであり、僅かに一群の社会主義者の新聞が日本の朝鮮侵略を批判したが、彼らは弾圧の下で行動を起こすことはできなかった[35]。しかしながら、まさに日本のロシアに対する勝利を契機としてアジア各地で民族解放の気運が高揚しつつある時点で、日本が一国を強制的に植民地化することはアジアの諸民族から見て到底納得できることではなく、韓国への支配は有無を言わせぬ軍事力・警察力による強権的なものとなり[36]、朝鮮総督は現役の陸軍軍人でなければ務まらない役目となった。そのことが日本国内の政治における軍部の地位を高める重要なステップとなったことは、しばしば指摘されるとおりである。

一九一一年の辛亥革命の勃発と中国における共和制の誕生は、とくに多大なインパクトを日本に与えた。千葉功氏の研究によれば、寺内正毅朝鮮総督は桂太郎宛て書簡で、「共和論の我人心に影響する所大なる実に可懼もの」と危惧を表明しており、徳富蘇峰も、「清国の共和政体の新設はわが帝国の国是たる皇室中心主義と果たして衝突するところなきか」と心配した[37]。これに対して日本陸軍は、満洲民族による清王朝の滅亡が、日本の満洲支配への抵抗を弱める好機会となったと判断して、大陸侵略と軍備拡張の動きを強め、軍拡要求を呑まない政友会の第二次西園寺公望内閣を陸相の辞任という非常手段によって総辞職に追い込んだ。これを批判する民衆と政友会の憲政擁護運動が、代わった第三次桂太郎内閣（一九一二年一二月―一九一三年二月）を短期間で倒すという「大正政変」を引き起すことになる。

桂内閣が民衆運動によって倒されたという未曽有の事件が「大正政変」と呼ばれたのは、言うまでもなくその直前の一九一二年七月に明治天皇が死去し、大正天皇が即位したからであった。近代天皇制国家の権力行使において、天皇個人がどの程度積極的な役割を果たしたかについては、最近研究が進んでおり、明治天皇は一八八〇年代に入る頃から政治主体として自立しはじめ、一八九〇年代の初期議会期以降はしばしば政治問題に介入する「能動的君主」として活動したことが明らかにされているが、宣戦布告のような極めて重要な決定にさいしては自分の意向を抑えて元老・閣僚の意向に従っている(38)。その点では、明治天皇は清朝の西太后やロシアのニコライ二世のような独裁的権力者とは著しく異なっていたと言えよう。一九一二年三月に東京帝国大学の憲法学者美濃部達吉が、『憲法講話』を刊行し、統治権の主体は天皇個人ではなく「国家という共同団体」であり、天皇はその「共同団体」の「最高機関」であるという天皇機関説を提起したのは、明治天皇と政府の現実のあり方を反映しつつ独自の解釈を施したものであった(39)。それは、大日本帝国憲法に含まれる近代議会制の要素を出来るだけ広げた解釈であり、いわゆる大正デモクラシー運動を支える役割をもったが、他方では、同じ憲法について古代天皇制の独裁的要素を拡大解釈する「昭和維新」への動きもとくに昭和天皇の時代には進行することになる。

注

（1）松浦玲『横井小楠』（朝日新聞社、一九七六年）一〇一―一四二頁。
（2）三上一夫『横井小楠』（吉川弘文館、一九九九年）二〇〇―二〇三頁。

（3）本郷隆盛「幕末思想論──吉田松陰の思想を中心に」（『講座日本近世史9　近世思想論』有斐閣、一九八一年）。

（4）福島正夫『地租改正の研究』（有斐閣、一九六二年）二七四─二七八頁。

（5）瀧井一博『文明史のなかの明治憲法』（講談社、二〇〇三年）。自由民権運動の研究は、国民国家論の影響を受けつつ、その運動目標が当時の政府と同じ「国民」の創出にあったとする意見が提起された結果、基本的視座の動揺が生じ、研究自体が停滞している。この点を問題とし新しい研究を模索した試みとして、安在邦夫・田崎公司編著『自由民権の再発見』（日本経済評論社、二〇〇六年）、高島千代・田崎公司編著『自由民権〈激化の時代〉』（日本経済評論社、二〇一四年）参照。そこでは民権運動と民衆運動の関係の強さが改めて実証されている。私は、国民国家として一括する方向でなく、民権家の目指した「国民国家」と政府主導で構築されつつある「国民国家」の相違を踏まえた上で、議論を深める必要があると考えている。

（6）遠山茂樹『福沢諭吉──思想と政治の関連』（東京大学出版会、一九七〇年）二三五─二四〇頁。

（7）石井寛治『帝国主義日本の対外戦略』（名古屋大学出版会、二〇一二年）三五─三七頁。

（8）井上勲『王政復古』（中公新書、一九九一年）三三三─三四一頁。

（9）近代天皇制の歴史的性格をめぐっては、周知の通り激しい論争があり、私も「天皇制国家は共同体的秩序の維持・温存をはかりつつ上からの資本主義化＝機械制大工業化を強力に推進するという特殊型絶対王政であり、一八八九年はその成立の画期であった」（石井寛治『日本経済史〔第2版〕』東京大学出版会、一九九一年、一七四頁）と書いたことがある。そうした私の見解は、歴史家の間で近代概念の厳密化ではなく希釈化が進み、明治維新変革を安易にブルジョア革命の一種と見做す文部省見解と大差ない意見が増加しつつある今日においても変わっていない。明治維新＝ブルジョア革命説の根拠は、その後産業革命が達成され日本経済が資本主義化したから日本国家の階級的性格はブルジョア権力以外ではありえないという一種の基底体制還元論に立っている。実質的には私の意見に近い安田浩『近代天皇制国家の歴史的位置──普遍性と特殊性を読み解く視座』（大月書店、二〇一一年）「はしがき」もその限りでは納得しがたい。政治権力のあり方は社会・経済システムと関係しつつも相対的に独自なものと見做すべきであろう。ここでは、「王政復古」が「神武創業の始に」もとづくという意味であり、アジア古代的＝血縁共同体的な原理への回帰であることの意味を重視して、古代的要因と近代的要因からなる複合的権力としたのである。この点で、増田知子『天皇制と国家』（青木書店、一九九九年）が「国家形態が歴史的に変化・転換しながら、天皇制それ自体は一貫して存在したこと」を理解するために、「国家機構と「万世一系の国体」イデオロギーとは異質な構成原理をもっており、天皇制国家はそれを接合して成立していると考えるべきである」とする主張は共感するところが多いが、「天皇制」を「イデオロギー」として見ているのは狭すぎるように思う。
(10) 生方敏郎『明治大正見聞史』(一九二六年、中公文庫版、一九七八年)二五—三八頁。
(11) 牧原憲夫『客分と国民のあいだ——近代民衆の政治意識』(吉川弘文館、一九九八年)。
(12) 大塚久雄「現代とナショナリズムの両面性」(『大塚久雄著作集　第六巻』岩波書店、一九六九年)三一一頁。最近のナショナリズム論は、アーネスト・ゲルナー著、加藤節監訳『民族とナショナリズム』(原著一九八三年、岩波書店、二〇〇〇年)やベネディクト・アンダーソン著、白石隆・白石さや訳『想像の共同体——ナショナリズムの起源と流行』(原著一九八三年、リブロポート、一九八七年)のように、民族共同体は近代産業社会において初めて出現するものであり、しかも実体というより人々がイメージとして抱くものだとする見方が強いが、近代固有のものと言い切ったのでは、民族感情のもつ広がりと根強さを把握できない。近代の民族共同体の前提をなす人間の共同体的結合が血縁共同体にまで遡って行くことへの「信仰」を見極める必要があるように思われる。
(13) 朴宗根『日清戦争と朝鮮』(青木書店、一九八二年)。
(14) 石井寛治前掲『帝国主義日本の対外戦略』三二一—三三二頁。
(15) 宮地正人『国民国家と天皇制』(有志舎、二〇一二年)。
(16) 同上書、五三頁。
(17) 加藤弘之著、田畑忍解題『強者の権利の競争』(日本評論社、一九四二年)三〇二—三〇七頁。
(18) 宮地正人前掲『国民国家と天皇制』六一—七〇頁。
(19) 同上書、一五六—一六四頁。
(20) 李憲昶著、須川英徳・六反田豊監訳『韓国経済通史』(法政大学出版局、二〇〇四年)二九三—二九五頁。
(21) 小川原宏幸『伊藤博文の韓国併合構想と朝鮮社会——王権論の相剋』(岩波書店、二〇一〇年)二一一—二三〇、一四二—一四七、二四九—二五七頁。
(22) 海野福寿『韓国併合史の研究』(岩波書店、二〇〇〇年)二八八—二九五頁。
(23) 春畝公追頌会『伊藤博文伝　下巻』(統正社、一九四〇年)七六七—七六九頁。
(24) 小川原宏幸前掲『伊藤博文の韓国併合構想と朝鮮社会』一八五—一九二頁。

(25) 坂野潤治『日本近代史』（ちくま新書、二〇一二年）二八七頁。
(26) 小川原宏幸前掲『伊藤博文の韓国併合構想と朝鮮社会』四〇五—四〇八頁。
(27) 平野聡「「公正な帝国」から「近代中華帝国」へ」（歴史学研究会編『シリーズ歴史学の現在10　帝国への新たな視座』青木書店、二〇〇五年）。
(28) J・チェン著、守川正道訳『袁世凱と近代中国』（原著第二版一九七二年、岩波書店、一九八〇年）二八四頁。
(29) 同上書、二八五頁。なお、梁啓超の論著が、韓国の愛国啓蒙運動に伝えられ、運動論に対してマイナスの影響を与えたことについては、佐々充昭「韓末における「強権」的社会進化論の展開」（『朝鮮史研究会論文集』第四〇号、二〇〇二年）参照。
(30) 横山宏章『孫文と袁世凱——中華統合の夢』（岩波書店、一九九六年）九三頁。
(31) 茂木敏夫「中国的世界像の変容と再編」（飯島渉・久保亨・村田雄二郎編『シリーズ20世紀中国史1　中華世界と近代』、東京大学出版会、二〇〇九年）四五頁。演説の引用は『孫文選集』第三巻（社会思想社、一九八九年）によった。
(32) 大江志乃夫「一八八〇—一九〇〇年代の日本」（『岩波講座日本通史　近代2』、一九九四年）六六—七二頁。
(33) 石橋湛山「哲学的日本を建設すべし」（『東洋評論』一九一二年六月号、『石橋湛山全集　第一巻』東洋経済新報社、一九七一年）。
(34) 同上書、一一四—一二九頁。
(35) 井口和起「朝鮮併合」（『岩波講座日本歴史　近代四』、一九七六年）二〇五—二〇六頁。
(36) 愼蒼宇『植民地朝鮮の警察と民衆世界　一八九四—一九一九』（有志舎、二〇〇八年）。
(37) 千葉功『旧外交の形成　日本外交一九〇〇—一九一九』（勁草書房、二〇〇八年）二三四頁。
(38) 安田浩『天皇の政治史——睦仁・嘉仁・裕仁の時代』（青木書店、一九九八年）。
(39) 坂野潤治『大系日本の歴史13　近代日本の出発』（小学館ライブラリー、一九九三年）三九四—三九九頁。

第二部　第一次世界大戦以降の経済の「高度化」構想

――「支配」から「敗北」への道

第六章　第一次世界大戦とそのインパクト

ヨーロッパ諸国間の対立に始まる一九一四年から一八年までの第一次世界大戦は、日本経済に対して大きなインパクトを与え、その段階的発展を促したが、機械戦としての総力戦に向けての政府・軍部の政策的努力は、経済のいっそう飛躍的な高度化を要求するものであった。後発資本主義日本にとって、そうした要求は簡単に実現できることではなく、国内的には経済の早熟的な独占支配と格差拡大を生む一因となり、対外的には中国に対して利権の長期保証を要求し、同国の激しい反日民族運動の原因を作った。

一　第一次世界大戦の原因と勃発

合理的資本主義と非合理的資本主義

拙著『帝国主義日本の対外戦略』(1)において、明治維新から第二次世界大戦に至る近代日本資本主義を「非合理的資本主義」としての「政治的資本主義」と規定したことは、とくに実証を重んずる歴史家諸氏から厳しい批判を受けた。私としては、近代日本資本主義の担い手としてのブルジョアジーが、市場での自らの経済活動という合理的利害を政治面でもあくまで貫こうとせずに、政府や軍部の非合理的な政治・外交路線に屈服したことを表現するために「政治的資本主義」という用語を使ったつもりであったが、全体をそのように決めつける評価は一面的な固定的評価に繋がる点で適切でないだけでなく、市場での自らの合理的利害を政治面でも貫く「合理的資本主義」が帝国主義的な対外支配を行う場合がありうることを頭から否定することになるという批判である。(2)

こうした批判は確かに傾聴すべきところがあり、「政治的資本主義」という用語の意味をもう少し明確にすべきだったと反省している。この用語は、もともとマックス・ヴェーバーが近代に固有の産業経営を基礎とする資本主義を特徴付けるために「合理的資本主義」という言い方をした際に、それと異なる資本主義をすべて「非合理的資本主義」と呼び、後者に属する資本主義のひとつの特徴として「政治的資本主義」を挙げたのであった。ヴェーバーは、「われわれが世界史上ありとあらゆるところにおいて、また、ありとあらゆる時代において遭遇するものは、多種多様なる形態における非合理的資本主義 nichtrationale Kapitalismus である」として、「租税請負のための資本主義的企業」「戦費の融通の目的よりする資本主義的企業」「商人的投機的資本主義」「高利貸資本主義」を挙げた上で、それらと「合理的資本主義」との違いを次のように述べている。(3)

「これらすべては経済上非合理的性質を有する事態であり、これよりしてかならずしも労働体制の合理的組織は生れ出ずべくもない。これに反して合理的資本主義は、市場機会 Marktchance、すなわち、狭義の語義における経済的機会、を目標としておこなわれるものである。したがって、それが合理的であればあるほど、一層多く大量的・大衆的なる販路や、大量的・大衆的なる欲望充足の機会やを目標としておこなわれるようになる。この資本主義を社会経済の組織に仕上げるという仕事が、中世末期以来、近世の西洋の発達のために残されていた問題である。しかしながら、かくのごとき合理的資本主義への発展の途は全古代を通じてとざされていた。」

ここから分かるのは、ヴェーバーにとっての「合理的資本主義」とは、近代産業経営を基礎とする近代資本主義を指す理念型であり、それ以外の古代資本主義以来の資本の活動はすべて「非合理的資本主義」とされていたことである。そのような理念型を敢えて掲げて議論した背後には、「ドイツ社会の経済的近代化の進展に、社会諸関係や政治の近代化が随伴すべきであったと考える見解」(4)の先駆者としてのヴェーバーのドイツ社会の近代化に向けての切羽詰まった実践的問題関心が大きく作用していた。そのためドイツ資本主義が目指すべき「合理的資本主義」という理念型が適用できるタイプの資本主義は、現実にはかなり限定された少数の国々の限定された時期の資本主義体制にしか当てはまらないことになった。われわれは、ヴェーバーの理念型が彼の問題関心に従って自由自在に設定されるものであることに留意し、その利用に際しては十分な注意を払う必要があろう。それだけではない。現代の帝国主義とか国家独占資本主義とかいわれる一連の事象についても、ヴェーバー研究者の内田芳明氏によれば、「それはかつての「近代資本主義」からはおよそ変質した異質なものとしての意味を帯びてきている」のであって、ヴェーバー流の表現では「非合理的資本主義」としての特徴をもつものと理解すべきなのであり、(5)私もそのように考えたいと思う。すなわち帝国主義段階の資本主義のタイプは、ヴェーバー流に言えば先進国のイギリス・フランス・アメリカなど「合理的資本主義」に成長した上で「非合理的資本主義」としての帝国主義へと変質した国々と、後進国のドイツ・ロシア・日本など「非合理的資本主義」としての強い特徴を帯びたまま帝国主義へ転化した国々からなるということになろう。しかも先進諸国のケースは何れも「合理的資本主義」が成長する前から他民族とその領土を略奪・支配した歴史をもっているのであり、その上での産業経営の発展であることが留意されなければならない。

その場合、「政治的資本主義」という用語については、ヴェーバーの著作での用語例から政治的特権に専ら依存する古代に多く見られたタイプの「非合理的資本主義」に限定して用いるという考え方もあるが、(6)私はむしろ「非合理的資本主義」体制一般の基本特徴としての「政治寄生性」ないし「政治従属性」を指すものという風にやや広く理解した上で、ドイツや日本における近代資本主義体制のひとつの特徴づけとして用いたいと思う。もちろん、それはドイツや日本においては産業革命を経て産業資本主義が成立していることを大前提とした上での社会構成全体に関する特徴付けであり、下部構造としての資本主義が「偽物」だなどとする気は全くないことをお断りしておかねばならない。[7]

第一次世界大戦はなぜ起こったか

では、そうした「非合理的資本主義」としての帝国主義諸国間の世界戦争である第一次世界大戦は如何にして起こり、もっとも責任を負うべき国はどこであったのか。この問題について一九六九年に第一次世界大戦前の国際対立を論じた木谷勤論文は、「「若い」帝国主義国ドイツは確かに、より「攻撃的」であった。しかし一方現状維持を目指すイギリスやフランスなど「古い」帝国主義諸国が「平和的」であったわけでなく、彼ら――特にイギリス――の攻撃性は、二度のモロッコ事件に際しいかんなく発揮された」とした上で、大戦勃発についてもっとも大きな責任を負うべきなのはドイツ帝国主義であると論じた。[8]

先に引用した一九七三年刊のハンス‐ウルリヒ・ヴェーラー著『ドイツ帝国』もまた、同様な結論を、国内の諸矛盾を改革せずに対外政策に依存して打開するドイツにおける「社会帝国主義的誘導」の見地から説明した。その際、ヴェーラーが帝国主義のイデオロギーとしての社会ダーウィニズムについて論及していることに注意しておきたい。すなわち、社会ダーウィニズムは一八七〇―八〇年代以降西洋工業諸国において著しい影響を及ぼし、「その機能的意義からみて、社会ダーウィニズムは支配諸集団に対して彼らと進歩との一致をも、現状の必然性をも、保証することができた。同時にそれは労働者階級――あるいはまた植民地諸民族――の解放の要求を、生存競争における価値の低い劣等者の無益ないきり立ちとして片付けることを可能にする」ものとして、「帝国主義を正当化するイデオロギーとしてまさにうってつけであった」と指摘しており、ドイツに関しては「国民社会主義による人種主義的急進化のなかではじめて頂点に達した」と、ナチスの人種差別政策の源流でもあったと位置づけているのである。[9]先に第五章において、帝国主義日本のイデオロギーとしての社会ダーウィニズムについて論じたが、ダーウィンを生んだヨーロッパにおけるその役割の大きさを改めて知ることができよう。

私は第一次世界大戦の原因については、こうした古典的見方に基本的に賛同するが、最近の研究のなかには、再び「祖国の防衛」のための戦いとして評価するものがある。フランスとドイツの専門家の共同執筆になる『仏独共同通史 第一次世界大戦』(10)がそれであり、同書は、両国歴史家による初めての試みとして注目に値する研究であるが、著者たちは日本語版への序文で、「本書で我々がとくに明らかにしたかったのは、この対決が経済的原因や物質的な利害によって引き起こされたのではないということである。戦争は、祖国の防衛のために、国民が生き残るためにもっとも大切だと信じられたもののために引き起こされたのである」と述べている。同書は、両国指導者の判断や世論という意識・文化のレベルでの国際対立に関する詳細な実証分析がなされている点で優れており、それは政治・経済関係が安定しているように見える場合でも戦争が起こりうることへの警告としては理解できるとはいえ、戦争に向けての国際対立の根源を帝国主義間の対立と国内矛盾への権力的対応として掘り下げて分析することを放棄しており、その限りでは方法的にむしろ後退していると言わざるをえない。

二　新兵器の出現と兵器の「バロック的退廃」

戦艦から戦車・飛行機への主要兵器の変化

ドイツがイギリスと対立するようになったひとつの契機は、一九〇〇年に本格化した大艦隊の建設であった。この政策は、ドイツ国内では一九〇二年の穀物関税の引上げによってユンカー階級の利害を保護し、関税収入による大艦隊の建設により重工業ブルジョアジーの利害を守るという「穀物と鉄」の同盟の再編を意味したが(11)、対外的にはドイツ艦隊による制海権の弱体化に危機感を覚えたイギリスを露仏同盟側に追いやり、やがて三国協商というドイツ「包囲」体制を作らせるという失敗を生んだといわれる(12)。

しかし、ここで問題としたいのは、こうして始まったイギリスとドイツの建艦競争が、第一次世界大戦の実戦でどの程度役立ったかである。もちろん、その前の日露戦争における日本海海戦が主力艦同士の艦隊決戦として戦争の帰趨に大きな影響を与え、その後の各国海軍における戦艦ないし巡洋戦艦のさらなる大規模化と増加を生んだことは事実であるが、第一次世界大戦での巨大戦艦の役割については、メアリー・カルドーが、エンゲルスの「近代的軍艦は海に浮かぶ工場であり、それが主として生み出しているのは巨大な浪費以外の何ものでもない。……それは戦時には使えないような代物になりはてている」という言葉を引用しながら次のように批判している(13)。

「戦艦は明らかに抑止力としてみられるようになってきた。しかしその規模が巨大化し、火力が増大すればするほど、戦艦はますます脆弱になった。そして華々しい特性を装備すればするほど、ますます大きな負担になっていった。一九一四年に戦争がはじまったとき、巨大な戦艦はとるに足らない役割しかはたさなかった。……慎重をきわめたユトランド海戦を除けば、いずれの側も戦闘で戦艦を危険にさらすようなことはあえてしなかった。」

ここに指摘されているユトランド海戦は、大戦中唯一の主力艦隊の海戦で、イギリス艦隊による海上封鎖を破ろうとノルウェー沖に進出したドイツ艦隊（戦艦・巡洋戦艦二七隻など九九隻）がイギリス艦隊（戦艦・巡洋戦艦三七隻など一五一隻）と戦い、一日の戦闘でドイツ側は戦艦・巡洋戦艦各一隻を失いつつもイギリス巡洋戦艦三隻を沈めたが、制海権を打破することはできなかったという海戦である(14)。ドイツ戦艦の放った巨弾を上方から受けたイギリス巡洋戦艦があっけなく沈没し、高速だが装甲の薄い巡洋戦艦の欠陥を露呈したが、カルドーによれば、戦艦もまた先端技術による装備のますますの複雑化がなされたため実戦には不向きになった旧式兵器（彼女はそれを中世以来のバロック風建築技術の過剰装飾に擬えて「バロック的退廃」と命名）と化しており、大戦以降の主要兵器は戦車と飛行機になったというのである。

大艦巨砲主義と白兵戦の固定観念

日本の海軍関係者は、そうした兵器の変化、とくに潜水艦と飛行機の出現の意義をある程度まで評価していたが、臨時海軍軍事調査会が一九一八年にまとめた結論は、「弩級艦は依然として海軍力の基幹たるの価値を失墜せす」としており、戦艦と巡洋戦艦を中心とする方針が再確認された(15)。大艦巨砲主義による艦隊決戦という戦術は、日本海海戦の成功体験に呪縛されて簡単には変更できなかったと言えよう。主力艦の国産化は、一九一〇年に巡洋戦艦金剛をイギリス・ヴィッカーズ社に発注したのを最後に、以後実現し、搭載する大口径砲と発射用の無煙火薬の製造も、それぞれ日本製鋼所と日本爆発物会社を介するイギリス技術の移転により国産化された(16)。その意味では、主力艦に関する「軍器独立」は第一次世界大戦を画期に達成されたと言えるが、その後の日本海軍の米英海軍との建艦競争がカルドー説の指摘する経済的・軍事的な無駄使いという「バロック的退廃」を免れていなかったか否かについては、疑問なしとしない(17)。

事態は陸軍においても同様であった。臨時軍事調査委員会のメンバーであった永田鉄山は機械戦への移行の必要それを実現できない日本の工業力のギャップを問題にしたが、彼のような認識をもった者は陸軍内部では少数派にとどまった(18)。戦車を例にとると、大阪砲兵工廠で試作した重量一八トンの最初の国産戦車が完成したのが一九二六年のことであり、翌年の御殿場での試運転に成功した。しかし、参謀本部は戦車をもっぱら歩兵と協力するものと考え、重量一〇トンの軽戦車を沢山作ることを命じた(19)。一九三二年当時の日本陸軍の戦車台数は僅か四〇輌に過ぎず、アメリカの一〇〇〇輛、フランスの一五〇〇輛、ソ連の五〇〇輛、イギリスの二二〇輛との格差は大きかった。[20] しかも、戦車隊同士の戦闘を想定していなかったため、日本陸軍は最後まで重戦車を中心とする機甲師団を編成することができなかった。軍備を制限されていたドイツ陸軍がソ連政府の協力を得て秘密裡に戦車開発を始めたのも日本と同じ一九二六年であったが、機甲部隊の創設に向けての動きは速かった。[21] こうしてドイツ軍は一九三九年に始まる第二次世界大戦で戦車部隊を中核とする電撃戦を当初展開することができたが、東部戦線においては強力なソ連戦車隊の反撃に遭い、一九四三年七月のクルスクの戦車戦では両軍合計一万三二〇〇輛の戦車が激突し、ドイツ軍は回復不能の打撃を蒙った。[22] この戦いに少数ながら加わったドイツ戦車ティーガーは重量五七トン、装甲一〇〇ミリで、八八ミリ砲を備えており、日本の主力戦車九七式中戦車（一四トン、装甲二五ミリ、五七ミリ砲）[23] と比較すると如何に恐るべき戦闘能力であるかが窺えよう。日本陸軍の首脳たちは、三八式小銃をもった歩兵の白兵戦という日露戦争における戦いのイメージから脱却できず、自動小銃や戦車を含む機械化部隊への転換は想像もつかなかったようである。

造船業の発展と国産自動車産業の停滞

以上のような戦艦建造の世界動向に沿った拡充と、戦車製造の相対的遅れは、第一次世界大戦期以降における日本経済の重化学工業の発展状況に見合うものであった。以下、戦艦建造と戦車製造について述べるが、飛行機製造については省略する。[24]

すなわち、第一次世界大戦期には貿易拡大と軍事輸送によって世界的に船舶需要が激増した反面で、戦争による商船の沈没と商船建造能力の艦艇建造への振向けにより、日本に商船の注文が殺到して造船業の飛躍的拡大をもたらした。一九一五年から一九一八年にかけての商船・艦艇建造額の増加は、この間における機械生産額の増加の三分の二を占め、機械生産に占める商船・艦艇建造額の比重は、五四％から六二％へと上昇した。[25] この時期の造船実績の中心は商船であったが、同時に艦艇の建造も民間造船所で盛んに行われており、表6－1に明らかなように、一九一四年から一九一八年の五カ年間の艦艇建造トン数の過半が民間造船所によるものであり、その中には戦艦・巡洋戦艦も含まれていたことが注目される。日露戦後の戦艦をはじめとする艦艇の国産化は、当初は呉・横須賀などの海軍工廠に頼っていたが、大戦期以降は三菱・川崎に代表される民間造船所の発展によって大きく支えられていたのである。

表 6-1　軍艦の建造場所別統計

（単位・トン）

竣工年次	1909-1913 年		1914-1918 年		1919-1921 年	
横須賀工廠	戦艦薩摩	19,350	巡洋戦艦比叡	27,500	戦艦陸奥	33,800
	戦艦河内	20,800	戦艦山城	30,600	補助（3）	5,200
	補助（1）	14,600	補助（3）	2,800		
呉工廠	戦艦安芸	19,800	戦艦扶桑	30,600	戦艦長門	33,800
	戦艦摂津	20,800	補助（5）	4,789	補助（3）	3,700
	補助（1）	14,600				
佐世保工廠	補助（4）	10,085	補助（6）	5,235	補助（3）	14,500
舞鶴工廠	補助（5）	3,112	補助（4）	3,170	補助（8）	10,715
小計		123,147		104,694		101,715
長崎三菱造船	補助（2）	6,100	巡洋戦艦霧島	27,500	補助（7）	17,725
			戦艦日向	31,260		
			補助（3）	2,557		
神戸川崎造船	補助（1）	4,950	巡洋戦艦榛名	27,500	補助（7）	10,600
			戦艦伊勢	31,260		
			補助（3）	2,557		
其他民間造船			補助（2）	1,330	補助（6）	5,100
小計		11,050		123,964		33,425
英国	巡洋戦艦金剛	27,500	補助（2）	8,565		
合計		161,697		237,223		135,140

出典）海軍大臣官房『海軍軍備沿革』（1922 年 4 月）附表.
備考）補助（　）は巡洋艦・駆逐艦などの補助艦隻数で，水雷艇は含まない.

　もっとも、大戦期の造船業の発展は決して順調だったわけではなく、とくに造船の素材をなす鉄鋼業の限界が大きな制約条件となったことは、しばしば指摘されるとおりである。「鉄飢饉」と呼ばれた非常事態に対して政府は製鉄業奨励法によって民間製鉄業を育成し、民間では日米船鉄交換によって船舶材料を確保する緊急対策がなされた。それに関連して、中国での鉄鉱資源の確保がとりわけ重要視されたが、西原借款による関内での製鉄原料確保の構想は挫折し、二十一箇条要求による満洲での製鉄原料確保にもっぱら力を注ぐことになり、反日運動を激化させる原因を作った(26)。

　それに対して、戦車製造の遅れは、自動車産業の遅れによって規定されていた。先ほど大阪砲兵工廠で戦車の国産化が試みられたと述べたが、戦車の生産はほとんどすべて民間工場で行われた。最大の戦車製造企業は三菱重工業であったが、三菱が戦車生産に携わることになった契機は、自動車の整備・修理を行っていた三菱内燃機の芝浦分工場で、陸軍が輸入したイギリスのヴィッカーズ戦車の修理を一九二七年に行ったことにあったという。三菱航空機（一九二八年三菱内燃機が改称、一九三四年三菱重工業に合併）東京製作所では、陸軍の意向を受けて一九三〇年度に最初の戦車五輌を完成し、一九三四年には生産は一六一輌に増えた。(27)陸軍としては、乗用車市場がフォード、ゼネラル・モーターズというアメリカ系二社に独占され、東京瓦斯電気、石川島造船所、快進社の三社が軍用自動車補助法に支えられて細々とトラック生産を続けているという状況のもとでは、将来性のあると見做した三菱に戦車生産を依頼するしかなかったのであろう。しかし、三菱では三菱造船（のちには三菱内燃機）がイタリアのフィアットをモデルとした乗用車「三菱A型」を一九二〇年に完成しながら、翌年には採算の見込みがないとして自動車事業への進出を断念したという経緯をもっていたから、陸軍の依頼を引き受けたときにも大量生産を行う態勢はまったく整っていなかった。(28)こうして、日本における戦車生産は一九四二年の一二九〇輌をピークに満洲事変以降の一五年間を通じて合計六四五〇輌にとどまったのである。(29)

三　独占資本の支配構造の定着へ

大戦ブーム下で激化する商社間競争

第一次世界大戦は日本経済の多くの分野に対して、「漁夫の利」(30)とも言うべき拡大の機会を与え、古くからの企業の成長をもたらすと同時に新たな企業の参入を可能にした。そのため、大戦ブーム（ここでは一九一九年から二〇年上期の戦後ブームを含む）による市場の急拡大の下で企業間競争が流動化し、先発大企業のシェアの低下が見られたが、新規参入企業の経営基盤は脆弱さを免れず、大戦終了と一九二〇年恐慌による打撃によって没落するものが相次いだ。

例を貿易商社の場合に取ると、最近の研究は、海外支店の経営文書を活用して当時の貿易活動に伴う投機の実態を具体的に明らかにしている。例えば、三井物産は、大戦中から「放胆に失せんよりは厳に小心に過ぐるを可」とする慎重方針を取り(31)、休戦間近の一九一八年一〇月には安川雄之助常務取締役の意見によって買持品の売却を行ったため、休戦反動による「損害はほとんど皆無に近かった(32)」と評価される一方で、アメリカのシアトル支店では船賃で儲けた一〇〇〇万円と豆油投機の利益をもって、本店に無断でニューヨーク支店の二〇〇〇万円近い豆油投機の損失やダラス支店の六〇〇〇万円近い棉花投機の損失のカバーに協力したという石田礼助シアトル出張員主席の回顧談(33)を如何に理解するかが問題であったが、日本商社北米支店に関する共同研究は、三井物産ダラス支店の史料に基づき、「好況継続予想による多大の買持の失敗」により一九一九年上下期で計六七六万円の損失を計上し、それが翌二〇年の東洋棉花設立に繋がったことを明らかにし、石田の回顧の一部が事実であることを裏付けた(34)。

一九一七年に取引高一五億円を記録して三井物産の一〇億円を凌駕した鈴木商店の場合については、経営史料のほとんどが失われたため実証が遅れているが、急膨張に伴う人材不足と組織の未整備が休戦反動への迅速な対応を遅らせ、高畑誠一ロンドン支店長の折角の休戦予告も大番頭金子直吉の強気の見通しを変えることができずに大欠損を招いたことが指摘されている(35)。久原商事や古河商事など鉱山業者が設立した総合商社や、茂木商店、伊藤忠商事のような繊維商社に始まる総合商社も、大戦ブーム期に大活躍したが何れも投機的な買占め活動を止められないうちに休戦と恐慌に遭って挫折したことが明らかにされている(36)。このように見て来ると、三井物産のような先発商社は、相対的地位こそ低下しながらも多額の投機損を生んだ支店を全体としての組織力でカバーしうる力量を蓄積していたのであり、取引額では急成長しながらも組織的な脆弱性をもつ後発商社が持続的成長をなしえなかったのと著しく異なっていたと言えよう。

金融恐慌での銀行破綻への分岐点

同様なことは、銀行業の発展における三井・三菱・住友・安田・第一の五大銀行の地位についても指摘できる。普通銀行全体の預金額合計に占める五大銀行の預金額の比率は、一九一〇年の二一・五％が一九二五年には二四・一％と若干上昇するが大差なく、比率が急上昇するのは一九二七年の金融恐慌を経た一九三〇年の三六・四％である[37]。こうした財閥系を中心とした五大銀行への預金の集中を指標として、「金融資本の支配体制とくに金融寡頭支配が完成するのはこの金融恐慌を経たのちである[38]」とする見解が古くから唱えられている。この見解においては、「池田・串田・八代・結城等銀行界巨頭の新内閣〔田中義一内閣〕への申入れは金融資本の直接的・積極的・政治的発言という意味においてその影響力の強化とともに重視されてよい」とされているが、そうした働きかけが可能であったのは銀行界の巨頭の政治力がすでに高まっていたことが前提であるし、財界からの救済要請に政府・日銀が大規模に応ずるようになった画期は一九二〇年恐慌であったことが注目されるべきであろう。そうだとすれば、銀行業界における五大銀行の支配的地位も、大戦期を通じてすでに確立していたと見るべきではなかろうか。一九一〇年二月における国債引受シンジケート銀行団の発足と一九一八年一二月における制裁付きの預金金利協定の実施は、それぞれ五大銀行を中心とする有力銀行＝都市銀行の資金運用面と資金調達面における競争制限であり、それらの独占的地位を保証するものであった。その場合、五大銀行の支配的地位を確定したのは大戦ブームにおける一流都市銀行としての五大銀行とその他の二流都市銀行の活動の違いであったように思われる。

最近では、五大銀行や金融恐慌で破綻した台湾銀行・十五銀行に較べて研究が遅れていた破綻二流都市銀行の実証研究が進みつつある。まず、金融恐慌の引き金となった東京渡辺銀行の破綻の詳しい背景は従来不明とされてきたが、小川功氏は同行が高利の借入金に依存しつつ渡辺家関係企業の「機関銀行」として放漫な融資を重ねた挙句破綻した過程を膨大な周辺的資料の積み上げという独自の手法によって明らかにした[39]。藤田銀行については、一九二〇年恐慌以降、不振に陥った藤田組の産銅業への日本興業銀行や第一銀行の融資の肩代わりを余儀なくされ、鴻池銀行などとの預金獲得競争で集めた高利預金を融資に回したことが「機関銀行」としての同行の経営を破綻させたことが明らかにされ(40)、近江銀行については、伊藤忠をはじめとする繊維関係の近江商人が大戦ブームに乗って事業を急拡大した挙句一九二〇年恐慌によって凋落した結果、彼らの「機関銀行」であった近江銀行が、日本銀行による手厚い救済にもかかわらず破綻したことが実証された(41)。さらに、特定企業・業界の「機関銀行」とは言えない両替商系の中井銀行と加島銀行については、大戦期の急膨張の際に新規融資先を甘い査定で開拓したことが恐慌による不良債権の累積を招き、タコ足配当による自己資本の充実を怠ったために破綻したことが明らかにされた(42)。台湾銀行が周知のように総合商社鈴木商店の「機関銀行」であり、十五銀行が川崎造船所など松方系企業の「機関銀行」として大戦ブーム期以降莫大な不良債権を累積したことを想起すると、金融恐慌における銀行破綻は、「機関銀行」であるなしにかかわらず、大戦ブーム期における放漫な融資の累積に歴史的原因があることが判明する。それ故、一九二七年の金融恐慌時の明暗への別れ道は、一九二〇年の戦後恐慌までにそれぞれ定まっていたと言うことができよう。

財閥独占と紡績独占の確立へ

このように見て来ると、資本主義日本が国家独占と私的独占の支配体制のもとに編成された時期は、前述の安藤良雄説以来、通説的には金融恐慌前後の一九二〇年代後半とされているが(43)、私的独占に関しては休戦前後の一九一〇年代後半を画期と見る高村直助説(44)が重要だと思われる。私は高村説を部分的に継承しつつ、財閥をコンツェルン形態の資本独占として把握する立場から一九一八年一二月の預金金利協定をもって財閥独占の確立と見做し、同時に一九一八年六月の大日本紡成立による三大紡の成立をもって紡績独占の確立と見做しており(45)、一九一八年から二七年にかけての時期は、相次ぐ経済恐慌と関東大震災による経済界の動揺に対して国家的危機感をもった政府・日銀が大々的な救済融資を実施して全面破綻を繰り延べようとした一〇年間であったと考える。

四　大戦ブーム下での格差の一時的縮小

戦前期日本における所得格差の推移

では、独占的資本構造が定着しはじめた大戦ブーム期において、国民の所得の格差はどのように推移したのであろうか。戦前日本の所得分布についての政府統計はないので、研究者による推計が行われている。もっとも精度の高いと思われる南亮進氏の推計(46)は、「工業化の初期では工業化によって不平等が発生し、工業化の成熟によって平等化に転ずる」というサイモン・クズネッツによる「逆U字型仮説」が日本に当てはまるか否かを、大蔵省の所得税統計と市町村から蒐集した戸数割資料に基づいて検討した結果、「戦前の所得分布は戦後に比べて遥かに不平等であったこと」「所得分布は一九世紀末期から一九三〇年代末まで着実に不平等化したこと」を明らかにし、この事実は近代日本における「クズネッツ仮説の前半部分の妥当性を証明している」と論じた。すなわち、南推計によれば、所得分布の不平等性を示すジニ係数は、戦前日本では、〇・四三一（一八九五年）、〇・四七三（一九〇五年）、〇・五二六（一九一五年）、〇・五三〇（一九二三年）、〇・五三七（一九三〇年）、〇・五七三（一九三七年）と順次上昇していたのであり、〇・三台に低下した戦後日本とは異なる著しい不平等性を示していた。こうした不平等化は、南氏によれば、都市・農村間所得格差の拡大と都市内部の不平等化によって説明されるという。

大戦期の格差は拡大か縮小か

ここに引用した南氏の推計値はあくまで大きな傾向を示すにとどまり、大戦期というような短期のブームに際して、所得格差がどのように変化したかは分からない。ここでは近似的な接近として、第三種所得税の課税対象となる個人所得の合計額の純国内生産額に対する比率の変化を見てみよう。この時期の所得税は、備考欄に記したように、課税対象の下限が四〇〇円から八〇〇円にまで順次引き上げられており、それは物価水準の上昇に見合ってなされた修正と思われる。納税者数が倍近くに増えたのは、この間の人口増（増加率一二%）による面と、一九二一年以降賞与と配当の六割が新たに課税所得として第三種所得に合算されたことによる面もあるが、賞与・配当の合算額は二億四二〇〇万円（一九二一年）、四億三二〇〇万円（一九二二年）、三億八七〇〇万円（一九二三年）と意外に少なく、基本的には高額所得者そのものの増加を示すものであろう。問題は、そうした高額所得者の増加が、所得分布にどのような影響を及ぼしたかである。その点で注目されるのは、表の最右欄に示した第三種所得額の純国内生産額に対する比率が一九一八年にかけて年々低下していることと、一九一九年以降反転・上昇していることである。すなわち、純国内生産額の増加は、高額所得者の増加だけでなく、それに続く中間層の所得の増加によってもたらされていることは明らかであり、さらに下層の階層の所得も増加した可能性があると見て良い。そうだとすれば、大戦ブーム期には所得格差の拡大はそのテンポを落とし、一時的には格差の縮小が生じた可能性があることになろう。

表 6-2　大戦期以降の第三種所得税（個人所得対象）の推移

（百万円）

年　次	所得額・A	人員（万人）	純国内生産・B	A/B（%）
1914（大正 3）	663	98	4,418	15.0
1915（　4）	635	97	4,640	13.7
1916（　5）	641	96	5,966	10.7
1917（　6）	780	102	7,859	9.9
1918（　7）	1,018	103	10,475	9.7
1919（　8）	1,470	139	14,350	10.2
1920（　9）	1,873	131	13,671	13.7
1921（　10）	2,516	158	13,614	18.5
1922（　11）	3,153	189	13,859	22.8
1923（　12）	3,121	188	14,018	22.3

出典）第三種所得税の課税対象の所得額・人員は『主税局統計年報書』，純国内生産は『長期経済統計 1 国民所得』による．

備考）1914-17 年は 400 円以上，1918, 19 年は 500 円以上，1920-23 年は 800 円以上の所得．1921 年以降賞与・配当の 6 割に課税．

金本位制停止下における物価上昇

大戦ブームを特徴づけるのは、急激な物価の上昇であった。もっとも、

表6-3　日本銀行の請求者別金貨兌換高

（単位・千円）

年　次	1912	1913	1914	1915	1916	1917	1918
外国銀行	21,474	23,408	27,942	39,977	1,000	1,002	0
中国人	232	41	252	198	28,357	56,150	193
国内貴金属商	1,069	195	37	1,229	1,474	251	0
本邦為替銀行	0	0	0	0	0	22,260	1,350
その他	267	209	1,901	300	670	749	1,962
合計	23,042	23,853	30,132	41,704	31,501	80,412	3,505

出典）『日本銀行百年史　第2巻』（1983年）414頁.

一九一三年から一九一八年にかけての主要国の卸売物価の高騰が、アメリカ一・八倍、ドイツ二・二倍、イギリス二・五倍、フランスと日本が約三倍で、日本は陸上戦闘の中心舞台となったフランス並みの最大の高騰振りだったとする理解(47)は、日本の過大評価に陥っている。日本の卸売物価の実際の上昇は一・九倍程度に過ぎず、主戦場となったヨーロッパ諸国よりはかなり低目であった。

それでも、五年間で卸売物価が一・九倍に増えるという事態は尋常ではなく、インフレーションは人々の生活を直撃した。こうした物価の急騰は、金本位制が保たれて金貨兌換がスムーズに行われていたならば起こりにくかったはずである。なぜならば、兌換が自由に行われている状況の下で、仮に金価格が物価水準並みに一・九倍に高騰したならば、日本銀行券を持って日本銀行に行き金貨と兌換してもらった上で鋳潰して売れば元値の〇・九倍の利益を得ることができることになり、増大する兌換請求は日銀券の発行残高を減少させ、物価の低落を招くはずだからである。政府・日銀はアメリカの金輸出禁止に対応して一九一七年九月に金輸出を禁止するとともに金貨の鋳潰しを禁止した。

表6－3に示したように、一九一八年になると、内外の為替銀行と中国人による金輸出がほとんどなくなった。もっとも、制度上は日銀券の金貨兌換は禁止されていなかったので、兌換して得た金を金製品として輸出する者があったため、彼らを対象に、一九一八年八月には金製品の輸出も禁止された。さらに、日本銀行では多額の兌換を請求する者に対して、兌換しても死蔵するしかないと注意を与えるなど正貨兌換をできるだけ抑制する方針をとった(48)。

大戦ブーム期のインフレーションは、こうした事実上の金本位制の停止という条件の下で起こったのであるが、国内向けの金貨兌換は、もともとあまり多くなかったことも留意されるべきであろう。一八九七年の金本位制移行に際して、本位貨幣である金貨の最小単位は五円であり一円金貨は作ったとしても七五〇ミリグラムという超小型になるため鋳造されなかった。そして、現金での商取引には五円以上の兌換銀行券、日常生活での買い物には五〇銭以下の補助貨を使うことが奨励された。(49)「ジョンブル（イギリス人）はいつもズボンのポケットに金貨を入れて、じゃらつかせている」のに対して、日本人は買い物などに金貨を使うことはなく、日本の金本位制は「金貨の流通せざる金本位制」だと言われる所以である。(50)そのことが日本銀行での一般国民の兌換の機会を乏しくさせ、延いては金本位制下での物価上昇を容易にさせたということができるように思われる。

都市下層社会の変容と米騒動の勃発

大戦ブームは前述のように高額所得者だけでなくその下の中間層や下層の人々の所得を増やす広がりをもっていた。ただし、物価の上昇傾向のもとでの実質賃金の動向は、産業分野によって異なっており、工場労働者と雑業労働者での違いも大きかった。金属機械工の実質賃金が一九一六年に一時開戦時の基準（一九一二―一四年平均）を下回ったあと一七・一八年には基準を上回って上昇したのに対して、大工や左官などの土木建築労働者の実質賃金は一九一五・一六年と基準を上回ったあと一九一七・一八年にかけて基準を下回った事実は、組織的な運動によって工場労働者が賃上げを行いえたのに対して、都市下層に属する周辺的な雑業労働者は物価の上昇への対応力が弱いことを示すものであった。(51)

とくに一九一七年一月には米価が一石当たり二〇円であったのが、一八年一月には三〇円となり、端境期の八月にシベリア出兵を宣言したために一石四〇円台に急騰すると、米騒動が全国的に勃発した。都市下層社会の住民の参加が目立っていることは、彼らが大戦ブームの恩恵にある程度浴した経験をもつだけに、そうした生活の根底を突然覆す米価の暴騰に対して怒りを爆発させ、買い占めの張本人と見做した米商人を襲ったことを示すものである。その背景には大戦景気による米穀消費の拡大と米取引に携わる商人の投機的活動があった。騒動は軍隊の出動により鎮圧されたが、政府は一九二〇年から植民地での産米増殖計画を開始するとともに、二一年には米穀法を制定して米価のコントロールを開始した。[52] 米穀市場を支配してきた米穀問屋の衰退は、この米穀法によって定められたと言ってもよい。[53] 米騒動は日露戦後の日比谷焼打ち事件に始まる「都市民衆騒擾」の時代に終止符を打つが、それは工場労働者が都市下層から離脱すると同時に、それにやや遅れて都市下層もまた家族としての生活構造をそれなりに定着させていったためであった。[54]

注

（1）石井寛治『帝国主義日本の対外戦略』（名古屋大学出版会、二〇一二年）。
（2）例えば、松浦正孝「書評・石井寛治著『帝国主義日本の対外戦略』」（『史学雑誌』第一二二編第九号、二〇一三年）。
（3）マックス・ウェーバー、黒正巌・青山秀夫訳『一般社会経済史要論　下巻』（岩波書店、一九五五年）二〇九―二一〇頁。
（4）ハンス‐ウルリヒ・ヴェーラー、大野英二・肥前榮一訳『ドイツ帝国　一八七一―一九一八年』（原著一九七三年、未来社、一九八三年）二九頁。
（5）内田芳明「文化比較の諸観点と諸問題――インドとユダヤ民族の比較」（大塚久雄・安藤英治・内田芳明・住谷一彦『マックス・ヴェーバー研究』岩波書店、一九六五年）三二一頁。その際問題となるのは、ヴェーバーのいう市場が商品市場を念頭に置いており、証券取引や銀行活動といった近代的金融市場のことは想定されていないことである。そうなると金融資本の活動が市場的「合理性」を帯びながら、まさにその結果として帝国主義的な対外支配という「非合理的」活動を展開するという近代帝国主義固有の問題性が視野の外に置かれることになる。その点の分析はヴェーバーの議論に依拠していたのでは不可能である。
（6）安藤英治『マックス・ウェーバー研究』（未来社、一九六五年）三一九頁。なお、安藤氏によるヴェーバー理論全体の優れた解釈としての『ウェーバーと近代――一つの社会科学入門』（創文社、一九七二年）には、「古代経済の限界は、一口で申しますと産業資本の欠如と言っていいんではないか。……資本は結局土地に投下されるほかないわけです。あとは租税調達だとか戦争投資に向けられることになります。つまり掠奪的、政治特権的なものしか出てこない。つまりウェーバー的に言えば政治的資本主義しか発達しない。いいかえれば市場のシャンスを指向する経済活動はどうしても出てこないということです」（二〇八―二一〇頁）としている。近代のドイツ経済における産業資本の蓄積の不十分さとユンカー支配の根強さが関税収入による艦隊建設という「政治的資本主義」を生むことも、ヴェーバー的にはかかる文脈から理解されることになろう。

（7）高村直助『歴史研究と人生』（日本経済評論社、二〇一三年）六五頁。

（8）木谷勤「第一次世界大戦前の国際対立」（『岩波講座世界歴史 近代一〇』一九六九年）二五九頁。義井博「第一次世界大戦の発生とその展開」（『岩波講座世界歴史 現代二』一九七〇年）も基本的に同趣旨である。これらは一九六一年に発表されたF・フィッシャーの画期的な研究『世界強国への挑戦』（Griff nach der Weltmacht. のちに、村瀬興雄監訳『世界強国への道――ドイツの挑戦：一九一四―一九一八年』岩波書店、一九七二―八三年、として訳出）と同書をめぐる論争を踏まえたものである。

（9）ハンス＝ウルリヒ・ヴェーラー前掲『ドイツ帝国』二六〇―二六三頁。

（10）J＝J・ベッケール、G・クルマイヒ著、剣持久木・西山暁義訳『仏独共同通史 第一次世界大戦』（原著二〇〇八年、岩波書店、二〇一二年）。

（11）大野英二『ドイツ資本主義論』（未来社、一九六五年）。

（12）木谷勤前掲「第一次世界大戦前の国際対立」二二四―二四一頁、パトリック・J・ブキャナン著、河内隆弥訳『不必要だった二つの大戦 チャーチルとヒトラー』（図書刊行会、二〇一三年）第一章。

（13）メアリー・カルドー著、芝生瑞和・柴田郁子訳『兵器と文明――そのバロック的現在の退廃』（原著一九八一年、（株）技術と人間、一九八六年）四八頁。

（14）市来俊男「ユトランド沖海戦」『平凡社大百科事典』（一九八五年）。

（15）平間洋一『第一次世界大戦と日本海軍』（慶應義塾大学出版会、一九九八年）二七一頁。

（16）奈倉文二『日本軍事関連産業史――海軍と英国兵器会社』（日本経済評論社、二〇一三年）。

(17) この点については寺谷武明「日本海軍の戦略思想」（土屋守章・森川英正編『企業者活動の史的研究』中川敬一郎先生還暦記念論文集、日本経済新聞社、一九八一年、のち寺谷武明『近代日本の造船と海軍』成山堂書店、一九九六年所収）を参照されたい。寺谷論文は「英独両国艦隊の決戦が、当事者ではない傍観者の立場にあった日本海軍に艦隊決戦戦略への反省の契機とはならず、逆に強化の方向へと作用したのは、歴史の皮肉であった。……海軍は大艦巨砲主義の正当性が実証されたと理解し、主力艦に〔対する――引用者〕強い信頼を不動のものにしたのである」と鋭く指摘している。
(18) 石井寛治前掲『帝国主義日本の対外戦略』一三八頁。
(19) 土門周平『日本戦車開発物語』（光文社NF文庫、二〇〇三年）一〇一、一四八頁。
(20) 川田稔『浜口雄幸と永田鉄山』（講談社選書メチエ、二〇〇九年）一一七頁。
(21) マーティン・J・ドアティ著、毒島刀也監訳『図説世界戦車大全』（原書房、二〇一〇年）六一頁。
(22) 土門周平「クルスク戦車戦」（『平凡社大百科事典』、一九八四年）。この戦車のなかには自走砲なども多分含まれていよう。
(23) 高橋昇『日本の戦車と軍用車両』（文林堂、二〇〇七年）二九頁。
(24) 必要ならば、石井寛治前掲『帝国主義日本の対外戦略』一四三―一四四頁を参照されたい。
(25) 橋本寿朗『大恐慌期の日本資本主義』（東京大学出版会、一九八四年）三〇―三四頁。なお、同書三二頁の表八の船舶生産額には商船だけでなく艦艇も含まれるものと解釈した。
(26) この問題については、大石嘉一郎編『日本帝国主義史1　第一次大戦期』（東京大学出版会、一九八五年）二一七―二三四、三六〇―三六六頁参照。
(27) 柴孝夫「戦車生産の変遷」（三島康雄ほか『第二次大戦と三菱財閥』日本経済新聞社、一九八七年）。
(28) 宇田川勝『日本の自動車産業経営史』（文眞堂、二〇一三年）。
(29) 東洋経済新報社編『昭和産業史　第一巻』（同社、一九五〇年）五六八頁。
(30) 安藤良雄『太平洋戦争の経済史的研究』（東京大学出版会、一九八七年）九頁。
(31) 『稿本三井物産一〇〇年史　上』（日本経営史研究所、一九七八年）三一二頁。
(32) 安川雄之助『三井物産筆頭常務』（東洋経済新報社、一九九六年）一〇一頁。
(33) 日本経営史研究所編『回顧録』（三井物産株式会社、一九七六年）一一八―一二〇頁。
(34) 高村直助「第一次大戦前後における米綿取引の諸問題」（上山和雄・吉川容編著『戦前期北米の日本商社』日本経済評論社、

二〇一三年)。
(35) 石井寛治『日本流通史』(有斐閣、二〇〇三年)一四五―一四六頁。
(36) 大島久幸「戦間期 商社ブームと破綻」(大森一宏・大島久幸・木山実編著『総合商社の歴史』関西学院大学出版会、二〇一一年)。
(37) 石井寛治『近代日本金融史序説』(東京大学出版会、一九九九年)二八四頁。
(38) 安藤良雄前掲『太平洋戦争の経済史的研究』二七頁。
(39) 小川功『企業破綻と金融破綻』(九州大学出版会、二〇〇二年)第二部。
(40) 伊藤正直「藤田銀行の破綻とその整理」(石井寛治・杉山和雄編『金融危機と地方銀行――戦間期の分析』東京大学出版会、二〇〇一年)。
(41) 石井寛治「近江銀行の救済と破綻」(同上書、所収)。
(42) 石井寛治「両替商系銀行における破綻モデル」(粕谷誠・伊藤正直・齋藤憲編『金融ビジネス・モデルの変遷――明治から高度成長期まで』日本経済評論社、二〇一〇年)。
(43) 大石嘉一郎『日本資本主義百年の歩み』(東京大学出版会、二〇〇五年)一一五頁。
(44) 高村直助『日本資本主義史論』(ミネルヴァ書房、一九八〇年)二二五―二四三頁。
(45) 石井寛治『日本経済史〔第2版〕』(東京大学出版会、一九九一年)二八九頁。
(46) 南亮進「日本における所得分布の長期的変化――再推計と結果」(『東京経大学会誌』第二一九号、二〇〇〇年七月)。
(47) 馬場宏二「国際通貨問題」(宇野弘蔵監修『講座・帝国主義の研究2　世界経済』青木書店、一九七五年)一〇二頁。日本の数値は、日銀統計局『明治以降本邦主要経済統計』(一九六六年)七六頁の引用する朝日新聞社編『日本経済統計総観』「物価大勢指数表」の数値から算出しているが、米・小麦・生糸・染料・銑鉄など一五品目の単純平均であって、染料(一九倍)や銑鉄(一〇倍)に引きずられた数値となっている。
(48) 『日本銀行百年史　第二巻』(一九八三年)四一二―四一七頁。
(49) 同上書、五―六頁。
(50) 鈴木武雄『円――その履歴と日本経済』(岩波新書、一九六三年)一二六―一三三頁。
(51) 石井寛治「産業・市場構造」(大石嘉一郎編前掲『日本帝国主義史1　第一次大戦期』)一三七頁。賃金動向について詳し

くは武田晴人「労資関係」（同上書）二八五―二九〇頁参照。

(52) 大豆生田稔『近代日本の食糧政策』（ミネルヴァ書房、一九九三年）。

(53) 石井寛治前掲『日本流通史』一三六―一三八頁。

(54) 中川清『日本の都市下層』（勁草書房、一九八五年）一二八―一三五頁。

第七章 「軍縮時代」のブルジョアジーと軍部

第一次世界大戦はヨーロッパでは国民すべてを含む総動員体制によって戦われたが、日本では将来の大規模戦争に備えての総動員構想が軍部によって立てられるに止まり、具体化された部分はごく一部に過ぎなかった。一九二〇年代は世界大戦の再発を予防すべく国際連盟を中心に推進された軍備縮小交渉が少しずつ実を結ぶ「軍縮の時代」であり、日本のブルジョアジーの多くも軍縮を支持していた。そうした動向に対する日本軍部の反発の高まりが満洲事変勃発の直接的契機となるのである。

一 総力戦構想か軍縮構想か

総力戦構想の受容と具体化

第一次世界大戦と第二次世界大戦が国家総力戦として戦われた結果、交戦諸国の社会は大きな変化を余儀なくされた。その変化の大きさを強調する山之内靖氏は、そうした編成替えを「階級社会からシステム社会へ」という不可逆的変化として把握すべきだという提言を行った(1)。確かに古典的階級社会が大きく変容していく事実は認められるにしても、階級支配や権力支配が解消されたシステム社会なるものが出現したという仮説には同意し難いが、総力戦のもつ不可逆的な社会変容についての指摘には傾聴すべきところが多いように思われる。事実、その後の諸研究は総力戦概念をキーワードとするものが増えつつある。

しかし、日本の場合は、第一次世界大戦への軍事的関与は極めて限定されていた上、ロシア革命の結果それまで最大の仮想敵国としてきたロシアがシベリア干渉戦争の後、当面は仮想敵国としての地位を降りることになったため、陸軍は強力な相手を見失い、アメリカが新たな仮想敵国として浮上して両国海軍が太平洋を挟んで建艦競争を進めるというかたちになった。

それ故、陸軍が中心となってシベリア出兵に備えて一九一八年三月に議会に提出した「軍需工業動員法案」は、戦時における民間工場の大規模な動員を可能にする画期的な法律であったが、大島健一陸相の説明は「小銃大砲の弾薬製造、次に若干兵器の全部が出来なければ切〔せめ〕ては少部分なりとも造りたい」という日露戦争時にも実行したことをスムーズに行いたいだけであるという遠慮した言い方であった。この法案に対して独占ブルジョアジーの結集体である日本工業倶楽部が運用に際して民間の意見を取り入れることを要望し、議員からは商業会議所など民間への諮問を省いた審議の拙速振りへの厳しい批判が相次いだため、寺内内閣は準与党の立憲政友会総裁の原敬に交渉して辛うじて議会の承認を得た。また、一九二七年五月に設置された「資源局」は、総動員資源の統制運用を準備する広範な調査権をもつものであり、一九三七年の「企画院」の原型として高く評価する向きもあるが、議会の審議では軍需工業動員法との重複が厳しく追及される始末であった。

こうして、軍部を中心とする総力戦のための体制作りは、機械戦に備えての「物的資源」の準備を行うよりも、在郷軍人会や青年団組織などを通ずる「国民の軍隊化」による総力戦という「人的資源」の準備面で成果を上げるにとどまった(2)。近代日本における総力戦体制への本格的移行は、満洲事変に始まる「十五年戦争」の中で実現されることになるのである。

国際連盟の使命としての軍縮

これに対して軍備縮小は、第一次世界大戦後の各国にとって共通の課題であった。それは第一に、一九一九年六月調印のヴェルサイユ講和条約でドイツの平時兵力を八〇万から一〇万に縮小するとした際に、それは連合国もまた軍備制限を行うことを前提とするものであることを明記したからであり、第二に、一九二〇年一月に発足した国際連盟の規約第八条において「連盟国は平和維持の為には其の軍備を国の安全及国際義務を協同動作を以てする強制に支障なき最低限度迄縮小するの必要あることを承認す」と決められていたからである。したがって、とくにヴェルサイユ条約に調印した国際連盟加盟国は、軍備縮小について二重の義務を背負っており、アメリカを含む条約調印国が軍縮の約束を守らなければ、ドイツは再軍備を行う権利を得ることになるのであった。それだけにヨーロッパでの大戦の再発を避けようとすれば、軍備制限はどうしても実現しなければならない重要な課題であった(3)。

そのうち海軍の軍縮については、後述するように、主要海軍国の間での一九二一―二二年のワシントン軍縮会議や一九三〇年のロンドン軍縮会議で一定の成果を上げたが、陸軍の軍縮については国際連盟で繰り返し議論がなされたが方針が定まらず、漸く一九二五年九月の連盟理事会で軍備縮小準備委員会を設置することが決まり、足掛け六年の議論を通じて一九三〇年一二月に、陸海空軍の全般にわたる軍縮の方式を定めた軍縮条約案が決議され、一九三二年二月に国際連盟主催の軍縮本会議が招集されることになった。この会議の難しさは五〇カ国以上の参加が予想されるため各国の異なる利害を如何に調整するかにあった。例えば軍縮条約原案の第一条に「締結国は其陸軍海軍空軍の在営人員を制限することを同意す」となっており、国際連盟規約の「縮小」を「制限」という形に緩めたのに対し、ソ連代表がやはり「縮小」とすべきだという主張を繰り返して多くの国々と対立し、結局フランスの調停案によって「制限し且つ能ふ限り縮小す」という文句に決定したという一事を見ても調整の難しさが窺えよう(4)。

したがって、こうした国際連盟の動きが、どこまで軍縮を実現させる可能性があったかについては、当時からさまざまな疑問が出されていた。例えば元ドイツ大使の本多熊太郎は、「来年の軍縮会議は、欧州の軍縮問題であって日本の事などは先生達の頭にある事ではない」とした上で、イギリスやアメリカがいくら軍縮を促進しようとしても、ソ連やフランスは協力しそうになく、「欧州の軍縮はどう考へても、ものに成りさうでない」という悲観的な観測を行っていた(5)。だが、軍事・外交の専門家の悲観的予測にもかかわらず、国際世論も国内世論も軍縮に対しては、後述するように賛成者が多数を占めたことが注目される。そのような軍縮ムードの広がりに対してもっとも強い危機感を抱いたのが後述するように日本の軍部であり、彼らの組織防衛という危機感が関東軍による満洲事変の開始への契機となるのである。

二　ワシントン海軍軍縮会議とブルジョアジー

『東洋経済新報』と『時事新報』の軍縮論

石橋湛山の回想によれば、『東洋経済新報』は早くから軍備縮小を唱え、例えば一九二〇年六月二六日号の社説「軍備拡張を延期せよ」では、シベリアから撤兵することと、軍備拡張を延期することを主張したという(6)。ただし、この社説は恐慌下の財界救済のための財政的施策の一環として増税見合わせや公債償還などとともに提案されていたに過ぎず、軍縮問題を正面から扱ったものとは言えなかった。同誌が軍縮問題を論じはじめたのは、尾崎行雄が一九二一年二月に衆議院に軍備制限決議案を提出し、賛成三八票、反対二八五票の大差で否決される頃からであり、同年九月に太平洋問題研究会を組織して発表した来たるべきワシントン会議への「勧告」は、石橋が原案を書き、「軍備の競争は、列国の帝国主義的欲望が已まざる限り、防止するを得ない。同時に又一たび此欲望が、合理的に遮閉せらるれば、警察的以上の軍備は、各国とも之を必要とせざるに至るであろう」として、軍備制限でなく軍備撤廃を説いた。(7) 同誌の貢献は、このようなラディカルな見方を説くことによって、軍縮運動を方向付けた点にあったと言えよう。世論を早くからリードする上でむしろ大きな影響を与えたのは、戦艦八隻、巡洋戦艦八隻からなる八八艦隊の建造を一貫して応援してきた『時事新報』が、一九二一年元旦の「社説」において突如海軍縮小論に転向したことではないかと思われる。すなわち、「世界平和の提唱――軍備縮少」と題する同紙社説は、日英米三国の建艦競争を次のように批判した。

「今日の有様に於ては米国先ず自ら海軍の大拡張を企て其声言する所を聞けば其目的は世界第一位の海軍を建造するに在りと云へり。米国にして然るときは従来海上の覇権維持を以て立国唯一の方策と為せる英国も其均衡上自ら造艦競争の地位に立つを余儀なくせらる可きや勢の已むを得ざる所なる可し。而して我国の所謂八八艦隊は既定の計画にして固より競争の列外に在るものなれども列国の造艦競争一たび其勢を成すときは日本も亦海国の一として自ら其渦中に引入らるる恐れなきを得ず。斯の如きは恰も戦前の欧州に於ける軍備競争を再現するものにして、世界の平和、人類の幸福の為めに甚だ喜ぶ可からざるは勿論、又我国の立場より考ふるも此上軍備拡張の為めに負担を加重するは到底国力の堪へざる所にして、斯る形勢は何れの点よりするも決して其成行一任し去る可きに非ざれば、此際我国たるものは率先軍備制限を英米両国に提議して協定の成立を計る可し。既に英国首相ロイドジョージ氏の此問題に就て日英米三国間に協定を為すの意ありと伝へらる。我同盟国の当局者に其意志あること幸なれ。我国の提議は今日の好時機を逸す可からざるなり。」

この後に、陸軍軍縮については、ロシアがもはや陸軍大国の地位を失墜した以上、同国を仮想敵国としてきた日本は自発的に陸軍師団数を半減すべきだと述べているが、社説の主たる眼目が海軍軍縮にあることは明らかであった。同紙の転向の最大の理由は、政府が一九二一年度国家予算の半ばを軍事費に投入して八八艦隊の建造を容認したにもかからず、アメリカの建艦ペースには到底及び難いことが明らかになったことであった。大戦前における英独間の建艦競争が大戦を引き寄せたのに対して、日米間の建艦競争は次の大戦を引き寄せる前に日本の財政破綻を招くことを、経済新聞としての『時事新報』は逸早く気づいたと言えよう。(8)

大阪商業会議所による軍備制限意見書

尾崎行雄は衆議院での建議案が否決された後、全国遊説を行って世論の喚起に努めた。当時の世論は必ずしも尾崎に賛同するものではなく、一九二九年末の尾崎は、「軍縮が、既に輿論の如くなった今日から見れば、何んでもない事のやうだが其当時にあっては、生命がけの仕事であった」(9)と回顧している。尾崎に続いて、一九二一年三月二日には、武藤山治が中小ブルジョアジーの組織である大日本実業組合連合会の委員長として、帝国議会で審議中の予算案に対して、「経済界の惨状を呈せる」今日、過大の見積もりをし、しかも「歳出の過半を軍備に投じ」るというのは「国力の疲弊を招く」という厳しい意見書を提出した。(10)元旦以降の『時事新報』による軍縮キャンペーンはこうして徐々に支持者を増しつつあった。そうした状況の下で、大阪商業会議所が同年六月一七日の軍備制限委員会において「軍備制限に関する意見書」（軍備制限は我国率先して之を提案して英米両国と協商を遂げ之か実現を期せんことを望む）と「軍事費節約に関する意見開申書」（軍事費を出来得る限り積極的に整理節約して国民負担の軽減と産業の振興を期せられんことを望む）という二つの意見書を可決したことは(11)大きな意味をもった。

提案者の外海鉄次郎は、メリヤス業を営む資産家で、従弟の伊藤忠兵衛と組んだ貿易商社伊藤外海組のサンフランシスコ支店で一八九〇年から足掛け五年ほど過ごした経験をもち、なかなかの論客であった。一九二八年における外海の資産は一一〇万円と評され、実兄の田附政次郎（同年資産一〇〇〇万円の有力綿糸商）とともに、視野の広さにおいては大阪実業家のなかでも傑出していた[12]。大阪商業会議所会頭の今西林三郎（石炭問屋）と副会頭の稲畑勝太郎（染色業）、同栗本勇之助（鉄工所）は、政府ないし政党との関係が深く軍縮には消極的であったが、大阪商業会議所の会員は東京商業会議所と対照的に政府から自立した経済活動を行うものが多く、外海の意見書は八木與三郎（綿糸商）や谷口房蔵（大阪合同紡績）らの強い支持を得て可決され、全国商業会議所連合会へ提出されることになった[13]。

全国商業会議所連合会と渋沢栄一

全国商業会議所連合会は、一九二一年六月二六日の本会議において、大阪商業会議所が提出した軍備制限意見書を一部修正の上可決し、政府へ提出するだけでなく国際連盟と国際商業会議所に打電することにした。意見書は「国際連盟成立して今や軍備の制限列国の問題となりたるの際、常に正義公道と世界の平和を念とする我国は、関係ある各国と適正の協定を為し、国際間の平和を確保し、以て産業の発達に全力を傾注するを目下の急務なりと信ず」という内容であり、アメリカ政府から七月一一日に非公式提議が日本政府に届く前に、日本財界の総意という形で軍縮会議をサポートすることを伝えたのである[14]。

もっとも、商業会議所連合会での議決は、当初の形勢ではほとんど不可能かと思われていた。建議案をもって上京した外海は、連合会の準備をする八大商業会議所（東京・大阪・京都・横浜・神戸・名古屋・長崎・函館）の会合で激しい反対に遭い、建議案は本会議提出前に葬り去られる危険もあったが、外海の強硬な要求で辛うじて提出が認められた。本会議でも京都の濱岡光哲会頭が軍備問題などは商業会議所の権限外であるとして直ちに否決すべきだとの意見を述べたので、外海は商業会議所がそのような態度を取れば、「米支其他の国民は、日本が軍備に汲々たるは軍閥の主張に依るのみならず平和を愛好すべき商工業者も亦軍備案に賛意を表するものとして彼等の疑念を確保するに至らんこと火を賭るよりも明かならずや」と懸命に説得して委員会付託を取りつけたが、その帰趨は全く悲観的であった[15]。

ところが、その日の午後、日本の国際連盟協会会長の渋沢栄一（一八四〇―一九三一）による協会参加を訴える講演があり、渋沢はまず、商業会議所が政治問題を議論すべきでないというのは誤りで、「政治を離れて経済論あらず、政治に無干渉にして実業なし。……軍備と商工業とは直接間接至大の交渉を有するものなれば、商業会議所に於て之に関する意見を定めて之を当路者に建議するは商工業者の代表機関として当然の本務ならずや[16]」と、会員の政治的無節操振りをたしなめた上で、軍縮に消極的な原内閣を次のように厳しく批判した[17]。

「戦はずに生きた世界を処理するには、或る一種の方法が必要である。……軍艦を造るよりも台場を築くよりも飛行機よりも潜水艦よりも国際連盟が必要であると云ふことは私の信じて疑はないのであります。……現在の政治の有様を見ますると随分悪いことが多いやうでございます。……本年の議会を通過した予算の有様などは何事でありませう、殆ど歳入の半分は軍費に使って終ふと云ふのであります。……それで軍国主義でありませぬとは余りに強弁であると他国人は冷笑するだらうと思ふ。……露骨に申しますならば日・英・米三国が協力したならば、問題も左迄困難でなく解決するであらうと思へます。何故我が政府に専心力を入れられぬのかと私は強く申したい位であります。」

東京商業会議所の初代会頭を務めた渋沢栄一のこの演説は、聴衆をいたく感動させ、翌日の本会議は委員会の作成した軍備制限と軍事費整理案を満場一致で可決したのであった。この決議について『東京経済雑誌』のコラムは、「事勿れ主義で固まった金持町人の集合体たる商議としては良くも勇断に出でたものだ[18]」と妙な褒め方をしたが、大正デモクラシーを担うブルジョアジー[19]が渋沢栄一や中野武営[20]のような骨太の「明治の財界人」の精神を失いつつあったとはいえ、戦争に協力する「昭和の財界人」にはない政府・軍部批判の気風をもっていたことを知ることができよう。

八一歳という高齢の渋沢は添田寿一らと実業視察団を作って訪米し、日系移民排斥問題の打開の糸口を探る傍ら、軍縮会議への働きかけも行った(21)。

ワシントン軍縮会議は、日本の全権団が英米両国代表と主力艦保有量について合意に達するという大きな成果を挙げた。それは加藤友三郎海相が首席全権として強力なリーダーシップを発揮し、随員の加藤寛治らの反対を抑えたためであると言われており(22)、そのとおりであろうが、海相として八八艦隊案の実現に尽力してきた加藤が、自ら軍縮の断行を行う決断をした背後には、日本海海戦において参謀長役を務めた経験をもつが故に、却って大艦巨砲主義のもつ歴史的限界（「バロック的退廃」）をある程度察知していたと思われることと、渋沢に代表される日本ブルジョアジーの軍縮決議という世論の後押しがあったことが十分留意されるべきであろう。

三　陸軍軍縮・ロンドン海軍軍縮と世論の動向

山梨軍縮と宇垣軍縮の実施

一九二二年にはワシントン会議の成果を踏まえ、大正デモクラシー運動の高揚を背景に、それまで消極的であった憲政会、政友会も陸軍軍縮と軍制批判を開始し、第四五帝国議会（一九二一年一二月—一九二二年三月）は「あたかも〝軍部批判議会〟の様相を呈するに至った(23)」と評価されている。一九二二年二月七日の衆議院には、犬養毅（国民党）と大岡育造（政友会）からそれぞれ陸軍軍縮の意見書が提案され、憲政会も賛同して可決されたが、委員会報告に対しては尾崎行雄がそれらに賛意を表しつつもより徹底した軍縮を求める大演説を行った。

尾崎はワシントン海軍軍縮の成立を踏まえて、「海軍は国防は相対的である、対手が減らせば我も亦減じて宜しいと云ふ原則を認めたのであります」と述べつつ、「現在は国防は陸軍と雖も相対的である、而して相手となるべき露西亜、支那が今日の如き頽乱の状態にある間は、少くとも復活し掛るまでは大いに我が戦闘力を減らして休息することが、若し必要が他日に起った場合に之を拡張する最好手段であると斯う考へる者である（拍手）」と論じ、新聞報道によれば山梨半造陸相（一八六四―一九四四）は委員会の秘密会で、「我国が欧米諸国から、各国から経済的封鎖を受けた時に、大陸の大動脈を押へて云々」と述べたそうであるが、「斯の如き乱暴狼藉なる言語を発する者が我が国の而も輔弼の大臣の中にあらうとは本員只今迄夢にも思はなかった」と厳しく批判した。山梨陸相は仮想敵国に関しては答えず、また新聞報道に依拠した批判には答える必要がないと逃げの一手であった。ここには陸軍が実質的な軍縮を避けようとする狙いがどこにあるかが示されていると言えよう。[24]

そうした批判に対して、高橋是清内閣に続いて加藤友三郎内閣の陸相を務めた山梨半造は、一九二二年八月と二三年四月の二回に亘って軍備整理を実行し、師団数は削減しないものの約五師団相当の人員整理を行うとともに機関銃、野戦重砲、航空機などの近代兵器の充実を図った。さらに加藤高明内閣の陸相宇垣一成（一八六八―一九五六）は、一九二五年四月に四個師団を廃止するとともに、兵器装備の大々的な近代化計画を立案したが、財政難のもとで計画は予定通りには進まなかった。[25] 宇垣軍縮については、機械戦・総力戦へ向けての革新的側面を基本としつつも、同時に軍縮を求める「世論」に対抗して陸軍の組織防衛を図るという保守的側面があり、その点では宇垣は、軍隊と国民との「共同一致」を在郷軍人会や青年団を媒介として構想した田中義一（一八六四―一九二九）よりも却って旧式の発想の持ち主であり、また人間を「資源」の一つとして総動員の対象に組み込み、軍隊と国民との境界を無化した永田鉄山（一八八四―一九三五）の総動員構想とも対立する要素があったという指摘がある。田中と永田の中間世代としての微妙な位置に宇垣が立っていたことは事実であろう。[26]

ロンドン海軍軍縮会議の成果と対立

ワシントン軍縮会議では、補助艦の制限についてほとんど合意できず、巡洋艦、駆逐艦、潜水艦の建造が相次いだため、アメリカの呼び掛けで一九二七年六月から日英米三国がジュネーヴの国際連盟本部で軍縮会議を開いた。『東洋経済新報』の石橋湛山は一九二七年二月二六日号の社説「我国は軍備撤廃の方針を以て進むべし」においてアメリカの開催提案に賛成すべきであるとし、その理由として将来日米戦争が起こるとすれば、対米移民排斥で日本から仕掛けるか、中国利権争奪でアメリカから仕掛けるかであるが、「米国民が狂人でないならば、我から彼を攻撃せぬ限り断じて我を攻撃して来る筈がない、……日本は断じて米国は攻撃せぬ、日本人は如何に馬鹿でも、代償のない戦争はせぬからである」とし、さっさと日本は軍備縮小してもいささかも差支えないと断じている。[27] 石橋の合理的な思考回路にとっては、日本が中国利権争奪のためにアメリカに向かって勝ち目のない戦争を仕掛けるケースなどは全くの「想定外」であったことが分かろう。だが、この年の一二月には石原莞爾が陸軍大学校の講義で満蒙領有の必要とその結果としての対米戦争について論じていたのである。[28] ジュネーヴ会議において日本の首席全権斎藤実朝鮮総督（元海相、一八五八—一九三六）は巡洋艦制限で対立する英米間の調停に努めたが成功せず、会議は失敗に終わった。[29]

その後、海軍軍縮問題に関する英米間の対立はなかなか打開できなかったが、一九二九年三月に米国大統領に就任したフーヴァーは軍縮に積極的であり、同年六月に英国労働党のマクドナルド内閣が成立すると、英米間の予備交渉が始まった。[30] それを受けてマクドナルド首相は同年一〇月に日米仏伊四国へロンドンでの海軍軍縮会議の招請状を発した。当時の日本の浜口雄幸内閣は財政の整理と金解禁の断行のためには軍備縮小の促進が不可欠の課題であると見做していたため、前首相若槻礼次郎を首席全権とし、財部彪海相らを全権とする強力な代表団を派遣した。一九三〇年一月二一日に始まった会議では、補助艦総量において対米七割を主張する日本代表と、六割の割当てを提案するアメリカ代表の間で厳しく対立したが、三月一三日の妥協案で対米六割九分七厘五毛という線が纏まり、日本政府への全権からの請訓がなされ、政府は加藤寛治軍令部長の強い反対を抑えて四月一日に受諾する旨の回訓を送り、四月二二日に軍縮条約は調印された[31]。

なお、全権の請訓に対して大新聞の多くは基本的には妥結に賛意を表し、反対は軍縮国民同志会（代表・頭山満）のような国粋主義的諸団体によって表明されたもので少数派であった。国民がロンドン軍縮を歓迎していたことは、財部全権、若槻全権の帰国の際の歓迎ぶりからも窺うことができよう。大新聞でも『中外商業新報』の場合は、対米七割という「大型巡洋艦の原則が容れられないことは何んといっても残念に堪へない次第であって、未だ俄に会議の成功を以て迎へることが出来ない[32]」とやや批判的であったが、『大阪毎日新聞』は、必ずしも絶対的縮小でない点で問題があるが、「とに角三大海軍国が自由競争といふ起り易き最も忌はしき事態を、この協定の結果断然制止し得たことは、消極的には相違ないが、何といっても大きな手柄である[33]」と称賛した。そして、『大阪朝日新聞』は、次のように日米海軍の比率にあくまでこだわることは「無意義」だという根本的な批判を行い、妥協が可能だと主張した[34]。中国に対する協調外交が守られる限り、日米間の戦争は心配無用だという主張がなされていることに注意したい。

「アメリカが日本に大巡六割以上を拒否せんとするのも、東洋におけるその商権の侵害に備へるためであって、日本艦隊のアメリカ来襲を恐れるためではない。……日本の海軍当局が対米保有量の七割を要求する真意はアメリカ艦隊の来襲に備えるためであって、決してアメリカを攻略するためではない。……日本はアメリカの商権を侵害するが如き外交政策を採らない以上、アメリカとの戦争を予想する必要は少しもない。……ここにおいて吾人は二国の主張上に妥協点を発見することもとくにむつかしいことでないと思ふ。」

問題は、ロンドン軍縮での妥協案に反対だった海軍軍令部が政府によって抑え込まれたことを帝国議会において野党の立憲政友会（総裁・犬養毅）が取り上げて統帥権干犯であると攻撃したことで、軍令部の強硬派は勢いづいて条約の批准を阻止しようと画策した。この時は政府は何とか強硬派を抑えて批准に持ち込んだが、この対立は間もなく軍令部の優位に道を開き、統帥権の範囲拡大の契機となった(35)。

四 国際連盟軍縮会議の接近と日本陸軍の反発

国際連盟軍縮会議と軍縮促進の運動

以上のように一九二〇年代を通じて、日本国内では、海軍軍縮だけでなく陸軍軍縮も必要だとされて、山梨軍縮や宇垣軍縮などの陸軍軍縮が進められ、一九二九年からの民政党内閣の緊縮財政の下で陸軍のさらなる軍縮が求められた(36)。国際的には、前述のように国際連盟による陸海空軍全体の軍縮会議の準備が進み、一九三〇年一二月に各国の軍縮条約案が出来上がったので、ジュネーヴで国際連盟主催の軍縮会議が開催されることになり、一九三一年六月には日本政府へも招聘状が届いた(37)。

この一九三一年には、こうした国際連盟の動きに呼応して、日本でも軍縮推進の動きが強まった。同年一月一九日に、東京で、尾崎行雄〔革新党〕や志立鉄次郎〔東京自由通商協会〕らが中心となり、政治家、学者、ジャーナリストを発起人とする「軍縮国民同盟」が発足し、過大な軍備の軽減により、国民の租税負担を軽減し、世界平和を実現しようと決議した(38)。三月三日には、大阪で、財界、学者、ジャーナリストの有力者を集めた「大阪軍縮促進会」の発起人会が開催され、列国に率先して軍縮を実現しようという趣意書を発表した。大阪では、東京と異なり、財界からも、野村徳七〔野村証券〕、加藤晴比古〔鴻池銀行〕、一瀬粂吉〔三十四銀行〕、平生釟三郎〔元・東京海上保険〕、弘世助太郎〔日本生命保険〕、阿部房次郎〔東洋紡績〕、田附政次郎〔綿糸商〕、安宅弥吉〔安宅商会〕といった錚々たるメンバーが発起人に名を連ねたことが注目される(39)。

同年七月八日には、アメリカのフーヴァー大統領が声明を発表し、軍備競争こそが現在の不景気の重大原因だという認識の下に、ヨーロッパに滞在中のスチムソン国務長官に各国政治家と国際連盟の軍縮会議のプランを協議させると述べた(40)。七月一一日にはロンドンで大々的な軍縮デモ行進が行われ、軍縮大会ではマクドナルド首相が演説をし、大会は「来年の軍縮会議を歓迎し、全世界の陸・海・空軍の真の縮小を実現せんことを期する」と決議した(41)。日本政府は、八月一一日から関係各省が毎週二回の軍縮準備会を開き、会議に臨む日本政府の方針を策定し(42)、九月五日には、首席全権松平恒雄駐英大使ら全権メンバーも決定した(43)。

日本陸軍の軍縮会議への反発

こうした国際連盟の動きが、どこまで軍縮を実現させる可能性があったかについては、さまざまな疑問が出されていたことは前述した通りである(44)。問題は、日本軍部とくに陸軍で、内外の軍縮ムードへの反発が日増しに強まったことにあった。とくに八月四日には、南次郎陸相が、陸軍の第一線のリーダーである軍司令官・師団長を集めた会議において、軍縮が叫ばれる現状を是正する努力を求めるとともに、満蒙問題の積極的解決の必要を訓示したことが注目される。

陸相は、軍制改革について、「門外無責任の位置に在る者乃至深く国防に関心せざる者に至りては、動もすれば軍部が国家の現況に盲目にして不当の要求を敢てするが如く観察し、或は四囲の情勢を審かにせずして、妄りに軍備の縮小を鼓吹し国家国軍に不利なる言論宣伝を敢てするもの所在少からず、諸官は当局と協力し此等謬論を是正(45)」すべく努めよと演説した。すなわち、最近の軍縮論を「無責任」な素人談義と決めつけ、そうした「謬論」を是正すべく努力せよと発破をかけたのである。こうした陸相の訓示に対して、これは陸軍による外交への不当な介入ではないかとする批判が相次ぎ(46)、先の軍縮国民同盟も陸相の発言の真意を糺す質問書を発表した(47)。

ここでは、軍縮をめぐる政府・国民と軍部との対立が激しくなったのが、九月一八日の満洲事変勃発の直前であったことに注目したい。満洲事変の背景には、世界大恐慌下の農村不況があったと指摘されるのが普通であるが、農民運動家が不況の打開策を満洲移民に求めるのは、小作権の強化などによる国内での問題解決が困難だと分かった一九三三年になってからのことである[48]。また、満蒙領有計画は、世界大恐慌の開始前から陸軍中央や石原らが抱いており、恐慌は彼らに計画実行の絶好の機会を与えたに過ぎないとも指摘されている[49]。しかし、何故石原たちがあの時点で事変を起こしたかについては、世界大恐慌という長期に亘る「経済面での危機」よりも、民政党内閣の緊縮財政の下での陸軍軍縮への圧力が軍縮会議の接近によりいっそう強まるという「軍縮という危機」の方が重要だったように思われる。

元老西園寺公望の秘書官原田熊雄が、一九三一年九月四日に、「軍部内の空気はますます険悪になって、殊に軍制改革の内容については、井上大蔵大臣と陸軍大臣との間に一旦すべて諒解が成立った後に、陸軍大臣は部内の軍務局長や経理局長の逆襲にあって、これを抑へることができず、再び大蔵大臣の許に帰ってきて、やり直しといふ風な結果を来たした。それで、この問題は頗る計画的なやうに自分達にも見える。殊にこの問題は予算の問題と不可分である点から予算の不成立によって内閣を倒し、もし倒せなかった場合には、軍縮会議の全権に松井石根中将を出して、出先における外務と陸軍との協調を破って帰らせせよう、然らざれば、その内に満蒙に対する頗る強硬な空気を激成しておいて、なんとか転換の途を講じようとしてゐるのだ。……[50]」と口述しているのは、元老西園寺の目には、軍縮をめぐる政府・軍部間の緊張が、極限にまで高まっていると見えていたことを示している。

そうだとすれば、日本陸軍は経済危機下の日本「民衆を救済」するという大義名分とは逆に、基本的には、縮小の危機に陥った日本「陸軍を救済」するために満洲事変を引き起こしたことになるであろう[51]。アジア太平洋戦争への突入をめぐる日米交渉の最大の争点が、日本陸軍の中国からの撤兵問題であり、東条英機陸相が「退却を基礎とすることは出来ぬ。陸軍はガタガタになる」と主張したことが交渉決裂を招いたことは周知の事実であるが[52]、「十五年戦争」の発端である満洲事変もまた、直接的には、陸軍の組織防衛のために開始されたと考えるべきであろう。

注

（1）山之内靖「方法的序論——総力戦とシステム統合」（山之内靖、ヴィクター・コシュマン、成田龍一編『総力戦と現代化』柏書房、一九九五年）。
（2）以上、詳しくは、石井寛治『帝国主義日本の対外戦略』（名古屋大学出版会、二〇一二年）一五二—一六〇頁参照。
（3）榊原正信「連盟軍縮会議の側面観」（『外交時報』第六三一号、一九三一年三月一五日）、蒲穆「明春開かるべき国際連盟軍縮本会議に就て」（『外交時報』第六三六号、一九三一年六月一日）。
（4）榊原正信前掲「連盟軍縮会議の側面観」、蒲穆前掲「明春開かるべき国際連盟軍縮本会議に就て」。
（5）本多熊太郎「国際連盟軍縮本会議と日本」（『外交時報』第六四二号、第六四三号、一九三一年九月一日、一九三一年九月一五日）。
（6）石橋湛山『湛山回想』（毎日新聞社、一九五一年、岩波文庫版、一九八五年）二〇五頁。
（7）石橋湛山全集編纂委員会編『石橋湛山全集　第四巻』（東洋経済新報社、一九七一年）五八頁。
（8）この時の『時事新報』の社説の転向については、論説委員の伊藤正徳の回顧談によりつつ、伊藤隆『昭和初期政治史研究』（東京大学出版会、一九六九年）が指摘している。
（9）『時事問題講座八　軍備制限』（日本評論社、一九二九年一二月）、伊藤隆前掲『昭和初期政治史研究』四四七頁より再引。
（10）武藤山治全集刊行会『武藤山治全集　第四巻』（新樹社、一九六四年）二一六—二一七頁。
（11）『大阪商業会議所事務報告　大正一〇年』（国会図書館近代デジタルライブラリー）。
（12）伊藤悌造編『田附政次郎傳』（株式会社田附商店、一九三五年）二六三頁。なお、一九二八年の資産額は、「全国金満家大番附」（『講談倶楽部』第一九巻第一号付録、一九二九年）による。
（13）『平生釟三郎日記　第四巻』（甲南学園、二〇一一年）一九二一年六月四日および六月三〇日の項。
（14）「全国商議連合会終了、軍備制限賛成を連盟に打電」（『東京朝日新聞』一九二一年六月二七日号）。

(15)　前掲『平生釟三郎日記　第四巻』一九二一年六月三〇日の項。
(16)　同前。
(17)　竜門社編『渋沢栄一伝記資料　第三六巻』（渋沢栄一伝記資料刊行会、一九五八年）四四二―四四九頁。
(18)　「財界瑣談」（『東京経済雑誌』一九二二年七月五日号）。コラムは続けて、「先に立つものは、東京会議所の人物如何だ、時勢も違っては居たが渋沢翁の会頭時代は会議所は時の政府に対し一敵国であったことは云ふまでもなく其決議したことは多く納れられたものであった、中野武営君の時代〔一八四八―一九一八、中野会頭、一九〇五年―一九一七年〕に於ても桂公の巧みな去勢があったに拘はらず或点までは政府に対して決議の幾分を通したものだ、それが今の藤山〔雷太〕君時代になってはドウか、内に在っては議員間の反目紛争政府に対しては叩頭迎合会議所の存在が何の為であるか判らなくなった」と、三代目会頭の藤山雷太が初代会頭渋沢や二代会頭中野に比べて政府に対する自立性を欠いていることを辛辣に批判している。
(19)　大正デモクラシーを担ったブルジョアジーについては、取り敢えず成田龍一『シリーズ日本近現代史4　大正デモクラシー』（岩波新書、二〇〇七年）参照。
(20)　中野については、従来の研究史では渋沢の蔭に隠れてあまり評価されてこなかったが、実際には渋沢会頭の時代から東京商業会議所の意見形成において極めて重要な役割を果たしていたようであり再評価が必要である。その点では、佐賀香織氏の一連の研究、最近では同「圧力団体による政党設立の試み――近代初頭の日本における戊申倶楽部を中心に」（法政大学大学院『公共政策志林』第一号、二〇一三年度）のような研究がさらに深められることを期待したい。
(21)　片桐庸夫「民間外交のパイオニア」（渋沢研究会編『公益の追求者・渋沢栄一』山川出版社、一九九九年）。この点で、渋沢は日清戦後経営での政府批判では挫折したとはいえ、過大な軍備への批判という精神では一貫したものがあったようであり、前掲拙著『帝国主義日本の対外戦略』での渋沢への厳しい評価は修正が必要である。
(22)　麻田貞雄『両大戦間の日米関係――海軍と政策決定過程』（東京大学出版会、一九九三年）第二章。国内世論は軍縮に肯定的であったが、頭山満・内田良平らを中心とする「華盛頓会議国民連合会」は強硬な反米運動を展開し、それがメディアによって過大に伝えられたため、日本全権に強い懸念を抱かせた（土田宏成「ワシントン会議と世論」『日本歴史』第七五七号、二〇一一年）。なお、加藤海相は、ワシントン会議に参加する前年の一九二〇年二月の第四二回帝国議会に八八艦隊案を提案した際の衆議院予算委員会第四分科会の審議において、イギリスのフイッシャー提督が飛行機・潜水艇の発達で戦艦はもはや不要となったと論じているがどう思うかとの質問に答えて、「主力たるもの無しに戦闘に勝利を得ると云ふことは不可能である」と主力艦の役割の重要性を擁護しつつも、「無論飛行機潜水艇と云ふものが将来の戦争に於て最も有力なる武器であると云ふことは恐らく是は間違ひの無い意見であらうと思ひます」と言い切るだけの柔軟さをもっていた（『第四二回帝国議会衆議院予算委員会第四分科会議録、第三回、大正九年二月四日』国立国会図書館ホームページ帝国議会会議録検索システム）。

(23) 纐纈厚『近代日本政軍関係の研究』（岩波書店、二〇〇五年）二三九頁。

(24) 『第四五回帝国議会衆議院議事速記録、第三五号、陸軍ノ整理縮少ニ関スル建議案外二件、大正一一年三月二五日』九三五―九四一頁、国立国会図書館ホームページ帝国議会会議録検索システム。なお、大正デモクラシーにおける「国際主義」に関する最近の過小評価への批判として、フレッド・ディキンソン「第一次世界大戦時の日本の構想――日本におけるウィルソン主義の受容」（伊藤之雄・川田稔編著『二〇世紀日本と東アジアの形成』ミネルヴァ書房、二〇〇七年）参照。

(25) 纐纈厚前掲『近代日本政軍関係の研究』第四章。

(26) 梅森直之「「宇垣軍縮」と総力戦体制」（堀真清編著『宇垣一成とその時代』新評論、一九九九年）。

(27) 石橋湛山全集編纂委員会編『石橋湛山全集　第五巻』（東洋経済新報社、一九七一年）一四八―一五三頁。

(28) 石井寛治前掲『帝国主義日本の対外戦略』二〇八頁。

(29) 小林龍夫「海軍軍縮条約（一九二二年―一九三六年）」（日本国際政治学会太平洋戦争原因研究部編著『太平洋戦争への道　第一巻』朝日新聞社、一九六三年）。

(30) 以下、同上論文による。

(31) その際、日本が米英に対して金融的に従属していたために、軍縮案を呑まざるをえなかったという議論が成り立たないことについては、石井寛治前掲『帝国主義日本の対外戦略』一七一頁参照。

(32) 「回訓案の留保条件」（『中外商業新報』一九三〇年四月三日号）。

(33) 「軍縮会議大観――先づ成功、我国も失敗でない」（『大阪毎日新聞』一九三一年四月一六日号）。

(34) 「日米の比率と東洋」（『大阪朝日新聞』一九三一年三月二五日号）。なお、日米戦争が起こった場合の日本海軍の作戦として、日本へ侵攻するアメリカ艦隊の勢力をあらゆる方策で七割程度にまで漸減させた上で、日本近海の主力決戦において撃滅するという「漸減邀撃作戦」が一貫して維持されたが、第一次世界大戦の教訓を汲んだ国々では、艦隊決戦によって戦争の帰趨が決まるという考えはとっくに放棄されていたにもかかわらず、なぜ日本だけは日本海海戦モデルにしがみついていたのか不思議である。
(35)　伊藤隆前掲『昭和初期政治史研究』参照。
(36)　高杉洋平「宇垣軍縮の再検討——宇垣軍縮と第二次軍制改革」(『史学雑誌』第一二二編第一号、二〇一三年)。
(37)　ジュネーヴ軍縮会議は、一九三二年二月から一九三四年末まで行われ、日本は一九三三年三月に国際連盟を脱退した後も付き合うが、一九三三年一〇月にドイツが再軍備宣言をし、国際連盟と軍縮会議の双方から脱退したため、会議の機能は低下した。以下の叙述は、石井寛治「両大戦間期における日本ブルジョアジーのエートス——軍縮会議と満州事変への対応」(大東文化大学東洋研究所『東洋文化』第一九一号、二〇一四年)第三節による。
(38)　「日本の軍事費は世界無比の高率　軍縮国民同盟の決議」(『東京朝日新聞』一九三一年一月二〇日号)。
(39)　「国力進展のため 軍備の縮小を提唱 国民的大運動で目的を貫く 大阪軍縮促進会成る」(『大阪朝日新聞』一九三一年三月四日号)。
(40)　「一般軍縮会議の成功に全力を揚げん フーヴァー大統領の声明」(『大阪朝日新聞』一九三一年七月九日号)。
(41)　「婦人団体を先頭に 軍縮の大示威 ロンドン全市を包む 素晴しいこの情景」(『大阪朝日新聞』一九三一年七月一三日号)。
(42)　「軍縮懇談会」(『大阪朝日新聞』一九三一年八月一二日号)。
(43)　「軍縮会議へのわが陣容成る」(『大阪朝日新聞』一九三一年九月五日号)。松平首席全権の下に、全権として佐藤尚武駐白大使、松井石根第十一師団長(陸軍中将)、永野修身軍令部次長(海軍中将)が名を連ねている。
(44)　日本共産党の機関紙『赤旗』一九三一年七月六日号は、労農党、大衆党、社会民衆党などが政綱に掲げる「軍備の徹底的縮少」について、それは帝国主義者を転覆せずに軍縮と戦争廃止が実現されるという「幻想」を大衆の間に広めるものだと、厳しく批判していた(伊藤隆前掲『昭和初期政治史研究』四五五—四五七頁)。
(45)　「軍司令官及師団長会議に於ける南陸軍大臣の口演要旨(昭和六年八月四日)(南次郎)」(『現代史資料(七)満洲事変』みすず書房、一九六四年)一四九—一五〇頁。
(46)　例えば、『大阪朝日新聞』一九三一年八月八日号の「社説 軍部と政府」は、「軍部対政府の関係が、最近険悪になつて来たことは、国民の看過し能はざるところである。国民の負担がその能力を越えるにいたりたるがゆえに、その軽減の財源を、従来つねに偏重である軍費にこれを求めることは極めて自然なるに拘はらず、軍部はその威容を傷つくるものなりとして、絶対反対を表明してゐる。少くとも国民の納得するやうな戦争の脅威がどこからも迫つてゐるわけでもないのに、軍部はいまにも戦争がはじまるかのやうな必要を越えた宣伝に努めてゐる。なるほど満蒙問題は決して穏やかではないが、しかしその権益を保護するのに、武力が一体どの程度に役立つかを、考へ直して見る必要があらう。……現内閣は国民多数の支持するところだ。殊に軍備縮小の旗印が、国民の支持するところであることは、疑を容れることの出来ぬ事実である。しかも軍部はこの国民の輿論を無視して、政府に楯つかんとしてゐるやうに見うけられる。軍部内の陸相訓示を門外に発表して、軍縮論者に対し一戦を交ふるを辞せざる態度を示し、また満蒙問題に対しては、政府の弱腰を叱咤するが如き風を見せてゐる。政府はこの分限を越えた軍部の行動にいかに処せんとするか、これは国民にとりての大問題である」と論じている。

(47)　『大阪朝日新聞』一九三一年八月一七日号によれば、質問は、①陸相は多兵をもって国防安全の唯一標準となすや、②満蒙問題に関する陸相の所見は閣議で認むるところなるや、③陸相は師団長に対し政治的宣伝を命ぜられる意思ありや、の三項目からなっていた。

(48)　安田常雄『日本ファシズムと民衆運動』(れんが書房新社、一九七九年)。

(49)　川田稔『昭和陸軍の軌跡』(中公新書、二〇一一年)。

(50)　原田熊雄述『西園寺公と政局　第二巻』(岩波書店、一九五〇年)。

(51)　この問題を実証するためには、陸軍中央と関東軍が軍縮問題をどう認識しており、その対応が満洲事変と如何に関係したかを確認する作業が必要である。陸軍軍縮に関しては、翌年の国際連盟の軍縮会議を待つまでもなく、浜口雄幸民政党内閣の成立時点からの緊縮財政の一環として宇垣陸相の下での陸軍予算の削減が求められていたが、なかなか実現できず、議会では宇垣陸相への厳しい追及が行われていた。国際連盟の軍縮会議は、そうした陸軍に対して外部からも軍縮を迫る動きであり、関東軍は追い詰められた陸軍中央の危機を打開するという好機をつかんで事変を起こしたものと思われるが、何れにせよ立ち入った実証が必要である。

(52)　江口圭一『十五年戦争小史』(青木書店、一九八六年)一五五頁。

第八章　昭和恐慌における階層別打撃

日本陸軍による満洲事変の決行の直接の動機が、前章で指摘したように陸軍軍縮の回避を狙う組織防衛にあったとしても、そのような軍部の非合理的行動が結果として国民の支持を得るようになる背景として、昭和恐慌における日本経済とくに農村経済の蒙った深刻な打撃があったことは事実である。本章では、経済構造論や経済政策論に傾斜しがちの最近の昭和恐慌研究と異なり、恐慌が社会階層のどの部分を直撃したかという社会史的アプローチを改めて採用し、とくに旧中間層の動向を問題とする。そのことによって、昭和恐慌が満洲事変と如何にかかわり、経済構造をどのように変容させたかを検討したい。

一　昭和恐慌研究の変化と問題点

社会運動史的アプローチ

一九二九年に始まる世界大恐慌の日本における発現を「昭和恐慌」と呼んだ最初の単著である長幸男『昭和恐慌』[1]（一九七三年）は、一九三二年二月に前蔵相井上準之助を暗殺した小沼正の「上申書」の一節を引用しつつ「テロリスト小沼の内面」を探ることから叙述を始めていた。また、その長幸男が執筆陣に加わって翌七四年に刊行された隅谷三喜男編『昭和恐慌』[2]も、恐慌が国民諸階層とくに「労働者、中産階級、農民」に与えた衝撃と、それに対する諸階層の反応を考察し、日本型ファシズムのエネルギーがどこから生まれたかを探ろうとしていた。さらに、一九七八年に刊行された東京大学社会科学研究所編『ファシズム期の国家と社会一　昭和恐慌』(3)も、一九二〇年代の「大正デモクラシー状況」から一九三〇年代の「日本ファシズム」へと転成した媒介としての「昭和恐慌」を対象とする共同研究であり、農村のファシズム的再編の実証に狙いを定めていた。このように、一九七〇年代の研究の多くは、昭和恐慌が直撃した農村に注目し、そこにおける社会運動の挫折の中にファシズム化への鍵を見出そうとするものであり、いわば社会運動史的アプローチに立っていたと言ってよい。ただし、諸階層への打撃の具体的分析は乏しく、窮乏化の具体的事例をエピソード的に紹介するレベルにとどまっていた。

恐慌形態論的アプローチ

それに対して、昭和恐慌の経済学的分析を試みたものとしては、つとに大島清『日本恐慌史論　下巻』(4)(一九五五年)が、アメリカで始まった世界恐慌の波及として日本の恐慌を説明していたが、一九八四年に刊行された橋本寿朗『大恐慌期の日本資本主義』(5)は日本資本主義の内部からアメリカより先に金解禁の準備に基づく恐慌が始まり、景気回復への転換も日本がもっとも早かっただけでなく、アメリカと異なり恐慌からの自律的回復が見られた点に日本資本主義の資本主義としての「強靱性」が認められるという斬新な見解を押し出した。橋本の研究には農業恐慌への言及が欠けているが、大石嘉一郎編『日本帝国主義史　第2巻』(6)(一九八七年)において、清水洋二「農業と地主制」が、一九三二年の金本位制離脱と三三年の米穀統制法によって小麦・米穀価格が回復し、繭価格を除くと農業恐慌からの離脱が諸外国に比べて早期であったことを実証し、原朗「景気循環」はそれを受けつつも、「国際的にみて恐慌の期間が短かく、深度が浅かったことは、国内において恐慌が強烈な社会的インパクトを与えたことをただちに否定するものとはいえない」として、「昭和恐慌が軍事行動やテロリズムの直接の引き金となるほどの深刻さ」をもったことを強調した。ただし、「テロリズム」はともかく、「軍事行動」の「直接の引き金」となった点の実証がなされているわけではない。

大島・橋本の恐慌史分析は、宇野弘蔵の恐慌論に立つ日本の大恐慌分析であったが、侘美光彦『世界大恐慌』(7)（一九九四年）は、アメリカがイギリスと並ぶ「中心国」となった第一次世界大戦以降のポンド・ドル体制のなかで、アメリカ経済の独占化が耐久消費財である自動車産業を軸に進展し未曽有の株式ブームを招き、その崩壊から始まるアメリカ恐慌が世界各国を巻き込みつつ長期に亘って深化したことを、恐慌の形態変化の観点から分析した。そこでは、アメリカ経済が分析の中心となっており、日本経済に関する言及はほとんどないことが課題を残している。

経済政策史的アプローチ

昭和恐慌は一九二九年七月に金解禁政策を遂行する民政党内閣が登場するや、井上準之助蔵相の緊縮財政の下で始まり、三〇年一月の金解禁実施とともに急速に深化し、三一年一二月に交替した政友会内閣の高橋是清蔵相の金輸出再禁止を画期として回復に向かった。それ故、井上財政と高橋財政の対比が多くの論者によって試みられてきた。長幸男の前掲『昭和恐慌』は、民政党が旧平価解禁に決めた一因は、新平価で解禁するための貨幣法の改訂が議会第二党の民政党内閣では困難だという政治技術上の判断が働いたためだと指摘しており、井上はその前提で国内経済の徹底した合理化を狙ったと評価した(8)。「国会戦術」に関する同様な指摘は、中村隆英『経済政策の運命』(9)（一九六七年）においても行われている。政策論争の決着は最終的には国内政治での実現可能性についてのそうした判断が決め手になるのかもしれない。金解禁論争と経済界の利害関係については、三和良一「金解禁政策決定過程における利害意識」(10)（一九七四年）が考察し、井上財政が金融業・貿易業の利害に密着し、製造工業とりわけ重化学工業の利害と対立するものであったことを跡づけ、それは財閥の特徴に見合うものであったために財閥に代表される財界主流の支持を得たと指摘した。

最近では、岩田規久男編著『昭和恐慌の研究』[11]（二〇〇四年）が、金解禁論争の対立構図を個々の論者について詳しく跡づけ、金本位制が「財界整理」を通じて新たな経済発展を生むと信ずる旧平価解禁派が圧倒的多数を占め、J・M・ケインズやI・フィッシャーに倣って新平価解禁論を唱えた高橋亀吉や石橋湛山は少数派にとどまったこと、前者の多数派意見は新聞・雑誌メディアを介して国民に広く浸透したことを明らかにした。同書の主張は多くの国々の金本位制への固執こそが世界大恐慌を招いたのであり、金本位制から離脱したリフレーション政策によって景気回復に成功したというものである。[12]

社会経済史的アプローチへ

このように昭和恐慌への突入と回復が、金本位制との深いかかわりにおいて理解されなければならないとすると、そもそも金本位制の歴史的意義をどのように考えるかが問題となろう。その点で、思い起こされるのは、大内力『日本経済論　上巻』（一九六二年）が、一九三〇年代における国際金本位制の全面的な崩壊をもって「国家独占資本主義」の成立と見做す見解を打ち出したこと、それに関連して大内力「第一次大戦後の金本位制」（一九六四年執筆）が、アメリカを除いて金貨本位制でなく金地金本位制ないし金為替本位制を採用していた一九二〇年代の再建金本位制は、金の価値尺度機能が間接化された限りにおいて、ある程度管理通貨制に近い性質をもっていたと指摘したことである。[13]この指摘は、昭和恐慌さらに世界大恐慌の分析に際して国際金本位制の意義を固定的に評価するのではなく、歴史的に変容するものとして具体的に把握することを要請していると言えよう。

しかし、ここではその問題を正面から論ずる用意はない。以下では、従来の昭和恐慌研究が具体的な打撃の深刻さを必ずしも明らかにしないまま、その社会的インパクトの強烈さを想定してきたことへの反省として、社会階層別に打撃の深度を部分的であるが測定することを試みたいと思う。そのことを通じて、昭和恐慌が、日本の経済と政治・外交にどのようなインパクトを与えたか、与えなかったかを再考してみたい。

二　階層別に見た恐慌による打撃の深度

社会的打撃の通説的理解と批判的理解

隅谷三喜男編前掲『昭和恐慌』は、「はしがき」において、昭和恐慌が日本経済に与えた打撃を、次のように要約している。(14)

「日本政府は、世界恐慌の嵐が吹き寄せようとする一九三〇年一月、金融資本の支援のもとに、旧平価による金解禁を断行した。日本経済は世界恐慌と金解禁による不況との二重の強打をうけて、ガラガラと音をたてて崩れた。農村から、都市の底辺から、瓦礫におしつぶされて助けを求める悲鳴が、さらには、政府＝支配層の無策にいきどおり、これを糾弾する叫びと地鳴りとがひびいてきた。だが、土煙りが少しおさまってみると、意外に日本資本主義の建物は傾いていなかった。それどころか、金融・独占資本の柱は荷重を減らしていっそう強固なものとなったかのように思われた。よく見ると、中小企業の痛手も小さくないが、もっとも手痛い打撃をうけていたのは、農業生産＝農村経済であった。恐慌は農村の経済と社会をズタズタに引きさいていた。」

こうした見地から同書は、昭和恐慌・農業恐慌のなかから、農本主義と結びついた日本ファシズムが登場すると論ずるのであるが、都市を中心とする資本主義セクターに関しては打撃を通じていっそう強力に再生したというイメージを押し出していることが注目されよう。

かかる通説的理解に対して、昭和恐慌の打撃は資本主義セクターに対しても大きな打撃を与え、とくに金融システムに関しては、個人投資家層が解体し戦後的な銀行仲介型のシステムへの移行が始まったという批判的理解が最近提起されている。すなわち、寺西重郎『戦前期日本の金融システム』（二〇一一年）は、第一次大戦以後の株式市場における投資家層について、昭和恐慌期を境に富裕層と中間層とくに後者の大株主からの脱落が起こったと次のように指摘した(15)。

「一九三〇年を境に個人株主のシェアが大幅に低下したことに加えて、二〇年代における個人投資家層と三〇年代における個人投資家層に大きな変化が生じた。二〇年代は、既存の大企業の個人大株主が退出しても、それと同規模ないしそれ以上の資産を持った別の資産家が大株主の座に就いたが、三〇年代には一回り小規模な個人資産家が参入した。このことは、昭和恐慌を境に、かつての商工業者や地主層からなる富裕層・中間層の大株主からの脱落現象を示唆している。」

同書は、このような昭和恐慌の評価に基づいて、昭和恐慌期を通じてまず中間層の個人投資家が脱落しはじめ、戦後改革期における富裕層の個人投資家の一斉脱落と相俟って、戦前的な金融システムが戦後的な金融システムへ転換したという二段階転換説を提起し、戦前日本経済と戦後日本経済の断絶説に対するユニークな批判を試みたのである(16)。隅谷説においては、三〇〇万近いと推定される失業者と並んで小売商と自作農・小自作農などの旧中間層の下層部分への打撃が主として問題とされていたのに対し、寺西説では、卸売商や中小地主など旧中間層の上層部分による株式投資の行方が注目されていると言ってよい。以下では、まず、従来の通説的理解において農民に比べて言及されることが少なかった小売商・仲買商について恐慌によって受けた打撃を紹介し、続いて、恐慌の打撃をもっとも激しく受けた農民による満洲移民が、しばしば誤解されるように自発的なものでは決してなく、基本的には関東軍による「満洲国」建設の軍事的・政治的目的によって上から推進されたことを指摘する。その上で、恐慌が中間層の下層部分だけでなく上層部分にも大きな打撃を与えたとする批判的見解の当否を問題としたい。

大資本と小農民に挟撃された零細商人

小売業界の近代化として脚光を浴びたのはいわゆる百貨店であった。一九〇五年に三越呉服店が「デパートメント・ストア」になるという新聞広告をしたのが事実上の百貨店の誕生だとされているが、第一次世界大戦期に増加した新中間層（サラリーマン）を相手に百貨店は「大衆化」を進め、昭和恐慌期にも発展を続け、販売不振に喘ぐ零細小売商を圧倒した。一九二九年春には、東京・大阪で百貨店にだけ認められた商品券の発行と目玉商品の廉売の禁止を求める小売商の運動が起こり、百貨店の地方出張販売を妨害するなどの反百貨店運動が広がったが成果は乏しかった(17)。

そうした状況を大きく変えたのが一九三二年六月に百貨店の横暴に抗議した新宿の酒店主中村宗郎の割腹自殺事件であった。新宿商店街の副会長であった中村は、三越新宿店が進めていた地下街建設への反対運動のリーダーであったが、運動の行き詰まりを苦にして三越日本橋本店で「決意書」を懐に抗議の自殺をした。「決意書」には、「百貨店は中小商業者ルンペン製造所なり」と述べた上で、百貨店の店舗制限、営業日制限、商品券禁止の政策的対応を求め、新宿地下街建設には絶対反対であると記していた。翌月の追悼集会には七〇〇名が集まり、八月の全国小売業者大会は日比谷公会堂に五〇〇〇名を集める盛況であったため、百貨店協会は店舗増設を取りやめ、出張販売や安売りも止めるなどの自主規制を発表、一九三七年には百貨店法による規制が始まった(18)。

零細小売商・仲買商は、農村では農民の組織した産業組合や任意組合によってしだいに締め出された。産業組合は一九一〇年代以降増加し、一九三〇年には一万四〇八二組合、組合員四七四万人に達し、組合の肥料取扱高が販売肥料消費高に占める比率は、一九二九年の二三％から三七年には四一％へと上昇した。任意組合を中心とする養蚕組合の生繭共同販売の販売総額に占める比率も、一九二八年の五一％から三五年には七六％にまで高まり繭商人を駆逐した。そのため、一九三〇年には、日本商工会議所が政府に対して、産業組合の活動が中小商人を甚だしく圧迫しているので、産業組合への政府助成を止めるよう要求した。さらに一九三二年以降、政府の「産業組合拡充五箇年計画」に対抗して、商人の「反産運動」が議会での政治運動にまで発展し、一九三三年には「全日本商権擁護連盟」が結成された。同連盟は翌三四年末に議会に上程された「米穀自治管理法」「産繭処理統制法」「重要肥料業統制法」などの産業組合を支援する法案を一旦廃案に追い込み、三六年には産業組合の特典を大幅に削除の上で成立させた。しかし、そもそも小農民と零細商人が争ったこと自体が悲劇だったのであり、両者ともに不平・不満が強まった挙句、国内での問題解決を諦めて「満洲国」を足場としたアジア大陸に向けてのさらなる侵略に望みを託すことになる(19)。

上からの満州移民計画の提唱

昭和恐慌の打撃は、小作農、自作農だけでなく中小地主にも及んだが、とりわけ小作農への打撃が長期に亘り強烈であった。小作争議の中心は中小地主の土地取上げに対抗する防衛的な小作権関係のものとなり、政府は一九三二年から三四年にかけて救農土木事業によって小作層の労賃収入の補填を図るとともに、三二年以降「自力更生」の名の下に農村経済更生運動を展開し、その一環として満洲移民を計画した。満洲移民はもともと関東軍が「満洲国」建設のために計画したものであり、「決して自発的なものでもなければ、以前に行われたその地域への重要な移民の延長でもなかった(20)」と指摘されている。

この点は、昭和恐慌期の農民運動は問題の国内解決に全力を挙げており、運動当事者が満洲移民＝対外侵略に舵を切るのは、政府への農村救済請願運動が拒絶されたあとの一九三三年二月だったこと、[21] 日本国内での満洲移民推進者である加藤完治が、移民即時断行の運動を開始したのも満洲事変開始後であり、加藤が作成に協力した拓務省の移民案と関東軍の移民案が合体したのが三二年七月であったことから明らかである。[22] すなわち、満洲事変は、日本国内における農民の移民要求を関東軍が汲み上げて起こしたのではなく、逆に関東軍による「満洲国」建設が、日本農民の満洲移民を要請したのである。その意味では、小農民や零細商人が昭和恐慌からの活路を満洲侵略に求めたというのは結果論に過ぎず、満洲事変の原因論として考えるべきではないと言えよう。

所得税納入者数の階層別変化

次に、個人所得税の納入者のデータを使って旧中間層の上層部分が受けた昭和恐慌による打撃の深度を分析しよう。表8-1は、昭和恐慌前後における所得税納入者数の推移を課税所得額別に示したものである。この時期には配当の六〇%が課税対象に加わっている反面で、課税下限が一九二六年に八〇〇円から一二〇〇円に引き上げられたことが影響して、一九二五年に一九〇万人まで増えた納税者数はほぼ半減している。本表において恐慌の影響がもっとも鋭く現われているのは一九三三年で、一九二八年と比べて納税者総数が八四%に落ち込み、課税所得額合計も七九%まで減少している。実際には人数・所得ともにボトムは一九三二年であった。しか

表 8-1　個人所得税納入者数と課税所得額の推移

所得額	1928 年度	1930 年度	1933 年度	1935 年度
10 万円以上	1,641	1,577	978	1,581
	100	*96*	*60*	*96*
5 万円以上	3,475	3,258	2,455	3,124
	100	*94*	*71*	*90*
1 万円以上	48,369	48,578	36,203	45,195
	100	*100*	*75*	*93*
5,000 円以上	85,914	87,693	70,886	86,059
	100	*102*	*83*	*100*
2,000 円以上	311,027	311,685	264,520	316,293
	100	*100*	*85*	*102*
2,000 円未満	496,262	486,134	421,798	489,352
	100	*98*	*85*	*99*
合計人数	946,688	938,925	796,840	941,604
	100	*99*	*84*	*99*
所得計（百万円）	2,310	2,266	1,824	2,263
	100	*98*	*79*	*98*

出典）各年度『主税局統計年報書』.
備考）第三種所得税は当時所得額 1,200 円以上層に課税．斜体数値は 1928 年度を 100 とした場合の比率を示す.

し、一九三五年には人数・金額とも基準の一九二八年の近くまで回復しており、恐慌からの回復が極めて早いことが窺えよう。

階層別に一九三三年にかけての落ち込み方を見ると、所得一〇万円以上の最上層の人数が六〇%ともっとも鋭い落ち込みを示しており、下層になるにつれて落ち込み方が緩くなっている。他方一九三五年にかけての回復は、中間層の二〇〇〇円以上一万円未満層が著しく、最下層の一二〇〇円以上二〇〇〇円未満がそれに続き、一万円以上の上層は回復が相対的に遅れていることが判明する。しかし、上層が一時的にランクを落として中間層が膨らんでいると見做すことも出来るから、その違いを過大視すべきではなさそうである。ここで言う階層別人数は異なる時点の合計値をそれぞれ意味するに過ぎず、階層間のメンバーの移動がどのように組み込まれているかは分からないからである。

三箇年の「全国金満家大番付」の検討

それ故、個々の資産家の所得なり資産がどのように変化しており、その変動に階層差が認められるか否かを問題にしなければならない。しかし、そのようなデータは必ずしも多くない。

ここでは、帝国興信所による有力資産家の資産額調査に基づいて雑誌『講談倶楽部』各年新年号が掲載した「全国金満家大番付」を手掛かりに検討しよう。従来、『講談倶楽部』の昭和六年度新年号付録として掲載された昭和五年（一九三〇）の第二回「番付」と、昭和九年新年号付録として掲載された昭和八年（一九三三）一〇月現在の第三回「番付」が、渋谷隆一編『大正昭和日本全国資産家地主資料集成　第一巻』（柏書房、一九八五年）に収録されていたが、出発点をなす昭和三年（一九二八）現在の第一回「番付」がないため、昭和恐慌時を通ずる変化（昭和三年→昭和五年→昭和八年）を追跡することができなかった。幸いにして最近、第一回「番付」を入手できたので、(23) それを用いて、昭和三年当時推定資産額七〇万円以上の資産家三六五三名について、その後の変化を追ってみたのが表8－2である

表 8-2 昭和恐慌期における個別資産家の資産増減

	増加・A	不変・B	減少・C	内消滅・D	合計	A%	B%	C%	D%
	1928 年 – 1933 年								
1,000 万円以上	48	39	68	6	155	31.0	25.2	43.9	3.9
500 万円以上	36	30	103	26	169	21.3	17.8	60.9	15.4
200 万円以上	172	104	374	116	650	26.5	16.0	57.5	17.8
100 万円以上	278	218	722	353	1,218	22.8	17.9	59.3	29.0
70 万円以上	327	238	896	772	1,461	22.4	16.3	61.3	52.8
計	861	629	2,163	1,273	3,653	23.6	17.2	59.2	34.8
	1928 年 – 1930 年								
1,000 万円以上	27	61	67	3	155	17.4	39.4	43.2	1.9
500 万円以上	20	55	94	13	169	11.8	32.5	55.6	7.7
200 万円以上	106	221	323	51	650	16.3	34.0	49.7	7.8
100 万円以上	195	409	614	151	1,218	16.0	33.6	50.4	12.4
70 万円以上	242	538	681	494	1,461	16.6	36.8	46.6	33.8
計	590	1,284	1,779	712	3,653	16.2	35.1	48.7	19.5
	1930 年 – 1933 年								
1,000 万円以上	60	51	41	3	152	39.5	33.6	27.0	2.0
500 万円以上	44	51	61	12	156	28.2	32.7	39.1	7.7
200 万円以上	165	201	239	74	605	27.3	33.2	39.5	12.2
100 万円以上	274	380	437	225	1,091	25.1	34.8	40.1	20.6
70 万円以上	253	346	415	336	1,014	25.0	34.1	40.9	33.1
計	796	1,029	1,193	650	3,018	26.4	34.1	39.5	21.5

（階層はすべて一九二八年当時のもの。％は合計値に対する比率）。人名は代替わりなどでしばしば変わっているので、居住地や職業を手掛かりに繋げる努力をした。また「増減」というのは万円単位で示されている資産額の変化を示しており、「消滅」というのは、資産額七〇万円以上の資産家として掲載されなくなった場合のことである。

初めに全体としての資産の増減傾向について、一九二八年から三〇年にかけてと、一九三〇年から三三年にかけてを比べると、「減少」比率が四九％から四〇％へと減少テンポに歯止めがかかっていることが読み取れる。恐慌の深化から景気回復への反転が窺われると言ってよかろう。両期間を合わせた五年間の変化は、「不変」が一七％のみで、「増加」が二四％、「減少」が五九％であり、回復は始まったばかりだということが分かる。恐慌時であるから減少傾向は当然であり、両期間を合わせて階層別に見ると最上層を除いて「減少」が六〇％前後で並んでいる。恐慌の打撃の強さを示すのは七〇万円以上を集めた本表から姿を消す「消滅・D」の比率であろう。この比率では、階層ごとの開きが明瞭である。すなわち一〇〇〇万円以上の最上層の四%弱に対して、二〇〇〇万円ないし一〇〇〇万円層は一〇%台、一〇〇万円台が二九%、七〇万円ないし一〇〇万円層は五三%である。最上層一五五名のなかでこの間リストから脱落したのは計八名であるが、岩崎俊弥・寿男家、益田孝・太郎家、原六郎・邦造家の三名は相続による名義交替が関係すると思われるので、実際の「没落」事例は藤田平太郎、若尾謹之助、範多龍太郎、竹尾治右衛門、竹原友三郎の僅か五名にとどまる。[24]それ故、最上層のメンバーの多くは若干の資産減少を蒙りながらも、ほとんどすべてが没落を免れたということができよう。その一因は、一九二〇年恐慌や一九二七年の金融恐慌によって、鈴木財閥、松方財閥、久原財閥、茂木財閥などがすでに没落していたためであり、[25]藤田財閥、若尾財閥も実質的には昭和恐慌以前に没落しつつあったのである。

最上層の資産家群は昭和恐慌による減少資産を一九三三年迄にある程度回復しており、隅谷三喜男編『昭和恐慌』の「はしがき」のイメージの正しさを裏書きしているのに対し、それ以下の階層の動きは恐慌の嵐に巻き込まれて資産の大半を失った者が相当多かったことを示している。もちろん、他面では表8-1が示しているように新しく資産を増加させた者もあって、減少者の跡を補完しているが、昭和恐慌の打撃が資産額七〇万円以上という富裕層と旧中間層の一部を含む部分まで及んでいたこと自体は重大な変化であった。その意味では、寺西説の主張する打撃の深刻さは立ち入った吟味を要する問題と言わねばなるまい。そこで最後に、個人投資家の動向を検討しよう。[26]

三　個人投資家への恐慌の打撃

個人投資家優位から法人投資家優位へ？

昭和恐慌前後の時期は、株主に占める法人株主の比重が大幅に増加した時期とされてきた。すなわち、志村嘉一『日本資本市場分析』（一九六九年）の古典的指摘によれば、主要企業の大株主上位一二名の株主分布を見ると、個人株主の所有株式の比重は一九一九年末の七四・四%から一九三六年末の一六・二%へと激減しており、法人会社や保険会社・銀行などの法人株主の所有株式の比重が激増している。一九一九年のこの比率は、主要企業の株式一千株以上を所有する株主八五〇六名に関する個人株主の所有比率七九・四%に近いことも明らかにされている。[27] もしも、この変化によって株式所有の全体動向を代表できるとすると、この間に個人株主の株式所有が大幅に後退したことになろう。しかし、大株主の場合をもって全体を代表することには疑問がある。例えば、一九三二年当時の南満洲鉄道株式会社の民間株主の個人・法人別所有構成を示すと表8－3のようになる。

これによれば、五〇〇〇株以上の大株主においては法人株主が八〇%台と圧倒的優位を占めるが、株数が減るにつれて個人株主の数が増えて所有株式が多くなり、一〇〇株以上層まで降りると累計で個人株主が優位に立つのである。[28]

従来、「株式の分布状況ないし所有構造に関する資料は、少なくとも戦前についてはまったく利用できない」[29]と考えられており、そのため大株主のデータを集計して分析してきた。寺西説もそうした研究方法を踏襲して、大株主のデータに基づいて昭和恐慌期以降の個人株主の変化（所有シェアの大幅低下と所有規模の縮小）を主張したのであった。[30] しかし、株式所有そのもののデータはなくとも、配当のうち幾らが個人株主に支払われたかを近似的に知る資料は存在する。第三種所得税の課税対象に一九二〇年の所得税改革以降、配当所得の六〇%が加えられたので、そのデータから逆算することによって配当のうちどれだけが個人株主に支払われたかを知ることが出来るからである。[31]

表 8-3　南満洲鉄道の株主構成（1932 年 6 月 1 日）

	法人株主			個人株主			合　計
所有株式数	株主数	株式数	累計比	株主数	株式数	累計比	株式数
5,000 以上	65	1,301,829	82.3	26	279,172	17.7	1,581,001
1,000-4,999	150	335,664	65.9	310	569,906	34.1	905,570
500-999	96	62,967	59.0	524	334,247	41.0	397,214
100-499	242	54,038	45.9	5,005	880,480	54.1	934,518
1-99	220	7,371	40.0	19,960	574,326	60.0	581,697
合計	773	1,761,869	40.0	25,825	2,638,131	60.0	4,400,000

出典）　同社株主姓名表.
備考）　この他に日本政府所有株 440 万株がある.

表 8-4　個人投資家の配当の比重

（百万円）

年次	課税配当	個人配当・A	配当総額・B	A/B（%）
1925	307.4	512.3	712.4	71.9
1926	293.1	488.5	756.3	64.6
1927	314.6	524.3	756.0	69.4
1928	298.7	497.9	778.0	64.0
1929	315.7	526.1	794.8	66.2
1930	306.1	510.2	680.2	75.0
1931	240.1	400.2	540.9	74.0
1932	200.7	334.5	584.8	57.2
1933	207.1	345.2	673.7	51.2
1934	253.8	423.1	813.1	52.0
1935	279.6	466.0	928.5	50.2

出典）『主税局統計年報書』各年次.
備考）個人配当は課税配当 ÷ 0.6.

表８－４は、『主税局統計年報書』に基づいて配当のうち個人株主へ支払われた部分を推定したものである。もっとも、ここでの個人配当は所得税納入者に限られているため実際よりやや低目に現われているが、個人投資家はほとんどが個人所得税を納入していると考えられるので、誤差は少ないと見て良かろう。本表によれば、一九二五年当時は個人株主への配当が七〇％台を占めていたのが、その後、傾向的に低下し、一九三二年以降は五〇％台になっていることが判明する。もっとも、一九三〇・三一年には一時七〇％台に上昇しているが、その理由は明らかでない。配当率が低くなる可能性がある場合に同一企業内で政府株主や法人株主への配当を制限して個人株主を優遇するケースが見られたせいかも知れない。いずれにせよ、個人株主の相対的地位は低下しているとはいえ、一九三五年段階においてもギリギリ五〇％ラインを維持しているのである。このように見てくると、大株主の分析に頼って昭和恐慌期を通ずる個人投資家の大幅な後退・没落を論ずるのは慎重でなければならないことが分かろう。

以上の分析を通して、昭和恐慌が富裕層の一部や旧中間層の上層部分を含む個人投資家層の没落の大きな画期となったことは明らかであるが、その没落の度合いは従来の投資家分析が想定していたよりも軽微なものであったと一応結論することができよう。

注

（1）長幸男『昭和恐慌——日本ファシズム前夜』（岩波新書、一九七三年）。

(2)　隅谷三喜男編『昭和恐慌――その歴史的意義と全体像』(有斐閣選書、一九七四年)。
(3)　東京大学社会科学研究所編『ファシズム期の国家と社会一　昭和恐慌』(東京大学出版会、一九七八年)。
(4)　大島清『日本恐慌史論　下巻』(東京大学出版会、一九五五年)。
(5)　橋本寿朗『大恐慌期の日本資本主義』(東京大学出版会、一九八四年)。なお、橋本寿朗「大恐慌と日本資本主義」(平田喜彦・侘美光彦編『世界大恐慌の分析』有斐閣、一九九八年)も参照。
(6)　大石嘉一郎編『日本帝国主義史2　世界大恐慌期』(東京大学出版会、一九八七年)。
(7)　侘美光彦『世界大恐慌――一九二九年恐慌の過程と原因』(御茶の水書房、一九九四年)。
(8)　長幸男前掲『昭和恐慌――日本ファシズム前夜』九四―九五頁。
(9)　中村隆英『経済政策の運命』(日経新書、一九六七年、『昭和恐慌と経済政策』と改題、講談社学術文庫、一九九四年)。
(10)　三和良一「金解禁政策決定過程における利害意識」(『青山経済論集』第二六巻第一・二・三合併号、一九七四年、のち三和良一『戦間期日本の経済政策史的研究』東京大学出版会、二〇〇三年)。
(11)　岩田規久男編著『昭和恐慌の研究』(東洋経済新報社、二〇〇四年)。
(12)　高橋財政についても研究が進んでいる。ここでは、その代表として井出英策『高橋財政の研究――昭和恐慌からの脱出と財政再建への苦闘』(有斐閣、二〇〇六年)のみを挙げておく。
(13)　大内力『日本経済論　上巻』(東京大学出版会、一九六二年)二三二―二五八頁、大内力「第一次大戦後の金本位制」(大塚久雄・武田隆夫編『帝国主義下の国際経済――楊井克巳博士還暦記念論文集』東京大学出版会、一九六七年、所収)。イギリスが採用した金地金本位制は、金貨を廃止した上で乏しい金地金は対外準備として中央銀行に集中し、イングランド銀行券の金地金との兌換請求は輸出決済の場合にだけ認められた。なお、「国家独占資本主義」論をめぐる研究史と課題については、長島修「〔コラム〕現代資本主義、国家独占資本主義」(石井寛治・原朗・武田晴人編『日本経済史3　両大戦間期』東京大学出版会、二〇〇二年)を参照されたい。
(14)　隅谷三喜男編前掲『昭和恐慌――その歴史的意義と全体像』ⅰ頁。
(15)　寺西重郎『戦前期日本の金融システム』(岩波書店、二〇一一年)八〇九頁。「富裕層」と「中間層」の区切りをどの辺で付けるかは難しい問題で、寺西氏も明示していない。戦後の財産税の対象となった課税価格一〇万円超―一五〇〇万円超(税率二五%―九〇%)の四八万人弱は、一九二五年当時に寺西氏が推計する個人投資家五〇―六〇万人にほぼ匹敵するが、そのうち「富裕層」と見做しうるのは課税価格一五〇万円超―一五〇〇万円超（税率七五％―九〇％）の四四七五人程度と見て良いのではあるまいか（広田四哉「地主制の解体と財産税」『土地制度史学』第一三七号、一九九二年、第四表）。そうだとすると、後で示す一九二八年の金満家三六五二名はほとんどが「富裕層」に属し、「中間層」と見做しうるものは比較的少数に過ぎないことになろう。

(16) 同書の評価については、取り敢えず石井寛治による書評（一橋大学経済研究所編『経済研究』第六四巻第四号、二〇一三年）を参照されたい。

(17) 石井寛治『日本流通史』（有斐閣、二〇〇三年）一五二―一六一頁。

(18) 公開経営指導協会編『日本小売業運動史　第一巻』（公開経営指導協会、一九八三年）一七五―一九九頁。

(19) 石井寛治前掲『日本流通史』一六二―一七一頁。

(20) S・ウイルソン「昭和恐慌と満州農業移民」（西田美昭、アン・ワズオ編『二〇世紀日本の農民と農村』東京大学出版会、二〇〇六年）一五〇頁。「以前に行われたその地域への重要な移民」が何を指すのかは明示されていないが、満洲事変以前の日本人の満洲移民の試みとその失敗については、満州移民史研究会編『日本帝国主義下の満州移民』（龍渓書舎、一九七六年）八、二四、三八八―三九二頁、朝鮮人の満洲移民については同書第六章を参照。

(21) 石井寛治『帝国主義日本の対外戦略』（名古屋大学出版会、二〇一二年）二一九―二三一頁。なお、この点は本書第七章四でも言及している。

(22) 満州移民史研究会編前掲『日本帝国主義下の満州移民』三〇―三二頁。

(23) 秋田の古書店から入手したもの。大きな一枚の紙の裏表にびっしりと名前・職業・住所・金額が記されている。この資料に関しては、『地方金融史研究』第四六号（二〇一五年）に、資料「昭和初期の大資産家名簿」として紹介する予定である。

(24) 岩崎家の岩崎俊弥（一八八一―一九三〇、一億円↓欠↓欠）は弥之助の次男で、旭硝子の創業者であり、婿養子岩崎寿男（一九一四―二〇〇五）が跡を継ぐまで番付から欠落したものと思われる。したがって、最上層の「消滅」事例は六名となるが、実際の「没落」事例は五名である。若尾家の若尾謹之助（一〇〇〇万円↓欠↓欠）については、森川英正『地方財閥』（日本経済新聞社、一九八五年）三八―四二頁、斎藤康彦『転換期の在来産業と地方財閥』（岩田書店、二〇〇二年）第二部、橘川武郎「東京電灯の「放漫経営」とその帰結」（宇田川勝ほか編『失敗と再生の経営史』有斐閣、二〇〇五年）を、藤田家の藤田平太郎（一〇〇〇万円↓欠↓欠）については武田晴人『日本産銅業史』（東京大学出版会、一九八七年）、伊藤正直「藤田銀行の破綻とその整理」（石井寛治・杉山和雄『金融危機と地方銀行――戦間期の分析』東京大学出版会、二〇〇一年）を、範多家の範多龍太郎（一五〇〇万円→五〇〇万円→欠）の大阪鉄工所については井上洋一郎『日本近代造船業の展開』（ミネルヴァ書房、一九九〇年）をそれぞれ参照。

(25) 鈴木財閥と松方財閥に関する最近の研究としては、宇田川勝「財閥経営の破綻――金子直吉と松方幸次郎」（同『財閥経営と企業者活動』森山書店、二〇一三年）、久原財閥については宇田川勝『新興財閥』（日本経済新聞社、一九八四年）二一―三三頁、茂木財閥については石井寛治前掲『日本流通史』一四七―一五一頁参照。

(26) 三回にわたる「全国金満家大番付」については、第二回、第三回に新しく登場した資産家を含めて、資産家の地域分布、職業分布など詳しい分析が必要である。職業別・階層別にみた恐慌の打撃については、石井寛治「昭和恐慌における資産家の階層別打撃」（『創価経営論集――植田欣次先生退任記念号』第三九巻第一号、二〇一五年）を参照。

(27) 志村嘉一『日本資本市場分析』（東京大学出版会、一九六九年）三八六―四〇五頁。

(28) 同様なことは、南満洲鉄道（一九二八年六月一日）の株主構成について石井寛治前掲『帝国主義日本の対外戦略』一九一頁、日本郵船（一九三〇年一〇月末）と東邦電力（一九二九年四月末）の株主構成について石井寛治「企業金融の展開」（『講座・日本経営史　組織と戦略の時代　一九一四―一九三七』ミネルヴァ書房、二〇一〇年）、鐘淵紡績（一九三〇年末）の株主構成について石井寛治「再考：戦前期日本の直接金融と間接金融」（『金融研究』第三一巻第一号、二〇一二年）が実証した。

(29) 志村嘉一前掲『日本資本市場分析』三八六頁。

(30) 寺西重郎前掲『戦前期日本の金融システム』七八一―八一五頁。

(31) 一九三七年の改革により配当控除率は二〇％へと引き下げられ、三八年から実施された。

第九章　重化学工業化の限界と日中戦争

総力戦・機械戦としての第一次世界大戦は日本の軍部・政府にショックを与え、軍用自動車補助法（一九一八年三月）や軍需工業動員法（同年四月）を制定させたが、それらの法律が構想した効力を十分発揮せぬまま満洲事変が始まった。軍部は熱河作戦と上海事変において、それぞれ自動車、飛行機の軍事的重要性を改めて体験し、日本軍の機械化の国際的立ち遅れを痛感した。本章では、自動車工業の立ち遅れに代表される日本経済の重化学工業化の水準の低さと、それを克服するための経済界と政界（軍人と官僚）の日中全面戦争期にかけての活動と結果を問題とする。

一　満洲事変における二つの軍事的ショック

上海事変と海軍の「航空技術自立計画」

一九三一年九月に始まった満洲事変は中国全土での日貨ボイコット運動を生み、とくに上海では三二年一月に関東軍の謀略による日本人僧侶殺害事件が起こったことを契機に状況が一挙に悪化し、海軍陸戦隊が上陸して中国軍との間で激しい市街戦が始まった。二月には日本陸軍が派遣され、いわゆる上海事変が展開した。この戦闘では、満洲の場合と異なり、中国軍の抵抗が激しく、日本軍も多くの死傷者を出した挙句、国際連盟の介入により停戦となった。(1)

ここで注目したいのは、戦場の上空でアメリカのボーイング社製の中国側戦闘機一機と日本海軍の攻撃機（爆撃機）・戦闘機六機が空中戦を行い、ボーイング戦闘機は数において優る日本側によって撃墜されたが、日本側も指揮官が戦死するという事態が生じたことである。これは、ボーイング社製の戦闘機が、日本の中島飛行機製の戦闘機に対して、速度も上昇力も優れていたためにほかならない。それは、中島製の戦闘機がイギリスの戦闘機の模倣に過ぎず、攻撃機も三菱航空機がイギリス人技師に設計を依頼して作った以上、避けられないギャップであった(2)。

日本海軍では、一九三〇年のロンドン軍縮会議の結果を踏まえて、航空戦力の増強を計画し、技術の外国依存を断ち切る「航空技術自立計画」を立てつつあったが、上海事変での経験は、そうした構想の推進に拍車を掛けた。一九三二年四月には航空機の研究機関としての海軍航空廠が開所し、航空本部技術部長の山本五十六少将の指導の下で、三年の間に海軍航空を自立させる計画が発足した。海軍航空廠には、三菱航空機、中島飛行機、川西航空機、愛知時計電機（のちの愛知航空機）の四社の代表が集められ、毎年、競争で要求水準を上回る性能の各種試作機を設計・製作するよう求められた。こうした新たな技術開発の仕組みのなかから、世界水準を抜く有名な零式戦闘機などが生まれてくる(3)。

熱河作戦と陸軍の国産自動車方針

一九三二年三月に「満洲国」建国を宣言した関東軍は、すでに制圧した吉林省、遼寧省、黒龍江省に加えて、熱河省も奉天軍閥の支配下にあったという理由で「満洲国」に属すると宣言し、翌年二月末から同省に侵攻し、三月上旬に早くも省都承徳を占領した。いわゆる熱河作戦である。この熱河省には鉄道がほとんど敷設されていなかったため、作戦では自動車が活用され、自動車の機動力によって短時日のうちに省都を占領することができた。野戦自動車隊小隊長として参戦した松木熊吉は、アジア太平洋戦争後のＮＨＫの取材に対して、「とくにフォードの活躍はめざましかったですね。それまでの軍の国産トラックは頑丈なんですが、なにしろ重い。その点、フォードは車体が軽く、スピードも一〇〇キロぐらいは出ました」と証言している。[4] この時の経験は、従来のように軍用自動車補助法によって少数の自動車を造らせるのではなく、大量生産した自動車を戦線に投入することの重要さを陸軍省に教えたのであった。しかも日本陸軍は、のちに見るように、日本に進出していたアメリカ系二社（フォードとゼネラル・モーターズ）の技術を利用するのではなく、純国産車の大量生産によって戦時に対応しようと画策するのである。その理由について、陸軍省動員課の伊藤久雄は次のように証言している。[5]

「陸軍が国産自動車を造る研究を始めたのは、昭和八年三月頃（熱河作戦の最中――引用者）であります。そして、昭和九年一月頃から商工省と交渉を始めました。九年四月と思いますが、そのとき、日産とゼネラル・モーターズとの提携問題が起こりました。この問題を境として、商工省と陸軍の間で意見が合わなくなったことがあります。……商工省側はこの提携はよかろうという意見が多かったのであります。陸軍の側からいうと、大きな自動車工場を持つことによって、将来飛行機の製造に移ることを考えていました。そのために、自動車工場を確保することが先決問題でした。……自動車だけの問題ならたいしたことではないが、飛行機への思惑がからむために大きい問題になったのであります。それで、自動車を純国産で育てることが本筋であり、またできないことではないという見解で、しばらくは商工省と意見が一致しなかったと思います。……それにもうひとつの理由は、わたくしが北満と蒙古を視察したときに、シベリアの大草原は、フォード、シボレーで立派に働ける、という見通しを立てたことです。日本はその当時、陸軍をあげて対ソ戦略に熱中していたときでしたから、自動車なしには対ソ戦略は絶対に考えられませんでした。それには、自動車を国内でたくさん造って供給することが、絶対的条件でありました。このような考えをしているところに、日本フォード社の土地買収問題が起ったものですから、早急に自動車製造事業法を制定することを考えたわけです。」

これによれば、日本陸軍が純国産車の大量生産が絶対に必要だと考えたのは、熱河作戦での中国軍との戦闘が契機だったとはいえ、中国との全面戦争を想定していたためというよりも、世界最大の陸軍国ソ連とのシベリアでの戦いや、世界最大の海軍国・空軍国アメリカとの太平洋での戦いを想定していたためであった。だが、そうした想定に基づく国産自動車の大量生産構想は、経済を専門的に扱う商工官僚から見て実現可能性に乏しかっただけでなく、実際に自動車の大量生産を計画していた豊田や日産からみても近い将来に実現できるとは到底思えなかった構想なのである。それにもかかわらず、なぜ、アメリカの自動車メーカーを排除する自動車の純国産化構想が決定されたのであろうか。

二　自動車製造事業法の制定と結果

陸軍省と商工省の間での合意形成

自動車製造事業法（一九三六年五月公布）の制定にかかわった当事者の証言によれば、当初意見の食い違いがあった陸軍省と商工省が外資排除の線で歩みよりを見せたのは、一九三五年四月の人事異動で商工省において革新官僚と言われた岸信介（一八九六―一九八七）が工務局長心得（翌五月局長）として登場してからであった。同年七月、フォードが横浜に新たな工場用地を獲得したことを知るや、商工省と陸軍省は自動車製造業を許可制とし、外資企業の拡張を否定する「自動車工業法要綱」を八月に岡田啓介内閣へ提出し、閣議はそれを決定した。これが翌年五月には自動車製造事業法となるのであるが、同法の制定過程について、岸工務局長の下で工務課長を務めた小金義照は、商工省の主導性を次のように回顧している。(6)

「自動車工業は総合工業ですから関連産業の裾野が広く、これを育成することによって、鉄鋼、鋳鍛造、工作機械、電気機器、軸受、ガラス、ゴム、塗料、繊維などのすべての産業が関連して振興するものと考えていました。軍は自動車の大量需要者としての立場だけで、商工省は産業開発の基本的な方針のもとに、自動車製造事業法の制定を採り上げたのですから、商工省がイニシアティブを採ったことは明らかであります。」

ただし、責任者の岸は、後年ＮＨＫのインタビューに答えて、「商工省は、日米の技術に雲泥の差があるので、外国の技術をとり入れるほうがよいと考えていたんです。産業界では、日産の鮎川君あたりも、アメリカと組んで、向こうの助けを得てやろうと考えておったわけです。ところが軍は、あくまで日本の技術だ、外国の技術をとりいれてはいかんと主張し、結局、そういう方向にいった。……ほとんど無から有を生ぜしめるような形で、自動車工業を作る。これには、おもに軍の考えが強く働いたと思います」(7)と述べ、経済合理性に立つ商工省の線が、軍部の非合理的な線によって押し切られたと述べている。ここには、商工省の合理的路線を内部から掘り崩して軍部と同調した責任者が自分であったことへの反省はほとんど認められない。

法案への議会における批判と回答

一九三六年五月に第六九回帝国議会へ提出された自動車製造事業法の審議過程については、呂寅満『日本自動車工業史』(8)（二〇一一年）が、小金義照文書などを用いた詳細な検討を加えている。ここでは衆議院の委員会において、自転車輸入業と製造業を営む岡崎久次郎委員（一八七四―一九四二）が、

「此大衆車の製造となりますと、現在、「フォード」「シボレー」が占めて居る販売区域の二万八千台の中に食込

んで行くのでありますから、中々容易ならぬ仕事である、……果して〔輸入税、所得税、営業税の免除という――引用者〕此程度の保護で「フォード」「シボレー」との戦いに対抗し得るのですか……大量生産だから安く出来ると言ふが、一万台や二万台では大量生産ではない、小量生産です、そこが御分りになって居らぬといけませぬ。」

と、税金免除による保護で国産車がアメリカ車に対抗できるという政府の見込みの甘さを実業家らしく鋭く突いた質問をしたことを指摘しておく。(9) ここで使われている「大衆車」とはアメリカで大衆向けに製造された乗用・貨物用の普通車のことで、日本の大衆には手の届かない価格であって主にタクシー会社などが利用していた。ロンドン大学で博士号を得た政治学者の植原悦二郎委員（一八七七―一九六二）も、岡崎委員の批判を支持しつつ、この法案で政府が保護する会社は豊田と日産に決まっているが、政府はどのくらいの製造規模を基準としているかを問うた。それに対して、答弁に立った岸信介工務局長は、「今日実際家の申して居る所に依れば、年産五六千台のものを生産するならば、相当の程度安く出来る、即ち現在「フォード」とか「シボレー」の供給して居る値段より或る程度安い値段で供給出来る、斯う云ふことを実際家の意見として言って居ります(10)」と述べているが、これも仮定の話に過ぎない。それ故、植原委員は「此自動車法案を実施するには、私は時期が早いのではないかと思ふ(11)」という批判を繰り返し述べたのであった。

製造現場の実情――豊田と日産の場合

日本政府が大衆自動車の純国産化を目指す方針を採用するに当たっては、その方針を担いうる自動車の大量生産を行うメーカーが出現しなければならない。たまたま日産自動車と豊田自動織機製作所自動車部が大量生産を目指して動き始めていたことが、政府のそうした動きを支えることになった。

表9－1[12]によれば、自動車製造事業法が制定された一九三六年当時の国内生産は圧倒的に「小型車」（排気量の低い三輪トラック等）であり、「大衆車」（普通車クラスで乗用車・バス・トラック等）はほとんどがアメリカ系二社の組立工場によって供給されていた。事業法はこうした棲み分け状態を打破すべく、大衆車の国内生産をほとんどゼロの状態から出発させ拡大させようとしたのであるが、その方法は日産と豊田では大きく異なっていた。すなわち、日産がダットサンのような小型車製造の経験を生かして事業法の適用を受ける大衆車の大量生産を目指したのに対して、豊田は当初からフォード・GMに対抗する大衆車の生産を試みたのである。

その場合、日産はアメリカの自動車製造技術との連携を求める鮎川義介（一八八〇―一九六七）の方針に従い、一九三五年四月に完成した横浜工場は、アメリカの経営破綻した自動車会社グラハム・ページ社の機械設備一式を購入したものを備え付け、一挙に量産体制を作り上げようとした[13]。もっとも、設備は整っていても自力でアメリカ製のトラックに匹敵するものを作製することは容易ではなく、鮎川社長はGMに代わって日本フォード社との提携を模索したが、事業法の制約下でそれは叶わず、一九三九年末から横浜工場の総力を結集して「ニッサン号一八〇型」トラックを試作し、四一年一月に漸く第一号を組立ラインから送り出すことができたという[14]。

それに対して、豊田喜一郎（一八九四―一九五二）の場合はフォード・システムの移転のために、早くから自力での試行錯誤を重ねて行った。この点を克明に分析した和田一夫『ものづくりの寓話』（二〇〇九年）は、喜一郎が自動織機の開発・製造に際して会得した互換性生産の能力を活かして、一九三〇年五月頃から自動車製造に取り組み、「互換性部品を製造し組立を行い安価な大衆車を日本で生み出す」ために如何に努力したかを跡づけた。さらに同書は、エンジンについ

表 9-1　車種別の自動車生産台数の推移

年度	国内生産台数			組立・輸入台数
	普通車	（うち大衆車）	小型車	
1934	1,077	0	6,648	35,304
1935	1,181	20	15,938	32,731
1936	5,851	1,142	20,621	33,175
1937	9,462	5,887	26,315	33,939
1938	15,755	14,106	21,801	1,100
1939	30,089	26,510	15,048	500
1940	43,706	29,816	13,634	
1941	43,878	32,870	9,882	

出典）呂寅満『日本自動車工業史』（東京大学出版会, 2011年）236頁.

ては自動織機での鋳物製作の経験だけではうまくゆかず、小型エンジンの研究に三年を費やしたこと、乗用車に全金属製の閉鎖型ボディーを採用したがプレス機に限界があったのでボディーの精密加工は戦後の課題とされたこと、「流れ作業」の実現には程遠い状態にあったこと、そうした努力にもかかわらず、出来上がったトラックの品質は悪く、一九三九年五月中旬には何と政府が増産指示を撤回したばかりか、資材の支給に対しても難色を示しはじめたことなどを明らかにしている。(15)

三　機械化不足の日本陸軍の中国での戦闘

住民からの食糧・燃料の掠奪に頼る日本陸軍

日中全面戦争期の中国戦線では民間から徴発したアメリカ製のトラックが歓迎される一方、日産や豊田で製造された国産トラックは、故障が多く、修理の部品がなく、至る所で立ち往生したため、日本軍の評判が悪かったという。(16)こうした日本陸軍の機械化不足は、戦争全体の進展に著しい影響を与え、戦争の性格を大きく規定した。例えば、日露戦後になって精神主義を強調するようになった日本陸軍は、トラックによる兵器や食糧の補給、輸送という兵站線の維持についての配慮が乏しく、食糧や燃料などは主として現地調達に頼ったが、それはしばしば徴発という名の掠奪を生んだのである。中国戦線で小隊長、中隊長として戦った経験をもつ現代史家藤原彰氏は『餓死した英霊たち』（二〇〇一年）において、表9－2を掲げながら、日本陸軍の「兵站無視の作戦指導」について、次のように述べている。(17)

「第二次大戦を戦った日本陸軍が、欧米諸国の軍隊と大きく異なっている特徴は、機動力も輸送力もすべてが馬に頼っていることであった。これは国内の自動車工業の未発達と関係が深い。第一次大戦後の各国軍は、戦闘手段としての戦車、輸送手段としての牽引車や自動車を全面的に採用していたのに、日本軍だけは馬中心の編成から脱却できなかったのである。」

表 9-2　日本陸軍の兵馬編成（1941 年 12 月）（単位・万）

	南方	中国	満洲	朝鮮	内地・台湾	合計
兵員　A	39.4	61.2	64.9	12.0	51.2	228.7
馬　　B	3.9	14.3	14.1	2.0	5.1	39.4
B／A（%）	9.9	23.4	21.7	16.7	10.0	17.2

出典）藤原彰『餓死した英霊たち』（青木書店，2001 年）161 頁．

すなわち、一九二五年の宇垣軍縮から日中戦争前の一九三六年までの陸軍平時兵力は、一七個師団＝二三万人、馬五万頭であり、各部隊に馬が配属されていたが、日中戦争が始まると、兵員総数は約一〇倍に増加するとともに、馬の頭数も八倍に増加したのであった。

表9－2によれば、兵員の六〇％に当たる一三八万人がアジア大陸に張り付いており、それに馬総数の七七％に当たる三〇万頭が配備されていた。中国戦線では馬の比率がとくに高いことが注目されねばならない。馬は日本軍の戦場では乗馬用・輓馬（砲や車をひく馬）用・駄馬（荷物を背負う馬）用として不可欠の存在であった。一九四五年の敗戦までに中国本土での戦病死者は四六万人、帰還者は一〇五万人であったが、五〇万頭以上と推定される馬は一頭も帰還しなかったという。(18)

もっとも、日本軍にも自動車や戦車がなかったわけでは決してない。例えば、中国戦線の状況をリアルに描いた作家火野葦平（一九〇七―一九六〇）によるベストセラー『麦と兵隊』には、一九三八年五月の徐州作戦に従軍記者として加わった際に見た、人馬の食糧を運ぶトラック隊や戦車部隊の様子も記されている。(19) しかし、中心をなす歩兵は、皆大変重い背嚢を背負い、短い休憩を挟んで延々と歩き続けなければならなかった。同じ火野の『土と兵隊』には、一九三七年一一月に上海で苦戦する日本軍を側面から援護すべく杭州湾に敵前上陸してからの分隊長火野伍長らの進軍の姿が克明に描かれている。(20) すなわち、上陸演習の時に背嚢に必要品を入れて計ったら「八貫八百匁」（＝三三キログラム）あり、銃や弾薬を持つと「まるきり乞食の引越し見たいで、こりゃ歩けるどころの騒ぎでないと笑った」が、いざ上陸に成功してからは、その背嚢を背負っての地獄のような強行軍が始まったという。

「閉口したのは背嚢の重さである。……入組品と弾薬を満載した背嚢は肩の上にのしかかり、肩に負革が食ひこみ、胸を緊めてすぐ息苦しくなる。私達は咽喉が乾くので水筒の水をがぶがぶと飲んだ。水はすぐに無くなってしまった。汗はだらだら顔中を流れ、身体中に沁みだした。稲田や竹林や、桑畑や、点々と部落のある畔道を縫うてゆく。思ひだしたやうに、何処からとも知れず流弾が飛んで来る。弾丸を射つやうな音を立てて家が燃えて居る。水田の中に広く車輛部隊か何かが通った跡がある。鉄砲が肩を噛み始めた。物を云ふのも厭になって来た。休憩の度に仰向けに所構はず引っくり返る。汚れるなどといふ事は少しも考へない。……私達はとうとう或る小休止した稲田の中で背嚢の中から、罐詰や乾麵麭や、米や、襯衣の古いのや、その他、武器弾薬に類する以外の物は棄ててしまった。たちまち稲田の中に棄却品の山が出来上った。既に我々は苦しくて、そんなものを持って行けば倒れるの外はないと思ったのだ。……休憩しながら本道上を見ると、我々以上に、車輛部隊が苦しんでゐる。馬は喘ぎながら泥に嚙みつかれた車輛を曳き出さうと力をこめ、今度は自分の足を取られ、何回も転倒する。……砲車はどうしてもこの悪路をそのまま通過することが出来ないので分解し、水牛につけたり、馬につけたり、兵隊が砲身を担いだりして行く。……我々の軍馬の間に殪れた馬の代りに水牛や驢馬が居る。本道上をさういふ苦労をしながら進んで行く車輛部隊と、歩いて行く兵隊が、見渡す限り蜿蜒と続き、進軍して行く。」

これらの火野葦平の作品を読むと、日本軍歩兵部隊は軍馬やトラックを伴いながら、それなりの補給路を確保しつつ進軍し戦闘を続けたような印象を受ける。しかし、それは決して十分なものでなかったことも読み取ることができよう。とくに、火野が上海攻略戦と徐州攻略戦の間に経験したはずの一九三七年一二月にかけての南京攻略戦は、出先各軍の指導部が上海から南京へと敗走する中国軍を追って先陣争いをし、補給ルートを欠くまま兵士に食糧の現地徴発を命じたため、南京へ向かう日本軍は途中暴行・掠奪を繰り返しつつ進撃したのであって、南京での虐殺事件は起こるべくして起こったのであった。

南京事件の最大の原因は、日中戦争の目的そのものにあった。すなわち、日本軍の目的は中国の領土と民衆の支配にあったため、日本政府は世界に向けて公表しうる宣戦布告を書くことができず、戦争でなくて「事変」に過ぎないと称したのであるが、軍指導部はそのことを盾に捕虜の人道的扱いを行う戦時国際法の適用はないとして兵士に捕虜の殺害を命じた結果、暴行と殺戮が一般民衆を巻き込んで進行したのであった。さらに南京攻略戦に独自な状況としては、補給面を整備せずに性急な進軍を命じたために、飢えた日本軍兵士は投降してきた中国軍捕虜を捕えても食糧を与えることが難しく、殺戮に及んだ側面もあったと言えよう。それ故、そうした戦術を提起し、虐殺を放置・奨励した現地の日本軍指導部こそが事件の最大の責任者であったことは明らかであろう(21)。

重慶までは侵攻できなかった日本軍

南京占領後の日本軍は、徐州作戦、武漢作戦、広東作戦を発動して、一九三八年一〇月には揚子江中流の武漢地区を制圧したが、国民政府はさらに上流の重慶に撤退して根拠地を作り、延安を拠点とする共産党と共同で長期持久戦に日本軍を引きずり込んだ。日本軍が重慶まで侵攻できなかったのは、もはや動員できる兵力に限界があり、陸軍が峻険な大巴山脈を越え、海軍が揚子江をさらに一三〇〇キロも遡ることは地理的に困難だったためであると説明されてきた。しかし、独ソ戦の始まった一九四一年六月から日本陸軍の参謀本部が重慶進攻作戦を企画し、四二年九月には五号作戦として準備を進めた事実[22]を考えると、そうした限界が絶対的なものとして考えられてはいなかったことが留意されるべきであろう。

もっとも、重慶進攻作戦が日本軍の実力からして容易ならざる困難を孕んでいたことは事実である。一九四二年九月に大本営から支那派遣軍に対して準備を指示しながら、ガダルカナル島攻撃の失敗を受けて同年一一月には中止された五号作戦は、重慶を中心とする四川省の「要城」を占領する作戦であり、それには多数の兵士と膨大な兵器・資材が必要とされていた[23]。参考までに、一九四一年九月に支那派遣軍から参謀本部に提案した新作戦計画を見ると、重慶作戦と並んで成都作戦、昆明作戦が提起されており、重慶を背後からも攻略することが考えられていた。黄河上流の宝鶏から四川省の省都である成都の線を目標とする「自動車、戦車の使用による成都作戦」は、新規の八個師団の力で六カ月を要するとされ、ベトナム国境の老開から雲南省の省都である昆明までを目標とする昆明作戦は、六、七個師団で作戦期間は二カ月と見込まれ、「特に重要なことは道路の改築である」と指摘されていた[24]。揚子江下流で火野伍長が経験した車輛の通行を阻む泥沼化した道路とは異なるとはいえ、道路を改築しながら「自動車、戦車」に頼る形での作戦が提起されていたのである。したがって、問題は独ソ戦において、ドイツ軍が枢軸国軍と合わせて総兵力五五〇万を動員した際に戦車約三八〇〇台、航空機五〇〇〇機を伴い、ヒトラーが当初そうした機械化兵団をもってすればベルリン・モスクワ間一七〇〇キロを短期間で突破して二―三カ月で電撃作戦が終了すると考えていたこと[25]との違いである。もちろんヒトラーのこの楽観的な予測は、予期せぬ強力なソ連軍とパルチザンの反撃にあって完全に外れることになるが、ここにはドイツに比べて重化学工業の水準が極めて劣ったまま、中国との長期の戦いに嵌り込んだ日本の対照的な位置が示されていると言ってよい。

四　零式艦上戦闘機が援護する重慶無差別爆撃

抗日首都重慶への無差別爆撃

短期決戦の夢が破れた日本軍は、抗日首都となった重慶への戦略爆撃によって中国政府と民衆の抵抗力を奪い、和平への道を作り出そうと試みた。一九三八年一二月以降、漢口の基地を飛び立った陸海軍の爆撃機が七八〇キロ西の重慶を目指して飛行し、上空から爆弾・焼夷弾を投下し、市街地を攻撃した。冬から春にかけては盆地の重慶が霧に覆われるため爆撃は効果が薄かったが、一九三九年五月の三・四日の二日間には好天気で霧の晴れた市街地の中心部が直撃され、非戦闘員五千人以上が死亡した。以後一〇月初めに至るまで爆撃が繰り返され、四〇年、四一年にかけて無差別爆撃が続けられた。重慶市民は郊外へ疎開するとともに、周囲の岩山に無数の防空洞を掘って避難したが、四一年六月五日夜の空襲時には防空洞内で数千人が集団窒息する惨事が起こり、非戦闘員を狙い撃ちした都市無差別爆撃に対してはアメリカをはじめとする諸外国からの非難が高まった(26)。

日本の爆撃隊の弱点は、従来の戦闘機では航続距離が短いため、重慶まで爆撃機を護衛することができず、爆撃機が中国空軍の戦闘機によって攻撃されると防ぎようがないことで、一九三九年に二六機、四〇年には一六機の爆撃機を失い、多数の操縦士が死亡した(27)。このままでは、爆撃の継続が危ぶまれたので、航続距離の長い戦闘機を求める声が高まった。一九四〇年八月に本土から送られてきた零式艦上戦闘機（いわゆる零戦）は、まさにそうした求めに応ずることのできる戦闘機であり、抜群のスピードと二〇ミリという大口径の機銃を備えた空戦能力をもつだけでなく、二〇〇〇キロという戦闘機としては破格の長い航続距離をもっていたのである。零戦の登場によって、重慶上空の制空権は完全に日本のものとなり、無差別爆撃はいっそう激しさを増したが、日本軍が期待したような決定的な打撃とはならなかった。

零式艦上戦闘機を生んだ技術力

零戦の重慶での活躍は、駐留武官によってアメリカやイギリスに報告されたが、事実として受け止められなかったという。一九三〇年代初めの満洲事変期には、前述のように先進国の技術の模倣しかできなかった日本の航空機製造技術が、一九三〇年代末には世界的な水準を抜いたことは、彼らからすれば到底信じられなかったのである。この時期を通じる日本の航空機製造技術の進歩は、爆撃機にせよ戦闘機にせよ極めて著しく、その先頭に三菱航空機の若い堀越二郎技師（一九〇三—一九八二）を中心とする零戦製造チームが立っていたと言えよう。堀越らは中島飛行機などとの厳しい競争の下で、海軍の要求する速度・上昇力・航続力・空戦能力をすべて満たすために悪戦苦闘を繰り返し、その結果世界水準を抜く戦闘機を作り上げた。そこでは、空気抵抗を減らすために「沈頭鋲」を全面採用するとか、重量を減らすために部材の各所に穴をあけるといったさまざまな工夫が試みられたが、たまたま住友金属が「超々ジュラルミン」の製造に成功していたことも強くて軽い金属製機体の開発を支えた。(28) その意味では、零戦は一九三〇年代日本の金属・機械工業の最先端の部分を組み合わせた最高の作品であったと言ってよい。ただし、その零戦も防御力を無視するという基本的な欠陥をもっていた。それは、破格の航続距離を得るために、機体とエンジンを軽くする必要があり、防御装置を犠牲にするほかなかったからである。(29) そうした設計の基礎には日本軍隊に特有の、兵士の安全を二の次にしか考えないという根本的欠陥が横たわっていたと言わねばならない。

注

（1）江口圭一『十五年戦争小史』（青木書店、一九八六年）三八—四一頁。

（2）柳田邦男『零式戦闘機』（文春文庫、一九八〇年）一八―二五頁。
（3）同上書、二五―三七頁。なお、ここでは触れなかった陸軍航空においても、アジア太平洋戦争開戦後、海軍に対する技術的遅れを取り戻すべく努めていった（荒川憲一『戦時経済体制の構想と展開――日本陸海軍の経済史的分析』岩波書店、二〇一一年、第六章）。
（4）NHK〝ドキュメント昭和〟取材班編『アメリカ車上陸を阻止せよ』（角川書店、一九八六年）四四頁。
（5）『自動車史料シリーズ（一）日本自動車工業史座談会記録集』（自動車工業振興会、一九七三年）六四―六八頁。
（6）『自動車史料シリーズ（三）日本自動車工業史行政記録集』（自動車工業振興会、一九七九年）三一頁。
（7）NHK〝ドキュメント昭和〟取材班編前掲『アメリカ車上陸を阻止せよ』七二頁。
（8）呂寅満『日本自動車工業史――小型車と大衆車による二つの道程』（東京大学出版会、二〇一一年）二〇一―二三七頁。
（9）『第六九回帝国議会衆議院、昭和六年法律第四十号中改正法律案（重要産業ノ統制ニ関スル件）委員会議録、第二回、昭和一一年五月一四日』三五―三八頁、国立国会図書館ホームページ帝国議会会議録検索システム。
（10）同上、三九―四二頁。
（11）『第六九回帝国議会衆議院、昭和六年法律第四十号中改正法律案（重要産業ノ統制ニ関スル件）委員会議録、第三回、昭和一一年五月一五日』二二頁、国立国会図書館ホームページ帝国議会会議録検索システム。
（12）出典の表注には、「大衆車の生産台数は日産（全生産台数からダットサンを差し引いた台数）と豊田（トヨタ）の合計である」「一九三六―三七、四〇―四一年の普通車生産台数は当時の中型車生産台数を考慮すると異常に多いが、そのままにした」と記されている。
（13）宇田川勝『日本の自動車産業経営史』（文眞堂、二〇一三年）五〇―五二頁。なお、同書を含めて、ダットサンのような三輪車を「過渡的なものとしてしか位置付けていなかった」研究史の根強い傾向に対して、呂寅満前掲『日本自動車工業史』は、三輪車を中心とする「小型車」部門の形成と展開過程を「大衆車」部門と比較しながら分析し、両部門の構造的総合として自動車工業の全体像を捉えることを提唱している点で注目に値する。
（14）浅原源七口述「日産自動車史話」（『自動車史料シリーズ（二）日本自動車工業史口述記録集』自動車工業振興会、一九七三年）一一一―一一四頁。
（15）和田一夫『ものづくりの寓話』（名古屋大学出版会、二〇〇九年）第三章。

(16) 前掲『自動車史料シリーズ（一）日本自動車工業史座談会記録集』四二―四五頁。
(17) 藤原彰『餓死した英霊たち』（青木書店、二〇〇一年）一五九頁。
(18) 同上書、一二七―一二八、一五八頁。
(19) 火野葦平『麦と兵隊』（改造社、一九三八年）一一二―一一三、一三六、一八一頁、国立国会図書館近代デジタルライブラリー。
(20) 火野葦平『土と兵隊』（改造社、一九三八年）四二、九六―九八、一〇九―一一〇頁、国立国会図書館近代デジタルライブラリー。
(21) 南京事件の内容と背景については、洞富雄『決定版南京大虐殺』（現代史出版社、一九八二年）や吉田裕『天皇の軍隊と南京事件』（青木書店、一九八六年）参照。
(22) 秦郁彦「日中戦争の軍事的展開」（日本国際政治学会太平洋戦争原因研究会編『太平洋戦争への道四 日中戦争・下』朝日新聞社、一九六三年）七一頁。
(23) 防衛庁防衛研修所戦史室編『戦史叢書 大本営陸軍部5』（朝雲新聞社、一九七三年）七六―八一、四一九―四二七頁。
(24) 防衛庁防衛研修所戦史室編『戦史叢書 大本営陸軍部2』（朝雲新聞社、一九六八年）四五九―四六一頁。なお、実際の五号作戦の計画は、「約一五師団の進攻兵力を結集し、主力は西安方面から、一部は武漢方面から四川省に進攻して重慶を攻略するというものであった。……計画では南方から六万、内地から一二万、満州・朝鮮から一八万の兵力を中国に増加し、支那派遣軍は約一〇〇万の大兵力となるはずであった」（今井清一ほか『太平洋戦争史5 太平洋戦争Ⅱ』青木書店、一九七三年、六六頁）というから、前年提案された昆明作戦は計画から外されたことになろう。
(25) 藤村瞬一「連合国の内部事情」（『岩波講座世界歴史 現代六』岩波書店、一九七一年）三一三―三一五頁。
(26) 前田哲男『戦略爆撃の思想――ゲルニカ―重慶―広島への軌跡』（朝日新聞社、一九八八年）。
(27) 同上書、一九二、二六二頁。
(28) 柳田邦男前掲『零式戦闘機』三九九―四〇一頁。
(29) 小福田晧文『零戦開発物語』（光文社、一九八〇年、光文社NF文庫、二〇〇三年）二一六―二三〇頁。

第一〇章　アジア太平洋戦争下の経済構造の変容

中国を相手とする戦いが長期化するなかで、日本政府は、日独伊三国同盟を結び、それまで一貫して協調相手であった米英と対決する路線へと大転換する。最大の貿易相手国であり一〇倍の工業力をもつアメリカとの戦いが可能であると、なぜ日本政府首脳は判断したのであろうか。その基礎には独ソ戦の開始時に示されたドイツ軍事力の圧倒的な勢いへの過信があった。開戦半年後のミッドウェー海戦の敗北以降負け戦に転じるなかで、厳しさを強める経済統制上の必要から経済構造の強権的な合理化が次々と進められた。

一　ドイツ軍事力への過信と対米開戦の決定

日独伊三国同盟の締結と海軍の態度転換

中国との戦争が長期化していた日本が、アメリカ・イギリス・オランダを相手に新たな戦争を始めることは、今日から見れば無謀の一語に尽きると言わねばならない。しかし、当時の日本政府と軍部とすれば、中国を屈服させようとすれば援蔣ルートであるインドシナ・ビルマを押さえる必要があり、アメリカの経済制裁に対抗するためには蘭領東インドの石油資源の確保が必須であった。日本軍が南方進攻を進めれば進めるほどアメリカとの戦争の危険がいっそう高まるが、そこでの日本軍の主役となる海軍は、アメリカを仮想敵国として軍備拡張に努めながらも、対米開戦そのものは極力避けたいと考えていた。したがって、そうした海軍の慎重な姿勢が変わらない限り、対米戦争は起こりえなかったのである。

海軍の姿勢が積極策へと転換する大きな契機は、一九四〇年六月にドイツ陸軍が電撃戦の結果パリを占領し、八月からイギリス本土上陸作戦のための制空権を確保すべく空爆を展開したことであった。だが、バトル・オブ・ブリテンと呼ばれるこの戦いにイギリス空軍が勝利した結果、もともと海軍力の劣っていたドイツ軍は九月一五日に予定していた英仏海峡での英本土上陸作戦の延期を余儀なくされた。このイギリス空軍の活躍を支えたのは、イギリス空軍省と航空機業界・産業界が一体となって航空機の量産体制を作り、一九三八年から四〇年にかけて航空機生産の爆発的増加を実現し、ドイツを上回る数の航空機を生産するようになった事実であった(1)。しかし、日本ではこうした英独空軍の戦いの実相をつかむことができず、イギリス本土上陸作戦の成功を信ずる軍部・政府内では、イギリス降伏後の東南アジアでの植民地がすべてドイツの勢力圏に編入されることの方を危惧する意見が広がっていった(2)。

第二次近衛文麿内閣が、一九四〇年九月一九日の御前会議において、日独伊三国同盟の締結を決めたのは、そうしたヨーロッパでのドイツ軍の圧倒的優位という幻想に基づいていた。御前会議に先立つ九月一四日の陸海軍首脳との打合せで、外相松岡洋右（一八八〇—一九四六）は、「米と提携は考えられぬ。残された道は独伊提携以外になし」として、その理由を次のように説いた(3)。

「ドイツの提案をけった場合、ドイツは英を降し、最悪の場合ヨーロッパ連邦を作り、米と妥協し、英蘭等ヨーロッパ連邦の植民地をして日本に一指も染めさせぬだろう。……独伊と英米と結ぶ手も全然不可能とは考えぬ。しかし、そのためには支那事変は米のいうとおり処理し、東亜新秩序等の望みはやめ、少なくとも半世紀の間は英米に頭を下げるならいい。それで国民は承知するか、十万の英霊は満足できるか。」

このようなドイツが間もなくイギリスを屈服させるという思い込みに立った松岡の説得に対して、及川古志郎海相は、「それ〔日独提携〕以外道なし。ついては〔海軍〕軍備充実に政府、ことに陸軍当局も考慮してくれ」と答え、ここに三国同盟問題に対する陸海軍の意見が基本的に一致したと言われている(4)。このような海軍の突然の態度転換の理由については、物資動員計画に縛られて海軍軍拡が思うに任せない苦境を突破するためであったとも言われるが(5)、アメリカ海軍と張り合えるだけの軍備拡張が保証されるならともかく、若干の配当資材の増加と引き換えに三国同盟に賛成し、対米戦のリスクを拡大するというのは、まともな合理的判断とは到底言えなかろう。恐らく、豊田貞次郎海軍次官が、三国同盟について海軍が反対できなかったのは国内政治上の理由からであり、軍事上の立場からすればアメリカを相手に戦うだけの確信はなかったと述べているのが正直なところだと思われる(6)。そうだとすれば、海軍の態度転換は結局、陸軍と政治的に張り合うという組織防衛の観点を重視した転換であり、日本外交の選択可能性に対する軍事専門家としての主張に基づく責任ある転換ではなかったことになろう。

独ソ戦の展開と対米英蘭開戦の決定

一九四一年一二月八日の対米英蘭戦争の開始の決断に至る過程でも、六月に始まった独ソ戦においてドイツの優勢な軍事力が間もなくソ連を屈服させるという見通しが重要な前提となっていた。すなわち、同年九月六日の御前会議は、南部仏印進駐への対抗措置としてアメリカが石油の対日禁輸を行ったために石油の備蓄が減り始め、軍艦も航空機も間もなく動けなくなるという緊急事態を踏まえて、一〇月上旬までに対米交渉が纏まらなかった場合には開戦すると決めたが(7)、参謀本部は、ソ連について、「独は本年内に欧「ソ」の大部を席捲し「スターリン」政権は「ウラル」以東に逃避すへき事概ね確実……帝国の為有利なる情勢か早晩到来すへきこと疑を入れさるへし(8)」とドイツがモスクワを占領するのは間近いと予想していた。この時点では開戦に躊躇していた天皇も一一月五日の御前会議では開戦を決意するようになる。[9] もちろん、海軍としては、対米英開戦後の主役を担うに当たってそれなりの勝算があったはずである。大艦巨砲主義に固執する海軍主流派は、空前の巨大戦艦大和と武蔵がそれぞれ前年八月と一一月に進水し、完成の見通しが立ったため、[10] アメリカ海軍との海戦において相手戦艦にない四六センチ主砲による四五キロメートルの射程距離の砲撃によって一方的に勝利する可能性が出てきたと考えるに至ったという。[11] しかし、艦隊決戦というイメージは第一次世界大戦のユトランド海戦を最後に過去のものとなり、大艦巨砲主義自体が「バロック的退廃」と化していたことは前述したとおりである。したがって、近衛首相に対米戦の見込みを聞かれた空軍重視の連合艦隊司令長官山本五十六（一八八四―一九四三）が、「是非やれと云はれれば初め半歳から一年の間は随分暴れて御覧に入れる。然しながら二年三年となれば全く確信は持てぬ。三国条約が出来たのは致方ないが、かくなりし上は日米戦争を回避する様極力御努力願ひたい」と答えたことが、ほぼ的確な見通しだったことになろう。対米戦争が日本側の勝利に終わる見込みはほとんどなかったのであり、それ故に同年一一月一五日に大本営政府連絡会議が決定した「対米英蘭蔣戦争終末促進に関する腹案」は、戦争の終結について次のような「方針」を立てたのであった。[12]

「速に極東に於ける米英蘭の根拠を覆滅して自存自衛を確立すると共に、更に積極的措置に依り蔣政権の屈伏を促進し、独伊と提携して先つ英の屈伏を図り米の継戦意志を喪失せしむるに勉む。極力戦争相手の拡大を防止し第三国の利導に勉む。」

すなわち、近東・北アフリカ作戦を行う独伊とインド洋で連携し、インドをイギリスから切り離すとともに「英本土上陸作戦」によってイギリスを降伏させ、ソ連については、「南方に対する作戦間、極力対「ソ」戦争の惹起を防止」し、「独「ソ」両国の意嚮に依りては両国を媾和せしめ「ソ」を枢軸側に引き入れ」、アメリカを孤立させることを狙っていた。そして、戦争終結の機会として、「南方に対する作戦の主要段落」「支那に対する作戦の主要段落特に蔣政権の屈伏」と並んで「英本土の没落、独「ソ」戦の終末」を掲げている辺りは、ドイツ軍の勝利は間違いないと考え、ドイツと組んでゆけば何とか道が開けると期待していた様子がありありと窺えるのである。だが、独伊との軍事的連携が全く実現せず、中国もイギリスもソ連も一向に降伏する気配を見せなかった以上、「南方作戦」が一段落した時しか日本側から「戦争終結」を図る機会はなかったが、緒戦の大勝利に気を良くした山本を含む海軍首脳は、ミッドウェー作戦や米豪遮断作戦へと大きく手を広げてしまい、逆に敗戦への転機を作ったのであった(13)。

大島浩の主観的情報とゾルゲの客観的情報

では、独ソ戦の見通しについて日本政府はどのような情報を得ていたのであろうか。モスクワ戦線では、一九四一年一二月六日からソ連軍の強力な反攻が始まって、八日にはヒトラーが攻撃を諦める中止命令を出しているが、日本政府は間もなくモスクワが占領されると見込んで、八日に米英蘭三国に宣戦布告をした。それは駐独日本大使大島浩陸軍中将が、ヒトラー総統やリッペントロップ外相から直接聞いて送った情報を信用したためであったと言われている。大島は何回も独ソ戦の前線を視察して司令官がどうも長期戦になりそうだと嘆くのを聞いていたが、そうした戦場の生の情報を日本へ送ることをせず、ヒトラーから得たという情報の方を信用して日本へ送っていたのである(14)。

だが、当時の新聞記事を注意深く読めば、モスクワ戦線でドイツ軍が苦戦していることが分かったはずである。例えば一一月二八日付の『朝日新聞』は「赤都へ六里に迫る　独軍機甲部隊猛進撃」という題で、ドイツ軍が「赤都」モスクワまで二五キロメートルの地点まで迫ったというモスクワのラジオを傍受したニューヨーク特電を伝えている。だが、一二月一日の記事は「独軍赤都包囲進展」という表題であるが、中身はあまり変わっていない。機甲部隊の電撃作戦ならば二五キロメートルなど簡単に突破できそうであるが、そうは行かなかったことが窺える。逆に、ニューヨーク特電にはソ連軍の反撃が始まったとある。そして、一二月七日発行の一二月八日号は、六日付のニューヨーク特電として、ソ連軍が反撃を開始したというイギリスのラジオ放送を伝えている。モスクワ南方のツーラ周辺で激戦という記事も出てくるので、ソ連軍の反撃が相当激しく進んでいるという見当がつく。ただし、ドイツ軍司令部発表のベルリン特電もあり、「独機猛爆下のモスクワ」という写真まで付けてドイツ空軍が鉄道や軍需工場を爆撃したと報じているので、気の早い読者はもうすぐモスクワがドイツ軍の手中に落ちると期待したかも知れない。

それでは、ソ連軍が大規模な総反撃に出ることのできた理由は何だったのであろうか。それは、何よりも当初の打撃から立ち直ったソ連軍の抵抗によって、ドイツ軍が開戦時に投入した三六四八台の戦車・自走砲のうち四一年末までに二八三九台を失い、追加投入した九九四台を加えても保有台数が一八〇三台と半減し[15]、ドイツ軍死傷者も開戦五カ月後には七〇万人に上るなど[16]、その戦力が著しく低下したためであった。これに対して、ソ連はウラル地方などへの工業生産の移転によって戦車・航空機などの軍事力を強化するとともに、日本との戦いに備えてシベリア方面に配備していた三〇個師団の精鋭部隊の過半を引き揚げてモスクワ戦線に投入することができた。この戦力移転を可能にしたのが、ドイツ生まれの共産党員で新聞記者のリヒャルト・ゾルゲが日本から送った「日本陸軍は年内のソ連攻撃を断念した」という極秘情報であったことはあまりに有名である。日本は大島大使の誤った情報を信用して米英蘭との戦争に突入したのに対して、ソ連はゾルゲから正確な情報を入手して、モスクワ戦線の立て直しに成功した。その意味では、日本は開戦前に、連合国との情報戦において敗北していたと言えよう[17]。

二　戦時経済統制の展開とそのモデル

生産力拡充計画と物資動員計画

現代的な機械戦を行うには日本経済の重化学工業の遅れが問題であることを陸軍の永田鉄山や海軍の山本五十六らは早くから気づいていたが、一九三五年に参謀本部作戦課長になった石原莞爾も遅ればせながら日本陸軍のソ連陸軍との機械化水準の著しい格差に気づいた。石原の依頼によって宮崎正義をリーダーとする日満財政経済研究会が作成した「満洲産業開発五カ年計画」は一九三七年から実行に移され、日本本国の部分は三七年六月に陸軍省の「重要産業五年計画要綱」となり、日中戦争勃発を経て、三九年一月に漸く三九―四一年度の生産力拡充計画が決定した。それは三年間で普通鋼を一・六倍、アルミニウムを六・七倍というように重要一五品目の生産急増を計画したが、第二次世界大戦の勃発などのために鉄鉱石、ボーキサイトの輸入が足りず、目標は達成されなかった。兵器の増産が優先されたため日本経済は拡大再生産の余裕がなくなり、生産力拡充計画は有名無実化した[18]。

表 10–1　物資動員計画の鋼材供給・配当

（千トン）

年度当初	供給計	陸軍需	海軍需	軍需合計	生産力拡充	一般民需	民需合計
1939 年度	6,248	929	500	1,429	2,008	1,266	4,819
1940 年度	5,444	740	510	1,430	1,756	863	4,043
1941 年度	4,756	876	927	2,001	1,567	530	2,755
1942 年度	5,054	901	1,100	2,281	1,686	572	2,773
1943 年度	5,117	1,020	1,080	2,439	2,007	432	2,678
1944 年度	4,550	……	……	1,820	1,931	180	2,730

出典）山崎志郎「経済総動員体制の経済構造」（『日本史講座 9』東京大学出版会，2005 年）．
備考）「合計」にはその他を含む．1940 年度の供給は需要と合わないがそのまま．

　生産力拡充計画は、企画院が決定した物資動員計画を通じて実行された。表10－1は普通鋼鋼材の各年度当初の部門別配当計画であり、民需は「生産力拡充」と「一般民需」のほか「官需」「輸出」を含んでいる。アメリカの粗鋼生産がこの間四七九〇万トンから八一三二万トンへと急増しているのに対して、その一〇分の一でしかない日本の普通鋼材生産は計画レベルで見ても停滞・減少気味であり、陸海軍が鋼材を争奪しつつ軍需の比重を高め、土木建築を中心とする「一般民需」に皺寄せが集中していることが窺えよう。「生産力拡充」部門は一五〇―二〇〇万トンの配当計画を維持しているとはいえ、その大半が船舶の消耗を回復するための造船業に集中していたのである[19]。

表 10-2　各国の国内総生産

（100 万ドル）

年	日本・a	ドイツ・b	イギリス・c	アメリカ・d	（c＋d）／（a＋b）
1937	132,570	159,010	231,675	758,278	3.40
	100	*100*	*100*	*100*	
1940	168,490	190,729	260,523	843,478	3.07
	127	*120*	*112*	*111*	
1943	172,289	209,698	297,690	1,394,436	4.43
	130	*132*	*128*	*184*	

出典）原朗『日本戦時経済研究』（東京大学出版会，2013 年）431 頁より作成.
備考）斜体は 1937 年を 100 とする比率.

輸送力不足と熟練工不足

では、物資動員計画全体はどのようにして作られ、如何なる成果を戦時日本経済にもたらし、その限界はどこにあったのであろうか。第二次世界大戦中の枢軸国から日本とドイツ、連合国からイギリスとアメリカを取り上げ、その国内総生産の推移を見ると表10－2のようになる。一九三七年から一九四〇年にかけての伸び率を見ると、一九三七年から日中戦争を戦っている日本が最高の伸び率を示し、一九三九年に欧州大戦に突入したドイツがそれに続くが、ドイツと戦っているイギリスはあまり伸びておらず、アメリカ並みの伸び率に過ぎない。一九四〇年には英米両国の国内総生産の日独両国のそれに対する倍率は三・〇七倍と、一九三七年の三・四〇倍より大分落ち込み両陣営の格差が縮小していることが分かろう。ところが、一九四〇年から一九四三年にかけての伸び率は、それまでと全く逆に、アメリカが断然トップの地位を占め、イギリスがそれに続いてドイツへの巻き返しを行っているのに対して、ドイツ・日本はイギリス以下の伸び率に止まり、とくに日本はほとんど伸びていないことが判明する。その結果、英米両国は日独両国の四・四三倍の国内総生産を実現するのであり、総力戦における格差は歴然たるものとなったことが窺える。

日本の戦時経済は、一九三七年一〇月に設置された企画院内の関係各省による「物資動員協議会」が立案した物資動員計画に基づき、政府・軍部による強力なコントロールの下で進められることになり、一九三八年一月に第一回物資動員計画が閣議決定された。もっとも、企画院における作業の実権は調査官の名の下に陸海軍から派遣された現役軍人が握っており、経済の論理を無視した政治的・軍事的観点から作業が進められる傾向があったようである。物動史研究の開拓者安藤良雄氏によれば、会計年度（一九三八年のみ暦年）ごとに各省から提出された需要調書によって「事務折衝（実際には争奪戦）さらに政治的折衝（実際には水増しによる陸海軍の機械的折半という妥協）を経て、四月閣議決定（実際にははるかに遅れた）をするという順序をとる。運営に当っては年度計画をさらに四半期別にたてられるが、太平洋戦争の戦局が悪化すると年度計画は崩壊し、四半期計画すらその日暮しになり、他方、物動の割当を現物化する困難が生じ、ついには製鉄所附近に陸海軍が兵力を派して現物の争奪戦を演ずるという事態さえ生じた[20]」という。

一九四一年七月の南部仏印進駐に対するアメリカの対日資産凍結と対日石油全面禁止にイギリス・オランダが追随したため、日本の第三国貿易は事実上杜絶し、多大な輸入に依存していたそれまでの物資動員計画の基礎が崩壊した。対米英蘭開戦後の物動計画は、占領地である東南アジアからの石油、鉄鉱石、ボーキサイトなどの資源の海上輸送を前提に組み立てられたが、とくに一九四三年後半からはアメリカの潜水艦による輸送船の襲撃によって沈没する船舶が増加し、造船業への資源の重点投入による造船の努力にもかかわらず、日本の海上輸送力は激減し、原料・燃料・食糧面から戦時経済と国民生活に多大な打撃を加えた[21]。

労働力とくに熟練工の不足も、経済の大きな停滞要因となった。この問題を考える前提としては、日本の工業と農業の労働生産性が低いために、兵力動員による労働力の引き抜きと生産活動とが衝突する度合いが高かったことが、重視されなければなるまい。吉田裕氏によれば、一九四四年一月の衆議院予算委員会で、陸軍省軍務局長が、列強の動員兵力が総人口に占める割合として、ソ連二〇％（二九〇〇万人）、ドイツ一七％（一三八〇万人）、イギリス一二％（五五〇万人）、アメリカ七・五％（一〇〇〇万人）を挙げ、日本はアメリカよりも割合が低いが、これ以上召集人員を増やすと生産に支障をきたすと述べたという[22]。政府は企画院を中心に一九三七年七月から労働力の計画的需給を図るために労務動員計画を作成した。それに基づき、小学校・中学校の新規卒業生が職業紹介所を介して軍需産業へと優先的に仲介され、一九四四年には膨大な数の学徒動員が始まった。また、若年女子を対象とする勤労動員も行われたが、それは伝統的な家族制度を守ることが前提とされ、既婚者は動員の対象外とされた。さらに他業種からの転職者も多かったが、一九四一年度を画期に農業従事者からの転職は食糧生産の確保のためにほとんどなくなり、代わって転廃業を強制された中小商工業者と被用者が転職の中心となった。このように、戦時日本の労働力動員は、既婚女性と農業労働力を除外した点で、「伝統的な社会経済関係の制約を受けつつ展開された」(23)と指摘されている。しかし、このように、企業は戦場に徴用された熟練工のあとを埋めつつ拡大を図るために未熟練工を大量に雇用した結果、もともと低い日本企業の労働生産性がさらに低下する「労働の希釈化」(24)という難問が生じたのである。

統制会方式と軍管理方式

日本経済の力量はアジア太平洋戦争に突入する前に早くも限界に達していた。鉄鋼業において、軍需用の特殊鋼は別として、経済全体に影響する普通鋼鋼材（計画については表10‐1参照）の生産が一九三八年にはピークに達し、以後年々減少を続けたこと(25)がその点を良く示しており、日本経済の基軸部分は中国と戦争している間に縮小再生産への道を辿ることを余儀なくされた。

そうした危機的状況を踏まえて第二次近衛内閣は、四〇年一二月に「経済新体制確立要綱」を決定した。その基をなした企画院原案では企業目的の「利潤」追求から「生産」増強への転換が強調され、配当を統制して企業を「資本の支配より離脱せしめ」ると記されていたため財界が猛反発し、最終案は企業に「適正利潤」を認め、企業を「資本、経営、労務の有機的一体」と規定する妥協的表現となった。政府は国家総動員法を改訂した上で、勅令「重要産業団体令」を翌四一年八月に公布して、産業別に統制会を設立し、政府と企業の中間にあって企業情報を政府案に反映させるとともに、政府計画の実行をモニターする役割を期待した。こうして四二年一月までに鉄鋼、石炭、電気機械、産業機械、精密機械、自動車など一二の統制会が第一次指定として設立されたが、第二次指定の一二個の統制会が設立され終わるのは四三年一月であって、戦時の企画としては大変なスローテンポであった。しかも、兵器生産の軍工廠や軍管理工場は、統制会の枠外に置かれており、統制会自体も管轄官庁間の対立や統制会内部の企業間対立が災いし、期待された機能を発揮できなかった。そして、四三年一二月に軍需会社法が施行されると、指定を受けた企業全体が軍の直接管理の下に置かれたため、統制会の担当領域はいっそう狭められ、事実上軍管理の補助機関と化したと評価されている。(26)

ソ連モデルかナチスモデルか

このような経済統制が策定されるに当たっては、社会主義国ソ連の計画経済や、ナチス・ドイツの統制経済が参考にされたことは言うまでもない。

例えば、岡崎哲二氏は、日本政府の生産力拡充計画の基礎を作った日満財政経済研究会の主宰者宮崎正義は、革命当時のロシアに留学したソ連専門家であり、宮崎がソ連の五カ年計画が日本政府・軍部と同様な課題を達成しつつあったことに注目していたのは当然であると言う。(27)また、宮崎正義の生涯を論じた小林英夫氏は、対ソ戦の最前線基地であった満洲で宮崎はソ連の五カ年計画を模して生産力拡充計画を作ったとし、「ソビエトで実施しているような市場経済を否定した全面的統制ではなく、市場経済に立脚しつつも官僚主導の部分的統制を織り込んだ日本独自の経済統制システム」を提言したこと、提案作成に当たって研究会の設定した二七の研究項目のうちドイツ関連が一〇項目、ソ連関連が七項目で、両者で過半を占めていると指摘している。ただし、最多項目を占めるドイツの統制経済の研究が宮崎らの計画にどのように織り込まれたかについての指摘はなく、ソ連モデルの影響のみが主張されている。(28)あるいは、第二次世界大戦の勃発によってインフレーションの悪化が懸念されたときに、日本政府が物価と賃金の統制を強化したことを取り上げた中村隆英氏は、「こうして国内経済はほぼ全面的な統制のもとにおかれるようになり、実質的にはソ連にみられるような中央指令型の計画経済に近い経済体制が実現していった[29]」と論じた。そこではモデルとしてソ連の計画経済が採用されたか否かは示されていないが、ソ連に似た中央指令型の計画経済に近い現実が出現したと指摘されているのである。

こうした研究に対して、柳沢治氏は、日本の戦時統制に対して影響を与えたのはソ連モデルではなくナチスモデルであることを主張している[30]。そこでは、宮崎ら日満財政経済研究会のメンバーや企画院の革新官僚らがソ連型の社会主義的な計画経済方式を採用することは自ずと限界があると考え、ドイツにおいて実施されつつあった資本主義的な国家的統制を主として参考にしたことが明らかにされる。すなわち、一九三八年の国家総動員法が一九三三年のドイツの独裁的な授権法をモデルとしており、一九四〇年以降の経済新体制においてはナチスの「公益優先原則」と「指導者原理」（ナチス党員を中心とする経済人が国家統制の指導を行う）および「経済団体組織化」の模倣・導入が図られたが、「指導者」に相応しい人材の欠如は「職域奉公」の精神によって代位するものとされたという。この研究は、日本の戦時経済体制の構想をはじめて世界史的な状況との関連において位置付けたものとして注目に値しよう。問題は、そうした構想レベルでの関連が、日本において如何なる実態を生み出したかにある。日独両国の資本主義がともに「政治の経済への優越[31]」という特質をもつとしても、重化学工業を中心とする経済界がカルテルや商工会議所の形で下から十分に組織化されナチスの政治世界との鋭い緊張関係を保っているドイツの場合と、形の上での組織化が見られながらも満洲事変以降、政治との緊張関係が大きく融解した日本の経済界[32]とでは、経済指導を受ける民間経済の自主性に決定的な相違があったのであり、その違いは「指導者」の欠如を「職域奉公」の精神によって代位しようとすればするほど拡大する。日本での「経済団体組織化」としての統制会が、軍部と官僚による産業支配の下請け機関に終わり、期待された合理的役割を果たせなかったのは当然であり、一見するとソ連の計画経済を思わせるような中央指令型の経済が出現したと言えよう。

三　戦時統制下の地主制と資本制の変容

食糧増産の必要と地主制の後退

一九三九年の朝鮮と西日本の旱魃を契機として日本帝国内の米穀需給が不足基調に転じ、四一年四月から米穀の配給制度が敷かれたが、四三年以降東南アジアからの輸入米の輸送が困難になると麦類や藷類などの代替食糧に頼る度合いが高まり、四五年には食糧危機が始まった。もっとも、輸移入米を含む米穀供給は八六八四万石（一九三七―三九年平均）から六九六九万石（一九四三―四五年平均）へと二〇％の低下であり、代替食糧を含めると低下率は八％に過ぎないことも事実である。[33] 配給制度による成人男子一人当たり一日二合三勺（三三〇グラム）の基準は、四五年七月に一〇％減とされるまで、代替食糧を含みながら一応維持された。

そのような供給量統計と、遅配が続く配給制度の下で米粒の少ない薄い雑炊しか食べられずに栄養失調気味の空腹生活を送った人々の記憶とは、どこかに大きなズレがあるように感ずるのは否定し難い。同じ戦時期のドイツ人と比べると、日本人の摂取カロリーと蛋白質量で示された食生活の水準が極端に低下したことはかねてより指摘されて来た。[34] そうした供給と分配のギャップを明らかにする試みとして加瀬和俊氏は、食料品の供給の論理を貯蔵性品目（米麦藷＝主食）と生鮮品目（青果物・魚介類＝副食）に分けて検討した。その結果、米作農家の生産意欲と供出意欲を高めるために自家消費量を一律に認めたことが影響して下層零細農民の米消費が増加していること、野菜や鶏卵は生産者の自家消費量が減らずに販売量のみが減少しており、魚介類のように漁業者と漁船が徴用されたために漁獲量が減少した場合も、大都市への入荷がとくに急減していることが明らかにされた。[35] 戦時から戦争直後にかけての飢餓経験の記憶の多くは、大都市の消費者や大都市から農村への疎開経験者によって語られているため、農漁村や地方都市の人々の現実と乖離したものとなっているのであろう。

食糧の増産と供出・配給を行う上で、高率現物小作料を収奪する地主的土地所有は、非合理な障害として問題視された。政府は、一九三九年一二月の小作料統制令によって小作料の引上げを禁止したが、米価の上昇の下で地主経営はむしろ好転する傾向があった。戦時体制のなかで農民運動を厳しく弾圧した政府は、小作料水準自体が小作人に「相当の労働報酬さへも含まれざる状態にある事実」を問題とし、「之が適当なる合理化を企ることは最も緊要」であるという認識を強めたという(36)。そうした認識に基づいて政府は、一九四〇年以降の米穀国家管理の下で小作米を小作人の手から直接供出させ、地主へは代金のみが支払われる代金納制を採用し、それを前提に、四一年産米からは生産者米価を地主米価より高くする二重米価制を適用した結果、実質小作料率は一九四一年の四八・九％から四五年四月には三〇・二％へと急落した(37)。第一次世界大戦期以降、地主的土地所有は後退過程に入ったが、小作料率の昭和恐慌期における低下とアジア太平洋戦争期における低下の何れが本質的な意味を持つかについては意見が分かれている(38)。前者が小作争議による小作料率引下げで、地主制を下から「解体」させる動きであったのに対して、後者は戦時下の政府による引下げで、地主制を上から強権的に「後退」させる措置であったことを考えると、地主的土地所有を抱え込んだ日本資本主義は、権力的には一旦小作運動を抑え込んだものの、戦時の農業生産力増強という要請のために、逆に権力自らが地主制を抑圧する役割を果たさざるをえなくなったのであり、そこに総力戦体制を十分構築しえない日本資本主義の脆弱な本質が示されていると言うべきであろう。

そうした脆弱性による合理化の限界は、実質小作料が低下したとはいえ敗戦の段階でも三〇％の重みをもっていたことに何よりも示されているが、同時に、一九四五年六月に戦時緊急措置法が制定された際に、代金納制では米価引上げが同時に地主収入を高めるため、農地価格を高騰させて自作農創設政策を妨げ、インフレの根源にもなるので、小作人の「生産の熱意を昂揚せしむる」ためには、定額金納小作料に改める構想を農政当局は抱いたが、その構想の部分だけは閣議で法案から削除されたことにも示されていた[39]。さらに、一九三七年以降における自作農創設事業の拡大が、売却を地主の自発性に委ねたために目標を大きく下回り、本格的な拡大は戦後の農地改革を待たねばならなかったことにも示されている。

間接金融の圧倒的優位への変容

戦時期における金融構造の変化を表10－3によって見よう。この表は民間非金融部門の金融資産の増減の構成を示したものであるが、一九二〇年代前半に一時有価証券の増加を下回った預金が、その後再びトップを占め、一九四〇年代には七二％強と圧倒的な比重を占めていることが分かる。このことは戦時期に間接金融の役割が著しく高まったことを示していると言えよう[40]。

政府は、一九三七年九月の臨時資金調整法では設備資金の調達のみを統制することによって軍需産業と国債に資金を誘導しようとしたが、運転資金の形をとって実質的な設備資金を調達するケースが増えたため一九四〇年一〇月の銀行等資金運用令により運転資金も規制対象に含めることにした。四一年七月に閣議決定した「財政金融基本方策要綱」では、「金融新体制」として、民間金融機関に「事業金融」に重点を置いた貸出方針へと転換することを求め、長期金融の経験が豊富な日本興業銀行と都市銀行一〇行からなる時局共同融資団を結成させた。共同融資の斡旋は四二年五月からは全国金融統制会とくにその事務局を務める日本銀行が担当し、共同融資の幹事銀行は企業に対するモニタリング機能を担当すべく審査体制を強化した。四三年一〇月になると軍需会社法が

表10-3　民間貯蓄の増減構成　(%)

期間	現金	預金	保険	有価証券
1916-20	8.9	53.0	1.7	36.4
1921-25	1.6	35.5	5.5	57.4
1926-30	-7.2	54.7	12.3	40.2
1931-35	7.7	48.1	17.9	26.4
1936-40	6.0	64.0	7.4	22.6
1941-45	12.7	72.6	7.4	7.3

出典）原朗編『日本の戦時経済』(東京大学出版会, 1995年) 109頁.

制定されたことに伴い、各軍需会社に原則として一行の金融機関が指定され、単独融資の形をとった。岡崎哲二氏は、ここでメインバンク制の基礎である民間銀行と日本銀行のモニタリング能力が強化されたとし、直接金融と異なる間接金融のシステムが実現したと評価する。(41)しかし、制度の整備と現実の機能とは区別が必要であり、ここでの民間銀行側のモニタリング能力は実際には機能する余地がなかったようであるから、間接金融のシステムが定着したという評価は「過大評価(42)」ではないかと思われる。

むしろ、表10－3で明らかなように、一九四〇年代前半には有価証券の増加が預金の増加の僅か一〇分の一にまで激減していることの意味をどのように考えるかが重要であろう。株式市場と株主層がその機能を大幅に喪失し、それ故に銀行が「商業金融」から「事業金融」へと本格的に進出しなければならなかったのであれば、戦後改革を待つまでもなく、間接金融優位の構造が出現したことになり、戦後金融システムの源流がまさに戦時期に存在したことになろう。(43)だが、株式市場は「統制下で最も遅くまで自由市場性を残した(44)」と評価されており、とくに株式流通市場においては、株価維持政策が繰り返し行われた。前述の臨時資金調整法による設備資金統制は、銀行融資だけでなく有価証券の応募・引受・募集をも統制の対象としていたが、株式流通は対象外とされた。そこで株価の下落を懸念した証券市場関係者の働きかけで一九四一年三月には興銀を先頭に財閥系企業や証券業者の出資による資本金五〇〇〇万円（半額払込）の日本協同証券株式会社が設立され、同年七月の米英による資産凍結による株価下落に際して興銀融資を受けつつ大規模な株式買支えをし、一二月の対米英蘭開戦による株式急騰に際しては売出動を行った。四二年四月には資本金三億円（半額払込、政府出資三分の二）の戦時金融金庫が設立されて、預金部引受けの戦金債による資金調達に支えられて興銀の扱いにくい高リスクの軍需融資を行う一方で、日本協同証券を吸収して一層大規模な株式市場介入を行い、四五年三月一〇日の東京大空襲に際しては大蔵省の命令で三月九日の価格での無制限買い支えを行った。(45)この間、実株取引が取引所内に集中し、有力法人取引員による実株取引が増大したことも注目される。株式市場とりわけ発行市場の縮小は、「会社利益配当及資金融通令」(一九三九年四月施行)と「会社経理統制令」(一九四〇年一〇月施行)による配当制限によって、株式発行の妙味が薄れたことが最大の原因であろう。[46] 戦時期には株主層の多くは健在であり、例えば岡山県の大地主経営西服部家の場合を見ると、土地収益の減少とは裏腹に証券収益は横ばいで比重が高まっているのである。[47]

このように見てくると、戦時期における間接金融の優位は、あくまでも強力な金融統制による株式発行市場の縮小と、それに代位すべき日本興業銀行や戦時金融金庫と民間銀行による「事業金融」の展開を意味していたのであり、戦時特有の金融統制が解消した場合には、新たな株式市場の発展と銀行の「商業金融」への回帰という揺り戻しが起こる可能性があったと言うべきであろう。そうした可能性を打ち砕いたのが戦後改革であり、それによる個人投資家層の消滅という事態であったことは、後に検討するとおりである。[48]

大日本産業報国会の勤労者像

戦時経済の下で労資関係にも大きな変化が見られた。一九三八年七月の産業報国会の成立に始まる産報運動は、四〇年一一月には内務省・厚生省主導の下に大日本産業報国会へと再編されるとともに、全国各地に単位産報が次々と設立され、一九四一年九月にはその数八万、会員数は五四〇万(うち工業部門四〇〇万)に及んだ。全員加入の産報組織の設立と普及を前提に、戦後の企業別労働組合が誕生したという説は、組織的連続性が必ずしも証明されていないが、産報の指導理念が戦後の労働運動に与えた影響は大きかった。[49]

一九四〇年一一月の閣議決定「勤労新体制確立要綱」は、冒頭に「勤労精神の確立」の必要を次のように述べた。[50]

「勤労は皇国民の奉仕活動として其の国家性、人格性、生産性を一体的に高度の具現すべきものとす。従って勤労は皇国に対する皇国民の責任たると共に栄誉たるべきこと、各自の職分に其の能率を最高度に発揮すべきこと、秩序に従い服従を重んじ協同して産業の全体的効率を発揚すべきこと、全人格の発露として創意的自発的たるべきことを基調として勤労精神を確立す。」

ここでは、経営者も労働者も今や「勤労者」として一体的に把握され、ともに国家に奉仕する責任と栄誉を有するものとされた。総力戦に労働者を自発的に協力させるためには、労働者の地位を向上させることが必要であり、産業民主主義を肯定する英米では労働組合の発言権を強化する形をとったのに対して、産業民主主義を否定する日独では労働そのものに半ば公的な性格を持たせたと指摘されている[51]。すなわち、ナチス・ドイツにおいて「労働」が「貨幣」に代わって経済思想の核心とされる場合は、その労働は「民族的利益」のために実行されなければならないとされ[52]、日本での「勤労」の価値の承認はそれまでの労働運動による「人格承認要求」の実現としての意味をもったかに見えるが、それは国家への「奉仕活動」である限りで正当性を認められたに過ぎなかった[53]。こうした日独の発想は、国家そのものが労働に基づく私有財産権の保障のために存在するという産業民主主義の発想とはまさに逆ベクトルの発想であった。それ故に、敗戦による旧日本国家の解体に際しては、「勤労」そのものの価値の根拠付けを改めて行う必要があったと言わねばならない。そうした問題を含みながらも、戦時期には職員と職工との身分差別が解消に向かうといった大きな変化が見られ[54]、その変化は不可逆的なものとして戦後の労資関係にも継承されたことは、後に見るとおりである。

注

（1）荒川憲一『戦時経済体制の構想と展開』（岩波書店、二〇一一年）二一九―二二五頁。

（2）秦郁彦「仏印進駐と軍の南進政策（一九四〇年～一九四一年）」（日本国際政治学会太平洋戦争原因研究部編『太平洋戦争への道 開戦外交史六 南方進出』朝日新聞社、一九六三年）一五三頁。
（3）細谷千博「三国同盟と日ソ中立条約（一九三九年～一九四一年）」（日本国際政治学会太平洋戦争原因研究部編『太平洋戦争への道 開戦外交史五 三国同盟・日ソ中立条約』朝日新聞社、一九六三年）二〇五頁。なお、ソ連との関係については、松岡は三国と合わせた四国協商を取り結ぶ計画であった。
（4）同上論文、二〇五頁。
（5）秦郁彦前掲「仏印進駐と軍の南進政策（一九四〇年～一九四一年）」一七五頁。この時の海軍の要請に陸軍が応えて「陸軍配当から二万トンを直接に移管」した件については、山崎志郎『物資動員計画と共栄圏構想の形成』（日本経済評論社、二〇一二年）二九九頁参照。なお、吉田裕『シリーズ日本近現代史6 アジア・太平洋戦争』（岩波新書、二〇〇七年）も、海軍首脳部が三国同盟締結に賛成したのは、海軍軍備の充実という「裏面の目的」からであったと論じている。海軍が戦争資材の確保に如何にこだわったかは、翌一九四一年一一月一日の大本営政府連絡会議の席で、杉山元参謀総長から「海軍が鉄を貰えば、嶋田さん、決意しますか」と尋ねられ、一一〇万トンの鋼材配当を受けた嶋田海相がうなずいて「開戦決意を表明した」と伝えられ、参謀本部戦争指導班の『機密戦争日誌』が「海軍の決意は、鉄三〇万トンの代償なり。哀れむべき海軍の姿かな」と記していることから明らかである（麻田貞雄『両大戦間の日米関係――海軍と政策決定過程』東京大学出版会、一九九三年、二四九頁）。
（6）野村実『太平洋戦争と日本軍部』（山川出版社、一九八三年）二一九―二三〇頁。麻田貞雄前掲『両大戦間の日米関係――海軍と政策決定過程』二三五―二三七頁。
（7）この御前会議の決定は、アメリカによる予想外の強硬措置に驚愕した海軍があらかじめ作成した原案を陸海間で修正したものに基づくものであった。御前会議での永野軍令部総長の「〔アメリカと〕死闘せずして屈するときは「身も心も民族永遠の亡国」となるから、最後の力をふりしぼって現下の国難を防ぐ一手あるのみだ」という陳述は「「絶体絶命の境地」に追い込まれた彼が、勝算の合理的計算や戦略的思考を捨てて「精神主義的」な心情論に走ったことが示されている」と評されている（麻田貞雄前掲『両大戦間の日米関係――海軍と政策決定過程』二四五頁）。
（8）参謀本部編『杉山メモ　上巻』（原書房、一九八九年）三二六―三二七頁。
（9）吉田裕前掲『シリーズ日本近現代史6 アジア・太平洋戦争』四七―四九頁。

(10)『福井静夫著作集　第二巻　日本戦艦物語〔Ⅱ〕』(光文社、一九九二年)一九二―一九三頁。

(11) 当時の外国戦艦の主砲で四〇キロメートル以上の射程距離をもつものはなく、その射程外(アウトレンジ)から大和・武蔵の砲弾が相手の頭上に降り注ぐ一方的な戦闘が可能となるはずであった。それは、敵の飛行機がこちらへ届かない遠距離から零戦のような大航続距離の飛行機で一方的な攻撃をすること(小福田晧文『零戦開発物語』光文社NF文庫、二〇〇三年、二〇六頁)と同様な日本海軍の伝統的「兵術思想」としての「アウトレンジ」思想であった。荒川憲一前掲『戦時経済体制の構想と展開』二〇〇―二〇一頁も参照。

(12) 参謀本部編前掲『杉山メモ　上巻』五二三―五二五頁。近衛と山本の前記会談は、野村実前掲『太平洋戦争と日本軍部』二二二頁では、一九四〇年一〇月一〇日のことと推定されている。

(13) 海軍軍令部はかねてより米艦隊を日本近海に迎えて撃滅する艦隊決戦思想に凝り固まっており、山本の主張する航空機によるリスキイな真珠湾攻撃は、資源確保のための南方作戦の補助作戦として渋々認めたに過ぎなかった。ところが、それが予想外の大戦果を挙げたため、海軍軍令部は戦線を南太平洋に拡大して米豪遮断作戦を展開、その条件として米空母群を撃滅すべく山本が推し進めたミッドウェー作戦は情報無視のために失敗し逆に日本空母群が全滅した。軍令部と山本の対立と協調については、半藤一利『山本五十六』(平凡社、二〇〇七年)の分析が詳しい。

(14) 鈴木健二『駐独大使　大島浩』(芙蓉書房、一九七九年)二二三―二四一頁。昭和天皇も戦後間もなく、日本はドイツの国力を過大評価したが、「これには大島大使の責任が大きい」と回顧している(寺崎英成、マリコ・テラサキ・ミラー編著『昭和天皇独白録、寺崎英成・御用掛日記』文芸春秋、一九九一年、五四頁)。

(15) 永岑三千輝『ドイツ第三帝国のソ連占領政策と民衆』(同文舘出版、一九九四年)二〇六―二〇九頁。

(16) 永岑三千輝『独ソ戦とホロコースト』(日本経済評論社、二〇〇一年)八七―九二頁。

(17) 石井寛治「情報の政治経済史――近代日本の場合」(大阪経済大学日本経済史研究所『経済史研究』第一〇号、二〇〇六年)。

(18) 山崎広明「日本戦争経済の崩壊とその特質」(東京大学社会科学研究所編『ファシズム期の国家と社会2　戦時日本経済』東京大学出版会、一九七九年)、山崎志郎「戦時工業動員体制」(原朗編『日本の戦時経済――計画と市場』東京大学出版会、一九九五年)。なお、満洲や朝鮮・台湾等が生産力拡充計画の全体系にどのように組み込まれていたかについては、金子文夫「植民地・占領地支配」(大石嘉一郎編『日本帝国主義史3　第二次大戦期』東京大学出版会、一九九四年)四〇〇―四〇四頁参照。

(19)　山崎志郎「経済総動員体制の経済構造」（歴史学研究会・日本史研究会編『日本史講座9　近代の転換』東京大学出版会、二〇〇五年）。

(20)　安藤良雄『太平洋戦争の経済史的研究――日本資本主義の展開過程』（東京大学出版会、一九八七年）一六六頁。

(21)　海上輸送力の減退の問題については、山崎広明前掲「日本戦争経済の崩壊とその特質」二四―三五頁、原朗「経済総動員」（大石嘉一郎編前掲『日本帝国主義史3　第二次大戦期』）九一―一〇六頁に詳しい分析があり、戦時の造船業の動向について山崎志郎「計画造船と輸送力の推移」（同『戦時経済総動員体制の研究』日本経済評論社、二〇一一年、第五章）を参照されたい。

(22)　吉田裕前掲『シリーズ日本近現代史6　アジア・太平洋戦争』一〇四頁。なお、四四年末の段階で日本の内地総人口に占める動員兵力の割合は六・二％であったと指摘されており、内地総人口七三八〇万人から逆算すると四六五万人の動員数となる。一九三八年からは朝鮮・台湾で志願兵制度が実施され、朝鮮では四四年度、台湾では四五年度からそれぞれ徴兵制が実施されるが、ここでは扱わない。朝鮮での志願兵・徴兵制については、宮田節子『朝鮮民衆と「皇民化」政策』（未来社、一九八五年）参照。

(23)　西成田豊『近代日本労働史――労働力編成の論理と実証』（有斐閣、二〇〇七年）三〇四頁。農民家族と都市商工業者からの動員については、大門正克・柳沢遊「戦時労働力の給源と動員」（『土地制度史学』第一五一号、一九九六年）参照。なお、日本においてもドイツ程の比重ではないが外国人労働者の強制徴用が見られた点については、西成田豊「労働力動員と労働改革」（大石嘉一郎編前掲『日本帝国主義史3　第二次大戦期』）二九六―三一〇頁参照。

(24)　橋本寿朗『現代日本経済史』（岩波書店、二〇〇〇年）九二頁。

(25)　原朗『日本戦時経済研究』（東京大学出版会、二〇一三年）四一一頁。中村隆英『戦前期日本経済成長の分析』（岩波書店、一九七一年）二七四頁のデータによると、普通鋼鋼材の生産実績（内地・外地）は、一九三八年が四八九一千トン、一九三九年が四六五七千トンである。表10－1の一九三九年度物動計画の供給予定は六二四八千トンであったが、実績は屑鉄輸入難や満洲での生産不振が響いて四六九五千トンに過ぎなかった（山崎志郎前掲『物資動員計画と共栄圏構想の形成』二四〇頁）。

(26)　柴垣和夫「「経済新体制」と統制会」（東京大学社会科学研究所編前掲『ファシズム期の国家と社会2　戦時日本経済』）。鉄鋼統制会の事例を具体的に分析したものとして、長島修『日本戦時鉄鋼統制成立史』（法律文化社、一九八六年）を見よ。

(27)　岡崎哲二「戦時計画経済と企業」（東京大学社会科学研究所編『現代日本社会4　歴史的前提』東京大学出版会、一九九一年）三七八頁。
(28) 小林英夫『「日本株式会社」を創った男——宮崎正義の生涯』（小学館、一九九五年）二一四、一一八—一二二頁。
(29) 中村隆英『昭和史一　一九二六—四五』（東洋経済新報社、一九九三年）二四三頁。
(30) 柳沢治『戦前・戦時日本の経済思想とナチズム』（岩波書店、二〇〇八年）、同『ナチス・ドイツと資本主義——日本のモデルへ』（日本経済評論社、二〇一三年）。
(31) フランツ・ノイマン著、岡本友孝・小野英祐・加藤栄一訳『ビヒモス——ナチズムの構造と実際』（みすず書房、一九六三年）二六七頁。日本資本主義が同様な「政治的資本主義」としての歴史的特質をもった点については、石井寛治『帝国主義日本の対外戦略』（名古屋大学出版会、二〇一二年）参照。
(32) この点で問題となるのは、松浦正孝『日中戦争期における経済と政治 近衛文麿と池田成彬』（東京大学出版会、一九九五年）が詳しく分析した第一次近衛内閣の蔵相兼商工相池田成彬を中心とした「池田路線」の評価であろう。著者は「池田路線」を「経済の論理の下に日中戦争収拾策や対英米協調路線等の外交政策・軍事政策を規定していこうとした路線」（一頁）と定義しているが、その「経済の論理」の働く場は非合理な戦時状況だった点で、石井寛治前掲『帝国主義日本の対外戦略』が主として扱った満洲事変以前の状況とは基本的に異なることが留意されなければならず、さらにそうした戦時下での池田の対中和平への努力も宇垣一成外相の活動とセットでしかありえないもので、「池田路線」は所詮は一貫性を欠く近衛文麿の「路線」の一部でしかなかったように思われる。
(33) 森武麿『戦時日本農村社会の研究』（東京大学出版会、一九九九年）第七章、清水洋二「食糧生産と農地改革」（大石嘉一郎編前掲『日本帝国主義史3 第二次大戦期』）三三二—三四一頁参照。
(34) 山崎広明前掲「日本戦争経済の崩壊とその特質」四九—六六頁。
(35) 加瀬和俊「太平洋戦争期食糧統制政策の一側面」（原朗編前掲『日本の戦時経済——計画と市場』）。
(36) 暉峻衆三『日本農業問題の展開　下巻』（東京大学出版会、一九八四年）三四〇頁。
(37) 森武麿前掲『戦時日本農村社会の研究』二二四頁。
(38) 土地制度史学会創立三〇周年記念大会での、戦時体制下の地主制の「後退」を重視した暉峻衆三報告に対する安孫子麟氏の昭和恐慌期における地主制の「解体」をより本質的なものとして強調するコメントと両者の討論を参照（土地制度史学会編『資本と土地所有』農林統計協会、一九七九年）。

(39) 小倉武一『土地立法の史的考察』(農業総合研究刊行会、一九五一年、復刻版、中外書房、一九八五年)八四三―八五五頁。
(40) 岡崎哲二「第二次世界大戦期の金融制度改革と金融システムの変化」(原朗編前掲『日本の戦時経済――計画と市場』)一〇九頁。
(41) 同上論文、一二三―一三六頁。
(42) 橋本寿朗前掲『現代日本経済史』一〇二頁。
(43) 岡崎哲二・奥野正寛編『現代日本経済システムの源流』(日本経済評論社、一九九三年)。
(44) 小林和子「統制下の証券業者――束縛された自由競争」(有沢広巳監修『日本証券史〔1〕』日本経済新聞社、一九七八年、日経文庫版、一九九五年)二〇六頁。
(45) 柴田善雅『戦時日本の金融統制――資金市場と会社経理』(日本経済評論社、二〇一一年)第四章「戦時株式流通市場への介入」。戦時金融金庫については、山崎志郎『戦時金融金庫の研究――総動員体制下のリスク管理』(日本経済評論社、二〇〇九年)があり、第二章「証券部の事業」で株価対策が論ぜられている。なお、一九四三年七月に各地の株式取引所を統合して設立された日本証券取引所も、一九四五年六月から戦時金融金庫に代わって株式流通市場への介入を行い、株価の維持に努めた。日本証券取引所については、小林和子『日本証券史論――戦前期市場制度の形成と発展』(日本経済評論社、二〇一二年)第四部参照。
(46) 柴田善雅前掲『戦時日本の金融統制』第六章「戦時会社経理統制」。なお、鈴木邦夫「戦時統制と企業」(石井寛治・原朗・武田晴人編『日本経済史4　戦時・戦後期』東京大学出版会、二〇〇七年)も参照。
(47) 大石嘉一郎編著『近代日本における地主経営の展開――岡山県牛窓町西服部家の研究』(御茶の水書房、一九八五年)。
(48) 戦時期の金融に関する最初の本格的な共同研究である伊牟田敏充編著『戦時体制下の金融構造』(日本評論社、一九九一年)の序章「第二次大戦期の金融構造」(伊牟田敏充)も「昭和初期の金融構造が、戦後の金融構造のそれに転換していく過程に、一九三七年から四五年にいたる戦時期、および一九四五年八月の敗戦から一九五五年にかけての復興期が存在している。このうち、企業のオーバーボロウィングや銀行のオーバーローンの起点として注目されるのが戦時期であり、金融構造の転換期としての戦時期を解明することに本書の課題がある」(一四頁)と論じており、戦時統制の固有の意義を軽視している点では、私の評価と異なっている。
(49) 佐口和郎『日本における産業民主主義の前提――労使懇談制度から産業報国会へ』(東京大学出版会、一九九一年)。

(50) 同上書、一九〇頁。
(51) 佐口和郎「産業報国会の歴史的位置」(山之内靖、ヴィクター・コシュマン、成田龍一編『総力戦と現代化』柏書房、一九九五年)二九九—三〇〇頁。
(52) 柳沢治前掲『戦前・戦時日本の経済思想とナチズム』一六七頁。
(53) 佐口和郎前掲『日本における産業民主主義の前提』一九二—一九三頁。
(54) 例えば、日立製作所における戦時期の職員・職工の雇用関係の変容については、菅山真次『「就社」社会の誕生——ホワイトカラーからブルーカラーへ』(名古屋大学出版会、二〇一一年)一七二—二〇四頁を見よ。

第三部　戦後改革を基礎とする経済の高成長とその終焉

——「改革」から「従属」への道

第一一章　政治・経済改革と経済復興

敗戦後の日本社会は、アメリカ占領軍の下で民主化のための巨大な改革を行い、古代以来繰り返し試みては挫折した普遍的価値に基づく国家形成が、基本的人権を基礎とする日本国憲法の制定によって初めて実現の途についた。戦後改革はまた、戦間期の日本政府と軍部が構想しつつも実現できなかった国民が耐久消費財を消費する高度大衆消費社会という新たな重化学工業段階への道を切り拓く契機となった。しかし、占領から独立への道は険しく、講和条約と抱き合わせの安保条約により日本は「従属的独立」の状態に移行した。

一　占領下の政治改革とその内発性の評価

日本国憲法制定の画期的意義

アメリカによる占領下での政治改革の頂点をなすものは、日本国憲法の制定（一九四六年一一月公布、四七年五月施行）であった。日本国憲法が、大日本帝国憲法（一八八九年二月公布、九〇年一一月施行）と決定的に異なるのは、前者が基本的人権の観念を土台とする国民主権の原則を打ち出している点に求められよう。本書第五章で述べたように、大日本帝国憲法は天皇を元首としつつも議会制度を有する複合的な性格の国家権力を規定したために、しばしばその近代的性格が強調されるが、国民に認められた権利は法律によって制限されうるものに過ぎず、基本的人権としての性格を欠いていた[1]。その意味で、日本人は日本国憲法によって、古代国家形成以来の二千年近い歴史のなかで初めて普遍的価値に基づく国家と民衆の関係を構築することができたと言ってよい。

戦争放棄と象徴天皇制のバーター

しかし、基本的人権に基づく国民主権の原則に照らした場合、象徴としての天皇を存置したことと、国家主権を進んで限定する戦争放棄を謳ったことが、ともに原則からの大きな例外として説明を要することになろう。歴史上初めて基本的人権を認められた国民の象徴として、基本的人権の多くが否定された天皇（および皇室の人々）を存置することは、人権原理の「非貫徹」であり憲法の基本論理の一貫性を崩す規定である。そうした象徴天皇制を憲法で認めた背景には、連合国軍最高司令官マッカーサーが、昭和天皇の退位を阻止しつつ戦争犯罪人としての起訴を免除し、天皇の日本国民への権威を利用することの方が占領政策のために効果的だと判断した事実があった。他方、戦争放棄という基本的人権の原理のある意味で「超貫徹」ともいうべき理想論的規定は、マッカーサーが極東委員会に結集する連合国代表に象徴天皇制を認めさせるための手段であった。すなわち天皇を存置した場合にも日本が再び軍国主義化しないための歯止めとして軍隊を持たせないことを憲法で規定することにしたのである。その意味では、象徴天皇（第一条）と戦争放棄（第九条）は、アメリカとその他の連合国との対日政策上の妥協の所産という性格をもっており、両者は相互依存のいわばバーター関係にあったことが注目される[2]。

日本国憲法の作成をはじめとする戦後改革については、アメリカが無条件降伏させた日本に自国の主張を押し付けたものであるが、それらは日本人にとっても有益であったというサクセスストーリーと見做す解釈がある。しかし、そうした解釈は一面的であり、日本人にとって本当に有益であったか否か、日本側の主体的な取り組みがなかったか否かは、それとして検討されるべき課題であろう。そうした問題に力点を置いた最近の代表的通史である雨宮昭一

『占領と改革』[3]は、改革の前史として戦時期における総力戦体制を重視すべきであると主張し、農地改革、労働改革だけでなく、教育改革なども戦時体制下の前史があると論じ、憲法改正に関しても日本政府や主要政党の草案はGHQが言うほど保守的でなく、民間の憲法研究会の草案に至っては基本的人権や国民主権の原則を明確に押し出したもので、GHQ原案のモデルになったと指摘する。天皇制に関しては、つとに中村政則氏が、憲法研究会の最終案も「天皇は国政を親《みずか》らせず専ら国家的儀礼のみを司る」という形での存続を構想しており、「象徴」という規定の成り立ちにも日本側の構想がGHQ案に影響を与えたことを明らかにしている。[4]

だが、一番問題となる戦争放棄条項については、流石の雨宮氏も幣原喜重郎首相がマッカーサーとの面会で日本側から提案したという説は退けており、アメリカ側の提案であったとしている。[5] 雨宮氏の援用する総力戦体制論は、戦争の遂行のための近代化・現代化の進行が不可逆的なものであったと主張するが、国民の強制的同質化を行うファシズム体制のもとでの個別的な前進的変化を過大評価しているように思われる。戦後改革の中核をなす憲法改正について、日本政府の最大の関心事が天皇制の存続にあったこと自体が、天皇制イデオロギーによる総力戦体制作りの最大の後遺症であった。マッカーサーの天皇利用の判断の前提には、戦時下の日本国民のほとんどが天皇崇拝へと洗脳され、敗戦後もそこから抜け出せないという未曽有の嘆かわしい現実が横たわっていたのである。それ故、民間の憲法研究会に代表される基本的人権を基礎とする憲法構想は、戦時体制の影響ではなく、天賦人権論を掲げた自由民権運動や民本主義を掲げた大正デモクラシー運動の流れを汲むものであったと見做すべきであろう。その限りでは、GHQの憲法構想自体が日本における普遍的価値の追求の歴史的遺産を組み込んでおり、憲法案の国会での審議・修正と国民の圧倒的多数が新憲法に賛成したことを考慮すると、新憲法がアメリカの一方的押し付けであるとする見方は史実を歪曲した誤りであると言わねばなるまい。[6]

官僚制の改革とその不徹底さ

政治体制の非軍事化と民主化のためには、日本国憲法の精神を具体化する議会制の改革（貴族院の廃止と、参議院の新設、男女平等の普通選挙）と並んで、官僚制の改革が重要な意味をもった。なぜならば、大日本帝国憲法の作成に当たった伊藤博文は、憲法調査に出掛けたヨーロッパでウィーン大学の国家学者シュタインから議会と君主の意思から独立した行政部の自律性の重要さを教わって帰国したが(7)、そうした官僚主導の国家構想は、その後伊藤の予想を超えて実現し、文民官僚と軍人官僚が議会と天皇の意思を誘導して国策を主導しつつアジア太平洋戦争への道を突っ走ったからである。戦後改革による非軍事化に伴い陸軍省と海軍省が廃止され、軍人官僚は一旦姿を消したが、一九五〇年八月の警察予備隊の創設によって復活した。文人官僚については、警察と地方政治の元締めである内務省が解体されるなどの改革を通じて地方自治が制度化され、国家公務員法によって「天皇の官吏」は「国民全体の奉仕者」（国家公務員法第九六条）として生まれ変わったはずであったが、そうした制度的・精神的改革は実質的にはほとんど実現・定着しなかった。

とくに、文部省を中心とする教育改革が不十分なものであっただけでなく、その後の日本社会の反動化に伴い改革が形骸化したことは、日本国憲法の改訂の動きとの関わりで注目されなければならない。山県有朋首相によって制定された教育勅語（一八九〇年一〇月発布）は、天皇制国家の精神的支柱として大日本帝国憲法を補完する役割を果たし、文部省が教育内容に介入する拠りどころとなった。国民の思想内容にまで権力が介入するという近代国家にあるまじき理不尽な事態は、文部官僚による教育統制を主要な手段として行われたのである。それ故、教育基本法（一九四七年三月公布）は、教育は「不当な支配に服することなく、国民全体に対し直接に責任を負って行われるべきものである」（第一〇条）と文部省の介入を制限し、教育勅語については一九四八年六月にその無効が国会において決議されたのであるが(8)、その後まもなく開始された天皇元首化と第九条（戦争放棄）廃止を求める改憲の動きにおいては、教育の国家統制の強化が突破口とされ、教科書と教育内容への文部官僚の権力的介入が改憲戦略のかなめの位置を占めることになった。二〇〇六年一二月に教育基本法が改訂され、教育行政の分権的あり方を定めた第一〇条の根幹部分である上記引用部分が完全に否定されたことはその重大な画期であり、以後文部官僚による教育内容への露骨な介入は戦前への回帰を思わせる危機的状況へと進んでゆく。(9)

二　経済改革の構想と現実

農地改革を準備したもの

戦後の諸改革のなかで、戦前からもっとも準備が進められていたのが農地改革であった。第一次世界大戦後の小作争議の頻発に対応して石黒忠篤（一八八四―一九六〇）ら農林官僚は、小作人の権利を強化する小作立法制定を試みるとともに、小作人に農地を買取らせて自作農化する自作農創設維持事業を展開した。そうした政策面での前史とともに、大戦以降の資本主義の発展に対応して小作人経営の小商品生産者化が進行し、経営者としての力量を身に付けていったことも改革を成功させる前提条件となった。この点の重要性は他のアジア諸国での農地改革が「土地なし労働者」へ農地を配分しても経営困難で農地を失う者が多かったのと対比することでも明らかであると指摘されている。(10)

そうした前史を踏まえた改革が、日本政府による在村地主の保有限度五町歩という第一次改革案となって結実し、そこでは在村地主主導の大規模自作経営の創出が目論まれたが、同改革案はアメリカの承認を得られず、対日理事会での検討に基づく在村地主保有限度一町歩という第二次改革案が実行されることになった。五町歩から一町歩への変更は、貸付地全廃を求めるソ連案に対抗してシンボリックな意味での貸付地を認めるイギリス案が対日理事会で認められたためであり、解放される小作地面積が急増した半面では零細経営という日本農業の問題性が残されたままの土地改革となった。[11] このように見てくると、農地改革は戦前から準備が進められたとはいえ、徹底した小作地解放を行う第二次改革案に到達するには、対日理事会の結論を受けたアメリカの強い圧力が必要であったことが分かろう。

アメリカの農地改革構想は、地主制下で窮乏する農民が日本の軍国主義の支持基盤であったと見做し、そうした支持基盤の構造を改革するという長期的視野に立っており、当時の日本が直面した深刻な食糧危機を如何に打開するかという短期的視野での緊急課題とは無関係であった。そして日本での農地改革研究においても、食糧問題と農地改革はほとんど関係がなかったと理解されてきた。[12] しかし、農地改革の実行現場に関する最近の実証研究は、農地改革が社会的に承認された背景に、改革の受益者が食糧供出の負担を甘受したことがあり、農地改革の結果として食糧供出制度が長期にわたって存続し食糧難を克服したと主張している。政策レベルでなく実施レベルでは、両者が相互補完の関係にあったことは確かであろう。[13]

労働改革の進展と限界

労働改革も農地改革に劣らず、戦前の歴史のなかに改革の前史をもっていた。一九四五年一二月という戦後間もない時期に公布された労働組合法が、ほとんど日本側の草案に基づいて作成されたことがその点を良く示している。もちろんアメリカ側も戦前日本では遂に成立しなかった労働組合法の制定が必要であることを理解しており、ＧＨＱは同法の制定を指示したといわれるが、[14] 法学者末弘巌太郎や右派社会民主主義者松岡駒吉らの労務法制審議委員会が作成した草案に対する訂正要求は細かい技術的な問題だけであったという。[15] ただし、そうした日本側の積極性は、政治犯として監獄に繋がれている人々を進んで解放する形では現われず、四五年一〇月四日にＧＨＱが日本政府に対していわゆる人権指令を発して政治犯の釈放を求めるまでは、東久邇宮稔彦内閣の山崎巌内相は、「思想取締りの秘密警察は現在なほ活動を続けてをり、反皇室的宣伝を行ふ共産主義者は容赦なく逮捕する」と語っており、九月二六日には獄中の哲学者三木清が栄養失調と腎臓病で病死する事件も起こっていた(16)。

さらに、一九四六年九月に公布された労働関係調整法は、日本政府によって労働組合法と並行して準備されていたが、一九二六年の労働争議調停法があまりに不備で機能せず、同法によらない事実調停が警察官らによって行われてきたために、立法過程は難航しGHQが手交した英文原案が決定的な役割を果たした。この点は、労働組合法や労働基準法（一九四七年四月公布）の原案が日本側で作成されたことと対照的であった。その結果、日本側の構想と異なり、争議調停はもっぱら労働委員会が担当し、大多数の官公吏の争議行為を認めたのである(17)。

そうした占領軍の態度を背景に、労働組合の結成は急増し、一九四六年六月には組合数一万二〇〇〇、組織人員三六八万人に達した。その多くは企業別組合であり、職員と工員からなる混合組合であった。しかし、GHQは組合運動を無条件で支持していたわけでは決してない。そのことは、一九四七年二月一日に予定された全官公庁共同闘争委員会によるゼネストがマッカーサーの命令によって禁止されたことによって明らかにされた。この当時の事情を、GHQのコーエン労働課長は、竹前栄治氏に次のように回顧して語ったという(18)。

「GHQの政策ははっきりしていました。つまり、ストライキでも占領政策の遂行に支障をきたさぬ限り許可するということです。ところがゼネストは占領政策の遂行に直接影響をもたらします。……それはストライキではなく政治的蜂起なのです。だから私の考えでは、この種のストライキは保護される必要はないということです。……私は〔共産党の〕徳田〔球一〕さんはGHQがそもそもそのゼネストを許すなどとは全く考えていなかったと思います。……徳田さんもまたGHQの禁止命令をもって、労働者にGHQが決して自分たちの味方でないこと、つまりマッカーサーは労働者の敵だ、ということを印象づけようとしたのだと思います。」

この回顧談はGHQ側の見方をほぼ正確に示すものであり、共産党の立場についても彼らが占領軍を解放軍と誤認していたという俗説を否定している点が注目されよう。[19] 翌四八年に入るとアメリカが日本を「共産主義」の「防壁」とする方向へと占領方針を再編し「経済復興」を促進するが、それに伴い労働改革も大きく転換された。四八年七月のマッカーサーの書簡を受けた日本政府の政令二〇一号が、公務員労働者から団体交渉権と争議行為権を剝奪し、四九年には民間労働者に適用される労働組合法も改訂され、労働組合員から管理職を排除するなど組合の自主性・民主性を高めるとともに、労働委員会への組合代表の参加が弱められ、資本の側の経営権の確立を支援した。[20] こうしたGHQの政策転換を「逆コース」と呼ぶことについてはアメリカやソ連では批判があるが、初期の「民主化」政策の否定への動きがあったことは明らかであろう。[21]

以上のような労働改革の進展に際して、「勤労」ないし「労働」の価値が高く評価されるようになったとはいえ、それは戦前以来の労働者の「人格承認要求」という市民的自由の実現とは必ずしも言えない偏りがあった。すなわち、労働者の団結権は、先進国のように団結禁止を求める国家の重圧をはねのけて自力で団結の自由を獲得した場合と異なり、基本的には占領権力によって一挙に与えられたために一種の特権として意識され、市民的自由とのつながりが十分意識されなかったのである。その結果、労働者個人よりも労働組合という集団が重視され、生きる権利（生存権）の実現を目指す組合の統制を乱す者は階級的な裏切り分子であるとされた。また、ストライキだけでなく生産管理まで争議行為として正当化する形で、私有財産に立脚する市民法の制約を突破する見解も唱えられた。このように戦後の労働法学の主流は、市民法を前提として労働法体系を構築するより、市民法と対決しつつ乗り越えることに力を注いだのである。[22] 前章において、戦時期における「勤労」の価値の承認が、国家への「奉仕」である限りでの承認に過ぎなかったことを述べたが、戦後改革における「労働」の価値の承認は、市民的自由との関係を飛び越え市民法に対抗して労働者の生存権を守るものとしての承認であった。そうした日本近代固有の歴史的事情のために、「高度成長」期の労働者のあり方の変容とともに市民法と労働法、労働者個人の自由と労働組合との関係が改めて問い直されなければならなくなるのである。

財閥解体と反独占政策

財閥解体については、むろん戦前日本における前史はなかった。アメリカでは財閥を軍国主義の推進勢力ではないとする知日派の意見と、推進勢力であっただけでなく財閥への富の極端な集中自体が対外侵略の原因だったとする軍部やジャーナリズム主流の意見が対立していたが、しだいに後者が主流となり、日本降伏の翌月に国務省から発表された「降伏後における米国の初期の対日方針」は、早々と財閥解体の方針を示した。一九四六年四月には日本側の実行機関としての「持株会社整理委員会令」が公布され、三井・三菱・住友・安田の四大財閥を先頭に財閥解体が進められたが、GHQではさらに財閥の復活を阻止するために持株会社の禁止規定を有する独占禁止法の制定を目論み、一九四七年四月に独占禁止法が公布された。それだけではない。従来の日本経済を改革して「国内に競争状態を創出する」ための集中排除政策が唱えられ、ニューディール的な反独占政策を日本で徹底的に実行しようとする反トラスト・カルテル課長E・C・ウェルシュの強力な指導によって、四七年七月には三井物産、三菱商事の二大商社が解体され、同年一二月には過度経済力集中排除法（集排法）が制定された(23)。

このうち二大商社は、集排法の制定を予測して分割案を用意していた矢先に、突然解散を命じられ、最結集の条件が厳しかったため三井物産社員は二二三社、三菱商事社員は一三九社に分散させられた。この過酷な解散命令の背景に関してはさまざまな見方があるが、決定的な答えは見当たらない。ウェルシュ課長が自分の反独占政策を徹底的に貫くための「威嚇効果」を狙った可能性が強いが(24)、同時に近く再開される民間貿易における両社の活動を押さえたいというイギリスの思惑も作用したように思われる(25)。しかし、集排法の対象となる大企業は四八年二月に鉱工業二五七社、商業六八社が指定され、続いて金融業についても指定される予定であったが、ちょうどそのころアメリカ本国の対日占領政策が前述のように「非軍事化」から「経済復興」へと転換したため、実際の分割指定は、日本製鉄、三菱重工業、王子製紙、大日本麦酒をはじめとする一八社にとどまり、金融業は対象外となった。

以上のような経緯を考えると、戦後改革における「民主化」は、「非軍事化」という主要目的のための手段に過ぎず、占領目的が「経済復興」に変化するや「民主化」構想は当然ながら挫折したという評価[26]が正しいように見えるかもしれない。しかし、第二次世界大戦が基本的には民主主義対ファシズムの対立であったことと、戦後改革の政治面の評価とを合わせ考えると、占領軍の支配下で進められた「民主化」政策の狙いは正当に評価されるべきである。また、そこには戦前日本における「民主化」の歴史の蓄積が結実した面があり、だからこそアメリカ側の「民主化」政策が受容されたのである[27]。確定した日本国憲法の下で、農地改革が構想通りに進展し、労働改革と反独占政策が限界をもちつつも進められた背後には、GHQによる「民主化」の進展を支持する日本人の意識が存在したのである。問題は、占領軍の強い指示のもとで日本側が進めようとした「民主化」政策が、アメリカ本国の冷戦国策によって挫折せしめられようとしたことであり、そこには日本を支配下において利用しつつソ連・中国と対抗しようとするアメリカの一貫した政策が働いていた。以下、その後の講和条約の成立前後にかけての復興期日本の選択について考えよう。

三　経済復興と政治的「独立」

傾斜生産方式からドッジ・ラインへ

敗戦直後の日本経済は縮小再生産の危機に陥ったため、一九四六年一二月に吉田茂内閣は、経済学者有沢広巳の提言に基づき、石炭と鉄鋼の両産業に重点的に資金と資材・労働力を投入し、拡大再生産への道筋を付けようと計画した。戦時中には五千万トン台の生産があった石炭業は、一九四五年には約三千万トン、四六年には約二千万トンへと激減したのを、四七年には三千万トンを目標に増産しようと考え、そのためにGHQの許可を得て重油を輸入して鉄を増産し、その鉄を使って荒廃した炭鉱を整備し石炭を増産する、「そのためには傾斜的にあらゆる努力を注ぎこまなければいかん」と有沢が主張したことから傾斜生産方式と呼ばれたという(28)。この政策は有沢自身が「中途半端にしか実施されなかった」と回顧しているとおり、結局、炭鉱の整備が捗らないままひたすら多数の労働力と多額の資金を投入して目標を達成したに過ぎず、石炭業の「高コスト体質」を生み出したという厳しい評価もなされている(29)。

石炭・鉄鋼・肥料・電力業には復興金融金庫から多額の資金が投入されたが、その資金は日銀引受けの債券によって調達されたため、いわゆる復金インフレを招き、日本の物価の上昇テンポは欧米のそれを大きく上回っていた(30)。それ故インフレ抑制が急務となったが、GHQと日本政府は強力な引締め政策による「一挙安定」は危険だと考え、生産をある程度回復させてからインフレを抑える「中間安定」の立場を取っていた。そのため、なかなか日本のインフレが収まらないのに業を煮やしたアメリカ政府は、一九四九年二月にトルーマン大統領の特使ドッジを派遣し、復興金融金庫からの融資と、政府からの価格差補給金による石炭や鉄鋼の安売りとを廃止し、複数の為替レートによる事実上の補助金(31)も一ドル＝三六〇円の単一為替レートによって撤廃した。いわゆる「ドッジ・ライン」の実施である。その結果、「財政資金の民間企業への流れはきわめて制限され、民間企業の資金供給は民間の金融機関のルートに任されることになった(32)」という。インフレは一転してデフレとなり、日銀は金融緩和策による「ディス・インフレ政策」を行った。

復興期の産業構造と企業金融

一九五五年（昭和三〇）には一人当たりGNP（国民総生産）が初めて戦前（一九三四―三六年平均）を超え、「もはや戦後ではない」、と言われたが、改革と復興が完了した時期の日本経済の産業構造は、戦時経済期のそれとも、一九五五年以降の「高度成長」期のそれとも異なっていた。山田盛太郎氏は一九六四年の研究報告で次のように述べている。(33)

「農地改革後、日本農業は、生産力水準の異常な上昇を示し、ここにたとえば、昭和二五—三〇年での急上昇とならびにそれ以降の連年豊作の達成とは、一劃期としての生産力構造の戦後段階を築き上げることを可能ならしめたかともされる。そのような生産力の上昇は、三〇年を一つの転換期としてそれ以降は停滞に陥り、他方、農家経済の上では全般的な分解が進行してきている。すなわち、昭和三〇年をさかいとして、それ以前の第一階梯（昭和二五—三〇年）の急上昇とそれ以降の第二階梯（同三〇—三五年）の停滞的傾向との対照性が明瞭に指摘できる。この点は、資本プロパーにおける二階梯とまさに照応するところがある。日本資本主義の戦後段階第一階梯において、第Ⅱ部門（消費資料生産部門）が規制的である場合に、その基礎過程として、農業第一階梯の急上昇があり、資本主義第二階梯において、第Ⅰ部門（生産手段生産部門）が規制者となり本格的蓄積段階に入った場合に、工・農格差が顕在化し、農業第二階梯での停滞と解体に向う——この階梯にあっては、日本農業は、突如として一個の厖大な資本プロパーに対する労働力の供給基盤に転化されてしまう——点が、注目を要するところである」。

農地改革の成果に支えられた経済復興が、繊維工業部門（「第Ⅱ部門」）を中心とする産業構造を生み出したことが簡潔・明快に記されている。もっとも、第二次世界大戦を境目として日本資本主義が大きく「繊維工業段階から重化学工業段階へ」と転換すると把握される場合に、鉄鋼業を主軸とする重化学工業段階としての把握が中心であり、家電製品や自動車に代表される耐久消費財を生産する段階の重化学工業を問題とする視角は明確でない。武田晴人編著前掲『日本経済の戦後復興』は、そうした耐久消費財を重視する分析視角に立って検討を進め、復興期には構造転換が未完であったとしている点で興味深いが、農業を含む経済構造全体への目配りが弱い点が物足りない。

同書の分析では、復興期の企業金融が、「高度成長」期のような民間銀行中心の間接金融システムとは異質であったことを指摘した部分が注目される。すなわち、表11－1に示したように、一九五〇年代前半の企業の設備資金調達のうち銀行を中心とする民間貸出の占める割合は、一八％（一九五一年）から一四％（一九五五年）へと減少気味であって、その分だけ減価償却や株式の割合が増えており、戦時期から復興期にかけての企業の資金需要は運転資金の比重が高かったことを考慮すると、「高度成長」期のような多額の設備資金を民間銀行が供給するという事態はこの復興期には見られなかったという。その背景としては、家計所得がまず低い生活水準の改善に使われ貯蓄率が低かったため、銀行預金とくに個人預金の実質水準が戦前を下回っていたことが挙げられている。このような復興期の金融の実態は、戦時経済期と「高度成長」期の間接金融体制を同一視し直結して理解する「戦時体制源流論」が実際には成り立たないことを示唆するものと言えよう。

表 11-1　設備資金供給実額

（億円）

		1951 年度	1955 年度
内部資金	小計	2,248	4,186
	社内留保	1,307	1,302
	減価償却	941	2,884
外部資金	小計	2,141	2,312
	政府金融	716	757
	民間貸出	787	905
	株式	330	484
	社債	304	270
外資		0	219
総計		4,389	6,719

出典）武田晴人編『日本経済の戦後復興』（有斐閣，2007 年）196 頁．

講和条約の締結と「独立」の実態

一九五一年九月にサンフランシスコのオペラ・ハウスでの講和会議においてアメリカを中心とする資本主義国との対日講和条約に日本全権吉田茂首相が調印し、吉田はさらにアメリカ第六軍司令部において日米安全保障条約に調印した。中村政則氏は、当時の日本には、「①吉田路線といわれる軽武装・通商国家の路線、②社会党などが主張した非武装中立の路線、③鳩山〔一郎〕・岸信介らの対米自立、自主憲法制定の国家主義的な路線」という三つの選択肢があり、吉田路線が「もっとも現実的な道であった」としつつ、「これにより国際社会に占める日本の対米従属的な位置が決まった」と指摘した[34]。ジョン・ダワー『吉田茂とその時代』も、「安全保障条約は対等国間の協定ではなかった。これによって日本は再軍備とアメリカ軍の無期限駐留を義務付けられ」たからであるとしつつ、さらに、吉田はアメリカ議会の講和条約批准を得るために、「蔣介石統治下の国民党政権を承認し、中華人民共和国の封じ込めに参加すること」を余儀なくされ、「日本は軍事的のみならず経済的にもアメリカの平和《パックス・アメリカーナ》の体制に組み入れられた」と指摘し、日本の主権回復の内容は「従属的独立」に過ぎなかったと論じている[35]。

この「従属」をもっとも明確に示すものは、アメリカ軍は日本本土と沖縄に無制限に駐留する権利をもつが、日本の防衛のために戦うことを義務付けられていないという現実であった。なぜそのような安全保障条約が結ばれたかを検討した室山義正氏は、早期講和を求める吉田首相が一九五〇年五月にアメリカへ派遣した池田勇人蔵相に托した次のような伝言において、講和後の米軍の駐留を希望したことが決定的な意味をもったと指摘した。

「日本政府はできるだけ早い機会に講和条約を結ぶことを希望する。そしてこのような講和条約ができても、おそらくはそれ以後の日本及びアジア地域の安全を保障するために、アメリカの軍隊を駐留させる必要があるであろうが、もしアメリカ側からそのような希望を申し出にくいならば、日本側からそれをオファするような持ちだし方を研究してもよろしい（下略）。」

すなわち、本来、早期講和に対する日本側の取引材料は「反共」陣営への参入によって東西冷戦バランスに大きく寄与することであったはずなのに、吉田はそうした取引を主張するどころか進んで米軍の駐留という「切り札」まで使ってしまい、その「切り札」を用いて彼らに日本防衛を義務付ける機会を放棄したというのである[36]。室山氏は、さらに同年六月に始まった朝鮮戦争に介入した中国義勇軍に国連地上軍が完敗し、優勢な米海空軍によって辛うじて巻き返した事実が、日本の防衛は再建日本地上軍がアメリカの海空戦力の支援を得て行うというアメリカの構想を生み、同国は日本の再軍備を要求するようになったという。それに対して日本側は憲法における非武装原則を持ち出さずに、再軍備の規模を限定するという姑息な対応に終始した結果、安全保障条約はアメリカ側のみに有利な「片務的」取り決めになったと指摘した。日本政府は日本防衛を必ずしも義務付けられていないアメリカ駐留軍に沖縄を中心とする多数の基地を提供し、多額の駐留費を負担し、さらに応分の再軍備を行い、むしろアメリカの方がアジアでの東西冷戦対抗の戦略を展開する上で日米安保に「タダ乗り」しているとするのである[37]。この室山説は、日本は日米安保体制に「タダ乗り」したお蔭で経済大国化したという誤ったイメージが日本人の間になぜ広がったかを、安保体制形成の歴史と論理の分析を通じて解き明かしたものといえよう。

こうした講和条約の日本側の責任者吉田茂首相については、アメリカ側の大統領特使ダレスの要求に抗して軽武装通商国家の基本的枠組みを構築した老練な「ナショナリスト」といった「宰相吉田茂」論がまったくの虚構に過ぎないことを、その後の歴史研究がさらに明らかにしつつある。「ウォール街切っての辣腕弁護士ダレスに翻弄される占領下ニッポンの年老いた（この時七二歳だ！）〝非外交的〟な親米派の政治家[38]」という評価がなされているが、講和後の日本が「従属的独立」の状態に陥った根拠を、「年老いた」吉田個人の選択の危うさに求めるのは問題であり、冷戦体制下での日本の選択をめぐる国内諸勢力の動向との関連を問う必要があろう。その点では、一九五一年一月に来日したダレスに対して、経団連などの財界八団体が米軍の駐留を求める要望を行っていること[39]、さらに、昭和天皇が早くから講和後の米軍駐留を求めて吉田に圧力をかけていたことが重要であろう[40]。象徴天皇であるはずの昭和天皇が、政治・外交にしばしば介入していたという問題は、今後さらに突き止められなければならない検討課題である[41]。

注

（1）明治維新の歴史的性格をめぐる論争をサーヴェイし、二〇世紀社会主義の挫折を踏まえた現在必要なことは近代概念の希釈化でなく厳密化であるが、歴史学界の主流は残念ながら逆方向、すなわち希釈化の方向に進みつつあるように思われることを指摘したものとしては、石井寛治「明治維新論争」（石井寛治・原朗・武田晴人編『日本経済史1　幕末維新期』東京大学出版会、二〇〇〇年）を参照。

（2）この点は、石井寛治『日本経済史〔第2版〕』（東京大学出版会、一九九一年）三一九頁において指摘したが、中村政則『戦後史』（岩波新書、二〇〇五年）でも、「第一条と第九条は、いわばバーターの関係にあった」（二五頁）と説明されており、今やまったく定説化したと言ってよい。

（3）雨宮昭一『シリーズ日本近現代史7　占領と改革』（岩波新書、二〇〇八年）三〇―九二頁。

（4）中村政則『象徴天皇制への道――米国大使グルーとその周辺』（岩波新書、一九八九年）一六一―二〇〇頁。

（5）雨宮昭一前掲『占領と改革』八四頁。もしも、第九条のような徹底した戦争放棄条項が日本側の主体的提案であり、国際紛争は専ら国際連合を含めた外交折衝によって解決するという断固たる決意が日本政府と日本国民に浸透していたならば、沖縄を犠牲とするアメリカ軍への依存という対米従属への道を辿ることも回避できたであろう。

（6）中村政則前掲『戦後史』は、「押しつけられたのは支配層であって、日本国民ではない。このとき日本国民が拒否したにもかかわらず、GHQが無理やり押しつけていたならば、これは正真正銘の押しつけになる」（二七頁）と日本国民への押しつけを否定し、雨宮昭一前掲『占領と改革』は、内容的には日本側の案も参照されている点で決して「押しつけ」ではないが、「その手続きにおける関係は明白に支配、被支配関係にもとづいている」（九〇頁）と論じている。問題は、日本国民が戦争放棄条項を受容した際にそれを貫くことの困難性を十分自覚していなかったため、アメリカへの軍事的従属の道へ入り込んだことにあった。この点は、憲法原案の衆議院での審議の際に、共産党の野坂参三代議士が、戦争一般の放棄でなく侵略戦争の放棄とすべきだと主張したのに対し、吉田首相が「国家正当防衛権による戦争は正常なりとせらるるようであるが、私はかくのごときことを認むることが有害であると思うのであります（拍手）」と反論し、「交戦権放棄に関する草案の条項の期するところは、国際平和団体の樹立にあるのであります」と国際連合による戦争防止に期待すると論じたことからも明らかであろう（猪木正道『評伝吉田茂　下巻』読売新聞社、一九八一年、一九九頁）。

（7）瀧井一博『文明史のなかの明治憲法』（講談社選書メチエ、二〇〇三年）第二章参照。

（8）山住正己『日本教育小史――近・現代』（岩波新書、一九八七年）五五―六二、一五六―一六二頁。

（9）もとの第一〇条の引用部分は、改訂教育基本法では「教育は、不当な支配に服することなく、この法律及び他の法律の定めるところにより行われるべきものであり、教育行政は、国と地方公共団体との適切な役割分担及び相互の協力の下、公正かつ適正に行われなければならない」と、戦前への回帰を保証するものへと変更された。その意味では、雨宮昭一前掲『占領と改革』が分権的な教育改革の原型が戦時期に出来ていたという評価は甘すぎるところがあり、教育基本法第一〇条にしても「当時、日本側の案では『教育は教育家の自立性』ということであったのですが、CIE〔GHQ民間情報教育局―引用者〕の担当官であるトレイナーが、教育は人民に対して責任を負わなければならないということを強く主張して、それを修正したのです。……第一〇条の修正が教育委員会の直接選挙につながっていくわけです」と、『対日占領政策と戦後教育改革』（三省堂、一九八四年）の著者久保義三氏が述べているように（袖井林二郎・竹前栄治編『戦後日本の原点（上）』悠思社、一九九二年、三四六頁）、戦時期までの分権的な教育実践が、教育の中央統制を批判する質を備えていたかどうかは疑問としなければなるまい。

（10）暉峻衆三・岩本純明〔対談〕「農地改革――地主制の終焉と自作農体制」（袖井林二郎・竹前栄治編『戦後日本の原点――占領史の現在（下）』悠思社、一九九二年）における岩本純明氏の発言（八一―八三頁）。

（11）暉峻衆三『日本農業問題の展開　下巻』（東京大学出版会、一九八四年）三九二―三九五、四一四―四三五頁。対日理事会における議論については、大和田啓気『秘史日本の農地改革――一農政担当者の回想』（日本経済新聞社、一九八一年）一一六―一三一頁参照。

（12）西田美昭編著『戦後改革期の農業問題』（日本経済評論社、一九九四年）は、終章「総括」において、「戦後改革期に農民の眼前に当面する巨大な問題として立ち現われ続けたのは食糧供出問題であり、農地改革は農民の重大な関心事だったとはいえ、基本的には農地改革法に則って事態をいかに公正に処理するかという問題であったといえよう。したがって、本書で明らかにしたように、食糧問題と農地改革は別個の展開を示したのであり、相互の有機的関連はごく限られた範囲でしかみられなかったといってよい」（五二〇頁）と述べている。

（13）永江雅和『食糧供出制度の研究――食糧危機下の農地改革』（日本経済評論社、二〇一三年）。

（14）竹前栄治『戦後労働改革――GHQ労働政策史』（東京大学出版会、一九八二年）七九頁、兵藤釗『労働の戦後史　上巻』（東京大学出版会、一九九七年）三四―三五頁。

(15) 遠藤公嗣『日本占領と労資関係政策の成立』(東京大学出版会、一九八九年) 五二―六二頁。
(16) 宮崎章「敗戦」(歴史学研究会編『日本同時代史一　敗戦と占領』青木書店、一九九〇年) 八五―八七頁、竹前栄治・三宅明正〔対談〕「労働改革――近代化と民主化の狭間」(袖井林三郎・竹前栄治編前掲『戦後日本の原点――占領史の現在(下)』) 一五―二〇頁。
(17) 遠藤公嗣前掲『日本占領と労資関係政策の成立』一三四―一三五頁。
(18) 竹前栄治『増補改訂版GHQ労働課の人と政策』(エムティ出版、一九九一年) 一二五―一二七頁。
(19) 二・一ゼネストについては、三宅明正「二・一ストはなぜ強行されなかったか」(『日本近代史の虚像と実像4』大月書店、一九八九年) を参照されたい。
(20) 兵藤釗前掲『労働の戦後史　上巻』七五―八二頁。
(21) 五十嵐武士・中村政則〔対談〕「逆コース――民主化から経済復興へ」(袖井林三郎・竹前栄治編前掲『戦後日本の原点――占領史の現在(下)』) 一二九―一八一頁。外国の歴史家との議論を踏まえた中村氏は、「逆コースという捉え方自体は日本人の歴史観で、私はそれは間違っていないと思います。ただ、……歴史が後ろに向かって行くようなイメージで捉えられやすいから、誤解を招く言葉だとは思います。転換があったこと、軌道修正があったことは間違いないです」と述べている。
(22) 西谷敏『労働法における個人と集団』(有斐閣、一九九二年)、浜村彰「団結権論」(籾井常喜編『戦後労働法学説史』労働旬法社、一九九六年) 参照。
(23) 以下、大蔵省財政史室編 (三和良一執筆)『昭和財政史　終戦から講和まで二　独占禁止』(東洋経済新報社、一九八二年)、浅井良夫『戦後改革と民主主義――経済復興から高度成長へ』(吉川弘文館、二〇〇一年) 参照。
(24) 大蔵省財政史室編同上書、二八九頁。
(25) 石井寛治『日本流通史』(有斐閣、二〇〇三年) 二〇五―二〇六頁。
(26) 三和良一「戦後民主化と経済再建」(中村隆英編『日本経済史七「計画化」と「民主化」』岩波書店、一九八九年)。
(27) 浅井良夫前掲『戦後改革と民主主義』一四―一五頁。
(28) 有沢広巳・大来佐武郎「経済再建と傾斜生産」(安藤良雄編著『昭和経済史への証言　下巻』毎日新聞社、一九六六年) 二八六頁。商工省がいったん決めた石炭二七〇〇万トン生産計画を首相直属の有沢らの非公式機関が覆すプロセスについて詳しくは、中村隆英・宮崎正康編『資料・戦後日本の経済政策構想2　傾斜生産方式と石炭小委員会』(東京大学出版会、一九九〇年）参照。
(29) 一九四七年四月から八月にかけては月産二一〇万トン前後にとどまったため、労働力を多投して九月から増産がなされ、四七年度の生産が二九三四万トンと飛躍的に増加した経緯については、荻野喜弘「占領期における石炭鉱業」（原朗編『復興期の日本経済』東京大学出版会、二〇〇二年）参照。傾斜生産が重工業の生産回復に寄与した反面、繊維工業の生産回復の遅れとインフレを招いた点について、詳しくは岡崎哲二「「傾斜生産」と日本経済の復興」（原朗編、同上書）を参照せよ。最近のいっそう厳しい評価としては、杉山伸也『日本経済史――近世―現代』（岩波書店、二〇一二年）四五三―四五七頁を見よ。
(30) 武田晴人「需要構造」（同編『日本経済の戦後復興――未完の構造転換』有斐閣、二〇〇七年）二二―二四頁。
(31) 当時の管理貿易では、品目ごとに異なる為替レートがあり、政府が輸出品を高く買い上げて円安で輸出し、輸入品には円高レートを適用することによって、事実上の補助金を支給していた。
(32) 浅井良夫前掲『戦後改革と民主主義』一七七頁。
(33) 山田盛太郎「戦後再生産構造の段階と農業形態」（『山田盛太郎著作集　第五巻』岩波書店、一九八四年）三三頁。
(34) 中村政則前掲『戦後史』五九―六〇頁。
(35) ジョン・ダワー著、大窪愿二訳『吉田茂とその時代　下巻』（原著一九七九年、TBSブリタニカ、一九八一年）、一一二―一一三頁。ダワー氏のこうした評価は、日本の歴史学界でも受け入れられている。例えば、歴史学研究会編『日本同時代史2 占領政策の転換と講和』（青木書店、一九九〇年）一八九頁参照。
(36) 室山義正『日米安保体制』上巻（有斐閣、一九九二年）五四―五五頁。この吉田の提言が、交渉上有効に使える「切り札」を早々と放棄したのではないかという指摘は、ダワー前掲書二八八頁注(17)において行われていた。
(37) 室山義正、同上書、四五―一二八頁。
(38) 進藤榮一「東アジア冷戦構造のなかの日本」（歴史学研究会・日本史研究会編『日本史講座10 戦後日本論』東京大学出版会、二〇〇五年）八五頁。
(39) 雨宮昭一前掲『占領と改革』一七七頁。
(40) 吉田の姿勢の背後に昭和天皇による講和問題への介入が大きく働いていたというのは、豊下楢彦『安保条約の成立――吉田外交と天皇外交』（岩波新書、一九九六年）の主張である。同書の主張は、著者も認めるように仮説的性格を帯びたものであったが（『国際政治』一一七号、一九九八年、掲載の水本和実氏による書評参照、ただし『史学雑誌』「一九九六年の歴史学界――回顧と展望」は「説得性のある力作」と評価）、昭和天皇が講和後の米軍駐留を強く求めており吉田に圧力を掛けたことは否定できないように思われる。ハーバート・ビックス著、吉田裕監訳『昭和天皇』（講談社、二〇〇二年）も豊下説を基本的に認めており、豊下楢彦『昭和天皇・マッカーサー会見』（岩波現代文庫、二〇〇八年）は自説をさらに補強している。なお、二〇一四年に公開されることが決まった『昭和天皇実録』にも、昭和天皇が講和締結に介入して、ダレスに「基地の自発的提供」をする旨伝言したことが明記されているという（「『昭和天皇実録』を読み解く、専門家の目」中、『朝日新聞』二〇一四年一〇月二二日号）。

(41)　戦後の昭和天皇がなかなか「象徴」に徹することができず、旧憲法時代の感覚から抜け出せなかったことについては、中村政則『戦後史と象徴天皇』（岩波書店、一九九二年）が解き明かしている。

第一二章　長期的高成長による大衆消費社会化

一九五〇年代半ばに始まる先進国経済の「高度成長」は、一九七三年の石油ショックを契機に終焉したかに見えたが、日本経済のみはその後もペースを落としながら「安定成長」を続けた。その結果、一九八〇年代の日本は、遅ればせながら家電製品や自家用車などの耐久消費財が広く普及する大衆消費社会となり、「経済大国」としてアメリカ経済を圧迫したために両国間の経済摩擦が激化した。他の先進諸国に類例のない急激な高成長はなぜ生じ、高成長の期間はなぜ長期化したのか、その要因を探る。

一　日本経済の長期的高成長——その共時性と固有性

日本経済の「高度成長」と「安定成長」

日本経済は一九五五年を画期にいわゆる「高度成長」期に突入した。この時の「高度成長」は表12－1に示した諸国とりわけ先進諸国に共通して見られた共時的現象であったが、そのなかでも日本はGDP伸び率が年一〇%前後、一人当たり実質GDPが一五年間で三・五倍という先進諸国のなかでは抜群の高成長であった。

こうした先進諸国に共通する「高度成長」は、後に述べるように中東産油国の提供する安価な石油エネルギーを基礎条件としていたために、一九七三年と一九七九年の二度にわたる石油価格の暴騰を契機として終焉したと言われて

表 12-1　1人当り実質GDP　（単位・1990年国際ドル）

	1955年・A	1970年・B	1985年・C	B/A（%）	C/B（%）
アメリカ	10,897	15,030	20,717	138	138
イギリス	7,826	10,767	14,148	138	131
フランス	6,312	11,668	15,869	185	136
ドイツ	5,788	10,849	15,143	187	140
イタリア	4,676	9,689	14,110	207	146
日本	2,772	9,715	15,332	350	158
韓国	1,054	1,954	5,670	185	290
中国	575	783	1,522	136	194

出典）　A・マディソン『経済統計で見る世界経済2000年史』（柏書房，2004年）.
備考）　ドイツは東西ドイツの平均値.

きた。しかし、日本経済は、その後も韓国などの追い上げを受けながら、GDP伸び率年四%前後、一人当たり実質GDPが一五年間で一・六倍という「高度成長」期の他の先進国並みの高成長を続け、一九八五年にはその一人当たり実質GDPは、アメリカには劣るもののヨーロッパ先進諸国に十分肩を並べる水準にまで達した。

問題は、そうした高成長を通じて日本経済が如何なる発展段階に達し、どのような特徴的な構造を持つに至ったかである。発展段階という点では、日本経済は三〇年に亘る高成長の過程を通じて重化学工業を中心とする経済を作り出し、しかもその重化学工業が生産財を生産するだけでなく大衆が消費する家電製品や乗用車などの耐久消費財をも生産するようになったことが注目される。アメリカ経済は一九二〇年代にすでにそうした大衆消費社会の段階に達しており、ヨーロッパの先進諸国も一九三〇年代を通じて乗用車に代表される耐久消費財を生産・消費する段階に入りつつあった。

日本の場合、「高度成長」期が終焉する間際の一九七〇年当時の耐久消費財の普及率は、「三種の神器」と呼ばれた電気冷蔵庫が九三%、電気洗濯機が九二%、白黒テレビが九〇%とほぼ全世帯に普及し終わっていた[1]のに対し、カラーテレビは三〇%、乗用車は二三%に過ぎなかった。これらの普及率に基づいて、当時の日本社会が「アメリカ型の大衆消費社会として成熟した姿を見ることができる[2]」と評価する向きがあるが、この時点で「大衆消費社会として成熟」したというのはやや過大評価に陥っているように思われる。カラーテレビの普及率は一九七五年に早くも九〇%台に乗るとはいえ、肝心の乗用車の普及率は一九七五年に農家五六%、非農家三九%、全世帯で四一％にとどまり、農家六六％、非農家四九％、全世帯で五二％と過半に達するのは「安定成長」期に属する一九七八年のことだからである(3)。なお、過半の世帯に普及したと言っても、一九七八年当時の乗用車一台当たりの日本の人口は五・四人であり、アメリカの一・九人、西ドイツ二・八人、フランス三・〇人、イタリア三・三人、イギリス三・八人を大きく超えており、一九九〇年代後半に一台当たり二人水準になって漸く欧米先進国並みのモータリゼーションの域に達することも留意しておきたい(4)。何れにせよ、戦後日本の「高度成長」期における耐久消費財は家電製品が中心であり、乗用車の利用が広まる大衆消費社会の出現は「安定成長」期を待たなければならなかったのである。

長期的高成長という見方の必要性

このことは、従来の研究が日本の「高度成長」の終焉を世界的な共時性の視点から一九七三年の第一次石油危機による成長率の低下という事実に求めていることについて、再検討が必要なことを意味している。従来の見方では「高度成長」後の成長を「低成長」や「安定成長」と呼ぶことが多いが、そうした消極的な表現では、石油危機を省力的な「減量経営」の実現を通じて乗り切ることに成功した日本経済が、強力な国際競争力を持つ自動車工業を築きあげて「本家」であるアメリカ自動車工業を没落の危機に追い込んでゆくイメージが浮かび上ってこないのである。

むしろ、戦後日本では一九五五年から一九八五年のバブル開始に至る三〇年間の長期的「高成長」を通じて、途上国並みの後進資本主義から先進資本主義としての大衆消費社会へと劇的に変貌したことにひとつの固有性があったと把握すべきではなかろうか(5)。もちろん、最近の緻密な実証研究が明らかにしているように、一口に「高度成長」期と言っても、そこには一九五五—五九年の「始動期」と一九六〇—六九年の「展開期」があり、さらに七〇—七四年の「収束期」があるということ自体は否定しがたい。「高度成長」期という呼称自体が今や学界でも固有名詞のように使われ、その時期についても確固とした定説があるため、その終焉を今になって私見のように一九八五年以降のバブルとその崩壊時点にまで引き延ばすことは研究史に無用な混乱を招く可能性があるかも知れない(6)。そこで「高度成長」期と「安定成長」(7)期の双方を包摂する表現として、本書では必要に応じて長期的「高成長」期という言い方を採用することにしたい。

このような長期的な見方を採用する根拠は、何よりも前述のように大衆消費社会への変貌の総過程を把握するためであるが、同時に日本経済の発展の国際条件が、中東の産油国からの安価な石油エネルギーの確保という優越的地位にあっただけでなく、冷戦体制下におけるアメリカとの軍事的連携という従属的地位にあった事実を重視するためであり、一九八五年以降のバブルとその崩壊という形での長期的「高成長」の終焉も、そうした対米関係を抜きにしては理解できないからである。以下、対外関係という側面から、長期的「高成長」の始動から終焉に至る条件を検討しよう。

二　長期的高成長の対外条件

「高度成長」を支えたブレトンウッズ体制

一九四四年七月にアメリカのブレトンウッズにおいて開かれた連合国の通貨金融会議は、自由貿易と多角的決済による国際経済秩序の設立を決め、翌年、世界銀行とＩＭＦ（国際通貨基金）が設立され、ＧＡＴＴ（貿易と関税に関する一般協定）も四八年に発効した。同体制は、戦前のブロック経済化と為替の切下げが戦争の原因となったとの反省に立ち、アメリカがドルと金の交換を各国中央銀行に保証することを条件に、各国はドルとの固定相場制をＩＭＦに支えられつつ維持し、自由貿易体制を守ろうとしたのである。以後、七一年の金ドル交換停止に至るまでブレトンウッズ体制は機能し、日本にとって経済成長の有力な枠組みとなった(8)。

表 12-2　相手地域別貿易額の推移

（単位・%，十億円）

〔輸出〕	1934-36年	1955 年	1970 年	1985 年	〔輸入〕	1934-36年	1955 年	1970 年	1985 年
朝鮮	17.1	2.0	4.3	4.0	朝鮮	14.4	0.4	1.2	3.1
台湾	6.6	3.3	3.7	2.9	台湾	9.7	3.3	1.3	2.6
中国	18.2	1.5	3.0	7.1	中国	10.7	3.3	1.4	5.0
香港	1.4	4.5	3.7	3.7	香港	0.1	0.2	0.5	0.6
東南アジア	9.0	12.9	10.4	8.4	東南アジア	6.5	14.8	10.0	17.0
其他アジア	10.6	16.2	4.8	7.4	其他アジア	10.1	14.0	14.7	23.7
北米	16.2	27.5	37.5	39.7	北米	26.5	41.6	36.7	23.7
中南米	3.4	7.6	3.1	4.8	中南米	2.1	4.2	5.2	4.8
ヨーロッパ	8.9	10.6	17.8	16.2	ヨーロッパ	10.4	7.2	13.6	10.8
アフリカ	5.8	10.5	7.5	2.0	アフリカ	2.6	2.6	5.8	2.2
太洋州	2.8	3.5	4.2	3.7	太洋州	6.9	8.3	9.6	6.4
輸出計・A	3,216	705	6,820	41,955	輸入計・B	3,277	884	6,761	31,085
					A＋B＝C	6,493	1,589	13,581	73,040
					GNP＝D	16,735	8,399	73,188	321,556
					C／D（%）	38.8	18.9	18.5	22.7

出典）『長期経済統計 14 貿易と国際収支』（東洋経済新報社，1979 年），『外国貿易概況』（日本関税協会，1985 年），三和良一・原朗編『近現代日本経済史要覧』（東京大学出版会，2010 年）．

もっとも、自由貿易体制といっても、いきなり参加国に貿易自由化と資本自由化が求められたわけではない。日本のIMF加盟は一九五二年、GATT加盟は一九五五年であったが、GATT加盟時の貿易自由化率は一六％であり、一九六〇年にも四〇％に過ぎず、先進国ではもっとも高い輸入制限が認められていた。その後、アメリカとの貿易黒字が拡大したため自由化圧力が高まり、六四年に為替制限を除去するIMF八条国化とOECD加盟を達成した時点の自由化率は九二％になった。もっとも自動車産業などは一九七〇年頃まで高い関税が課せられ、エンジンの輸入は七二年まで制限されていたし、資本輸入への制限はその後も維持されていた。その意味で、ブレトンウッズ体制は日本経済の急成長を保護・推進する役割を演じたと言ってよい。

貿易相手国の構成の変容

しかし、冷戦体制下の国際経済の西側の一環に組み込まれていたことは、日本の貿易相手国の構成を、戦前のそれとは大きく変容させることになった。表12－2に明らかなように、旧植民地朝鮮・台湾の比重が低下したことを別とすれば[9]、もっとも大きな変化は、アジア最大の相手国であった中国の比重が激減した代わりにアメリカとの貿易が急増したことである。東南アジアへの輸出がアメリカのドル散布による購買力の上昇による面が強いこと、「其他アジア」の比重とくに輸入の増加が中近東産油国からの国際石油資本（メジャーズ）による安価な石油の提供によることを考慮すると、対米関係の強化が戦前来の日本の貿易構造を如何に変容させているかが窺えよう。

貿易が国民総生産に占める比重を同表最下欄によって見ると、戦前の三八％台から一九％弱へと半減していること、ただし、一九八五年にかけては二三％へとかなり高まっていることが窺える。このことは、高成長の期間を通じて世界貿易中の日本の割合が上昇傾向を保っていたにもかかわらず、(10)前半の「高度成長」期の日本経済の成長のエンジンが民間設備投資を中心とした内需にあったこと、後半の「安定成長」期になると外需の役割が増え始めたことを意味している。「高度成長」期の内需の拡大は、重化学工業を軸とする投資が投資を呼ぶという循環に支えられていたが、消費需要の拡大については、戦後改革による農民・労働者の消費の拡大が基礎的条件であったことが重視されるべきであろう。例えば、農地改革後の自作農民は、経営規模は依然として零細だったものの、大企業の生産した化学肥料や農薬、農業機械の投入を増やしつつ稲作をベースに経営を複合的に発展させた。動力脱穀機の普及に続いて、耕耘のための小型トラクターも増え、「高度成長」期を通じて水稲の単位労働時間当り収量は倍増し、「安定成長」期に入ると田植機の普及も始まった。(11)

貿易の品目構成については、しばしば指摘されるとおり、戦前の原料輸入—軽工業品輸出を基本とする構造から、戦後は原燃料輸入—重化学工業品輸出を基本とする形へと変わった。では、重化学工業の発展はどのようにして行われたのであろうか。

三　重化学工業の技術導入と技術開発

欧米とくにアメリカ技術の導入

日本の重化学工業の技術水準は、戦時期・復興期の空白によって欧米諸国の水準に大きく立ち遅れていた。戦後期に開発された石油化学工業や電子工業の分野はもちろんのこと、戦間期に展開した家電・自動車などの耐久消費財産業、あるいは第一次世界大戦以前からの鉄鋼業・造船工業などにおいても、技術格差は極めて大きくなっており、自主的な技術開発ではキャッチアップは到底不可能であった。そこで、日本政府は製品輸入を為替管理で制限しながら、技術導入を奨励したため、欧米とくにアメリカは商品輸出に代わって技術を商品化して輸出したのである。(12)

例えば、製鉄業では世界各国から技術を輸入したため、日本の生産設備は「外国製製鉄機械と技術の見本市」(13)と言われたが、「日本の鉄鋼メーカー・製鉄機械メーカーは無数の小さな改良を蓄積していき、その蓄積がある閾値を超えたところで、鋼板の性質を自在に作りこめるという大きなイノベーションになっていった」(14)と指摘されている。こうした技術開発が進められた結果、一九六六年度の八幡製鉄のように技術導入費を技術輸出費が上回る企業も現れた。(15)しかし、全体としては、日本の技術貿易額は圧倒的に入超続きであり、差引黒字になるのは一九九二年のことであった。(16)

家電産業における技術の導入と開発

「高度成長」期に普及した耐久消費財である家電製品の製造技術の多くは欧米から導入された。松下電器の松下幸之助（一八九四―一九八九）は欧米の視察をもとに、一九五二年にオランダのフィリップス社と提携して最新の電子技術を導入した。この時、日本銀行から「別口外貨」の規定による二億円の融資を受けることができたというのは、(17)戦前にラジオのトップメーカーの地位を占めていた松下電器の歴史がものを言ったのであろう。戦後の幸之助は社員の給料で買える安いテレビの製造を志し、一九五八年には六万六五〇〇円というほぼ二カ月分の給与に当たるテレビを発売した。松下電器の設計技術はアメリカ式の設計をベースにしつつオランダ・フィリップス式設計と融合した独自なもので、同社は新しいテレビ受像機を次々と開発し、積極的な設備投資を行って一九五九年以降、テレビ業界首位の座を確保した(18)。

一九五〇年代には、アメリカ企業が技術輸出に積極的であったのに対して、日本政府は外貨支払の抑制という名目で必要以上な技術導入を抑制する行政指導を行った。アメリカで開発されたトランジスタ技術を導入したときのことを、東京通信工業（現・ソニー）の井深大（一九〇八—一九九七）は、次のように証言した(19)。

「〔昭和〕二七年（一九五二）二月に初めてアメリカに行く機会があって、たまたまウエスタン・エレクトリック社がトランジスタの特許をライセンスするという話を聞いた。……ところがライセンスの交渉がスムーズには進まなかった。もちろん、東通工の名はアメリカには全然知られていません。しかし、テープレコーダーをまったく独力で開発したことを知って高く評価してくれましたね。技術開発力は高いのだろうと。ところがアメリカに三カ月いて、帰ってすぐ通産省にウエスタンからの技術導入の話を持っていくと、係官はとんでもない話だという。トランジスタラジオの開発など小さな町工場にそんな大それたことができるものかと相手にしてくれない。……結局、許可が下りたのは二九年一月末です。もっと早く許可してくれたら、東通工が世界で最初にトランジスタラジオを開発できたのに、残念ながらアメリカのリージェンシーに先を越されてしまいました。」

当時のソニーは従業員一二〇名という小さなベンチャー企業であったが、アメリカの大企業はその技術力を正確に評価したのに対し、日本政府の役人は「小さな町工場」ということだけで馬鹿にしてなかなか技術導入を許可しなかったことが窺えよう。

自動車産業における独自技術の開発

「安定成長」期にアメリカ自動車産業を圧倒するまでに成長した日本の自動車産業も、一九五〇年代には朝鮮戦争の特需によって好転した業績をもとに乗用車の生産を本格化するが、従価四〇%という高率関税にも関わらず国産車は値段の面でも性能の面でも輸入車に敵わなかった。それ故、当時は政界・財界の有力者には国産乗用車無用論を唱えるものが多く[20]、そうした空気に抗して乗用車生産に乗り出したメーカーは、日産自動車と英国オースチン、日野ヂーゼル工業と仏国ルノー、いすゞ自動車と英国ルーツ、新三菱重工業と米国ウイリス・オーバーランドのように、欧米企業と技術提携するものが多かった。通産省がその後の一九五五年に発表して業界の猛反対を浴びて引っ込めた「国民車育成要綱案」は、大量生産を行う自動車会社一社のみを指定し、同社に政府助成を集中するというもので、官僚が如何に民間各社の乗用車開発能力を過小評価していたかを象徴するものであった[21]。

外国への技術依存の風潮の中でトヨタ自動車は自主開発の道を歩んだが、同社大野修司副社長がヒヤリングに対して、一九五〇年代には米国フォードとの提携が何回も話し合われ、それは実現しなかったとはいえ、「友好的な関係にありますので、向こうからもいろんな人がくればうちの工場を見にくるし、うちのものもしょっちゅうアメリカへ行きますすから、その場合には工場を見せていただくというようなことについては変わりなくやっております[22]」と語っているように、相互視察を通じての技術交流があったことは間違いない。その意味ではトヨタにおいてもアメリカ技術の模倣が行われていたが、一九六三年からは、組立工場の後工程が必要なものを必要な時に必要なだけ前工程に「かんばん」=作業指図票を回して引き取るという独自の生産管理方式を開発し、部品の供給メーカーへはバーコード付きの「かんばん」を回すことによって在庫を極力縮減することに成功した。そこではコンピューターを用いた全体の生産計画の策定が不可欠であったが、同時に「かんばん」の利用によって生産計画の微調整や現場での改善が可能になった[23]。こうして、石油危機以降競争力の衰えたアメリカ自動車産業を圧倒するトヨタ生産システムが誕生したのである。

四　「エネルギー革命」の進展

石炭採掘から石油輸入へ

一九五〇年代は先進国のエネルギー政策が、世界的に石炭生産の抑制から石油輸入の促進へと転換する画期であったが、日本の場合はそのテンポが急速であるだけでなく徹底していた。すなわち日本の一次エネルギーの構成比における石油依存度は、一九五〇年には六％に過ぎなかったのが、六〇年には三八％になり、七三年には七八％とイタリア並みの水準に達し、五〇％前後のイギリス・アメリカ・西ドイツを大きく超えるに至った。その結果、五〇年には九七％だった日本のエネルギー自給率は七三年には僅か九％にまで低下した[24]。最終エネルギー需給では日本は電力の伸びが目立っており、その電源構成は九大電力で見ると一九六一年に水力中心から火力中心に変わり、火力では一九六四年に石炭中心から石油中心に転換した[25]。

このような石油へのエネルギー転換は、一九五〇年代から六〇年代半ばにかけての中東産油国において巨大油田が続々と発見され大型タンカーの開発によって安価な石油が大量に供給されたためであった。アメリカを中心とするメジャーズは巨額の利益を得ており、それを牽制しようとするソ連の参入が石油価格の低下傾向に拍車を掛けた[26]。日本の石油資本はメジャー同士にソ連を加えた競争を利用して石油を安く輸入することに成功しつつ、大型化するタンカーのための港湾整備を政府の援助を得て実施した[27]。すなわち、臨海製油所と電力企業の発電所を近接立地させてパイプで繋ぎ、さらに、石油化学企業や鉄鋼企業などを巻き込んで臨海工業地帯を作り上げたのである[28]。

石油という安価な代替エネルギーの台頭に対する日本政府の当初の対応は、石油輸入を制限しつつ石炭鉱業の合理化を図るというものであった。それは外資を節約するには国内資源である石炭を有効に利用すべきだと考えたためであった。しかし、そうした政策が実際には実現困難であることが間もなく判明し、石炭企業の経営が悪化して大量の炭鉱離職者が生まれたため、政府は離職者の再就職や職業訓練を援助する方針に転換する。[29] 石炭企業の多くは合理化のための大量解雇に踏み切り、一九六〇年には組合活動家の指名解雇をめぐって三井三池炭鉱では多数の重軽傷者を出す壮絶な大争議が展開されたが、それを最後に各地で炭鉱の閉鎖が進むことになった。[30]

原子力発電への選択

日本における原子力発電の開始に際しては、アメリカがアイゼンハワー大統領の一九五三年一二月の国連総会での演説「平和のための原子力」に見られるように核燃料と核技術を西側諸国に売込みつつ核武装の拡散を阻止する姿勢に転じ、被爆国日本はそのための格好の舞台とされ、読売新聞社長正力松太郎らへのアメリカからの執拗な働きかけがあった。[31] 日本では学界やジャーナリズムは核の平和利用に消極的であり、中曽根康弘ら政治家が積極的に対応し、一九五五年に日米原子力協定が結ばれ、翌年原子力委員会（委員長正力松太郎）が発足した。[32] そしてアメリカから濃縮ウランを輸入し、一九六六年には日本原子力発電の東海発電所が初めて商業ベースでの原子力発電を開始し、建設に参加した九電力各社の技術者がその経験を活かして発電所の建設に努め、一九七〇年には関西電力美浜発電所、七一年には東京電力福島発電所が動き始めた。そして七三年の石油危機を契機に電源の脱石油化を目指す取り組みとして原子力発電所の建設が精力的になされ、[33] 一九八五年には日本の原子力発電は総発電量の二四％を占め、アメリカ、フランス、ソ連に次ぐ原発大国になった。[34]

五　労働力と資金調達の固有性

農村からの若年労働力の流出

明治維新以降の後発資本主義日本の急速な発展を支えたのは、豊富な低賃金労働力の存在であり、第二次世界大戦後の復興と経済成長に際しても農村を中心とする豊富な過剰労働力の存在が、先進諸国の経済成長の中で日本経済が抜群の高成長を実現しえた固有の条件であるとされてきた(35)。

一九五五年当時の中学卒のうち二人に一人は就職したが、その多くは地元の職業安定所や学校を通じて東京・大阪・愛知三大都市圏に「集団就職」し、中には繊維産業や家電産業の大企業に就職する女子や大企業の「養成工」として採用されて熟練労働者となる男子も居たが、大多数の中学卒は雇い主に「金の卵」と呼ばれながら中小企業に就職した。吉川洋氏は、農村から大都市への若年労働者の集中を日本列島内部での未曽有の「民族大移動」と呼び、それらの若者が結婚して作る「核家族世帯」が、家電消費財の爆発的普及の拠点となったと主張した(36)。

一九六〇年代後半になると、年々の中卒就職者数を高卒就職者数が圧倒するようになり、大企業で採用した高卒は、中卒がまず数年間養成工として働くのと異なり、数カ月の短期訓練で現場に配属されるようになった(37)。したがって、その後の技能・人材形成は、職場で仕事をしながら覚える実地方式（いわゆるＯＪＴ、On-the-Job Training）が中心となり、それと企業内での内部昇進制度が重なって、勤続年数の長い熟練工や技術者が生み出されるようになった(38)。もっとも、やや立ち入って見ると、鉄鋼業では中卒養成工と高卒ブルーカラーが代替関係にあったのに対し、トヨタ自動車やデンソーなどでは養成工の採用が続けられ、現場の基幹労働力となっていたことが注目される(39)。さらに、高卒についていは、一九七〇年代に職業学科卒が急減し、大部分が普通学科卒になってしまったことが技能養成システム全体の弱点として指摘されている。[40]

農村の過剰人口が大都市に吸収される「民族大移動」は、一九七〇年代初めには急減した。そうした国内条件の変化を高度成長終焉の根本原因であると見做し、国際的な石油危機は「仕上げの一撃」に過ぎないとする見方もある。[41]しかし、労働力の「過剰」から「不足」への転換は、先進諸国と比べての日本経済の独自性の消滅を意味するものであった。石油危機を独特な「減量経営」[42]によって克服した日本経済は、その後も年率四%前後という「高度成長」期の先進諸国並みの高成長を続けるのである。

表 12-3　日本の主要企業の資本・負債の構成　（%）

期間	自己資本	他人資本				合計
		合計	社債	借入金	支払手形等	
1928-1943 年	55.9	44.1	14.4	6.3	23.4	100.0
1950-1970 年	27.8	72.2	5.0	32.9	34.3	100.0
1971-1980 年	16.1	83.9	6.2	36.6	41.1	100.0
1981-1990 年	24.6	75.4	10.4	29.5	35.5	100.0

出典）南亮進『日本の経済発展〔第三版〕』（東洋経済新報社，2002 年）251 頁より引用．
備考）三菱総合研究所調べ．

間接金融体制の構築と変容

財閥解体や農地改革という戦後改革は、財産一〇─二〇万円の二五%から一五〇〇万円以上の九〇%という高率累進の臨時の個人財産税と相俟って、個人投資家の上層部分をほぼ完全に解体した。[43]そのため一九三〇年代までに不十分ながら育ちつつあった資本市場は戦後なかなか復活できず、「高度経済成長」の際には企業の調達資金の多くは銀行などを経由する間接金融のルートに依存せざるをえなかった。

すなわち、表12-3によれば、主要企業の総資本に占める株式・積立金などの自己資本の比率は、戦前には五〇%以上という高い水準にあったのが、戦後は大きく落ち込んで行き、一九七〇年代には一六%という極めて低い水準になった。逆に見れば、社債、借入金、支払手形などの他人資本に依存する割合が著しく高まったのであり、主要企業の資金調達は銀行からの借入金などの間接金融に大きく依存するようになったのである。本表の自己資本比率は、アメリカの六一・五%（一九五六年）、イギリスの四四・四%（一九七七年)、西ドイツの三二・六％（一九七八年）に比べるとはるかに低かったことが注目されよう。[44]もっとも、主要企業の自己資本が乏しかった理由は幾つもあり、投資家とくに個人投資家たりうる資産家の層が戦前と比べて薄かったためだと理解するのは単純過ぎよう。なぜなら、長期的な高成長の過程で個人の金融資産も増加したにもかかわらず、増加分の三分の二前後は一貫して預貯金であり、株式は一九六五年の証券恐慌に至るまでは増加分の一一％前後を占めていたものの七〇年代には一％未満に縮小したからであり、[45]株式投資家たりうる大口貯蓄者は、投機的色彩の強い株式投資を避けて安全な銀行預金や郵便貯金を選好したからである。その意味では、個人投資家に対する企業の情報開示の遅れと、投資を仲介する証券業者が投資家の利益を支えるサービスを十分に行っていないという証券市場の未発達こそが問題とされねばなるまい。

こうした間接金融の優位という状況下では、最大の融資比率をもち融資先の企業と比較的安定的な取引を行うメインバンクが、その審査能力を活かして融資先企業の経営状態をモニターしつつ他行との協調融資の中心となり、必要に応じて救済融資も行う点で、株主によるモニタリングが強い英米型の直接金融の場合と対照的であった。[46]その場合、銀行からの融資内容に企業の運転資金だけでなく設備資金が含まれていたことが特徴的であるが、設備資金融資は運転資金融資ほど多くないことを理由に、設備資金の調達においては間接金融中心ではなかったことが最近指摘されている。[47]事実としてはそのとおりであるが、もともと短期の預金をもとに融資を行う普通銀行は、短期の運転資金の融通を本務とする機関であり、設備資金の融資にまで踏み込んだこと自体が日本固有の事態であったことが留意されるべきであろう。

一九五〇年代に設立された設備資金供給のための政府出資の日本開発銀行（一九五一年創立）、長期信用銀行法に基づく日本長期信用銀行（五二年創立）と日本興業銀行（同年創立）および日本不動産銀行（五七年創立）は、何れも民間普通銀行のそうした制約を乗り越えるために設立された。一九六五年当時の設備資金融資残高は、普通銀行の一兆三七一二億円に対して、日本開発銀行が九二七二億円、長期信用銀行三行合計が一兆九二三一億円であり、普通銀行からの直接融資額は長期信用専門の諸行による融資合計の半分に過ぎず、初めのうちはむしろ長信銀発行の金融債の購入者としての役割の方が大きかったのであり、そのことは短期融資を本務とする普通銀行のあり方を示すものに他ならない。長信銀は金融債を発行して普通銀行に引き受けさせることにより、そこに集中した短期資金を長期資金に転換する役割を果たしたのである(48)。

表12－3によると、一九七〇年代から八〇年代にかけて自己資本の比率が再び高まり、間接金融体制の優位が緩み始めたことが窺える。これは、石油危機に対応しての減量経営に際して借入金が削減されたことの反映であると思われるが、それと同時に、積極的な経営拡大に際しても有力企業の場合は借入金への依存でなく社債の発行という選択肢を選ぶ機会が広がったことが留意されるべきであろう。こうして一九八〇年代中葉にバブル期に突入する際の都市銀行は貸出先の比重を大企業から中小企業へ、製造業からサービス産業へと移しつつあったのである(49)。

注

（1）新谷尚紀「電気洗濯機の記憶」（国立歴史民俗博物館編『高度経済成長と生活革命』吉川弘文館、二〇一〇年）。

（2）三和良一『概説日本経済史［第3版］』（東京大学出版会、二〇一二年）一八八頁。なお、高度成長期の日本では乗用車や住宅のような大型耐久消費財の普及は西欧水準に達していなかったことは、一九七三年当時大川一司氏によって指摘されていたという（小堀聡「エネルギー供給体制と需要構造」武田晴人編『高度成長期の日本経済』有斐閣、二〇一一年、二〇三頁）。本章では大型耐久消費財としての住宅の問題は扱わない。日本の大都市における住宅の狭さと環境および内容の貧しさは、欧米先進国の場合と簡単な比較を許さないものがあり、日本の大衆消費社会の固有の限界をなすものである。

（3）経済企画庁調査局編『家計消費の動向（昭和五五年版）』（大蔵省印刷局、一九八〇年）。ここで特に乗用車に注目するのは、一九二〇年代のアメリカでの大衆消費社会の出現がいわゆるフォーディズムの形をとり、フォード社の自動車製造は、同社の高賃金職工が購入できる低価格となるよう大量生産によって行われ、大量生産＝大量消費の好循環が実現したことを重視するためである。なお、農家の普及率が高いのは、車庫スペースの制約がないためだとされているが（加瀬和俊「農村と地域の変貌」『日本史講座10　戦後日本論』東京大学出版会、二〇〇五年）、同時に、農村では自家用車が一旦普及し始めると鉄道やバスの便が急速に悪化するためでもあろう。

（4）　日本自動車会議所・日刊自動車新聞社共編『自動車年鑑』各年版。

（5）　なお、「固有性」について言えば、大衆消費社会を実現するために三〇年という長期の「高成長」が続いたという歴史過程の固有性のほかに、注(2)で触れたように、実現した大衆消費社会が、例えば住宅の側面で大きな限界を持っており、日本の勤労者は住宅ローンの返済のために過労死を招くほどの長時間労働を余儀なくされているといった社会内容の固有性も考える必要があるが、ここでは触れえない。

（6）　原朗編著『高度成長始動期の日本経済』（日本経済評論社、二〇一〇年）、同編著『高度成長展開期の日本経済』（日本経済評論社、二〇一二年）参照。高度成長の時代の本格的な研究が「経済大国化」を踏まえた一九八〇年代半ばに始まったことについては、大門正克「高度成長の時代」（大門正克ほか編『高度成長の時代1　復興と離陸』大月書店、二〇一〇年）に詳しい。そこでは触れられていない日本経済史のシリーズにおいても、安場保吉・猪木武徳編『日本経済史8　高度成長』（岩波書店、一九八九年）、石井寛治・原朗・武田晴人編『日本経済史5　高度成長期』（東京大学出版会、二〇一〇年）のように「高度成長」期を対象とする巻が編まれている。二〇一二年一一月一一日に慶應義塾大学において開催された政治経済学・経済史学会秋季学術大会共通論題「高度経済成長の終焉をどう捉えるか——製造業、内需、地域社会」の討論の席で、私は石油危機でなくバブル崩壊をもって「高度経済成長」の終焉と見るべきではないかと問題提起をしたが、経済史研究者の多くは簡単にはそのような見方に賛成しなかった。この点については、『歴史と経済』第二一九号（政治経済学・経済史学会、二〇一三年四月）の会報の大会記録を参照されたい。

（7）　ここでは、「安定成長」期についても通常の表現をそのまま利用するが、「安定成長」期の日本経済の体質が「高度成長」期の体質とあまり変わっていないという指摘があることに留意しておきたい。例えば、香西泰氏は、一九八八年当時、「いまの日本経済は高度成長期の体質と変わっていない。現にそういうことが起きている。つまり、貯蓄率は高いし、労働分配率が低いし、労働時間は長い。今回の景気〔一九八七年後半の成長率が一〇％〕の様相は、前川リポート〔前日銀総裁前川春雄を座長とする中曽根首相の私的諮問機関が八六年春に提言。経済摩擦解消のために輸出志向的な経済構造の調整を説く〕に書いてあるような、末端消費からじわじわ内需を拡大してという話ではないのです。このように高度成長の復活がハッピーな体質である、ということは、本当の安定成長をハッピーにできる条件がまだない、ということかもしれません。……労働時間の短縮が成長に結びつくような成長、つまり、やみくもに働いて成長するという高度成長パターンではなく、新しい成長パターンをつくらなければならない」という重要な指摘を行っている（「座談会 内需主導経済で豊かさの循環を高度成長体質から新しい成長のパターンへ」香西泰、竹内啓、士志田征一、田中直毅）『エコノミスト』一九八八年八月一五日号、一六頁）。そうした点を考慮すると、働く者の立場から見た「高成長」の成長パターンは、「高度成長」期のそれで一貫していたことになろう。

(8) 伊藤正直「「高度成長」とその条件」（歴史学研究会・日本史研究会編『講座日本歴史11 現代一』東京大学出版会、一九八五年）、浅井良夫「現代資本主義と高度成長」（歴史学研究会・日本史研究会編『日本史講座10 戦後日本論』東京大学出版会、二〇〇五年）。

(9) 一九八五年のデータでは北朝鮮は「其他アジア」に含まれている。

(10) 矢野恒太郎記念会編『数字でみる日本の一〇〇年』（国勢社、一九九一年）三四四—三四五頁。

(11) 暉峻衆三編『日本の農業一五〇年』（有斐閣、二〇〇三年）一五七、一六九—一七三頁。

(12) 柴垣和夫『昭和の歴史9 講和から高度成長へ』（小学館、一九八三年）一七七—一八七頁。

(13) 高橋昇『科学論・技術論双書5 日本の金属産業』（勁草書房、一九六五年）三〇頁（粕谷誠『ものづくり日本経営史——江戸時代から現代まで』名古屋大学出版会、二〇一二年、三三二頁より再引用）。

(14) 粕谷誠、同上書、三三二頁。

(15) 飯田賢一・大橋周治・黒岩俊郎編『現代日本産業発達史4 鉄鋼』（交詢社出版局、一九六九年）五一一頁。

(16) 矢野恒太記念会編『一九九八／九九年版日本国勢図会』（国勢社、一九九八年）二一七頁。

(17) 松下幸之助「電気工業の再建」（安藤良雄編著『昭和経済史への証言 下巻』毎日新聞社、一九六六年）三五二頁。

(18) 長谷川信「技術導入と日本のテレビ開発」（橋本寿朗編『日本企業システムの戦後史』東京大学出版会、一九九六年）、松本貴典「松下幸之助」（宮本又郎『日本をつくった企業家』新書館、二〇〇二年）。

(19) 森谷正規『技術開発の昭和史』（朝日文庫、一九九〇年）九六—九八頁。

(20) 岡部貞雄「自動車——乗用車に乗り出す」（有沢広巳監修『日本産業史　第二巻』日経文庫、一九九四年）七二—七六頁。

(21) 四宮正親『日本の自動車産業』（日本経済評論社、一九九八年）一二四—一三五頁。

(22) 大野修司「自動車工業の再建」(安藤良雄編著前掲『昭和経済史への証言　下巻』) 三六五頁。
(23) 和田一夫『ものづくりを超えて——模倣から独自性構築へ』(名古屋大学出版会、二〇一三年) 第一章参照。トヨタの事例を挙げつつ、技術の自主開発と技術導入が対立的というより相互補完的であったことを論じたものとして、沢井実「高度成長と技術発展」(石井寛治・原朗・武田晴人編前掲『日本経済史5　高度成長期』) 参照。
(24) 小堀聡「エネルギー供給体制と需要構造」(武田晴人編『高度成長期の日本経済』有斐閣、二〇一一年) 一七二頁。
(25) 橘川武郎『日本電力業発展のダイナミズム』(名古屋大学出版会、二〇〇四年) 二四四—二四九頁。
(26) 瀬木耿太郎『石油を支配する者』(岩波新書、一九八八年) 八六—一〇五頁。
(27) 小堀聡前掲「エネルギー供給体制と需要構造」一七九—一九三頁。
(28) 高垣節夫「エネルギー産業——石油と電力の結婚」(有沢広巳監修前掲『日本産業史　第二巻』) 一六一—一六七頁。
(29) 武田晴人氏はこうした日本政府の対応を「石炭政策の迷走」と評している(同『シリーズ日本近現代史8　高度成長』岩波新書、二〇〇八年、八四頁)。
(30) 三池労組が「職制に対決して生産の実権をわれわれの手に握る」職場闘争を推し進めた結果しだいに孤立し、ついには第二組合の発生によって自壊した経緯については、兵藤釗『労働の戦後史　上巻』(東京大学出版会、一九九七年) 二一八—二二九頁参照。
(31) 長谷川公一『脱原子力社会へ』(岩波新書、二〇一一年) 二一—二二頁。
(32) 中曽根康弘『天地有情——五十年の戦後政治を語る』(文芸春秋、一九九六年) 一六六—一七二頁。
(33) 橘川武郎前掲『日本電力業発展のダイナミズム』二四六、三〇〇—三〇七、四二〇—四三〇頁。
(34) 矢野恒太郎記念会編前掲『数字でみる日本の一〇〇年』一七八—一八一頁。
(35) もっとも、一九六〇年頃を境に、労働力過剰は労働力不足に転換する(南亮進『日本の経済発展』東洋経済新報社、一九八一年、二四七頁)。
(36) 吉川洋『高度成長』(読売新聞社、一九九七年) 一〇五—一三三頁。
(37) 菅山真次『「就社」社会の誕生——ホワイトカラーからブルーカラーへ』(名古屋大学出版会、二〇一一年) 四二三—四三六頁。
(38) 猪木武徳「成長の軌跡（一）」(安場保吉・猪木武徳編『日本経済史8　高度成長』岩波書店、一九八九年) 一一九—一二一頁。

(39)　大場隆広「養成工と高校卒ブルーカラーの代替と補完──戦後日本の高度成長期を中心に」(『歴史と経済』第二二三号、二〇一四年)。

(40)　本田由紀・堤孝晃「一九七〇年代における高等学校政策の転換の背景を問い直す」(『歴史と経済』第二二三号、二〇一四年)。

(41)　吉川洋前掲『高度成長』一四六―一四八頁。

(42)　石油への依存度が高かった日本の製造業が、エネルギー節約、金利節約、正規社員の解雇を含む「減量経営」を如何に進めたかについては、鈴木恒夫「高度成長のエンジン」(下谷政弘・鈴木恒夫編『講座・日本経営史5「経済大国」への軌跡』ミネルヴァ書房、二〇一〇年)六一―六三頁参照。

(43)　財産税が地主資産家に与えた打撃については、広田四哉「地主制の解体と財産税」(『土地制度史学』第一三七号、一九九二年)、財閥資産家に与えた打撃については、三井文庫編『三井事業史　本篇第三巻下』(鈴木邦夫氏執筆、二〇〇一年)参照。

(44)　南亮進前掲『日本の経済発展』二九三頁。

(45)　石井晋「戦後日本の銀行経営」(『講座・日本経営史5「経済大国」への軌跡』ミネルヴァ書房、二〇一〇年)一四九頁。

(46)　岡崎哲二「戦後日本の金融システム」(森川英正・米倉誠一郎編『日本経営史5　高度成長を超えて』岩波書店、一九九五年)。

(47)　宮崎忠恒「設備資金調達と都市銀行」(武田晴人編前掲『高度成長期の日本経済』)。

(48)　日本銀行統計局『経済統計年報』(一九七四年)。設備資金の融通としては、この他に信託銀行と大和銀行の信託勘定一兆六六三九億円があり、合計で五兆八八五四億円になる。

(49)　宮島英昭・河西卓弥「金融システムと企業統治」(橘川武郎・久保文克編『講座・日本経営史6　グローバル化と日本型企業システムの変容』ミネルヴァ書房、二〇一〇年)一〇七―一一一頁参照。

第一三章 「産業国家」日本の社会と政治

経済の高成長は日本社会を大きく変えた。所得格差が縮小し「一億総中流」幻想が広がったが、中規模専業農家や零細企業労働者の貧困率はあまり下がらなかった。日本は大企業の福利制度が「福祉国家」への歩みを代位し、公害への救済措置も遅れた「産業国家」であった。自民党の長期政権に対抗する社会党・共産党の戦略は社会主義革命を目指すもので、西欧並みの構造改革路線は根づかなかった。「産業国家」日本の経済成長戦略は安保体制下の軍事負担の軽さが支えたが、その代償は政治・外交面での対米従属であった。

一 所得格差の縮小傾向とその限界

ジニ係数の低下と貧困率の動向

社会を構成する人々の所得格差を表わすジニ係数は、最大値が一、格差が小さいほど数字が小さくなり、全く格差がない場合が〇であり、ほとんどの社会では〇・二から〇・六の間に収まっていると言われる。(1) 〇・四が社会不安の警戒ラインとすれば、〇・六は社会不安の危険ラインとされている。(2) 戦前日本のジニ係数はしだいに増加し、一九三七年には〇・五七と推定されており、(3) まさに社会不安の危険水準に近いところにあったことになろう。

戦後間もない一九五二年のジニ係数は〇・三三五（当初所得、租税や社会保険料等を支払い公的給付を受取ったあとの再分配所得は〇・三〇七）と推定されているから、アジア太平洋戦争と戦後改革を通じて大幅に低下し、平等化が進んだことになる。その後、一九五〇年代を通じてジニ係数は一時上昇するが、一九六一年の〇・三九〇（当初所得、再分配所得は〇・三四四）を転機に以後低下しはじめ、一九八〇年の〇・三四九（当初所得、再分配所得は〇・三一四）まで傾向的に低下し続けた後、上昇に転じている。[4] すなわち、一九六〇・七〇年代の高成長期は所得の平等化がもっとも進んだ時期なのである。一九七六年にOECD（経済開発協力機構）が先進資本主義諸国の所得分配の現状を報告したとき、日本はオーストラリア、ノルウエー、スウェーデンとともにもっとも平等性が高いグループとされたというが、当時の日本社会は「高度成長」を通ずる平等化の到達点にあったと言ってよい。[5]

平等化の起動力となったのは高成長期を通ずる重化学工業化へ向けての産業構造の変化と労働力需給の過剰から不足への転換であった。一九六二年には求人数が求職者数を上回るようになり、とくに新規中卒・高卒の労働市場が逼迫したため、初任給が引き上げられた。大企業同士、あるいは中小企業から大企業への労働移動も活発化し、規模別賃金格差が縮小した。また、農家と賃労働者の格差も米価引き上げと兼業化の進展によって急速に縮小した。それにもかかわらず、「経済格差の縮小には、依然として多くの限界があり、また後の格差拡大の遠因も形成されつつあった」[6] と指摘されている。

その点を、貧困者がどの程度居るかという角度から分析した橋本健二氏の研究によって見よう。所得中央値（所得の多い人から少ない人まで順に並べたときの中央に位置する人の所得額）の二分の一を貧困線として、それ以下の所得者を貧困者と見做すとき、その比率は表13－1のように推移したという。[7] 全体としての貧困率は一九五五年以降大幅に低下しているが、一九八五年には若干ながら再上昇している。管理職と専門職および男性事務職からなる新中間層の貧困率は最初から低く、零細企業の労働者に多くの貧困層が含まれている。自営業者の貧困率は減少しているとはいえ一〇％ラインを割るには至っていない。農民層は兼業化による所得増加があるため一九八五年にも貧困率は低下し続けているが、男子労働力を外部へ排出しにくい中規模専業農家の貧困率が高いため、依然としてかなりの貧困層がいることが分かろう。

そうした客観的な格差の存在にもかかわらず、高成長期の日本社会が「一億総中流」であるかのような幻想が広がったのは、経済成長が急速であった結果、階層間の移動とくに下から上に向かっての移動が盛んに行われ、ブルーカラーからホワイトカラーへの昇進事例も多かったことが理由であった。階層間移動に関する調査を分析した佐藤俊樹氏は、多様な昇進のルートが機能していたことを跡付け、「新中間大衆」（村上泰亮）[8]について、「大多数の人々にとっては、八〇年代前半までの戦後の階層社会は、それなりに「努力すればナントカなる」社会になっていった。西欧的な感覚でいえば「中流階級」、戦後の日本の感覚ならば「上」になる可能性を信じることができたのである。……「新中間大衆」というのは、結局、この「可能性としての中流」のことだった[9]」と述べている。

表 13-1　戦後日本社会の貧困率の推移　(%)

	1955 年	1965 年	1975 年	1985 年
全体	20.8	12.1	9.0	9.6
資本家階級	5.8	2.0	4.1	1.4
新中間階級・全体	2.1	2.4	1.0	2.2
1-29 人	0.0	4.4	3.7	3.4
30-999 人	3.7	4.4	1.5	1.0
大企業・官公庁	2.2	1.2	0.3	2.8
労働者階級・全体	13.0	12.4	8.6	12.1
1-29 人	21.6	20.7	15.2	20.6
30-999 人	9.8	11.5	5.3	10.2
大企業・官公庁	6.3	3.9	3.8	5.4
自営業者層	19.1	13.4	11.2	12.4
農民層	34.1	24.2	19.6	13.6
無職	28.2	19.1	18.9	25.3

出典）橋本健二『「格差」の戦後史』（河出ブックス，2009 年）108，123，145，165 頁．

国民所得倍増計画の成長至上主義

こうした社会変化をもたらした長期的高成長が、岸信介内閣（一九五七年二月—六〇年七月）の後を継いだ池田勇人内閣（一九六〇年七月—六四年一一月）の「国民所得倍増計画」によって方向付けられたことは周知のところである。計画自体は岸内閣の時期から経済企画庁中心に練られていたが、池田首相とそのブレーンである下村治の構想によって一〇年で国民総生産を倍増する政策へと具体化された[10]。武田晴人氏によれば、それは「計画」と名付けられていたとはいえ、実体は民間投資を中心とする活動を支える「政策」であり、企画庁が構想する民間投資と公共投資によって社会資本を充実させる「計画」とは異なっていた。そこには民間の強い成長力に対する池田の信頼があったという。

所得倍増政策の過程では、一九六三年一二月に公表された中間検討報告が指摘するように、物価上昇や社会資本整備・社会保障の遅れ、あるいは公害の発生といった高成長に伴う問題が次々と発生したが、高成長の成果を政府財政が吸収・利用して問題解決に当たるという「福祉国家」の路線は採用されず、続く佐藤栄作内閣（一九六四年一一月―七二年七月）の時期も政策転換がなく[11]、一九六八年度の『経済白書』が初めて福祉の向上の必要性を正面から取り上げるにとどまった。自民党政府の福祉問題への取組みの遅れは、大企業による従業員の福利厚生施設が充実すれば、それが政府による福祉政策を十分代位できるという思い込みがあったためだと言われている。こうして次の田中角栄内閣（一九七二年七月―七四年一二月）の時になって、政府はようやく福祉問題を組み込んだ一九七三年度予算を編成し「福祉元年」として宣伝したが、同年の第一次石油危機の勃発は、「産業国家」日本の遅ればせながらの「福祉国家」への転換を挫折させることになった。

池田勇人は、岸内閣の通産大臣であった一九五七年一一月の閣議において、厚生省食品衛生調査会の水俣食中毒部会が出した「水俣病の発症物資としては有機水銀化合物であると断定せざるをえない。ただし、如何にして有機化、有毒化するかの機序は未だ明らかでない」という答申を厚生大臣が報告したのに対して、「有機水銀が工場から流出との結論は時期尚早」と異例の発言を行って答申を棚上げした人物である[12]。この意図的発言によってチッソ水俣工場の排水は一九六八年に至るまで続行されたため、湾内の水銀量が増加して新たな患者を発生し続けた。一九六五年六月に阿賀野川流域（新潟県）で発見された「第二水俣病」も、その原因は熊本の水俣病と同じであったが、やはり操業は一九六八年まで続けられた[13]。池田の主導する「所得倍増計画」が、弱者へのまなざしを決定的に欠落していたことは、もっぱら産業サイドに立つ政策を実行してきた池田としては当然の一貫した態度であったと言えよう[14]。

二　「産業国家」日本への野党の観念的批判

江田ビジョンを否定する社会党の停滞

所得倍増計画をもっぱら産業側の視点から推進した自民党内閣に対して、最大の野党である日本社会党はどのような批判を試みたのであろうか。戦後の日本社会党の歴史を跡付けた原彬久氏は、一九六〇年代以降の労働者の意識が「中間層」化して行き、産業労働者の社会党支持率が五一％（一九五五年）から三〇％（七五年）へと急落し、給料生活者（事務職、管理職）の社会党支持率も同時期に五〇％から三〇％へと激減したのは、社会党がその中心的支持者の意識の変化から置き去りにされていったことを示すものだと指摘する。そして、江田三郎らによる構造改革路線の提唱こそは、新たな社会党の路線として一時注目を浴びたにもかかわらず、同路線は党内での対立を通じて葬り去られたと論じている。(15)

すなわち、浅沼稲次郎委員長が暗殺された翌日の一九六〇年一〇月一三日の臨時党大会において、委員長代行の江田三郎書記長が提案した「方針」のなかに資本主義の枠内で実施できる変革である「生活向上、反独占、中立」の「構造改革」が初めて挿入され、同方針は満場一致で可決された。ところがそれに対する反構革派の反撃が直ちに始まり、激しい論争が展開され、六二年一月の党大会では構造改革は「戦略」でなく一段下の「戦術」として位置づけられた。同年七月に江田書記長は、「社会主義は、大衆に分かりやすく、ほがらかでのびのびしたものでなければならない」とし、人類が到達した主な成果である「米国の平均した生活水準の高さ」「ソ連の徹底した社会保障」「英国の議会制民主主義」、「日本の平和憲法」の四つを「総合調整して進むとき、大衆と結んだ社会主義が生れる」と宣言した。このいわゆる「江田ビジョン」は一般大衆に新鮮な影響を与えたが、社会党内の反対派とくに社会主義協会は、

「江田ビジョン」は「アメリカ礼賛」であり「資本主義へのすり寄り」にほかならないと厳しく批判した。同年一一月の党大会で、江田ビジョンは否定され、江田は書記長を辞任、その後も構造改革路線をめぐる対立は続いたが、六九年一二月の総選挙での大敗北を受けた七〇年一一月の党大会における委員長選挙で江田はまたしても左派勢力に敗れ、「市民社会主義」を唱える江田は七七年三月に離党した。一九六八年当時、自民党幹事長であった田中角栄は、「自民党はいつまでも政権を握っていられるとは限らない。社会党では江田が一番恐い。江田を委員長に立てたときは、もしかすると自民党は負けるかもしれない」と語ったという。選挙のあり方に通暁した田中のこの発言は、自民党にとっての江田の構造改革路線の「恐ろしさ」を的確に指摘したものと言えるのではあるまいか(16)。

「江田ビジョン」は確かにイメージとしての斬新さはありながら、新しい社会主義の内容についての論理的な詰めが甘く、資本主義体制の内部での「改革」と社会主義への移行の関連が不明確であるという難点があった。しかし、それに対する批判は、そうした難点を如何に克服するかという内容でなく、ソ連モデルの社会主義建設を目指す立場からする断罪に等しかったから、論争は新たな社会主義のあり方を構想する生産的なものにならなかった。こうして、日本社会党は、西欧諸国のような社会民主主義への方向を模索する格好の機会を逃し、観念的な革命路線を追求する教条的な政党として徐々に時代遅れのものと化していくことになる。

左翼論客による高成長の教条的評価

こうした社会主義革命を重視する日本社会党の体質の背後には、マルクス主義に立つ日本の左翼系論客の多くが、日本資本主義の脆弱な体質を強調し、その崩壊が間近であると見做した事実があった。例えば、戦前の労農派の流れを汲む宇野学派(17)の論客大内力氏は、一九六三年一二月に刊行して評判となった『日本経済論　下巻』の結論で、進行中の経済の「高成長」はどの道「狂い咲きの繁栄」に過ぎず、二重構造を解消することなどはありえないと次のように論じていた。[18]

「もともと低賃銀労働のうえに輸入技術によって組みたてられた高成長には、こういう低賃銀の基盤そのものを破壊する力はありえないのであり、その基盤にゆきついたときには、それ自身停滞均衡の道を選ばざるをえなくなるであろう。ときあたかも世界経済のなかでは、国際競争がいよいよ激化されつつあり、それがまた停滞均衡を日本に強制しつつあるようにみえる。そのいずれの側からどのような道すじをとおって日本経済の再転換が要求されるかはもとより将来の問題である。どの道狂い咲きの繁栄に秋風が吹きはじめていることはたしかであろう。」

日本社会党と異なり日本共産党は、紆余曲折を経てソ連社会主義や中国社会主義と異なる独自な路線を採るようになったが、資本主義世界がロシア革命、中国革命によってすでに全般的危機の段階に突入しているという認識では世界の共産主義運動の抱く認識と共通しており、日本でも社会主義革命がそう遠くない時期に起こると予測していた点では日本社会党と共通していた。この点は、例えば、当時共産党系の論客が多かった土地制度史学会（現、政治経済学・経済史学会）の年次大会での現状分析報告が、一九八〇年代前半に至るまで日本資本主義の崩壊の「危機」が迫っていると繰り返し論じていたことによっても裏づけられよう。[19]日本共産党が党綱領から「資本主義の全般的危機」という規定を削除したのは一九八五年の党大会においてであったが、削除の理由は、現代世界が「全般的危機論」の予想した図式的で単純な過程としては把握できないことに求められ、現段階が「帝国主義の滅亡と社会主義の勝利」という大局的な発展方向にあること自体は疑いないものとしていた。[20]そこでは間近に迫ったソ連・東欧社会主義の解体を見通すことは全くできなかったのである。

三　テレビによるアメリカ的イデオロギーの浸透

テレビを用いるアメリカの冷戦戦略

経済成長の目標は、すでに一九二〇年代に実現されていた豊かなアメリカ社会並の大衆消費社会であった。各家庭へのテレビの普及は、一九五〇年代のアメリカ社会に日本社会がキャッチ・アップする過程を示すものであったが、安田常雄氏によれば、日本社会へのテレビの導入は、単純なキャッチ・アップ過程ではなく、「戦後日本のテレビ文化はGHQと日本の支配層の合作による「反共産主義」の普及・宣伝という枠組みで出発した」(21)とのことである。すなわち、日本のテレビ放送は、一九五三年二月に放映を始めたNHKに続いて、同年一〇月の日本テレビ開局を先頭に民間テレビが次々と開局され放映を始めたことによって本格化したが、有馬哲夫氏がアメリカで発見した「正力ファイル」と呼ばれる機密史料によると、日本でのテレビ放映は、経済援助、軍事援助と並ぶアメリカの東アジア戦略の重要な一環として画策されたものであり、GHQは日本での担当者として選んだ正力松太郎を公職追放から解除した上で、NHKによる放送独占を覆した。そして占領体制が終了してからはCIA（アメリカ中央情報局）の「対日心理戦略計画」に沿って、日本人が米軍の駐留を受け容れ、集団安全保障体制の構成員としての義務を果たすように誘導する番組を編成するように仕向け(22)、アメリカで製作されたホームドラマや「スーパーマン」などのTV映画が一斉に放映された。一九六〇年代に入ると、日本のテレビ制作現場で、幾つもの政府批判の試みが見られるようになるが、政府やテレビ局あるいはスポンサー企業の圧力によって少なからぬ番組が没にされたという。

一九七三年の石油危機後になると、テレビ文化の影響力が強まったが、それに伴いテレビ文化の内容をめぐってのスポンサーなどからの圧力が高まった。中西新太郎氏によると、数々の「社会派ドラマ」の制作で受賞したTBSも、娯楽化、大衆化の波が押し寄せると「社会派ドラマ」は退潮を余儀なくされ、「世のため人のためになる番組をつくれ」という松下幸之助の意を受けて松下電器から出向した逸見稔の担当する「水戸黄門」がテレビドラマ視聴率のトップを占め続けるようになった。そして、そのような外部からの制約の働きにくいアニメ番組などのサブカルチャーのなかで、むしろ現実社会への自由な批判を行う努力がなされたという(23)。

以上はテレビだけを取り上げたに過ぎないが、消費生活の高度化は、人々の暮らしの中での選択の自由度を高めるように見えながら、実はその反面で選択自体が大きな制約を受けているのであり、悪しき制約を見抜いた上での克服が必要であった(24)。多くの日本人の暮らしが高成長の過程で豊かになった反面で、日本の民衆はどのような制約を負うことになったのであろうか。以下、それを国の安全保障の問題に即して考えてみよう。

四　対米軍事依存と日米経済摩擦の激化

日米安保体制の改定をめぐる交渉

一九五一年のサンフランシスコ講和条約で日本は一応独立国になったとはいえ、その実態はアメリカ軍の無期限駐留の下での「従属的独立」に過ぎなかったことは第一一章で指摘したとおりである。そうした従属的位置を決めた日米安全保障条約については、吉田内閣の後を継いだ鳩山一郎内閣（一九五四年一二月―五六年一二月）、石橋湛山内閣（一九五六年一二月―五七年二月）、岸信介内閣（一九五七年二月―六〇年七月）は、何れも日本側の自主性を高める方向への改訂を目指してアメリカと交渉した。その際、吉田内閣と異なり、日本の再軍備を推進して必要ならば憲法改定も辞さない姿勢があったことが留意されねばならない(25)。

元外務官僚の孫崎享氏によれば、鳩山内閣はソ連との国交回復に邁進し、一九五六年一〇月に日ソ共同宣言に署名するとともに、アメリカ軍の日本からの撤退の交渉を行った。五五年七月のアリソン駐日米大使との会談で、重光葵外相は一二年以内での米軍の完全撤退を主張し、翌月の米国務長官ダレスとの会談では「現行の安全保障条約をより相互性の強い条約に置きかえること」が合意された。また、石橋首相は、組閣後「自主外交の確立を期す」という談話を発表し、「米国と提携するが向米一辺倒ではない」と述べたため、アメリカ国務省を困惑させたが、病気を理由に早期退陣に追い込まれた。そして、岸内閣は周知のごとく安保条約と在日米軍のほとんど無制約な権利を認めた行政協定の改定に乗り出したが、岸首相が当初マッカーサー駐日米大使に伝えた「駐留米軍の最大限の撤退」という課題を扱うはずの行政協定の改定は実質的には全く手つかずとなり、対米自立の動きは改訂安保条約のなかにアメリカの日本を守る義務を明記しただけに終わった。孫崎氏によれば、岸首相の辞任と池田内閣の誕生の過程では、アメリカのCIA長官とマッカーサー駐日米大使がともに吉田元首相の復権を唱え、吉田が池田を推薦したために、鳩山・石橋・岸の対米自立路線に代わって池田に代表される自民党の新しい世代に吉田の対米従属路線が引き継がれることになったという(26)。

沖縄の軍事基地化と本土復帰

池田内閣の唱えた「所得倍増計画」は、戦後史を「政治の季節」から「経済の季節」へ転換させることに成功した。池田首相は、国内的には「寛容と忍耐」をモットーに低姿勢に徹しようとし、テレビを利用して国民に政策をアッピールした。対外的には一九六一年六月のケネディ米大統領との会談において親米路線を打ち出し、信認の揺らぎ始めた米ドルを防衛する対策の日本への適用緩和を取り付けた。しかし日本がアジア諸国への援助を拡大して西側陣営に貢献するという池田のアッピールは時期尚早で実現できなかった。それが可能になるのは、池田が喉頭癌で引退した後を継いだライバルの佐藤栄作首相の時代（一九六四年一一月―七二年七月）のことである(27)。

一九七二年五月までアメリカの占領下におかれた沖縄は、日本本土が経験したような「高度成長」の経験をほとんど共有しなかった。もともとアメリカの沖縄分断支配はソ連への核爆撃機の基地のために計画され、中国革命の進展とともに蔣介石軍への支援基地としての役割を担わされ、朝鮮戦争時には嘉手納基地から爆撃機B29などが朝鮮爆撃に出動した。そのため、アメリカはサンフランシスコ条約後も沖縄を信託統治下に置き、沖縄本島面積の一一・三%(一九五五年)に当たる約四万エーカーの広大な土地を米軍基地として強制収用し続けた。一九六〇年代前半にはサトウキビ・ブームと基地関連収入の増加で一時高い経済成長が見られたが、日本政府が粗糖輸入の自由化を決めたために六四年をピークにサトウキビ生産は低下し、ベトナム戦争の拡大による基地関連収入への依存のみが急上昇した。嘉手納基地からは爆撃機B52が連日出撃して北ベトナムへの空爆を行い、アメリカ兵の犯罪や事故が激発した。こうした不安定で苦しい生活からの脱却を求めて、沖縄でのベトナム反戦運動と祖国復帰運動が高揚した(28)。

政治外交レベルでは駐日米大使ライシャワーが沖縄返還には積極的で、佐藤首相は当初あまり乗り気ではなかったと言われており(29)、一九六五年八月の沖縄訪問時における復帰推進の声明にもかかわらず、アメリカに数年以内での施政権返還を表明させたのは、一九六七年一一月のジョンソン大統領との会談の時であった。しかも、この時のアメリカ側の判断の基礎には、国防総省の文書が記すように、一九七〇年の安保条約の期限切れまでに返還を決めないと、日本とくに沖縄での民衆の抵抗が「爆発的状態」に発展する危険があるという状況判断が横たわっていた。そして、一九六八年の屋良《やら》朝苗《ちょうびょう》革新政権の誕生という衝撃的事件を経たあとの一九六九年一一月のニクソン大統領との会談では、佐藤首相はアメリカ側の核の存否を明らかにしない政策に理解を示し、緊急時の「事前協議」という言葉は使いたくないとも述べ、東京とワシントンを「ホットライン」で結んではどうかと持ちかけて大統領の賛同を得ている(30)。結局、緊急時の核兵器の沖縄への持ち込みについては事前協議を行うが、日本政府は「遅滞なくそれらの必要を満たすであろう」という密約に両首脳がサインしたことが明らかになっている(31)。こうして六〇年安保のときに岸首相が日本の主体性を保証する装置として強調した「事前協議」制は、佐藤首相によって完全に空洞化されたのであった。

このように見て来ると、沖縄の施政権返還は、米軍による沖縄基地の自由使用という原則をいささかも変えることなく、むしろこれまでも機能してこなかった「事前協議」制の形骸化を表立って保証するという点で、軍事面での沖縄・本土の対米従属体制をますます強化させる画期となったと言えるであろう。こうした従属的な対外姿勢のもとで軍事基地の集中による負担をもっぱら沖縄民衆に押しつけることによって、本土中心の経済面での「繁栄」は可能になっていたことが見過ごされてはならない(32)。

日米貿易摩擦の激化

沖縄返還交渉に際して佐藤首相がニクソン大統領と取り交わした密約の一つに、羊毛と化繊・合繊の繊維製品の制限に関する密約があった。これはニクソン大統領が南部の繊維業者のための選挙公約である日本からの輸入制限を実現しようとして佐藤首相に密約を求めたもので、返還実現を急ぐ佐藤首相はそれに応じたが、実現は難航し、七二年一月に漸く協定がなされた(33)。「糸と縄の取引だ」と言われたこの交渉は長引いた割に貿易摩擦としての問題性は小さく、異質の問題を交渉に持ち込んだニクソンと安易に密約に応じた佐藤の失政と言えよう。

これに対して、一九七〇年代中葉から八〇年代中葉にかけて順次激化した鉄鋼、カラーテレビ、乗用車、工作機械、半導体に関する日米貿易摩擦は、アメリカの中枢産業の盛衰がかかっている問題だけに交渉は深刻であった。例えば、自動車については、一九七〇年代末から石油価格の高騰に耐えうる低燃費の小型車の対米輸出が急増したことに関して全米自動車労組会長が日本車のボイコットを提唱し、議会がそれを支持したために問題が重大化し、八一年には政府間交渉によって日本が年間輸出台数を第一年目は一六八万台を上限として自主規制し、三年間規制を実施することになった。一九八〇年には日本がアメリカを抜いて世界最大の自動車生産国になり、その過半を欧米諸国等に輸出したため、アメリカのクライスラー、フォード、ゼネラル・モーターズのビッグ・スリーだけでなく、小型車専門のアメリカン・モーターズまで赤字経営に転落し、同年八月には自動車産業の失業者は同産業労働者の四〇％弱の二五万人に達したのである。[34] 自主規制の間にアメリカ自動車産業が立ち直るという目論見は実現されなかった。そのため、日米間の貿易摩擦は、八〇年代後半には日本経済のもつ「構造障壁」の改革をアメリカが要求するという内政干渉にまで発展することになる。

注

（1）橋本健二『「格差」の戦後史――階級社会日本の履歴書』（河出ブックス、二〇〇九年）一八―一九頁。
（2）中国の西南財経大学（四川省）の調査によれば、中国のジニ係数は二〇一〇年に〇・六一と危険ラインを上回ったという（「所得格差は「危険水域」」『日本経済新聞』二〇一三年一月四日号、以下、断りなき場合は東京版の朝刊）。
（3）南亮進『日本の経済発展（第3版）』（東洋経済新報社、二〇〇二年）二七七頁。
（4）橋本健二前掲『「格差」の戦後史』四九頁。
（5）橘木俊詔『日本の経済格差――所得と資産から考える』（岩波新書、一九九八年）七七―七八頁。
（6）橋本健二前掲『「格差」の戦後史』一二一頁。
（7）ただし、一九五五年だけは基準となる所得中央値の水準が低すぎるためやや異なる計算方法を採用している（橋本健二前掲書一〇七―一〇九頁参照）。
（8）村上泰亮『新中間大衆の時代』（中公文庫、一九八四年）。
（9）佐藤俊樹『不平等社会日本――さよなら総中流』（中公新書、二〇〇〇年）八七頁。
（10）武田晴人『「国民所得倍増計画」を読み解く』（日本経済評論社、二〇一四年）三六頁。
（11）同上書、一五、二八―二九、六九―七六、九九―一〇〇頁。
（12）安田常雄「水俣を表現する人びと」（安田常雄編集『シリーズ戦後日本社会の歴史3　社会を問う人びと――運動のなかの個と共同性』岩波書店、二〇一二年）八六頁。

(13) 見田宗介『現代社会の理論――情報化・消費化社会の現在と未来』(岩波新書、一九九六年) 五四―六一頁。
(14) 池田の伝記としては藤井信幸『池田勇人――所得倍増でいくんだ』(ミネルヴァ書房、二〇一二年) があり、所得倍増計画の成立過程での下村治や中山伊知郎との関係などについて詳しいが、通産大臣時代の水俣病との関係については言及がない。
(15) 以下、社会党については、原彬久『戦後史のなかの日本社会党』(中公新書、二〇〇〇年) による。
(16) 同上書、一八二―一九八頁。
(17) 宇野弘蔵氏 (一八九七―一九七七) が提唱した原理論、段階論、現状分析の三次元からなるマルクス経済学の体系を採用する経済学者のグループで、一九五〇・六〇年代の東京大学を中心に大きな勢力となった。
(18) 大内力『日本経済論　下巻』(東京大学出版会、一九六三年) 七一〇頁。なお、大内氏のこの分析は目前において進行中の経済現象の現状分析であるため将来についての予測が本質的に困難であり、事後の過程を知る立場の歴史家が後知恵で論ずるのとは訳が違うことは留意しなければならない。早い話が、畏友高村直助氏の回顧談 (同『歴史研究と人生』日本経済評論社、二〇一三年、六四頁) によれば、当時の私自身が日本経済について重化学工業化が困難であろうと論じていたとのことであり、そうだとすれば私も大内氏と同様に日本資本主義は脆弱なものに過ぎないと考えていたことになる。
(19) 「土地制度史学会／政治経済学・経済史学会、六〇年のあゆみ」(『歴史と経済』別冊、二〇〇八年三月)。
(20) 不破哲三『「資本主義の全般的危機」論の系譜と決算』(新日本出版社、一九八八年)。
(21) 安田常雄「テレビのなかのポリティクス」(安田常雄編集『シリーズ戦後日本社会の歴史2　社会を消費する人びと――大衆消費社会の編成と変容』岩波書店、二〇一三年) 一三二頁。
(22) 有馬哲夫『日本テレビとＣＩＡ――発掘された「正力ファイル」』(新潮社、二〇〇六年)、同『こうしてテレビは始まった、占領・冷戦・再軍備のはざまで』(ミネルヴァ書房、二〇一三年)。
(23) 中西新太郎「消費社会と文化変容――教養からサブカルチャーへ？」(安田常雄編集前掲『シリーズ戦後日本社会の歴史2　社会を消費する人びと――大衆消費社会の編成と変容』) 一七〇―一八三頁。
(24) 原山浩介「戦時から戦後へ」(同上書) 一一一頁。
(25) もっとも、石橋内閣の再軍備と憲法改正に対する態度は、あまりに短命であったため必ずしもはっきりしない。同内閣成立直前の一九五六年七月の参議院議員選挙で革新勢力が議席に三分の一以上を確保し、三年間は改憲が困難な状況にあったから、鳩山内閣が成立させた憲法調査会も動き出せないままであった (武田晴人『シリーズ日本近現代史8　高度成長』岩波新書、二〇〇八年、六四頁)。他方で石橋内閣成立の直前に日本の国際連合への加盟が決まり、石橋は日米関係を相対化できる位置に立っていた。上田美和氏は「政治家時代の石橋は、憲法第九条と軍備問題についての思想を「大筋変えなかった」と考える。それは、九条の精神を重視するために条項を残し、効力の一時停止という「但し書」を加えるという改憲論と、「日本の経済を損なわない程度の軍備は必要」という認識であった」(同『石橋湛山論　言論と行動』吉川弘文館、二〇一二年、二五七頁)と論じている。

(26)　孫崎享『戦後史の正体　一九四五―二〇一二』(創元社、二〇一二年)一五九―一二〇頁。

(27)　藤井信幸前掲『池田勇人――所得倍増でいくんだ』二一五―二七五頁。

(28)　佐藤昌一郎「戦後の沖縄」(歴史学研究会・日本史研究会編『講座日本歴史　現代2』東京大学出版会、一九八五年)、鳥山淳「占領下沖縄における成長と壊滅の淵」(大門正克ほか編『高度成長の時代3　成長と冷戦への問い』大月書店、二〇一一年)。

(29)　孫崎享前掲『戦後史の正体　一九四五―二〇一二』二二八―二三一頁。

(30)　島川雅史「米軍基地と日米安保体制――解禁極秘文書が語る「基地自由使用」と「核兵器」」(『年報日本現代史6「軍事の論理」の史的検証』現代史料出版、二〇〇〇年)。

(31)　孫崎享前掲『戦後史の正体　一九四五―二〇一二』二四三―二四七頁。この核密約文書の実物が当時の佐藤首相の遺族によって保管されていたことが二〇〇九年一二月に判明した(「核密約文書が存在、佐藤元首相遺族が保管、外務省受け取り拒否」『朝日新聞』二〇〇九年一二月二三日号)。なお、このほかにも沖縄返還に際して日米間で密約が交わされたことがアメリカ公文書館の公開文書によって明らかにされているが、最近、アメリカの財政負担を日本が肩代わりするという日本側の秘密合意文書の公開を政府に求める訴訟で、最高裁判所は文書がすでに廃棄されている可能性があるとし、存在すると主張するならば原告がそれを証明せよとして請求を却下した(「沖縄密約非開示が確定　最高裁判決　請求側に立証責任」『朝日新聞』二〇一四年七月一五日号)。これは政府の秘密主義を援護する時代錯誤的な後ろ向きの判決である。

(32)　ここでは、日本の再軍備が日本経済にとって如何なる負担となっているかという問題は扱わないが、戦前日本経済との対比では、軍事負担の相対的な低さが「経済大国」化を可能にした大きな要因であることは言うまでもない。また、朝鮮戦争やベトナム戦争による特需が日本経済に与えた影響の大きさについては、西野肇「戦争と日本経済」(安田常雄編集『シリーズ戦後日本社会の歴史4　社会の境界を生きる人びと――戦後日本の縁』岩波書店、二〇一三年)参照。

（33）武田晴人前掲『シリーズ日本近現代史8　高度成長』一九一―一九四頁。
（34）井村喜代子『現代日本経済論〔新版〕』（有斐閣、二〇〇〇年）三二三、三六九頁。日米自動車摩擦とその交渉過程については、宇田川勝『日本の自動車産業経営史』（文眞堂、二〇一三年）第七章が詳しい。

第一四章　冷戦体制の崩壊と日本経済の挫折

一九八〇年代には米ソ冷戦体制は両国の軍事費の重圧のため崩壊の危機に瀕した。ソ連・東欧社会主義が九〇年代初頭に崩壊したのに対して、アメリカ資本主義は生き残ることができた。アメリカ経済の危機を救ったのは一九八五年のプラザ合意に始まる日本や西ドイツなど資本主義陣営の国際協調であった。しかし、もっともアメリカ経済の救援に尽力した日本は国内の景気対策が大幅に遅れたため株価と地価の暴騰という猛烈なバブル経済に突入し、その崩壊は日本経済とくにその金融面に深刻な傷跡を残すことになった。

一　過大な軍事支出による米ソ両国経済の危機

世界の軍事支出の半ばを占める米ソ両国

一九九〇年前後におけるソ連・東欧社会主義の崩壊はさまざまな原因によるものであるが、軍事支出が経済に与えた重圧がその大きな要因であったことは否定できないところである。と同時に、一九八〇年代におけるアメリカ資本主義の地位の低下は前章で述べた日米貿易摩擦ひとつを想起しても明らかであり、その原因が過大な軍事支出にあったことも周知のところであろう。試みに、一九八〇年代における主要国の軍事支出の実態を見ると、表14－1のとおりである。

表 14-1　主要国における軍事支出の比較　（100 万ドル, %）

	1975-1979 年平均		1980-1984 年平均		同対 GDP 比
世界合計	528,594	100.0	604,614	100.0	4.7
アメリカ	136,970	25.9	169,104	28.0	6.1
ソ連	126,120	23.9	136,260	22.5	15.1
西ドイツ	25,515	4.8	26,849	4.4	3.4
フランス	23,962	4.5	27,421	4.5	4.1
イギリス	23,755	4.5	27,625	4.6	5.0
日本	8,694	1.6	10,506	1.7	0.9

出典）ストックホルム国際平和研究所編『SIPRI 年鑑 1985』,『同 1989』.
備考）対 GDP 比は 1980-84 年各年比の単純平均. ソ連の GDP はマディソン『世界経済 2000 年史』のデータをアメリカと比較して推算.

軍事支出の正確な数値はなかなか把握できず、とくにソ連の場合についてはほとんど数値がえられないため、本表ではストックホルム国際平和研究所による推定値を採用した。またソ連のＧＤＰの正確な数値も公表されていないため、ここではマディソンによる推計値を参考にして対ＧＤＰ比を計算した。(1) これによれば、一九七〇年代後半から一九八〇年代前半にかけて世界の軍事支出は一四％の増加を示しているが、とくにアメリカの増加が二三％と目立っている。両時期とも米ソ両国が圧倒的な金額で対抗しており、両国合計で世界の半ばを占めている。一九八〇年代前半における軍事支出の対ＧＤＰ比は世界合計で四・七％であるが、アメリカは六・一％、ソ連はなんと一五・一％という高率であることが注目されよう。表示したその他の主要国では、イギリスが五・〇％でアメリカに次ぎ、フランスも四・一％とかなり高いが、西ドイツと日本はそれぞれ三・四％、〇・九％と相対的に低いことが分かる。(2)

強いアメリカを目指したレーガン政権

アメリカの軍事支出は、朝鮮戦争時とベトナム戦争時に増加した後、減少に向かったが、レーガン大統領期（一九八一―八七年）に再び増加した。対ＧＤＰ比でみると、一九六八年の一二％台から減少傾向を辿り、カーター大統領期（一九七七―八〇年）に一時五％台にまでなったが、レーガン大統領が「強いアメリカ」を唱えて軍備拡張に乗り出したため八〇年代後半にかけて七％台にまで戻ってしまった。(3) アメリカ経済と軍拡の関係についてのディグラス氏の研究[4]によれば、軍事支出が経済に良い影響を与えるという見方は、第二次世界大戦中の兵器生産がアメリカ合衆国を大恐慌から救い出したことから生じたものに過ぎないが、レーガン大統領が経済の再活性化と軍拡を目指したときに、これらの二つの目標が相互補完の関係にあると信じたアメリカ人は少なくなかったという。そうした見方を批判すべく、ディグラス氏は一九六〇年から一九八〇年にかけての一七の工業諸国の軍事費と投資額の国際比較を行い、「軍事費負担の重い国ほど、投資にまわる比率が少ない[5]」という事実を実証し、軍拡を進める国は、結局のところ経済的衰退を招くと主張した。かかる実証を踏まえて、同氏は、一九八七年の日本語版刊行への序言で次のように記している。

「今日レーガン政権は、商業市場での民生用製品の新開発のためにわが国の研究開発努力を傾注せねばならないという冷厳な事実を直視することを避け、むしろ「冷戦的」レトリックの陰に隠れ、「スター・ウォーズ」の財源づくりに精をだしているかにみえる。世界の工場としての地位を回復するために努力をするよりも、ソ連との軍事的覇権を競い合うという方を重視する現在の路線を続ければ、いったいどうなるのであろうか。合衆国の衰退がさらに進み、わが国は生活水準の低下した二流の工業国と化してしまうであろう。」

このように、ディグラス氏はアメリカ経済の危機的状況を鋭く指摘するが、そのアメリカが冷戦対抗の一方の主役として莫大な軍事支出を負担しつつも、それゆえにドルの為替相場についての資本主義陣営の国際協調によって経済支援を受けることができ、経済危機を回避している側面については捨象している。この点はすぐ後で問題としよう。

戦時並みの軍事負担で破綻したソ連経済

ソ連経済は一九五〇年代には平均年率一〇・六%という高成長を記録していたが、その後、七・〇%（六〇年代）、五・四％（七〇年代）、三・七％（八〇年代前半）、二・五％（八〇年代後半）と成長率は傾向的に低下しており、「ペレストロイカ」（建て直し＝改革）の始まった一九八五年以降も成長率の鈍化が続いたことが指摘されている。(6)その理由としては、表14－1に示したような軍事支出の異常な高さが重視されてきた。軍事支出が国民総生産に占める比重については正確な数値がなく、同表の数値もひとつのやや低目の推定値に過ぎないが、それでも一五％というのはベトナム戦争期のアメリカの膨張した軍事支出比率を上回る数値であり、ソ連経済は平時においても戦時並みの高い軍事支出を行っていたことが窺える。戦後ソ連の投資内容を検討した二瓶剛男氏は、次のように述べた。(7)

「軍事関連を含んだ工業Aグループ〔生産財〕への基本投資の増大は、何よりもまず住宅建設や社会・文化関係の施設建設など、いわゆる不生産分野への基本投資を制限し、総じて「社会的消費ファンド」の増加率にブレーキをかけた。さらに、生産的投資のうちでも食品工業・軽工業を中心とする工業Bグループ〔消費財〕への基本投資を鈍らすことになったのである。……工業Aグループ投資を強く促した軍事関連支出は、七〇年代末のアフガニスタン侵攻と八〇年代前半にかけてのいわゆる「冷戦」の再強化という国際情勢のなかで、削減しえずむしろ増加させる要因が強くなっていった。」

このような軍事部門の優位のもとで民生部門の発展は遅れ、国際的に見た場合にソ連の民衆の生活水準はしだいに見劣りするようになった。一九五〇年代後半から六〇年代前半にかけてのフルシチョフ改革による「第二次高度経済成長」を分析した大津定美氏は、「先進国の高度経済成長は、自動車産業と家庭用電化製品の大量生産と大量需要で支えられていたとすれば、そうした最終消費財における大量生産の展開はソ連では見られなかった。その意味ではソ連には高度成長はなかった、ということになるかも知れない。特に国民＝消費者の目から見れば、それは歴然としている」[8]と述べている。軍事・民政両部門を合わせた国民総生産を人口で割った一人当たりGDPの値を見ると、東アジアでは日本が一九六〇年にソ連を抜き、香港が六五年、シンガポールが七四年、台湾が八三年、韓国が八八年にそれぞれソ連を抜き去っている[9]。民生部門の発展に関しては東アジアの新興諸国がソ連を上回るのはもっと早いことは明らかである。欧米先進諸国に比べて低い生活水準はある意味では当然のこととしてソ連の民衆には受け止められてきたが、東アジアの新興諸国に追い抜かれた事実は大きなショックであったと言われている[10]。そうした現実を問題視したソ連民衆の反発によってソ連社会主義そのものが崩壊することになるが、アメリカ資本主義が経済危機に陥りながらも国際協調に支えられて再生したような可能性はソ連についてはなかったのであろうか。中国社会主義が経済面の行き詰まりを開放政策によって打開したような可能性が社会主義ソ連にとって絶無であったとは言えないし、ペレストロイカ自体がそうした方向を模索していたが実現は困難であった。ソ連と中国の対立という社会主義の正統争いがなければ、両国社会主義の国際協調による存続・再生の道の模索がありえたであろうが、実際にはそれも不可能であった。こうして、米ソ冷戦体制はソ連の崩壊とアメリカの再生という形で幕を閉じることになった。以下、アメリカ経済の再生を支えた国際協調について日本の役割を中心に見てゆこう。

二　プラザ合意によるアメリカ経済の救済

日独英仏の協調介入によるドル安へ

一九八一年一月に登場したレーガン米大統領は、軍拡を進めると同時に経済活性化をはかるための大幅減税を行った。税収不足を補ったのは高金利の国債発行であるが、それに吸い寄せられた国際資金によってドル相場は上昇し、ただでさえ国際競争力の低下していたアメリカからの輸出が落ち込む反面で輸入が増え、貿易収支さらに経常収支の赤字幅が拡大した。財政収支の赤字と経常収支の赤字という「双子の赤字」の累積の結果、アメリカの対外債務は急膨張し、一九八五年には対外資産を上回るまでになり、ドル暴落の危険を感じたアメリカ政府は、遂に国際協調によるドルの人為的低下を図ることになった(11)。

一九八五年九月、ニューヨークの高級ホテル「プラザ」に日米英仏独五カ国の蔵相、中央銀行総裁らが秘かに集まり、日本からは中曽根内閣の竹下登蔵相と日本銀行の澄田智総裁が参加した。同年八月には日本政府は来日したアメリカ下院の議員団から、対日貿易の赤字縮小のために保護主義法案を提出するという猛烈な圧力を受け、個別分野の貿易摩擦では間に合わないので円高に向けての総括的な通貨調整を検討する必要を感じており、九月初めには財界首脳の賛成を取りつけていた。こうしてプラザ合意は日本にとっても摩擦打開の絶好の機会となったのである(12)。

協調介入の鍵は日本が握っているとされたため東京市場での大蔵省・日銀による大々的な介入が始まり、各国ともドル売り自国通貨買いの協調介入を実施した。翌八六年からはアメリカほどではないが西ドイツや日本も公定歩合を引き下げるようになり、日米あるいは欧米間の長期金利差を縮小し、ドル下落への圧力を強めるようにした。公定歩合の引き下げは「円高不況」などを回避するための金融緩和策であったことは言うまでもない(13)。

一九八七年一〇月のブラック・マンデーの恐怖

プラザ合意当時一ドル二四〇円だったドル相場は、八六年後半には一五〇円台まで下落したので、成長の減速した日欧諸国はこれ以上のドル安誘導を止めることにし、八七年二月にパリのルーブル宮殿に集まってその旨を合意した。この「ルーブル合意」以降は、ドルのこれ以上の下落を防ぐため、日欧諸国側は利下げをし、アメリカ側は利上げをすることになり、日本とドイツはそれぞれ公定歩合を前代未聞の二・五%、三・〇%という低金利にした。こうして日本は「円高不況」から脱却し、景気が回復しはじめたため、日本銀行内部では同年末までに公定歩合を引き上げて、金融緩和が行き過ぎないうちに是正することを検討していた。[14]

ところが、まさにその時、一〇月一九日のニューヨーク株式市場でダウ平均株価が五〇八ドルという過去最大の下げ幅を記録し、世界的な株式暴落が懸念される事態が起こった。いわゆる「ブラック・マンデー（暗黒の月曜日）」である。これは日本とヨーロッパでの金利引き上げを見込んで資金がニューヨークから海外へと逃げ出したためである。この危機は、各国の中央銀行が協調して金融緩和とドル買支えを行ったために事なきを得たが、この時から本格的な協調利下げが始まった。西ドイツは同年一二月に公定歩合を引き下げて二・五％とし、日本の低金利の水準と並んだ。しかし、翌八八年に入ると、主要国の経済成長率は八七年より高まったため、景気の過熱を憂慮した西ドイツのブンデスバンクは八八年七月と八月に〇・五％ずつ公定歩合を引き上げ、八九年には一月と四月に再び〇・五％ずつ公定歩合を引き上げて景気に対して中立的とされる四・五％の水準に復帰した。だが、日本だけは一九八九年五月まで二・五％の低金利を据え置いたため、バブルが発生することを阻止できなかった。[15]何故に日本ではこのような事態が生じたのであろうか。

国内政策優先でなく国際協調優先で

この問題について一九八九年六月まで日本銀行理事として澄田総裁を支える地位にあった鈴木淑夫氏は、慎重な言い回しながら次のように述べている。[16]

「ドル相場は、一九八八年末にも円に対しては弱く、いまにも崩れそうだったのである。そのようなときに日本銀行が公定歩合を引き上げれば、ドル暴落の引き金となり、「ブラック・マンデー」の再来となりかねない、と当時の政策当局は考えたのである。……金利水準だけではない。この頃の日本には（政策当局の内部にも）、内需主導型経済への転換と黒字縮小の最中に利上げを試みた日本銀行に対し、国際的感覚に欠けると非難する声もあった。」

ここでは日本銀行が主張する公定歩合の引き上げは対米貿易黒字を増加させ、ドルの暴落を招きかねないことを心配する「政策当局」（大蔵省）からの批判があったために、日本銀行は金利引き上げになかなか踏み切れなかったと指摘されている。(17) ブラック・マンデーの当日、総裁室に呼び出された営業担当の佃亮二理事は、澄田総裁と国際担当の太田赳理事からアメリカでの株価下支えのために、当時営業局で進めつつあった日本国内金利の高め誘導を停止するよう指示されたという。(18) ブラック・マンデー当時はそれも止むをえない措置だったかもしれないが、問題は、その後も「国際協調」優先の路線が日本銀行を引っ張って行ったことであろう。しかし、「国際協調」というのは「往々にして自国が行うべきマクロ経済政策の調整を他国に押し付けるためのレトリックとして使われた(19)」と指摘されており、実際ドル暴落を防ぐ責任はアメリカ自身にあったことを無視して日本の「国際協調」の必要を説くことは単なる「対米協調」であり、はっきり言えば「対米従属」の発想に陥っていたのではあるまいか。澄田総裁は後に日銀総裁の一九八四年一二月からの五年間をどう総括するかという質問に答えて、「為替に始まり、為替に終わった(20)」と述べているが、為替介入についての権限を握る大蔵省の対外政策を、大蔵次官出身の澄田氏は日本銀行総裁として十分理解しており、国内での資産インフレ無視と相俟って(21)、日本銀行全体を「国際協調」重視の方向に引っ張って行く役割を担っていたことは間違いなかろう。

三　バブル経済の発生とその崩壊

バブル経済の発生

一九八六年から九〇年にかけての五年間をバブル期とする見方もあるが[22]、このうち八七年にかけての地価・株価の上昇は、金融緩和と景気回復の時期に見られる資産価格の上昇と見るべきで、バブルとは言えないという批判がある[23]。確かに資産保有にともなう予想収益などから計算した「基礎的諸条件」を超えた価格の暴騰は一九八八年から八九年まで（地価は九〇年まで）の現象であり、厳密な言い方をすればその時期のみがバブル期であったとするべきであろう。

では、主要国ではなぜ日本だけが激しいバブルに見舞われたのであろうか。その直接の要因は、前述のようにアメリカ経済を救済する西側グループの一員として働きながら、最後には単独でアメリカのための金融緩和策を維持したという対米従属の姿勢にあったが、そうした対外政策だけでなく、中曽根内閣による規制緩和策の展開もまた重要なバブル要因であり、さらに言えば、大企業が十分な資金蓄積を積み重ねて銀行依存度を著しく低めていたことへの銀行や証券の対応のまずさが基本的要因として横たわっていた。

表 14-2 全国銀行の業種別貸出残高

（兆円，％）

	1984 年		1989 年	
主要業種	貸出残高	（同比率）	貸出残高	（同比率）
製造業	55.3	27.4	53.5	16.9
非製造業	120.3	59.5	206.3	65.3
建設業	*11.4*	*5.6*	*15.6*	*4.9*
卸・小売・飲食	*46.6*	*23.1*	*55.6*	*17.6*
金融・保険業	*14.3*	*7.1*	*35.1*	*11.1*
不動産業	*13.9*	*6.9*	*35.9*	*11.4*
サービス業	*19.7*	*9.7*	*46.0*	*14.6*
個人その他	26.4	13.1	55.8	17.7
合計	202.1	100.0	315.7	100.0

出典） 井村喜代子『日本経済——混沌のただ中で』（勁草書房，2005 年）91 頁．原典は日本銀行調査統計局『経済統計年報』（1992 年）．

備考） 相互銀行および第二地方銀行協会加盟の地方銀行の数値は含まない．1989 年末の貸出残高の集計の誤りは訂正し，比率も計算し直した．

表14－2はその点を銀行貸出のサイドから見たものであるが、この間、円高対応のために自動車やME機器などの輸出向け製造業で設備投資が盛んに行われたにもかかわらず、銀行借入はむしろ減少している。それに対して、建設業、金融・保険業、不動産業、あるいはサービス業への貸出が大幅に増加していることが分かろう。このうち、金融・保険業というのは、その大部分が預金等を受け入れないで与信業務を営む「住宅金融会社」や「消費者金融会社」などのノンバンクであり、銀行は不動産担保金融に関

連して多額の融資をノンバンクに行っていた[24]。

株式・地価の暴騰と銀行・証券

日経平均株価は一九八五年末には一万三〇〇〇円台だったのが、上昇して八七年には二万円台となり、八八年三月には二万五〇〇〇円台に達した。ここまでは景気回復にともなう通常の回復であったが、その後の八九年一二月の三万八〇〇〇円台に至る急騰は配当などの「基礎的諸条件」からは説明のつかない急上昇振りであった[25]。この時の株式ブームには大勢の個人投資家が参加していたことがひとつの特徴であった。一九八七年二月に政府売り出し価格一一九万円で上場された日本電信電話（ＮＴＴ）株に一〇九五万人（当選者一六五万人）が応募し、株式売買によるキャピタルゲインの旨味を知ったことが契機となって個人投資家の裾野が大きく拡がった[26]。

もっとも個人投資家にとって株式市場はいつも甘い汁を吸わせてくれる場所では決してなかった。日本の証券会社の営業マンは出来るだけ多くの手数料を稼がねばならないノルマを課されているため、ひたすら頻繁な取引を通じて手数料を稼ごうとした。証券会社は推奨株を決めて個人投資家に買わせ、相場が上がって人気銘柄になったと思った時は、すでに価格はピークを過ぎており投資家は売却損を出すが、証券会社の方は確実に手数料を稼ぐことができた。他方、資金力のある大企業などは、資金や株式の運用を一括して証券会社に委託する「営業特金」方式を採用し、証券会社は上得意である大口投資家には損失が出ないよう気を使うだけでなく、損失が生じた場合は補塡して取引を続けさせようとした。その損失の多くは個人投資家へと皺寄せされたのである[27]。

大都市の地価上昇の背景には、一九八五年に政府が金融市場の対外開放政策に踏み切り、外資系の金融機関が一斉に東京へと進出し始めた事実があった。そのため東京のオフィスビルの需要が高まり、八六年の都心の地価の上昇率は七〇％に達した[28]。そして、八七年末までは東京圏に限られていた地価の大幅上昇は、九〇年末にかけて大阪圏、名古屋圏、さらに地方へと波及したのである。[29] 中曽根内閣は地価上昇の原因は土地の供給不足にあるとして、国有地の払い下げや国鉄用地の売却を行い、八七年にはリゾート法を制定して県の策定する構想の承認を条件に規制緩和や財政支援を行ったが、何れも土地投機を煽る結果になった。[30]

こうした地価の急上昇に着目したのが、大企業への融資から締め出された銀行であった。ほんらい銀行は顧客から預かった預金の運用に際しては細心の注意を払ってリスクを管理しなければならない。融資案件については資金の使途、返済の確実性について慎重な審査が必要であるが、この時期の銀行はそのような基本姿勢に狂いが生じた。住友銀行を先頭に営業部と審査部を一体化して「スピード」経営を実現するとして、事実上審査を抜いた土地担保金融を展開したのである。証券会社も野村証券を先頭に系列下のノンバンクを介する土地担保金融に乗り出し、対抗して銀行も次々とノンバンクを介して銀行本体では出来ない類の土地担保金融にまで手を広げていった。[31] 地価の高騰は、購入した土地を売却すれば差額が手に入るので売却益目当ての「土地ころがし」が横行したために生じたのであり、売却益のほとんどが税金として収取される西ドイツなどではありえない事態であった。その結果、首都圏では地価の高騰でマイホーム価格が年収の五倍を上回るようになり、庶民のマイホーム取得の夢は消滅せざるをえなくなった。[32]

バブルの崩壊と後遺症

一九八九年になると株価と地価の暴騰を批判する声が高まり、日本銀行の澄田総裁も流石に事態を放置できないと思い始めた。澄田総裁は同年五月に公定歩合を〇・七五％引き上げて三・二五％とし、一一月にもさらに〇・五％引き上げて三・七五％として、一二月一六日に三重野康氏に総裁の座を譲った。[33] 三重野総裁は、就任直後の一二月二五日に公定歩合をさらに〇・五％引き上げて四・二五％とし、続いて一九九〇年三月には一挙に一％引き上げて五・二五％とした。さらに同年八月にはイラクのクエート侵攻による「湾岸危機」による石油価格の上昇というインフレを未然に予防するため公定歩合を〇・七五%引き上げて六・〇%とし、「予防的引締め」に踏み切ったのである。[34]

こうした一連の金利引き上げのため、一九九〇年に入ると株価が年初から暴落し、地価も年末からしだいに下がり始めた。しかし、地価については大蔵省も日本銀行もどこまで下がるかについての見通しは明確ではなく、やがて再上昇することもありうるという期待をもつ者が多かったようである。そのことが公的資金の投入による不良債権の処理策を先延ばしにして却って金融・証券スキャンダルを続発させることになったが、その点は次章で触れよう。

ここでは、やや長期的に見てバブル経済が日本人のメンタリティに与えた大きな後遺症について一言しておく。それは、佐和隆光氏がつとに指摘されたことであるが、[35]日本人の多くはバブル経済期の経験を通じて汗水たらして働く勤労倫理の重要さを見失い、土地や株式の投機によって安易に金儲けをしたいと考えるようになったのではないかということである。バブル期がその意味での「倫理的空白期」であったということは私も否定しないが、そうした後遺症が残ったのは、投機資金を手にすることができた経営者や資産家が主で、投機資金とは無縁な勤労者は直接には影響されようがなく、むしろ地価高騰でマイホームの夢が破れたケースが多かったであろう。さらに、世代論的に見た場合には、その当時二〇歳台であって現在四五歳以上の日本社会のリーダー・サブリーダー層だけが問題なのではなく、もっと昔から「経済成長」のみを目標としてしゃにむに働いてきた「高度成長」期や「安定成長」期の青壮年層も長期不況期の下で生き方を見失ってきたのではあるまいか。その意味では勤労倫理の重要さを想起するだけでなく、勤労を含めた日本人の生活全体のあり方を根底から反省し、真の豊かさを追求しなければならないと言えよう。

注

(1)　マディソンによるGDP推計値（A・マディソン『経済統計で見る世界経済二〇〇〇年史』柏書房、二〇〇四年）は、各年の各国通貨を購買力平価と物価変動率とを用いて一九九〇年の共通のドル（国際ドル）に換算して示してあるため、その数値と各年の軍事支出を直接比較することは適切でない。そこで、マディソンによる一九八〇—一九八四年のソ連GDPを同時期のアメリカGDPと比較してソ連のGDP（アメリカ・ドル）を推定し、それをストックホルム国際平和研究所の推定軍事支出と比較した。

（2）この表には主要国だけを示したが、一九八〇—八四年平均の金額が日本を上回る国としてはサウジアラビア二一八億一三〇〇万ドルがあり、イタリア一〇三億八九〇〇万ドルが日本にほぼ並んでいる。対GDP比では、中東諸国がイスラエル二四・二％、イラク二二・八％など高率のケースが多く、社会主義諸国ではキューバ一二・五％、北朝鮮一一・六％など高率のケースもあるが、東ドイツは四・五％とあまり高くない。

（3）本田浩邦「軍事支出と民需転換政策」（西川純子編『冷戦後のアメリカ軍需産業』日本経済評論社、一九九七年）。

（4）R・ディグラス著、藤岡惇訳『アメリカ経済と軍拡——産業荒廃の構図』（原著一九八三年、ミネルヴァ書房、一九八七年）。

（5）同上書、五四頁。

（6）中山弘正「経済改革（1）Ⅱソ連」（近藤邦康・和田春樹編『ペレストロイカと改革・開放　中ソ比較分析』東京大学出版会、一九九三年）一〇〇—一〇一頁。ここでの成長率は生産国民所得の対前年増加比率である。

（7）二瓶剛男「指令的計画経済の蓄積メカニズム——戦後ソ連の「成長」と「停滞」」（東京大学社会科学研究所編『二〇世紀システム3　経済成長Ⅱ　受容と対抗』東京大学出版会、一九九八年）一九四、二四二頁。再生産論からすれば兵器は生産財ではなく消費財に属するが、機械工業によって製造されるという意味で生産財＝Aグループに含まれているようである。

（8）大津定美「ソ連の第二次高度成長——国営企業とその労使関係」（東京大学社会科学研究所編前掲『二〇世紀システム3　経済成長Ⅱ　受容と対抗』）二六七—二六八頁。ちなみに第一次高度成長は、一九三〇年代におけるスターリンの工業化の時期であったという。

（9）A・マディソン前掲『経済統計で見る世界経済二〇〇〇年史』三二四、三五〇、三五一頁による。

（10）例えば、エズラ・F・ヴォーゲル著、渡辺利夫訳『アジア四小龍』（原著一九九一年、中公新書、一九九三年）は、結論部分で「共産主義世界で起こった影響は、とりわけ大きいものであった。……旧ソ連圏の国ぐにが、自分たちよりも後方にいると思っていた東アジアの国ぐにが工業発展において自分たちを追い抜いたことに気づいた時点で、自国の制度に関する問題点について考えないでいるわけにはいかなくなった」（一五四頁）と述べている。

(11) 坂井昭夫『日米経済摩擦と政策協調』(有斐閣、一九九一年) 七九―九五頁。
(12) 日本経済新聞社編『検証バブル 犯意なき過ち』(同社、二〇〇〇年) 二一一―二五頁。
(13) 同上書、二六―三三頁。
(14) 鈴木淑夫『日本の金融政策』(岩波新書、一九九三年) 八八―九二頁。
(15) 同上書、九〇―九六頁。
(16) 同上書、九八、一〇〇頁。
(17) 鈴木氏は、日銀の金利引き上げがドル暴落につながるという見方は根拠がないと批判している (同上書、一三八―一四一頁)。
(18) 日本経済新聞社編前掲『検証バブル 犯意なき過ち』三三―三四頁。太田赳『国際金融 現場からの証言』(中公新書、一九九一年) は、ブラック・マンデーの株式暴落直後に、米連邦準備制度理事会から協調行動を依頼する電話があり、大蔵省にも米財務省から協力方の要請があったことを明らかにしている (同書、一一四頁)。
(19) 香西泰・白川方明・翁邦雄編『バブルと金融政策 日本の経験と教訓』(日本経済新聞社、二〇〇一年) 八二―八四頁。
(20) 日本経済新聞社編前掲『検証バブル 犯意なき過ち』八三頁。
(21) 地価や株価などの資産価格の上昇は、日本銀行の視野になかなか入ってこなかった。一九八九年一月一三日の経済倶楽部講演において澄田総裁は、日本経済は「景気、物価、対外収支のいずれの面においても、総じてバランスのとれた望ましい展開を示している」と述べるのみで、暴騰する地価と株価の問題には全く触れていない (日本銀行総裁澄田智「物価安定こそが景気持続の条件」『週刊東洋経済』一九八九年二月四日号)。
(22) 中村政則『戦後史』(岩波新書、二〇〇五年) 一六九頁。
(23) 鈴木前掲『日本の金融政策』一〇四―一〇六頁。
(24) 井村喜代子『日本経済――混沌のただ中で』(勁草書房、二〇〇五年) 八七―九七頁。
(25) 鈴木前掲『日本の金融政策』一〇六頁。
(26) 日本経済新聞社編前掲『検証バブル 犯意なき過ち』五〇頁。
(27) 金澤史男「バブル経済の幻影」(『日本二〇世紀館』小学館、一九九九年) 八八〇頁。
(28) 日本経済新聞社編前掲『検証バブル 犯意なき過ち』三四―三五頁。
(29) 鈴木前掲『日本の金融政策』一〇五頁。

(30) 金澤史男前掲「バブル経済の幻影」八八〇―八八一頁。

(31) 日本経済新聞社編前掲『検証バブル　犯意なき過ち』五六―五八、六六―六八頁。

(32) 金澤史男前掲「バブル経済の幻影」八八一頁。

(33) 「日銀、公定歩合を〇・七五％引き上げ」（『エコノミスト』一九八九年六月一三日号）。そこでは、「消費税導入直後であったため大蔵省が強く抵抗したにもかかわらず、「強い意志をもって」（澄田総裁）日銀が利上げに臨んだ背景には、長期にわたって低金利のまま放置したことへの反省があった。……「顕微鏡でのぞくような物価上昇」（日銀幹部）に対する懸念より、「世の中をおカネでジャブジャブにしてしまった」（同）弊害が目に見えて現れてきたことに対する金融当局者の自責の念が深刻だったのだ」という解説がなされている。

(34) 鈴木前掲『日本の金融政策』一二六―一三〇頁。

(35) 佐和隆光『市場主義の終焉――日本経済をどうするのか』（岩波新書、二〇〇〇年）六二―九六頁。

第一五章　ポスト冷戦体制下の日本経済の課題

日本におけるバブル経済の崩壊は米ソ冷戦対立の終焉と重なった。銀行・証券の巨額の不良債権の処理は先送りされ、一九九〇年代末の金融危機を招いた。以後の日本政府は、市場原理主義を基礎とする新自由主義的な成長政策を採るが、目標とした経済成長は実現されないまま、少子高齢化と国債累積によって社会保障制度の見通しは暗く、東日本大震災における原発事故の責任を曖昧にしたまま、地球環境問題への取組も遅れている。外交的にはアメリカに従属する軍事国家への道を歩んで、アジアでの政治的孤立を深めており、課題は山積している。

一　不良債権の処理と責任究明の欠如

続発する証券・銀行業界のスキャンダル

株式と地価の低落によるバブルの崩壊のなかで、証券会社と銀行のスキャンダルが続発した。まず露見したのは、大手証券会社による損失補塡である。一九九一年六月二〇日の読売新聞は「野村証券が大口顧客に対して一六〇億円もの損失補塡をしていた」という特ダネ記事を掲載し、翌日には日興証券も補塡をしていたことが判明したため、世論は、そうした証券業界の体質を、「個人投資家をゴミ扱いし、大口投資家や企業だけを優遇する」と批判した。ところが、六月二七日の野村証券株主総会で、田淵義久社長が、補塡については「全部を大蔵省にお届けしており、その処理についてもご承認をいただいている」と発言したため、大変な騒ぎとなった[1]。国会では補塡先を明らかにせよとの要求が相次ぎ、ついに日本経済新聞が七月二九日の朝刊一面に四大証券の補塡リストをスクープしたが、そこには日立製作所・松下電器・トヨタ自動車をはじめとする一八七法人に対して合計一〇六〇億円（野村証券一六一億円、大和証券二二九億円、日興証券二七八億円、山一証券四〇三億円）の損失補塡が行われていたことが示されていた[2]。証券最大手の野村証券に批判が集中したのは、もう一つの理由があった。それは広域暴力団稲川会との不透明な株式取引である。稲川会会長石井進が野村証券と日興証券を介して購入した東急電鉄株について、野村証券は推奨販売のキャンペーンを張ったため、東急株が急騰した。それが稲川会への実質的な利益供与になるとの疑惑が生まれたのである[3]。両証券とその系列会社は石井進ら稲川会関係者名義の取引口座を次々と開設して取引を続けるうちに彼らが暴力団関係者であることが分かったが、取引をやめずに「重要顧客」として扱っていたことも判明した[4]。

こうした証券業界の「反社会的」体質に対する個人投資家の批判は決定的となった。一九九一年六月には、バブル期に活況を呈した証券業務への参入を狙う銀行業界とそれを阻止せんとする証券業界の意向を受けて、金融制度調査会と証券取引審議会は、銀行と証券がそれぞれ子会社を作って他方の領域に参入するという妥協案を蔵相に提出し、その法制化が日程に上っていた。しかし、バブル崩壊にともなう株式相場の暴落と証券会社の顧客差別の結果、個人投資家で証券業界を見限る者も現われ、東証第一部の売買代金に占める個人投資家の比率は九八年には一〇・四％と九一年の半分以下に低下した[5]。

だが、スキャンダルは証券業界だけではなかった。バブル期に都市銀行で最高の利益をあげた住友銀行の磯田一郎会長が、一九九〇年一〇月に突然辞任した。同行専務の河村良彦を老舗の中堅商社イトマン（旧伊藤萬）の再建に送り込んだところ暴走して多額の損害を住友銀行に与えた責任を取っての辞任であった。イトマン社長河村のもとに九〇年二月に広域暴力団山口組に近い辣腕の地上げ屋伊藤寿永光が入社し、常務となって「伊藤プロジェクト」と呼ば

表 15-1　住専７社の不良債権の推移

（億円，％）

調査時点	1991年9月－92年8月			1995年6月末		
社　　名	貸付額・A	不良債権・B	B／A	貸付額・C	不良債権・D	D／C
日本住宅金融	22,739	6,617	29.1	19,312	14,367	74.4
住宅ローンサービス	16,386	4,326	26.4	14,196	10,833	76.3
住　　総	18,602	7,465	39.9	16,094	12,907	80.2
総合住金	13,769	3,690	26.8	11,183	9,606	85.9
第一住宅金融	17,417	5,435	30.7	15,058	9,914	65.8
地銀生保住宅ローン	10,461	6,252	59.8	8,779	6,951	79.2
日本ハウジングローン	23,638	12,694	53.7	22,574	16,743	74.2
合　　計	123,012	46,479	37.8	107,196	81,321	75.9

出典）　佐伯尚美『住専と農協』（農林統計協会，1997年）55，77頁．

れるゴルフ場やリゾート開発にイトマンの資金を投入したが、その多くは消えてしまい、やはり山口組の関係者といわれる許永中も絵画取引を通じてイトマンの資金を引き出した結果、イトマンは五千億円の損金を焦げ付かせて事実上倒産し、メインバンクの住友銀行に多大の損害を与えたという(6)。

住宅金融専門会社への公的資金投入

金融機関の不良債権を処理するためには必要とあれば公的資金の投入がなされるが、そのためには国民の納得が条件である。だが、住宅金融専門会社（以下、住専）の場合には、関係官庁の密室での取引によって公的資金の投入が決められたために国民の批判が強く、その後の公的資金の投入を遅らせた。住専は、一九七〇年代に長期の住宅ローンを行うために銀行によって設立された一種のノンバンクであったが、八〇年代後半には銀行自体が住宅金融に進出したため、住専は貸ビル業やゴルフ場・リゾート開発などを行う不動産業への融資を行うようになった。

表15－1は、一九七九年に設立され存続が決まっている農協系の協同住宅ローンを除いた住専七社に関するデータで、これら七社はいずれも破産・廃業が決まり、それにともなう不良債権処理が問題となった。一九九〇年度末のノンバンク数は二万一八一一社、貸付金は九八兆円で一社平均四五億円に過ぎないが、そのうち住専八社だけで貸付金一三兆円、平均一兆六二五〇億円であり、住専の規模が如何に飛びぬけて大きいかが分かろう。もともと複数の各種銀行（母体行）によって設立され、

一般銀行（一般行）や農協系金融機関（農協系）からも融資を受ける住専は、大蔵省OBを社長に頂く準政策金融機関として発展してきたが、八〇年度末には融資の九六％を占めた個人住宅ローンは九〇年度末には二一％に激減し、代わって不動産業への融資を展開したために巨額の不良債権を抱え込むことになった(7)。

住専からの借手の実態は謎に包まれているが、佐伯尚美氏の研究によれば、最大手の富士住建グループの安原治社長は、一九七一年創業当初は建坪一五坪程度のミニ住宅の建売分譲をしており、バブル期に総合デベロッパーへと変身した。同社は九五年六月末現在日本ハウジングローンをはじめ住専各社から合計二九八八億円の融資を受けていたが、ほかに阪和銀行系の大阪ファイナンスと興銀系の日本ハウジング以外のノンバンクからも借り入れていた。九六年一一月の阪和銀行の破綻は、富士住建の破綻の影響である。住専から合計二三六七億円の融資を受けた第二の大口借手、末野興産グループは、一九七九年に末野謙一社長が設立した貸ビル業が、バブル期の不動産ブームに乗って急拡大したものである。同社は大阪市内のマンション、レジャービル、オフィスビルの買収を進め、銀行の抱える繁華街の暴力団がらみの事故物件を引き受けることを通じて、興銀系の住専・ノンバンクとの太い資金パイプを構築したが、バブル崩壊とともに経営破綻に追い込まれた。これらの事例が示すように住専の融資先の歴史は浅く、バブルの波に乗って急上昇した者ばかりであった(8)。

問題は一九九〇年三月以降、大蔵省が銀行の不動産融資を制限した際に、農林中金や県信連などの農協系金融機関をわざと制限外としたため、住専は資金源を銀行中心から農協系中心に切り替え、その結果八八年末には一兆円台であった農協系融資が九一年末には五兆六四二七億円となり、住専への融資全体の四〇％を占めるに至ったことである。その住専の解散に際しての損失負担をめぐって、母体行、一般行、農協系が対立し、大蔵省、農水省も激しく争った。そのため政府案が決まるのに九五年一二月までかかり、その間に不良債権が二倍近くに膨れ上がったことは本表から明らかであろう。決定された政府案は、六兆四一〇〇億円と算定した損失負担を、母体行三兆五〇〇〇億円、一般行一兆七〇〇〇億円、農協系五三〇〇億円とし、公的資金六八〇〇億円を投入するというもので、住専への融資額への負担比率は母体行一〇〇％、一般行四七％に対して、農協系は僅か九・七％に過ぎなかった。なぜ農協系の負担が五三〇〇億円かについての政府説明は二転三転しており、全く説得力がないまま、住専七社は一九九六年八月に解散した。[9]

このような行政責任や経営責任の問題ぬきでの政治決着については、当時から厳しい批判がなされた。日本経済新聞は「住専処理に税金投入が不可欠だったとしても、なぜ農業予算から捻出しなかったのか。……「こっちは銀行にそそのかされて住専に融資した被害者だ」という農水省のけんまくに大蔵省も政治家もあえなく沈黙する」[10]と農水官僚の財政節度の喪失を嘆いた。のちに金子勝氏は、公的資金の投入は「銀行（＝住専）の経営者にきっちり責任をとらせるのが大前提のはずだ。それを怠った橋本首相（当時）の罪はきわめて重い」と指摘している。[11]まさにそのとおりであろう。

一九九〇年代末の金融機関の破綻

住専の処理が一段落した一九九五年は、信用組合の経営悪化が幾つも表面化したが、大蔵省は三月に東京協和、安全の両信組の破綻措置をとって預金者にペイオフ（一〇〇〇万円限度での払い戻しを保証）をするのでなく東京共同銀行という日銀主導で設立した「受け皿銀行」に両信組を吸収して預金全額を保証することとした。これを高利預金を集める乱脈経営の信組の救済だと批判する世論に対して、大蔵省は預金取つけ騒ぎの拡大を防ぐためだとし、六月にはペイオフを五年間凍結すると宣言した。かかる宣言は大規模破綻が起こらないだろうというきわめて甘い予測に立つものであったが、たまたま大蔵官僚の業界との癒着が暴露されたために同省の信用は大きく揺らぎ、同年八月には全国第二位の資金量の大阪の木津信組が激しい預金取つけを受ける事件が起きた。こうしたペイオフ凍結のもとで大小の金融機関の経営はさらに悪化した。[12]

金融危機の発生は一九九七年一一月であった。その皮切りは有力証券会社の三洋証券の破綻である。同証券の経営が系列ノンバンクへの保証債務で悪化したのは九四年のことであったが、系列ノンバンクの法的整理案は大蔵省によって論外として退けられた。そして、関係銀行等の支援による九年間での再建案ができたが、不況のなかで業績はさらに悪化し、大蔵省が提示した国際証券との合併案もまとまらず、九七年一一月には三洋証券は東京地裁で顧客資産の引き出しを認めてもらった上で、会社更生法の適用申請を行った(13)。

九七年一一月には続けて、野村証券と並ぶ大規模証券会社で創業百年目の山一証券が自主廃業を決定した。同年三月期決算では系列ノンバンク山一ファイナンスへの支援で一五〇〇億円の特別損失を計上し、最終損益は一六四七億円の赤字であった。負債総額は三兆円を超える戦後最大の倒産であり、顧客資産の保護のために日本銀行が八〇〇〇億円の特別融資を行った。同証券の場合は、大蔵省の黙認の下で損失を別会社に移し替える「飛ばし」操作を行っていたために損失の全体像がなかなか掴めず、証券取引等監視委員会の検査も「飛ばし」に気づかなかったという(14)。そのため債務超過であれば実施できない日銀特融が使われ、一一四〇億円の回収不能を生むことになった(15)。

山一証券の廃業と同じ一一月に、一九〇〇年に特殊銀行として設立され、北海道の金融界に君臨してきた北海道拓殖銀行が倒産した。原因は同行が一九九〇年末に総合開発部を発足させ、北海道を中心としたゴルフ場やリゾートホテルなどのデベロッパーへの大規模融資を展開したことであった。北海道は本州との情報ギャップが大きく、道内で不動産ブームが起きたのは首都圏などではブームが終息しはじめた時点であったから、不良債権が積み上るのに時間はかからなかった。同行は北海道の地方銀行である北海道銀行との合併交渉を試みたが失敗し、第二地方銀行の北洋銀行へ事業を譲渡した(16)。

一九九八年には、長期の金融債を発行して得た資金で企業に設備資金を供給する日本長期信用銀行と日本債券信用銀行が破綻した。いずれも「安定成長」期になると貸出先が減り、バブル期にはノンバンクを介する不動産融資に集中した結果、不良債権を抱え込んだのである。九八年一〇月に破綻した日本長期信用銀行は、国内外のリゾート開発を進める高橋治則の「イ・アイ・イ」グループに対して八五年から取引を始め、九一年には三八〇〇億円を貸し込み、系列ノンバンクからの融資を含めると同社グループへの貸出額は六〇〇〇億円に達し、不良債権化した。(17)九八年一二月の日本債券信用銀行の破綻の前兆は、九二年に同行が系列ノンバンクの借入金の金利減免を諸銀行に要請した頃に現われた。以後、同行金融債は興銀債や長銀債よりも高い金利を付けないと売れなくなった。九七年一月には同行株価が急落したため、四月に大蔵省の指導で日銀・銀行・生保の協力によって三〇〇〇億円の増資をし、系列ノンバンクなどの不良債権四六〇〇億円の処理を計画したが、さらに多くの不良債権があると疑われたため株価の低落は止まらず、結局同行は破綻に追い込まれた。(18)

都市銀行群の三メガバンクへの統合

まさかと思われた大銀行・大証券が相次いで破綻し、大蔵省に守られた「銀行不倒神話」も消滅したため、一九九九年から金融界の再編成が進んだ。ここでは、金融界の頂点に位置した都市銀行群の統合の経緯を見ておく。(19)

先頭を切ったのは、日本興業銀行、第一勧業銀行、富士銀行の三行を統合した「みずほグループ」の出現であった。長銀と日債銀の破綻後、興銀は唯一の長期信用銀行となり、バブル期に失敗した個人取引はやめて法人取引に専念しようとしていたが、それだけでは生き残れないという危機感を持っていた。第一勧業は、個人と中小企業への融資中心の道を模索していたが、そうなると都市銀行の看板を下ろすに等しいと悩んでいた。富士銀行は総合金融機関を目指したが、単独では困難なため第一勧業との合併を模索していた。こうして一九九九年二月頃から三行間の相談が始まり、同年八月に帝国ホテルで統合が発表され、総資産一四二兆円という世界最大規模の銀行が成立した。

続いて同年一〇月には、住友銀行とさくら銀行（九〇年に三井銀行と太陽神戸銀行が合併）が合併して三井住友銀行

（英語名はSumitomo and Mitsui Bank）になるとの発表があり世間を驚かせた。江戸時代以来の由緒ある歴史をもつ住友と三井はそう簡単に合併するはずがないと見做されていたからである。さくら銀行は一九九八年一〇月に不良債権五〇〇〇億円の株式含み損のために株価が暴落し、三井グループ各社の支援による増資で危機を乗り越えたが安心はできなかった。住友銀行の株価は大手銀行のトップであったが、総資産額と業務純益で東京三菱銀行に大きく引き離されていた。そこで「みずほ」誕生の直後に両行トップが会食して「グループ」の枠を超えなければ生き残れないとの認識で一致したのである。

さらに、二〇〇〇年三月には、三和、東海、あさひ（九一年に協和銀行と埼玉銀行が合併）の三行の提携が発表されたが、六月にはあさひ銀行が脱落して三和・東海両行のみの連合となり、二〇〇二年一月に、ＵＦＪ（United Financial of Japan の頭文字）銀行が誕生した。こうして、みずほ、三井住友、ＵＦＪ、三菱東京の「ビッグ４」の時代に入ったが、二〇〇四年七月に三菱東京とＵＦＪが経営統合を決めたことにより「３メガバンク」の体制が出現した。この統合は、ＵＦＪがダイエー、双日、大京、アプラス、国際興業、ミサワホームなどの大口不良債権を抱えて赤字決算が続いていたことへの救済の意味をもっていた。ＵＦＪグループは同年五月には傘下のＵＦＪ信託銀行を住友信託銀行へ売却する交渉を進めていたが、それだけではグループ全体の経営の再建が難しいことが判明したので七月には三菱東京ファイナンシャル・グループとの統合路線に切り替えた。そのため、住友信託が裁判に訴える一幕も見られたが、結局、三菱東京ＵＦＪという総資産規模一九二兆円の世界最大規模の金融グループの誕生が決まったのである。(20)

二　新自由主義的な成長政策とその失敗

日本経済のみが長期不況に喘ぐ

不良債権の処理は予想以上の期間を要しながらも、３メガバンクへの統合によって終息したが、不況はさらに長引いた。ＧＤＰ成長率の国際比較を国連統計によって示すと表15－２のようになる。この数値は名目値でしかも比較のために米ドル換算してあるため、実質成長率を各国通貨で計算した場合より相当高めに示されているが、一九九〇年代後半から二〇一〇年にかけての日本経済の成長率が他国に比べて大きく低迷していることは明らかであろう。アメリカは三％から五％の成長をコンスタントに続けており、ドイツ、イギリスも成長率が変化しつつも着実に規模を拡大して日本との差を詰めている。もっとも急速に拡大しているのは中国経済であり、一九九〇年代前半には日本の一三％に過ぎなかったのが、二〇一〇年には早くも日本を抜き去っている。こうした日本経済の長期低迷の事実については、「一九九〇年代の日本が直面した危機の本質」は、「金融システムの危機であり、当該期にも生産システムは健全であり続けた」という見方が唱えられたが[21]、二一世紀に入って不良債権の処理が基本的に終了してからも成長率が低迷し続けている事実は、危機が「生産システム」の内部にまで及んでいることを示唆すると言えよう。

表 15-2　国内総生産の推移と比較　（名目 10 億ドル，％）

5 年平均	アメリカ	日本	ドイツ	イギリス	中国
1990-94	4,943	3,952	1,749	1,054	510
	5.26	*10.04*	*10.10*	*5.08*	*5.97*
1995-99	8,626	4,542	2,285	1,361	956
	5.75	△ *1.23*	*0.27*	*7.09*	*13.92*
2000-04	11,137	4,366	2,185	1,739	1,512
	4.91	*1.33*	*5.64*	*8.21*	*12.10*
2005-09	14,114	4,694	3,183	2,511	3,648
	3.28	*1.72*	*4.19*	*0.56*	*21.45*
(2010-12)	15,579	5,784	3,453	2,410	7,208
	4.06	*5.84*	*1.47*	*3.87*	*17.92*

出典）　国連統計（http://data.un.org）
備考）　上段が GDP　5 年平均（名目値），下段が各年成長率の平均.

イノベーション抜きの人件費圧縮

こうした成長率の落込みは、消費の長期的低迷と設備投資の落込みの双方からもたらされたと説明されてきたが、その原因については必ずしも適切な解明がなされたとは言えなかった[22]。その点で注目されるのは、伊藤正直氏が、二〇〇一年には東証上場会社の一割以上が経営不振に陥っており、それには日本経済を牽引してきた加工組立産業の含まれていることを明らかにした上で、企業が人件費の圧縮のために賃金抑制と雇用圧縮を始めたことを指摘していることである。氏によれば、一九九八年には平均賃金が戦後初めて下落するとともに、一般労働者数の削減が、派遣、請負、パート、アルバイトなどの非正規雇用者による代替を上回って進み、日本的雇用システムの中核をなす長期雇用慣行が根底から変動しはじめたという(23)。事実、その後の動きは激しく、一九九五年には一〇〇一万人と雇用者総数（四七八〇万人）の二一％を占めていた非正規雇用者は、二〇〇七年には一七二六万人に増加し、雇用者総数（五一二〇万人）の三四％、つまり三人に一人を占めるまでに至った(24)。この時期の名目賃金の下落は先進国では日本だけで見られたものである(25)。当時の雇用調整は、かつて石油危機後の日本企業の雇用調整において、労働組合側が賃上げの抑制を認めたのに対して経営側が雇用確保を追求したのと、まさに正反対のものにほかならない。このような動きが、消費の大きな落ち込みをもたらすことは当然であると言えよう。

雇用調整は、設備投資についても大きな影響を与えたものと思われる。すなわち、企業のイノベーションがもっとも必要な時期に人件費圧縮のためのリストラを大々的に行ったことは、イノベーションの担い手を失うことにつながるからである。吉川洋氏は、グローバル経済が大きく変わるなかで、日本企業がイノベーションを生み出す力を失ったことが、デフレに陥るほどの長期停滞を招いた「究極の原因」であったと指摘している(26)。そのとおりであろう。ただし、イノベーションを推進しつつ大胆な設備投資を行う責任者は被雇用者ではなく経営者である。バブル崩壊後の日本の経営ではできるだけ多くの利益を株主に配当するために人件費の圧縮などによる短期的な利益追求を行うアメリカ式の株主優位の経営が増え、長期的な視野に立って被雇用者の利益を保証しつつ大胆な設備投資を展開するといういわゆる日本的経営の良さが見失われる傾向があった。そうした意味での「日本的経営の再構築」が求められているが(27)、それを実現するためには、労働者側の正当な利害を無視しがちな経営者側と政府関係者の意識改革が必要であろう。

市場原理主義的な新自由主義政策の問題性

従来の労使関係のあり方が根底から変化してゆく事態は、経済界の要求だけで現われるものではなく、政府の労働政策が大きく変わることが条件である。一九九〇年代の低迷する日本経済に危機感を抱いた財界は、相次いで「高価格・高コスト構造からの脱却と公的部門の縮小」[28]を求めたが、一九九七年初に橋本龍太郎内閣が打ち出した行政、財政、金融、経済、社会保障、教育の「六大改革」構想は、それに応えるものであった。経済改革では規制の全面的な緩和が唱えられ、総じて市場原理主義的な新自由主義の路線が明確化されたと言って良い[29]。二〇〇一年に登場した小泉純一郎内閣の構造改革路線も同様な方向を改めて打ち出したものであった。労使関係に関する規制の緩和としては、同内閣は二〇〇四年に労働基準法を改訂して、労働者の解雇は「客観的に合理的な理由を欠き、社会通念上相当であると認められない場合は、その権利を乱用したものとして、無効とする」という新たな条項を作り、あたかも解雇を厳しく制限するかのような形式をとりつつ、それまで一方的には不可能であった解雇を合理的理由さえあれば使用者の自由であることに変更した。また、同年、派遣労働の期間を一年から三年まで延長し、製造現場や社会福祉施設への派遣労働も認めたため、企業が正社員を解雇し代りに派遣労働者を採用する動きが広まった[30]。

橋本・小泉内閣による新自由主義政策は、歴史的には一九八〇年代の中曽根康弘内閣の政策路線の継承であった。そして中曽根首相は、アメリカのレーガン大統領、イギリスのサッチャー首相とともに、「市場原理主義」タイプの新自由主義政策の実行者であった。それらは、ドイツやフランスに見られる労働・経営双方の要求の接合を一つの柱とする「社会的市場経済」タイプの新自由主義政策と異なり、労働組合は政策決定から排除された[31]。中曽根内閣期の日本では、日本国有鉄道（国鉄）の民営化が大きな課題とされた。国鉄は採算の見込みのないローカル線の敷設を政治的理由から押し付けられ、そのままでは維持困難な赤字経営となっていたから、八七年の分割民営化による再建は致し方なかったが、そこには政府による国鉄労組つぶしの意図が込められていた。国鉄など官公庁の労組を中心とする日本労働組合総評議会（総評）に代わって、大企業の民間労組による労資協調的な全日本労働総同盟（同盟）を中心に八七年に新たに全日本民間労働組合連合会（連合）が発足した。このように労働組合の立場を弱めつつ展開された新自由主義政策のもとで、労働組合の組合員数（加入率）は一九八〇年の一二三七万人（三一％）から二〇〇〇年には一一五四万人（二二％）、二〇〇九年には一〇〇八万人（一八％）と減少し続けている。[32]他方、二〇〇五年の小泉内閣による郵政民営化は、国の財政投融資の資金源となっている郵便貯金や簡易保険の資金を民間で利用して経済活性化を図るものとされたが、郵便の公益性が損なわれないかという批判が政府内部にもあったため、国鉄民営化から二〇年近く遅れたのである。[33]

こうした日本の新自由主義政策は、一九九〇年代以降、労働者の地位を低下させただけでなく、政府の目指すような経済成長を実現できなかったことは既に見たとおりである。しかも少子高齢化と国債累積は社会保障制度の水準をいっそう低下させることは間違いなく、東日本大震災による原発事故の責任を曖昧にしたまま、地球環境問題への取組も遅れている。そうした政治経済面での閉塞状況の理由を考える上で問題となるのは、それらの政策が日本内部の政府と財界の主導の下で進められただけでなく、アメリカ政府の強力な介入に影響されつつ進められていたことである。この問題は日本の対米関係全体との関わりで理解しなければならないので、節を改めて検討しよう。

三　対米従属下での軍事国家への回帰路線

経済政策への介入を強化するアメリカ

元外務官僚の孫崎享氏は、冷戦が終わった一九九一年当時のアメリカ国民が、同国最大の脅威は何だと思っていたかを調べた世論調査の結果（表15‐3）を紹介し、一般人も指導者層も日本の経済力こそが最大の脅威であると考えていたという注目すべき事実を明らかにした。その上で、ソ連の軍事的脅威が減少し、中国の経済的・軍事的脅威がまだ大きくなかった当時、アメリカは国防予算を減らして経済の強化に回す道もあったが、世界最強の軍事力は維持すべきだという意見が通り、軍事的脅威としてイラク・イラン・北朝鮮の存在がクローズアップされたこと、日本の経済力にどう対応するか、アメリカの新しい世界戦略のなかで日本をどう扱うかが問題となったことを指摘された[34]。冷戦体制下のアメリカが莫大な軍事支出の重圧でしだいに経済力が低下し日本との貿易摩擦を繰り返したこと、プラザ合意を画期に日本を含む自由主義陣営による経済支援を必要とするまでに経済的な地位が転落していたことは既に述べたが、冷戦後のアメリカにとって日本は一転して最大のライバルとして意識されるようになったのである。

表 15-3　アメリカにとっての死活的脅威（1991 年）

（複数回答）	一般人	指導者層
日本の経済力	60%	63%
中国の大国化	40%	16%
ソ連の軍事力	33%	20%
欧州の経済力	30%	42%

出典）孫崎享『戦後史の正体』（創元社，2012 年）312 頁．
備考）シカゴ外交評議会による世論調査の結果．

膨張する日本経済に対するアメリカの対抗策は、欧米諸国を巻き込んでの対抗と、アメリカ単独での対抗の双方があった。日本の銀行が対外活動を拡大していた一九八八年に、スイスのバーゼルの国際決済銀行（Bank for International Settlement）で各国の金融首脳が合意した自己資本規制（通称ＢＩＳ規制）は前者の事例であった。この合意は、海外で活動する国際銀行は経営の健全性を守るために自己資本を総資産額の八％以上保有すること、ただし、有価証券の含み益の五〇％までを自己資本に算入することができる、というもので、自己資本比率の低い日本の大手銀行の規制が主要な目的であった。一九九〇年代の株価低落の下で日本の大手銀行が大々的な貸出の回収を行い信用の収縮を招いたのは、このＢＩＳ規制が大きく作用していた[35]。

アメリカと日本の二国間交渉については、一九九四年のクリントン米大統領と宮沢喜一首相の会談で、クリントンが「日米規制改革および競争政策イニシアティブに基づく要望書」（通称「年次改革要望書」）を毎年交換することを宮沢に認めさせ、ここに日本をアメリカ型の経済社会に変革する「日本改造計画[36]」がスタートしたことが注目される。この「年次改革要望書」は、在日アメリカ大使館のウェブサイトに公開され、同大使館は日本記者クラブで配付し、内容説明まで行っていたが、日本政府、大手マスコミは全くその内容を報道しなかったため、国民がその存在を初めて知ったのは二〇〇九年二月の衆議院予算委員会の質疑を通じてであり、「要望書」の最後の交換の時であった。菊池英博氏によれば、日本政府は官邸内に「総合規制改革会議」を設置するなど、組織的な対応を行い、前述した橋本内閣・小泉内閣の構造改革案は、ほとんどが「要望書」の線に沿って行われていたという。そうだとすれば、アメリカの要求は、菊池氏が指摘されるように、「日本の国家としての独立性を喪失させ、……まさに極端な内政干渉と言わざるをえない[37]」であろう。

問題とされなければならないのは、むしろ、そうしたアメリカの「内政干渉」が日本政府やジャーナリストによって「干渉」として受け止められず、報道に値する内容とすら思われなかったという驚くべき事実の方である。その理由は、日本政府や政府に協力する学者の考えが、アメリカ流の市場原理主義に立つ新自由主義に染まり切っており、アメリカによる「要望」はなんら「干渉」でなく、好意的なアドバイスとして受け止められ、自分自身の政策として提起していたことにあるのではあるまいか。本書第一三章三節「テレビによるアメリカ的イデオロギーの浸透」で述べたようなアメリカの対外文化戦略が、テレビ文化だけでなく学術文化を通じて日本の指導者層に浸透し、冷戦後も続く日本の対米従属を支えているように思われる。もっとも、政府や学者の中には、アメリカとの対等の関係を求めて、自立した立場を主張する場合もないわけではないが、その主張がアメリカの軍事戦略に抵触した時は、強烈な排除・弾圧を受けることになる。

アメリカ軍事戦略の一部としての日本

日本の戦後史を「対米従属」路線と「対米自主」路線の交錯という新しい角度から描き出した孫崎享氏は、次のよ

うに指摘している。(38)

「多くの政治家が「対米追随」と「自主」のあいだで苦悩し、ときに「自主」路線を選択しました。歴史を見れば、「自主」を選択した多くの政治家や官僚が排斥されています。ざっとみても、重光葵、芦田均、鳩山一郎、石橋湛山、田中角栄、細川護熙、鳩山由紀夫などがいます。意外かもしれませんが、竹下登や福田康夫も、おそらく排斥されたグループに入るでしょう。外務省、大蔵省、通産省などで自主路線を追求し、米国から圧力をかけられた官僚は私の周辺にも数多くいます。」

ここで「自主」路線を選択した政治家リストの最後に出てくる民主党内閣の鳩山由紀夫首相について見ると、二〇〇九年八月の総選挙で大勝した際の民主党のマニフェストには、在日米軍基地の見直しと東アジア共同体の構築が入っていた。だが、これら二点に沿った方針こそアメリカのもっとも嫌う「自主」外交路線であったから、アメリカは鳩山排斥を行い、日本政府内部の支持を失った鳩山首相は辞任せざるをえなかった。こうして民主党内閣は、後継の菅直人首相と野田佳彦首相がいずれも対米追随路線に転換し、TPP（環太平洋戦略的経済連携協定）に参加する方向へと走ったのであり、(39)安倍晋三自民党・公明党内閣は、そうした路線を引き継いでいると言えよう。

ただし、安倍内閣の政策は、単純な対米追随路線ではなく、憲法改定を狙いつつも実現困難と見るや、憲法第九条の下でも集団的自衛権の行使は可能だという閣議決定を行う前例のない解釈改憲を試みた。アメリカ軍を守るために自衛隊が戦えるという解釈を行うことは、アメリカ軍事戦略に積極的協力を申し出る「積極的平和主義」路線であり、かつて岸信介内閣が主張した安保対等論の戯画的再版と言えよう。

こうした政策は将来の本格的改憲の準備作業であり、自民党内閣の狙いは、天皇の元首化と戦争放棄条項の撤廃を通じて戦前「日本を取り戻」し軍事国家への回帰を図る全面改憲に他ならない。市場原理主義的な新自由主義は、一九七〇年代に登場した反ケインズ主義という否定的反対物であり、一九世紀中葉の古典的自由主義や二〇世紀中葉の福祉国家のような体系的な倫理規範による歯止めがなく、暴走を止めるのは難しいと指摘されている。[40] 自民党が普遍的価値に立脚した現憲法を改めて日本国民を連れてゆく先にある天皇を元首とする旧「日本」の空間は、天皇制という個別的価値にしがみつく世界である。かつての国家神道が教義をもたない儀礼宗教であるためにそれに立脚する近代天皇制は社会ダーウィニズムのようなニヒリズムと結合したが[41]、新自由主義という倫理規範を欠くニヒリズムの支配する非人間的な空間に、われわれは天皇元首の下にあった「日本を取り戻す」と主張する自民党によって連れて行かれようとしているのである。そうした文字通りの「反動」の勢いを如何に阻止し、古典古代以来の普遍的価値の現代的再解釈に基づく新しい世界を創造するかが大きな課題であると言わねばならない。

注

（1）日本経済新聞社編『金融迷走の一〇年』（同社、二〇〇〇年）六—一〇頁。
（2）「日立・松下・トヨタなど　四大証券補てん先判明」『日本経済新聞』一九九一年七月二九日号。これは政府筋による意図的リークとも言われている。
（3）日本経済新聞社編前掲『金融迷走の一〇年』一〇—一八頁。
（4）「「負の関係」ズルズル——野村・日興証券と暴力団前会長」『朝日新聞』一九九一年六月二一日号。
（5）「個人投資家　止まらぬ株離れ」『日本経済新聞』一九九八年一二月一九日号。
（6）日本経済新聞社編前掲『金融迷走の一〇年』二〇—二七頁。
（7）佐伯尚美『住専と農協』（農林統計協会、一九九七年）九—二三、二七—三四頁。
（8）同上書、一四三—一四九頁。
（9）同上書、三五—四五、九二—九五頁。公的負担にはほかに預金保険機構への出資五〇億円があるので、総額六八五〇億円となる。
(10)「緩み切った財政運営」『日本経済新聞』一九九五年一二月二七日号。
(11)金子勝「銀行・金融庁一〇年の罪業」『文芸春秋』二〇〇二年一月号。金子氏は乱脈融資が一九九〇年前後に行われていたから、一九九五―九六年が刑事責任を問える時効の期限だったと指摘する。
(12)日本経済新聞社編前掲『金融迷走の一〇年』一〇三―一二五頁。
(13)同上書、一五五―一六五頁。
(14)同上書、一七四―一八五頁。
(15)「特融焦げ付き、行政は反省を、松嶋・山一証券破産管財人に聞く」『朝日新聞』二〇〇三年一二月二七日号。
(16)北海道新聞取材班『解明　拓銀を潰した「戦犯」』（講談社文庫、二〇〇〇年）。
(17)日本経済新聞社編前掲『金融迷走の一〇年』二〇一―二〇四頁。国有化された長銀は、アメリカの投資会社に売却され、新生銀行として再建される。
(18)同上書、一三三―一五四頁。一時国有化された日債銀は、ソフトバンクグループのあおぞら銀行となるが、ソフトバンクは株式をアメリカの投資会社へ売却する。
(19)以下、「ビッグ四」の成立史は、同上書、二〇九―二三九頁による。
(20)「ＵＦＪ、信託銀を売却　住友信に三〇〇〇億円で」『日本経済新聞』二〇〇四年五月二〇日号、「統合、週内に基本合意ＵＦＪ・三菱東京今夕トップ会談」『同』二〇〇四年七月四日夕刊、「三菱東京・ＵＦＪ統合　最高裁　住信の抗告棄却」『同』二〇〇四年八月三一日号、「ドキュメント三菱東京・ＵＦＪ　司法が舞台、揺れた統合劇」『同』二〇〇四年九月一七日号。世界最大というのは総資産規模であり、企業価値（時価総額）では、米シティグループ、英ＨＳＢＣ、米ＪＰモルガン・チェースなどにかなり劣っていた。なお、この合併の契機としては、金融庁（竹中平蔵金融担当大臣）によるＵＦＪ銀行の不良債権の過大評価があったとの批判がある（菊池英博『そして、日本の富は掠奪される――アメリカが仕掛けた新自由主義の正体』ダイヤモンド社、二〇一四年、一七八―一八一頁）。
(21)橘川武郎「橋本寿朗が遺したメッセージと日本経済再生の方向性」（東京大学社会科学研究所紀要『社会科学研究』第五四巻第六号、二〇〇三年）九三頁。
(22)橘川武郎前掲「橋本寿朗が遺したメッセージと日本経済再生の方向性」八六頁。

(23) 伊藤正直「暗転と「再生」——一九九二—二〇〇一年」(森武麿・浅井良夫・西成田豊・春日豊・伊藤正直『現代日本経済史〔新版〕』有斐閣、二〇〇二年) 二七八—二八六頁。
(24) 三和良一『概説日本経済史　近現代〔第3版〕』(東京大学出版会、二〇一二年) 二三四頁。
(25) 吉川洋『デフレーション』(日本経済新聞出版社、二〇一三年) 一七二—一七七頁。
(26) 同上書、二〇九—二一二頁。
(27) 橘川武郎「概観——「プラザ合意」以降の日本経済の変容と日本企業の動向」(『講座・日本経営史6　グローバル化と日本型企業システムの変容　一九八五—二〇〇八』ミネルヴァ書房、二〇一〇年) 一六—二三頁。
(28) 伊藤正直前掲「暗転と「再生」——一九九二—二〇〇一年」二八七頁。
(29) フリードマンに始まるアメリカの新自由主義の市場原理主義的タイプについては、権上康男編著『新自由主義と戦後資本主義』(日本経済評論社、二〇〇六年) 参照。
(30) 菊池英博前掲『そして、日本の富は掠奪される』一四五—一四六、一五五—一五六頁。
(31) 新自由主義における「社会的市場経済タイプ」と「市場原理主義タイプ」の二つの潮流については、権上康男「現代史のなかの新自由主義——二つの潮流」(政治経済学・経済史学会二〇一四年度秋季全国大会パネル『報告要旨』) から引用させて頂いた。
(32) 矢野恒太記念会編集・発行『日本国勢図会』第六八版 (二〇一〇年) 九五頁。
(33) 以上、国鉄民営化と郵政民営化については、吉見俊哉『シリーズ日本近現代史9　ポスト戦後社会』(岩波新書、二〇〇九年) 一六九—一八四頁による。
(34) 孫崎享『戦後史の正体　一九四五—二〇一二』(創元社、二〇一二年) 三一一—三一五頁。
(35) 菊池英博前掲『そして、日本の富は掠奪される』一三一—一三四頁。
(36) 同上書、八三頁。
(37) 同上書、一四六頁。
(38) 孫崎享前掲『戦後史の正体　一九四五—二〇一二』八—九頁。
(39) 同上書、三五四—三六四頁。
(40) 伊藤正直『金融危機は再びやってくる』(岩波ブックレット、二〇一二年)。伊藤氏は、「そもそも、市場原理主義的新自由主義は、一九世紀中葉の古典的自由主義における、ロック、ベンサム、スミスという安定的世界――政治哲学・経済思想・社会システムが相互に整合性をもって体系化されている安定した世界――をもっていません。二〇世紀中葉における、ケインズ、フォード、ベバリッジの世界ももっていません。一九七〇年代に、反福祉国家、反ケインズ的総需要管理政策、経済学の反革命を掲げて登場した否定的反対物です」（六六頁）と述べている。

(41)　近代天皇制と社会ダーウィニズムについては、本書第五章参照。

終章　普遍的価値にもとづく独立・平和の日本へ

三部構成の叙述からの結論

以上、幕末開港に始まる資本主義日本の歴史を追って現在まで話を進めてきた。もともと通史としての過不足ない叙述を目指すのではなく、問題中心の叙述を行ったつもりであったが、書き上げてみると各部の叙述の流れは、それぞれ特徴ある歴史の道筋を示すものとなっているので、第一部、第二部、第三部の各表題に簡単な副題を付する形でその道筋の特徴を記すことにした。

すなわち第一部「開港への商人的対応と日本型産業革命の展開」は、幕末の日本が直面した強大な外圧に抗して「独立」を維持しつつ新たな権力を生み出し、世界史的には稀有な外資排除という形での近代化を達成したこと、そのために国内の経済的・政治的緊張は激しく、日清・日露と戦争を繰り返し、アジアの「支配」者の一翼を担うに至ったことを明らかにした。「独立」から「支配」へというのがこの五五年間の日本の歩みであるが、何故にそのような道筋を辿ったのかという問いに答えるのはなかなか難しい。本書なりの政治経済史的アプローチから主張したのは、対外自立の精神的拠り所として選ばれた古来の天皇制的伝統を用いつつ、権力者は議会を開設しながらも基本的人権を否定した大日本帝国憲法という独自な権力装置を作り上げ、ついで社会ダーウィニズムを最新学説として取り込むことによって際限のない対外侵略を推進したということである。

第二部「第一次世界大戦以降の経済の「高度化」構想」では、帝国主義日本が辿った「支配」から「敗北」への三一年間の苦渋に満ちた道のりを明らかにしようとした。第一次世界大戦が各国民の総力を投入した高度な機械戦という新タイプの戦争の幕開けであったことを日本の軍部は一応理解していたが、日露戦争での成功体験の呪縛は大きかった。彼らは、戦車や航空機を大量製造しうる経済の高度化を構想しながら、そのための合理的で実現可能な政策を採ることができないまま、軍需工業の基礎である重化学工業の資源獲得に努め、アジア諸国との対立を深めていった。そうした軍拡と戦争に対しては政治家だけでなくブルジョアジーのなかにも反対する勢力があったことを指摘し、彼らなりの反戦運動の努力が挫折に終わった経緯と理由についても考察した。

最後の第三部「戦後改革を基礎とする経済の高成長とその終焉」は、すでに六九年という長期に亘った「戦後史」の問題点を採り出そうと努めた。そこでは、今や固有名詞化した経済の「高度成長」過程は、日本の大衆消費社会の形成史たる長期的高成長過程（一九五五—一九八五）のほぼ前半期に当たり、その後のいわゆる「安定成長」過程を経て、初めて乗用車・家電製品など耐久消費財を大衆が用いる社会が出現したことを主張した。日本政府が過大な軍事支出を不要とし、日本国民が経済成長に集中できた背後には、冷戦体制下でのアメリカへの政治的・軍事的従属が存在したのであり、それ故にこそ日本の高成長はアメリカ経済への支援を契機とするバブル経済によって終焉したのである。現在の日本経済は長期不況を脱却できず、対米従属のもとでアジアでの孤立を深めている。戦後の六九年間の道筋を辿った結果、希望に満ちた「改革」から展望のない対米「従属」への転落という圧倒的多数の庶民の期待を裏切る意外なストーリーが判明した。日本人の「戦後史」は途中で暗転したのか、それとも最初から道を間違えたのか、あるいは、もっと前から日本人はその進路を誤っていたのであろうか。

普遍的価値にもとづく独立と平和

本書が強調したかったのは、むろん歴史の方向が古くから決まっていたという宿命論ではない。歴史にはさまざまな節目があり、そこにはいくつかの選択肢が存在し、人々は選択を通して歴史への責任を負っている。と同時に、選択肢の幅はそれまでの歴史によって決められていることも事実である。六九年に及ぶ「戦後史」が「改革」から「従属」へという変遷の道を辿った背後には、米ソ冷戦体制の展開とその崩壊という「戦後史」自体の世界的枠組みの変容があったが、「改革」のあり方を規定した敗戦までの歴史もまた重要であり、われわれは第一部、第二部で検討した明治維新以来の「戦前史」にも留意しなければならない。

しかし、ここでは「戦後史」に即して考えよう。そうすると第一一章で検討した「改革」の他律性と講和条約における従属的独立が問題となる。あの時の戦後「改革」において日本社会は、世界史的には「古典古代社会」以来の普遍的価値の流れに漸く合流する機会を得たのであるが、現憲法の内容は、敗戦国民である日本人が自ら命懸けで作り出した一貫したものではなく、象徴天皇制と戦争放棄のバーターといった連合国の妥協の産物が埋め込まれていた。そのことはサンフランシスコ条約と日米安全保障条約のワンセットの枠組みをもたらすことになった。現在のわれわれ日本人における「独立の精神」の欠如は、戦後改革と講和条約のあり方によって初発から規定されていることが注意されるべきであろう。

それでは、対米従属からの脱却は、自民党の改憲案のように、天皇を元首化し戦争放棄をやめること、つまり大日本帝国憲法の時代に後戻りすることによって可能となるのであろうか。それは到底不可能であることは、安倍内閣の集団的自衛権の行使の閣議決定（解釈改憲）が対米従属の清算でなく深化をもたらしている事実ひとつを取っても明白であり、いまさら古典古代以来の普遍的価値を投げ捨てて、血縁共同体という個別的価値にしがみつく殺し合いの世界へと回帰すべきではなかろう。とすれば、対米従属を解消し、必要があれば現憲法を改定して基本的人権という普遍的価値をまっすぐに実現するにはどうすればよいのであろうか。対米従属から脱却するためには、何よりもまず日米安保条約を廃棄しなければならない。その上で、自衛隊の任務を国土の保全と防衛に厳しく限定して外部からの攻撃に対してのみ反撃する任務をもたせ、国際連合が実質的かつ民主的な世界政府としての役割を果たせるようになるまで存続させるべきであろう。基本的人権にとって平和はもっとも重要な条件であるが、他人に従属した平和は「奴隷の平和」に過ぎず基本的人権と相容れないからである。象徴天皇制は国民の総意によって残すことになるとしても象徴性を厳密に示す任務に限定し、皇室にも基本的人権に立った自由な行動と発言を認めるべきである。こうして初めて古典古代以来二千年にわたって人類が追求してきた普遍的価値に立脚した社会と国家への道が日本においても大きく開けてくるであろう。

付論1　戦後歴史学と世界史

——基本法則論から世界システム論へ

はじめに

私に与えられたテーマは、「戦後歴史学」において「世界史」がどのように扱われてきたかを跡づけたうえで、さらに現時点において「世界史」の把握の仕方を歴史家としてどのように考えるべきかについて私の意見を述べることである。

第二次世界大戦に敗れた後の日本における「戦後歴史学」とはいつまでのどのような歴史学を指すのかについては、いろいろな意見がありうるが、(1) 私は、戦後民主主義の精神に立って歴史を研究し叙述する、そうした歴史学を指すものと考えている。したがって、戦後民主主義そのものの問題性に鋭い批判を突きつけた一九七〇年前後の大学紛争のなかで歴史学を学びはじめた人々以降の諸世代の作り出した歴史学の多くは、いわば、「現代歴史学」であって、固有の意味での「戦後歴史学」には含めないということにしたい。(2) 私のように一九六〇年に大学を卒業して歴史学を研究しはじめた世代は、多分そうした意味での「戦後歴史学」を担った最後の世代でありながら、その後の「現代歴史学」の展開にもかかわっている世代ということになろう。そうした位置にある研究者の一人として、本稿では、「戦後歴史学」だけでなく、その後の「現代歴史学」の展開の状況についても言及したい。そのうえで、現在の「世界史」の研究状況についての私見を述べるが、私自身は、日本近代の経済史を専攻している者に過ぎず、「世界史」の問題についてこれまで正面から論じたことはないので、経済史の角度から大ざっぱな仮説的見通しを述べるにとどまることをお断りしておく。

一　「世界史の基本法則」論と「世界史像」論

一九四〇年代後半から一九七〇年代前半までのほぼ三〇年間の「戦後歴史学」、とくに「世界史」研究の状況については、遠山茂樹『戦後の歴史学と歴史意識』（岩波書店、一九六八年）、成瀬治『世界史の意識と理論』（岩波書店、一九七七年）、太田秀通『世界史認識の思想と方法』（青木書店、一九七八年）、永原慶二『歴史学序説』（東京大学出版会、一九七八年）、吉田悟郎『世界史の方法』（青木書店、一九八二年）によって、詳しく検討されている。そこで、ここでは、一九四〇年代後半における「世界史の基本法則」論の提起と、一九五〇年代における「世界史像」論の提起の特徴をそれぞれ押さえたうえで、一九六〇年代前半の歴史学研究会を中心とした両者の議論の総合化の試みについて、簡潔に述べることにしたい。

歴史学研究会では、一九四九年度大会において、「各社会構成における基本的矛盾」というテーマを掲げて、原始・古代社会（松本新八郎）、封建社会（高橋幸八郎）、資本主義社会（塩田庄兵衛）についての報告を行い、「世界史の基本法則を究明」せんと試みた。松本報告は、世界帝国へと発展した古代国家がその基本矛盾の故に崩壊して封建制を生み出す過程を論じ、高橋報告は、ヨーロッパ歴史学の実証的成果を批判的に整理しつつ封建社会の解体と資本関係の形成の法則性を経済的基礎過程に即して明らかにし、塩田報告も、世界的な「一般的危機」の激化の下での日本の民主主義革命の歴史的条件を論じた。

こうした世界史の基本法則の理解に基づく歴史把握が、各国史とりわけ日本史についての従来の神がかり的・非科学的把握を打破するうえで絶大な影響をもったことは十分に評価しなければならない。しかし、同時にそれが、「西欧」近代へ至るコースを基準とした法則理解に立つ各国の比較史というかたちをとる限り、ヨーロッパ中心史観の色彩を濃厚にもち、伝統的なアジア社会停滞論を根本的に反省するものではなかったことも事実であった。

この大会報告のなかで世界史の法則的理解を最も鋭いかたちで打ち出した高橋報告は、日本との比較を強く念頭におきながらイギリス・フランス・ドイツの封建的土地所有の特質を究明するものであった(3)。同報告については、それは「経済学の分析にはなりえても、歴史像再構成の歴史学の認識方法にならぬ(4)」という遠山氏の批判的位置づけがなされている。しかし、大塚久雄氏を中心とし高橋氏も含めた、いわゆる大塚史学の魅力は、その経済史が価値のレベルを問題とする経済学の一部というよりも、人間を問題とする歴史学の一部としての性格を最終的にはもち、それ故に政治史や思想史にも開かれた体系をなしていたことにあり、近代的人間類型の提唱はそうした方法の具体化であった。問題は、むしろ、その近代的人間類型という理念型の作り方にあったのである。

すなわち、この人間類型論は、イギリスの史実をもとに、国内市場を基礎とし小生産者によって担われた近代的＝合理的経営の形成こそが近代化の本来の道であると主張することにより、敗戦後の日本経済の再建に向けて苦闘する人々を励ますとともに方向づけたが、その反面で、ヨーロッパの人間が近代世界史において果たした帝国主義支配の側面についての歴史研究の深化を阻害するという予期せざる結果を生んだ。大塚氏は近代的人間類型の例証としてロビンソン・クルーソーの物語を好んで持ち出したが、その際従僕フライデーの役割をほぼ完全に無視しており、その結果イギリス人が海外植民地の支配者として活動する側面を削りとったかたちで近代的人間類型を描き出した(5)。おそらく大塚氏は、植民地を失ったばかりの日本人に向かって、新しく自分のフライデーを探す必要はなく、国内市場を基盤とすることによって十分に経済再建ができると言いたかったのであろう。それは敗戦後の日本という特定の状況を的確に見据えての問題提起であり、だからこそ大きな影響力をもったのであるが、そうした見解が大塚史学の基本命題として固定化され学界で一人歩きした結果、イギリス人が国内市場を踏まえて海外に進出し、強大な軍事力と経済力をもって植民地支配を広げつつ近代世界市場を作り出した歴史を、人間類型論の深みから把握することを困難にした。むろん大塚史学グループのなかからは、吉岡昭彦氏や毛利健三氏の研究のようにイギリス産業革命の世界史的意義について論じ、単なる比較史の枠を破る国際関係史の領域を開拓した研究も出たが(6)、それらはあくまでも産業資本の世界展開を論ずるにとどまり、そこで活動するイギリス人の顔や姿がはっきり見えないという限界があり、そのために最近の「ジェントルマン資本主義論」のような多分に疑問の多い問題提起にも十分な対応ができないのではないかと思われるのである。

「西欧」基準に立って各国社会経済の内部構造を比較するかたちで世界史の基本法則の諸民族における特殊形態を明らかにするという、上記の研究動向に対しては、一九五〇年度の歴史学研究会大会での統一テーマ「国家権力の諸段階」での江口朴郎氏の報告が、そうした内部構造自体がたとえば帝国主義世界といった世界史的環境のなかに位置づけられなければならないという批判を行った。これは戦前の羽仁五郎氏が『東洋における資本主義の形成』で提起し、のちにはウォーラーステインの世界システム論につながるような観点であったが、江口氏は国際的規定性を強調するあまり、日本帝国主義の早熟的形成を当時の国際環境のもとで「自己の存立を維持」するために余儀なくされた受動的対応として把握する傾向があり、一国帝国主義の特殊性や能動性を世界体制の普遍性に解消する危険をいかに克服するかが明確でなかったため、新たな研究潮流を作り出すことが十分にはできなかった(7)。

ところで、一九五〇年代には、こうした「基本法則」をめぐる研究動向とは一応別個のかたちで、「世界史像」の構築に向けての努力が、上原専祿氏を指導者とする高等学校の世界史教育にかかわる人々を中心に行われたことが注目される。一九五八年の教科書検定に不合格となった改訂世界史教科書原稿をもとにした上原専祿編『日本国民の世界史』（岩波書店、一九六〇年）は、東アジア・インド・西アジアの三文明圏からなる東洋文明圏とヨーロッパ世界とも呼ばれる西洋文明圏がそれぞれ独立して並行的に展開したあと、一五世紀末からヨーロッパ主軸の一体的な世界史が形成され、二〇世紀になるとヨーロッパに代わって米ソ両国の役割が増大するとともにアジア・アフリカ諸民族が主体性を確立するかたちでの一体的な世界史が展開するという構成になっている。そこでは、「われわれはマルクスのように、世界史の中から、特に社会と経済の発展について法則を発見することを、この世界史記述の課題とはしていない」ことが述べられ、「文明圏が違うと、諸時代の継起の仕方も同一ではない」ことが強調された。そうした主張の背後には、基本法則論に立つ研究が世界史把握への意欲を失いがちで、非西欧圏については依然として停滞論的把握から脱却できなかったことへの世界史教育関係者の苛立ちが横たわっており、執筆者はとりあえず各文明圏ごとの「歴史像」を描き出すことに努めたのであろう。執筆者のなかには、江口朴郎氏や太田秀通氏ら歴史学研究会の有力メンバーが含まれており、本書はけっして同研究会の活動と無縁のものではなく、むしろ世界史教育関係者との相互交流の貴重な成果でもあった。「歴史像」への関心が強まったいまひとつの背景としては、遠山茂樹・藤原彰・今井清一『昭和史』（岩波新書、一九五五年）に対して、「人間」が描かれていないという批判がなされたことを契機とする昭和史論争があった。さらに、日本史研究会が一九六一年度の大会に「現代における歴史像の再構成」という共通テーマを掲げ、ライシャワー駐日大使の宣伝する西欧式近代化の成功例としての日本という歴史像に対決しうるような「歴史像」を再構成しようという問題提起を歴史学研究会に先立って行ったことも留意されるべきであろう(8)。

歴史学研究会では、こうした歴史学界全体の置かれた状況を踏まえつつ、一九六〇年代に入るころから、世界史に関する「基本法則」的把握と「世界史像」的把握を総合しようという努力を開始した。その最初は、一九六一年度大会において行われた「世界史における日本の近代」をテーマとする諸報告であり、とくに「明治維新の世界史的位置」と題する芝原拓自氏の報告は、明治維新は一九世紀後半のブルジョア的「世界革命」に規定されたアジア社会の変革の一形態として把握されねばならないとして、戦前の服部之總氏以来の国内要因重視の研究史を鋭く批判し、国際的契機の導入という新たな研究動向を切り開いた。それを受けて翌六二年度の歴史学研究会大会は、「『世界史の基本法則の再検討』または『世界史像の再構成』」を目標とする長期研究計画を立てた。ここで、基本法則的把握と世界史像的把握とが「または」という曖昧な言葉で結びつけられていることに留意したい。もともと歴史把握には、法則定立的＝社会科学的方法と個性記述的＝人文科学的方法の双方があり、それらは二者択一でなく総合されるべきものだという考えが委員会のなかにあったが、どうすれば総合できるかについては、私自身を含めた当時の委員会は明らかにすることができなかった。(9) 今から考えると、法則把握の公式化＝教条化を避けるためには、互いに異なる個性的な在り方を相対化し、類型化しながら、もともとヨーロッパの事実から組み立てられてきた法則概念そのものを再検討し、組み替えていき、ヨーロッパ中心史観を脱却していく方向があったはずである。しかし、当時の日本の歴史学界がマルクスやエンゲルスの諸命題あるいはソ連や中国の学界動向の呪縛から必ずしも自由でなかった状況も作用して、実際には世界史の法則的把握そのものの断念へと流されていった。

そうしたなかで、新しい研究潮流となったのが、一国史と世界史をつなぎ、世界史を主体的に認識させる場としての「地域史」の検討であった。一九六三年度の歴史学研究会総合部会でのテーマ「東アジア歴史像の検討」での諸報告を前提に、遠山茂樹氏は、「世界史における地域史の問題」（『歴史学研究』第三〇一号、一九六五年）において、ヨーロッパ典型史観を退けつつ、アジア・アフリカ・ラテンアメリカの諸民族も独自の価値と運動法則をもって固有な役割を果たすような世界史把握、「発展段階、社会構成体を異にする諸民族の歴史の構造的複合体」としての世界史を提唱した。そして、世界史の時代区分として、(1) 古代奴隷制世界帝国の領域を単位とする複数の歴史的世界が並立していた古代世界帝国時代、(2) 古代世界帝国の解体のなかから領域内諸民族の独自な発展があらわれてくる古代世界帝国の解体過程の時代、(3) ヨーロッパ人の他地域進出、資本主義の世界市場形成によって単一の世界史が一応成立し、地域史の設定が可能となる資本主義の世界市場形成過程の時代、(4)帝国主義支配の構造をもち、どの民族の一国史も世界史の発展法則に包接され本格的な世界史が確立した帝国主義の時代、(5)第二次大戦後にはじまり現在創造されつつある、諸民族が自主・平等の立場で構成する地球大的規模の世界史としての帝国主義の崩壊過程の時代、という五段階説を提唱した。それは、諸文明の並立時代から一五世紀以降の単一の世界史時代へという上原氏の把握を下敷きにするものであり、単一世界史成立後の分析にさいして「地域史」を設定しようとするものであった。

この遠山仮説については、太田秀通氏が前掲書において、世界史の第一段階として、「原始社会の時代」を置くべきだと批判した。この批判は太田氏がかつて上原前掲編著に執筆した当時と異なり、文明形成へと向かう人間の歩みをも包摂した人類史的見地の必要性がいまや高まったという自己批判を伴っている。太田氏は、さらに世界史時代区分の方法として、ヨコの思考様式の必要を説き、最も進んだ社会構成の出現の時点でなく、複数の社会構成(たとえば古代世界帝国)の共時的存在が世界の様相を変えたときに初めて世界史の新しい段階が成立すると考えるべきだと主張した。このような考え方は、単一の近代世界史の成立をいつと見るかという重大な問題にも影響を及ぼすはずだが、その点については残念ながら特段の言及はない。

二　「現代歴史学」と世界システム論

一九七〇年代に入ってからも、前近代の世界史については、「構造的複合体」として把握する試みはほとんど現われず、遠山氏が近代に入ってから初めて設定できるとした地域史的アプローチを前近代にまで遡らせる試みが行われるようになった。その際、前提となる理論的仮説は、もはやマルクスやウェーバーの理論だけではなく極めて多様化し、地域自体が歴史家の課題意識に応じて設定される「可変的で多様な性格」(10)を持つようになった。マルクス主義歴史学の分野での理論創造としては、芝原拓自『所有と生産様式の歴史理論』（青木書店、一九七二年）と中村哲『奴隷制・農奴制の理論』（東京大学出版会、一九七七年）があり、とくに中村氏の小経営生産様式論、すなわち奴隷制と農奴制をともに小経営生産様式を基礎とするものとしたうえで、原始共同体から社会主義までの世界史の発展形態として、従来言われてきた家父長制的奴隷制―封建的農奴制―資本主義のコースと並んで、国家的奴隷制―国家的農奴制―植民地・従属国のコースがあるとした見解は、東アジア史の研究にかなりの影響力をもつに至っている。この中村説への疑問は後述する。

近代世界史についていては、一九七〇年代に入る頃から、新しい把握方法が提起されるようになった。その一つは、世界資本主義的アプローチであり、いま一つは従属論的アプローチである。前者は河野健二・飯沼二郎編『世界資本主義の歴史構造』（岩波書店、一九七〇年）において提起されたアプローチで、諸国民経済の世界的編成としての「世界資本主義」という大塚史学的把握を批判しつつ、諸国民経済の在り方を規定する第一次的実在としての「世界資本主義」が、イギリスを頂点とする欧米諸国による従属地域支配という三重構造のかたちで一九世紀後半に成立する、と論じた。[11] さらに、先進資本主義国の資本蓄積の基盤となった「南」のいわゆる第三世界については、その歴史的起源を、世界史における中枢国による衛星国の包摂＝収奪にあるとして正面から論じたA・G・フランクやS・アミンらによる従属論的アプローチの業績が、一九八〇年前後に一斉に翻訳・紹介され、「北」の資本主義の生成史についても見直しを迫った。[12] こうして近代世界史に関する限り「現代歴史学」は、周辺からの視点を重視しつつ、さまざまなかたちでの世界資本主義的アプローチを試みるようになったといってよかろう。

一九八〇年代以降になると、世界史的把握と従属論的把握を総合したI・ウォーラーステインの世界システム論が、歴史学だけでなく、人文社会科学全体に対して大きな影響を与えるようになった。その背景としては、世界経済の中心部の多国籍企業による製造工業の周辺部への移転を契機として周辺部の工業化が進展し、従属理論が破綻したこと、さらに情報化の進展によって世界経済の一体化がいっそう進み、そのインパクトによって九〇年代には二〇世紀社会主義の挫折が起こり、従来のような社会主義イメージを前提とするマルクス主義歴史理論が破綻したこと、などが挙げられよう。従属理論とアナール派（とくにブローデル）の影響のもとで構想されたウォーラーステインの世界システム論は、たとえば資本主義の本質を通説的な〈賃労働〉ではなく〈市場〉に求めるべきだとするかつての主張から、一九八〇年代前半にはF・ブローデルの見解に影響されつつ〈市場〉でなく〈独占〉にこそ求めるべきだとする主張へと転換するなど、絶えず変容しつつあり、(13)簡単には性格規定できないが、アフリカに代表される周辺部への強い関心に支えられ、「進歩の思想」への徹底的批判を行っている。プロレタリアートについても現実には資本は賃金コストの低い半プロレタリアートの方を好むという把握は、多国籍企業が途上国へと投資を広げていく理由の理解に資するところが大きい。最近の国際経済論の研究者は、国民経済相互の関係を考察する古典学派以来の伝統を捨て、「世界経済」を分析単位として採用するようになったが、その際ウォーラーステインの世界システム論が大きな影響を与えている。(14)

しかしながら、近代世界システムについてのウォーラーステインの歴史叙述は意外に西欧中心主義的である。現代の世界経済をもっぱら一六世紀に始まる「ヨーロッパ世界経済」の地理的膨張の所産であるとし、その他の「世界経済」の萌芽はすべて「世界帝国」の枠組の下で停滞・解体させられたとするウォーラーステインの世界史の把握の構図そのものは、伝統的な近代把握を一歩も出ていない。その点では、帝国の支配下に置かれたそれぞれの世界＝経済の自律的展開をある程度認めるブローデルの柔軟な発想の方が、世界各地での多様な近代化への潜在的可能性を把握する道を残しているといえよう。(15)

ウォーラーステインの世界システム論は国民国家についてもインターステイトシステムのなかで把握するという独自の主張を行っているが、その結果として逆に国民国家が内発的に形成される側面が軽視されている。総じて内発性の軽視がウォーラーステインの理論の特徴であり、世界システムの変革も反システム運動という一見ラディカルであるが、具体的＝実践的展望に欠けるものでしかない。金子勝氏は、ウォーラーステインの世界システム論について、それは世界システムという「絶対精神」（ヘーゲル）の自己展開として歴史を語るために個々人の存在を限りなく小さくし、「参加者の視点」でなく「観察者の視点」に立つことを許容してくれる「知的シェルター」になっているという批判を加えているが[16]、そうした批判が出てくる根拠も、世界システム論の内発性を軽視する特徴にあるのではなかろうか。大塚史学においてイギリスの発展の内的根拠を国内市場に探り当てたところで分析が止まるという内発性の過大評価があったとすれば、ウォーラーステインの世界システム論においては逆の偏りがあるといえよう。いま必要なことは、内発性と対外関係の結びつきを分析することであり、大塚説とウォーラーステイン説に対する両面批判である[17]。われわれとしては、世界システム論に安易に依拠するのでなく、それの持つ貴重な問題提起を批判的に吸収しながら、人類史とまでは言わないまでも、少なくとも文明発生以来の世界史についての新しい把握を追求しなければならない。

三　発展段階論の現代的再生に向けて――仮説的問題提起

「戦後歴史学」から「現代歴史学」への転換は、世界史の把握について言えば、マルクス主義的な発展段階論からの離脱が急速に進んだ過程であった。その背景には、実証研究が深化すればするほど教条主義的・単線的な発展段階論の限界が露呈された事実があり、最近の二〇世紀社会主義の挫折は発展段階論的把握そのものの破産を意味すると受けとられた。しかし、「戦後歴史学」の蓄積した理論的枠組みは、全く役に立たなくなったと考えることは早計であろう。二〇世紀末の現時点においては、二〇世紀社会主義の試みが挫折しただけでなく、資本主義のもつ歴史的限界もまた露わになってきており、われわれが二一世紀の世界史の進路を切り開くためにも、文明発生以来の人類の歴史を段階的に明らかにし、人類がどのような問題に突き当たりつつそれを如何に突破してきたかを明らかにする必要はますます高まっているからである。

表1　世界史の諸段階と直接生産者

	直接生産者	生産手段	基本的経営	階級関係	権力形態
①	共同体員	共同所有	血縁共同体	貢納制	古代専制国家
②	奴隷	無所有	大・小経営	奴隷制	古典古代国家
③	農奴	自己保有	小経営	農奴制	家産制（→封建制）
④	賃労働者	無所有	大・小経営	資本制	国民国家
⑤	世界市民	社会的所有	非大経営	社会制	世界政府

注）石井寛治『日本経済史〔第2版〕』（東京大学出版会，1991年）2–10頁を若干修正．

ここでは、マルクスの提起した歴史把握の基礎概念を改めて念頭におきつつ、最近に至る歴史学の実証的成果を整序することによって、演繹的にでなく帰納的に歴史の発展段階把握の有効性を考えてみたい。その場合、基礎概念として利用するのは、マルクスが『資本論』で全社会構造のいちばん奥の秘密であり隠された基礎であるとした「生産諸条件の所有者と直接生産者との直接的関係[18]」であり、一言でいえば、それぞれの社会の民衆を代表するものとしての「直接生産者の社会的存在形態[19]」（高橋幸八郎）である。農業（と牧畜）を開始してから、来るべき未来社会に至る世界史の諸段階における直接生産者の在り方をとりあえず表1のように考えておきたい。

①貢納制から⑤社会制に至る諸段階の移行を推し進めるものは、「生産力＝破壊力」の発展である。ここで「生産力」を重視する点はマルクスの社会構成体移行についての把握に従っているが、ただ、「生産力」が同時に強力な武器を生み出すことによって人間を殺戮するとともに、自然への支配を強めることによって自然環境を破壊する「破壊力」でもあるということに留意しておきたい[20]。以下、世界史の諸段階について検討しよう。

①　貢納制・古代専制国家

まず、農業（と牧畜）の開始時点については、かつては紀元前八〇〇〇年頃にチグリス・

ユーフラテス川流域においてムギ栽培が始まったのが世界最古の農業だと考えられていたが、最近の中国長江流域での考古学的発見により、ほぼ同じ頃イネ栽培が始まっていたことが明らかになった(21)。同じ頃東南アジアでもイモ栽培が始まっていたことを併せ考慮すると、人類は意外にもほぼ同時期に各地で農業を始めたことになる。紀元前五〇〇〇年にはナイル川流域、インダス川流域、黄河流域、あるいはヨーロッパ、アメリカでも農業が始まったようである(22)。そのために結成されたのが農業共同体であるが、その最初のものは血縁の原理によって結びついた血縁共同体であり、私見では従来アジア的共同体とか氏族共同体あるいは部族共同体などといわれてきたものに相当する。

そうした共同体相互の争いのなかから、紀元前三〇〇〇年頃にかけてメソポタミア、エジプト、中国長江下流域を先頭に古代専制国家が次々と形成される。エンゲルスの国家論では、こうした血縁共同体を基礎とする古代専制国家を国家と見做さなかったために、現在でもこれらの権力は国家ではないとするマルクス主義歴史家が多いようであるが、ギリシアに古典古代国家が登場するまでの二〇〇〇年以上の世界史を国家なしで説明するのはどうみても無理であり、国家概念それ自体を拡大し再構成する必要があろう(23)。日本においては、新石器時代＝縄文時代に入っても農耕を欠くという特異性が指摘されてきたが、最近の考古学的発掘はさまざまな縄文農耕の存在を明らかにすることによって特異性を徐々に否定してきている。ただし、遅くとも紀元前三世紀に伝わった水稲栽培の体系的技術の意義は依然として大きく、そうした本格的農業の展開を基礎に紀元五世紀にはヤマト国家という古代専制国家が成立する(24)。

②　奴隷制・古典古代国家

このような血縁共同体を基礎にした古代専制国家は、共同体メンバーへの鉄製農具の普及などの生産力の発展により共同体が解体することによって崩壊する。ヒッタイト王国で開発された製鉄技術は、紀元前一二〇〇年頃の同王国の滅亡を契機にギリシアとインドに伝わって新たな発展の土台となったが、エジプトは製鉄技術を獲得できないままに衰退を余儀なくされた(25)。中国では紀元前七―六世紀の春秋期に独自な鋳鉄技術が開発されたようである(26)。日本でも弥生時代のうちに製鉄が開始されたが、本格的な鉄素材の国産化は六世紀に入ってからである(27)。

そうしたかたちでの血縁共同体の解体とともに、紀元前五世紀前後からインド・中国・ギリシア・ユダヤに一斉に出現した世界宗教と古代哲学が、血縁共同体から自立した人々に血縁以外での普遍的原理での結合を説いたことも、新たな段階形成の条件となった(28)。

こうしてギリシア・ローマの古典古代国家が出現するが、中国の秦漢帝国も東洋における古典古代国家の成立として位置づけるべきだとの指摘が最近なされており(29)、私の見るところでは、マウリア王朝アショーカ王によるインド全土の統一権力も同様な意義をもつ可能性があったように思う(30)。日本では七世紀に唐帝国の模倣としての律令国家が成立したが、これは日本における古典古代国家というより、一時代前の古代専制国家＝ヤマト国家の再編という側面が強く、その後も日本では明確なかたちでの古典古代国家は出現しなかった(31)。

もっとも、インドでは、その後、仏教が排除されてヒンドゥー教が定着した結果、血縁的原理が根強く存続することになり、中国の儒教も血縁重視の伝統を形成するが、そのことは古くからの血縁共同体そのものの存続を意味するものではなく、紀元元年前後の時期までには、ユーラシア大陸の血縁共同体は周辺部の日本列島や内陸部の遊牧民など(32)の例外的場合を除きほぼ消滅したと見てよかろう。その解体のなかから小経営＝小農民経営が自立してくるが、それが社会全体に広がり一般化するまでには、中村哲氏の小経営生産様式論の想定(33)とは異なり、通常数百年という長い期間が必要である。最初は奴隷を使用する安定的な大規模経営（中国漢代の豪族(34)や日本の開発領主など(35)）が開墾や生産の中心を担い、不安定で隷属的な小経営を周辺に従えているのであって、奴隷制社会とは内部分解の結果、奴隷制大経営と隷属的小経営を生み出す社会として、基本的には捉えるべきであろう。その場合には、奴隷の人口比は問題でなく、安定的な生産の中心部分で奴隷が働いていることが奴隷制社会か否かの決め手となる。ギリシアやローマの場合

西アジア・アフリカ		南アジア・東南アジア		東アジア・〔日本〕	
前8000	メソポタミアでムギ栽培	前8000	東南アジアでイモ栽培	前8000	長江流域でイネ栽培
前5000	エジプトでムギ栽培	前5000	インダス川流域でムギ栽培	前5000	黄河流域でアワ栽培
前3000	メソポタミア・エジプトに古代専制国家	前2300	インダス古代専制国家	前3000	長江流域に古代専制国家（良渚文明）
		前2300	木綿の起源	前2100	黄河流域に古代専制国家（夏王朝）
前1400	《ヒッタイトで製鉄》				
前1250	モーゼ，出エジプト	前900	インドに製鉄技術		
前597	第1回バビロン捕囚			前6-7C	《春秋時代に製鉄》
前599	ペルシア帝国	前483	仏陀没	前479	孔子没〔前3C 稲作・鉄器伝来〕
		前268	マウリア朝インド統一	前221	始皇帝，秦帝国
30	イエス，十字架刑			前202	劉邦，項羽を破り漢帝国創始
					〔248卑弥呼没〕
		320	グプタ朝 ヒンドゥー教定着		〔478倭王武，朝貢〕
				581	隋帝国〔595-615高句麗僧慧慈〕
632	ムハンマド没	629-41	僧玄奘，インド滞在	618	唐帝国
750	アッバース朝開始				〔701大宝律令〕
				804-06	空海在唐
8C-11C	農業革命	10C	水利灌漑施設改善	960	北宋王朝
	カナート灌漑技術	11C	農業カースト成立	10C	農業集約化
	ワタなど栽培作物		《木綿生産技術》		小型軽量犂
12C	領主制（イクター制）	1193	ムスリム，デリー占領		稲麦二毛作〔1192頼朝，将軍〕
		1206	イスラム王朝開始	1279	元軍，宋軍撃破〔1274・81元襲来〕
1299	オスマン帝国			13C末	《中国，木綿生産》→14C末《朝鮮へ》
				1368	明帝国
				1392	李氏朝鮮〔1392南北朝統一〕
				1417	鄭和第1回遠征
					〔15C末　木綿生産開始〕
1453	青銅砲で攻略				
		1526	ムガール朝開始		
1529	ウィーン包囲・和平				〔1543鉄砲伝来〕
					〔1582太閤検地〕
		1660-	英東インド会社 キャラコ対英輸出	1636	清帝国〔1639鎖国完成〕
1683	ウィーン包囲・敗北				
		1765	英，ベンガル植民地化	1757	貿易，広東に限定
				1840-42	アヘン戦争〔1853ペリー来航〕
		1857	インド大反乱	1910	朝鮮植民地化〔1894-5日清戦争〕
				1911	辛亥革命〔1904-5日露戦争〕
1900	英，南アフリカ戦争				
1948	イスラエル建国	1947	インド・パキスタン独立	1949	中国革命〔1931-45十五年戦争〕
1973・79	石油ショック	1967-75	ベトナム戦争	1950-53	朝鮮戦争〔1955-73高度成長〕
1990-91	湾岸戦争	1991	インド，経済自由化	1976	毛沢東没〔1990バブル崩壊〕

世界史年表（諸段階と諸類型）

	〈直接生産者〉の存在形態	アメリカ		ヨーロッパ・ロシア	
前8000					
7000					
6000	①貢納制・古代専制国家				
5000	血縁（アジア的）共同体	前5000	メキシコでトウ	前5000	ヨーロッパ各地でムギ栽培
4000	〈共同体員〉		モロコシ栽培		
3000	共同所有				
2000				前1900	クレタ文明
				前1600	ミケーネ文明
				前1100	ギリシアに製鉄技術
1000				前490	マラトンの戦い⟶
				前399	ソクラテス処刑
	②奴隷制・古典古代国家			前202	ローマ軍，ハンニバルの率
西暦紀元1	奴隷制大経営と隷属的小経営				いるカルタゴ軍を破る
100	〈奴隷〉				
200	無所有				
300					
400				476	西ローマ帝国滅亡
500					
600	③農奴制・家産官僚制	6-9C	マヤ文明		
700	～封建主従制		（ユカタン半島）		
800	自立的小経営			800	フランク王国カール，ロー
900	〈農奴〉				マ皇帝に
1000	自己保有			11C-	農業革命
1100					大型重量有輪犂
					三圃農法
1200				12C	アラビア語からの翻訳でギ
					リシア文明継承
1300		13C	インカ帝国	1236	モンゴルのロシア支配
			（アンデス・クスコ）	-1380	
1400				1347-51	ペスト大流行，人口1/3死亡
				1453	ビザンツ帝国滅亡
				←1492	コロンブス大西洋横断
1500		1533	ピサロ，クスコ制圧	1517	ルターの宗教改革
				1571	レパント海戦
1600		1620	清教徒，北米へ	←1649	ピューリタン革命
	④資本制・国民国家			1665	ニュートン，万有引力発見
1700	機械制大経営と手工的小経営			1769	蒸気機関，水力紡績機発明
	〈賃労働者〉	1776	米合衆国独立	1789	フランス革命
1800	無所有	1816	アルゼンチン独立	1867	マルクス『資本論』
		1821	メキシコ独立	1871	ドイツ帝国成立
1900		1908	フォードT型車	1914-18	第一次世界大戦
		1927	GM 社，首位へ	1917	ロシア革命
		1945	原子爆弾開発・使用	1939-45	第二次世界大戦
		1971	金ドル交換停止	1991	ソビエト連邦解体
	⑤社会制・世界政府				
2000	非大経営				
	〈世界市民〉				
	社会的所有				

は、内部分解によって債務奴隷が発生するのを人為的に禁止しつつ、対外戦争によって外部から大量の捕虜を獲得して奴隷にしているため、奴隷の人口比が極度に高まっているのである。ホプキンスのように、奴隷制社会と規定するためには、奴隷の対人口比率が二〇％以上であることが必要であるというような量的把握にこだわり、ギリシア・ローマの一時期の社会だけを奴隷制社会と見るのは(36)、それこそギリシア・ローマ的タイプを絶対化した偏った見方であろう。

③　農奴制・家産制（→封建制）

では、自立的小経営が社会全体に広がるのは、いつどのような条件に支えられてのことであろうか。この点を確定するのは容易ではないが、中国では一〇世紀の唐末宋初から牛一頭で曳く小型軽量犂と稲・麦二毛作の普及による集約化を通じて小経営が一般的に成立するのに対して(37)、日本では、いろいろと意見が分かれているが、私見では一六世紀の太閤検地を画期としてようやく小経営が一般化してくる。ヨーロッパでは、一一世紀から馬が曳く大型重量有輪犂と三圃農法が普及する「農業革命」が展開し、小経営が一般化したようである(38)。インドでは、一〇世紀に水利灌漑施設の改善などによって農業生産力が向上したというから、おそらく一一世紀における農業カーストの成立は、小経営の一般化に見合っていたのであろう(39)。イスラム世界でも、八世紀から一一世紀にかけて灌漑技術と各種作物が普及する「農業革命」が進行したことを考えると、一二世紀にかけての領主制（イクター制）の形成は小経営の一般的成立を土台としていたものと見てよかろう(40)。

このように血縁共同体が鉄製農具の普及などによって解体しても、小経営が直ちに一般化したとは到底言えず、しばしば「農業革命」と評される一〇世紀前後の新たな技術革新を通じて初めて自立的小経営の一般的成立が見られたのである(41)。そうした小経営を支配する政治体制は、中央集権的な家産官僚制国家のかたちをとることもあれば、分権的な封建的主従制のかたちをとることもあり一様ではない。いずれの形態をとるかは、その地域の歴史的前提となる社会構成の在り方に大きく規定されるとともに、対外緊張の強度や市場経済の発達度などにも依存するのであろう。中央集権的な古代専制国家の時代を経験した地域からは、分権的な封建制が生み出されることは極めて困難であり、その意味で日本の事例は例外的なものに見えるが、在地領主の流れを汲む個々の戦国大名の力では室町幕府に支えられた荘園制支配を崩せず、織豊政権による「天下統一」によって初めて荘園領主を全面没落に追い込むことができたこと、その結果、幕藩体制は集権的特徴を帯びた特異な封建制となったことが留意されなければなるまい(42)。

④ 資本制・国民国家

こうした小経営のかたちで直接生産者と生産手段が結合する社会がいつまで存続するかは地域によって極めて異なっていた。いずれの地域でも市場経済化の進展により小経営の商品生産者化が進むが、そのなかから産業革命をもっとも早く生み出したのは、周知のように西ヨーロッパ世界である。しかし、一四―一五世紀の封建的危機の段階までの西ヨーロッパ世界は、ユーラシア大陸の文明世界全体から見ると単なる辺境に過ぎず、中国文明やイスラム文明に比べて遥かに低水準にあった(43)。

産業革命が起こる条件については、さまざまな指摘がなされてきたが、私見では、最低限の必要条件として、(1)勤労の精神の広がり、(2)合理的態度と省力的技術の発展、(3)権力の恣意的市場介入の排除、の三条件が挙げられるべきだと思う。そうした観点から見ると、カトリック教会と封建領主に支配された中世ヨーロッパ社会は、他の社会に比べて産業革命の発生について決して有利な状況ではなかった。その位置を逆転したのが、一四―一五世紀のペストの大流行や凶作・戦乱による類例のない深刻な社会不安(＝封建的危機)であり、その不安に無策振りをさらけ出したカトリック教会への批判としての宗教改革であった(44)。すなわち、(1)一六世紀の宗教改革を契機に現世内禁欲＝勤労によってのみ救いの確証が得られるとするプロテスタントの倫理が広がり、(2) 一七世紀には宗教改革によってその超越性が再確認された神の創造した宇宙を客観的に貫く法則の合理的探究＝科学革命が始まるとともに、(3) 王権神授説を否定して国民主権の原理を確定する市民革命がイギリスで行われた結果、市場経済への権力の恣意的な介入がなくなり、産業投資を支える「計算可能性」(M・ウェーバー) がイギリスを先頭に成立しはじめた。(45) このような西欧起源の近代文明は、科学技術の顕著な発達をもとに圧倒的な優位を誇ったが、そうした科学技術は自然を人間によって支配されるべきものと見るキリスト教の世界観に発する考え方にとらわれている限り、地球の生態系を破壊してやまない方向性を本来的に持っていたことが留意されるべきであろう。(46)

しかし、一六世紀以降のヨーロッパ世界の膨張開始をもって近代世界史が始まったとする通説には疑問がある。たしかにヨーロッパの近代史はそこで始まったが、一七世紀には日本がポルトガル船の来航を禁止し、中国も一八世紀になって広東公行貿易のみに対外貿易を制限したことが象徴するように、アジアではそうした膨張を拒否する動きが広がっていた。産業革命によって生み出された生産力＝破壊力を武器にして一九世紀半ばに欧米諸国が開国を迫ったときに初めて、中国や日本は欧米近代世界の膨張を拒否することができなくなる。それ故、近代世界史は先進諸国が産業革命を行った一九世紀において始まったとすべきであろう。(47)

その場合、最近のイギリス産業革命史の研究が強調するように、実際の産業革命は機械制大工場・大農場を生み出しつつも、他面では膨大な数の小経営を存続させていたことが注意されなければならない。(48) 後進国日本の産業革命にいたっては、一九〇七年前後の終了時点において総人口五〇〇〇万の半ばをなす有業人口のうち一〇人以上の工場・鉱山で働く賃金労働者は約一〇〇万人であり、僅か四％を占めるに過ぎない。(49) それにもかかわらず、日本経済全体がこの四％の労働者の働く資本制大経営によって支配され、景気循環のリズムを繰り返すようになったのである。資本制社会のかかる在り方は、奴隷制社会における奴隷の比率の議論に際しても参考とされるべきであろう。

こうした近代資本制社会は、かつてない巨大な生産力＝破壊力を生み出した。二〇世紀に入り、イギリスに代わって世界経済の中心となったアメリカ合衆国では、フォード社やGM社の提供する自動車を用いる大衆消費社会がいち早く出現し、その大量生産と大量消費の社会はその他の国々の発展のモデルとなった[50]。一九世紀初頭から近代世界史が本格化したとすれば、その歴史は今日まで僅か二〇〇年しかたっていないが、変化のスピードは人類がかつて経験したことのないものであった。世界の人口は九億から六〇億に激増し、格差の拡大を伴いつつ平均的な所得水準は大幅に上昇した。全世界の賃金労働者数の増加を直接に示す統計はないが、都市人口比率は、一九七〇年の三七％（うち開発途上国二五％）が一九九五年には四五％（同三七％）になり、二〇一五年には五五％（同四九％）と過半の人口が都市に住むようになろうと推測されている。とりわけ開発途上国の工業化と人口急増に伴い都市人口数が激増していることは、紀元二〇〇〇年の現時点において、賃金労働者が全世界を覆いつつあることを示唆している[51]。工業化・都市化のための経済活動が森林の伐採と石炭・石油の大量消費を生んだため、一八〇〇年までの八〇〇〇年間は定常状態に保たれていた大気中のCO_2濃度は、その後の二〇〇年間に急上昇した。それを主因とする地球温暖化への効果的な対応が二〇二〇年までに世界的規模で採られない限り、温暖化による被害は人類の生存を脅かすと警告されている[52]。二〇世紀前半は核兵器に代表される未曾有の破壊力を用いた世界戦争による人間破壊の時代であったとすれば、二〇世紀後半は経済活動の活発化による地球の生態系の破壊がいちじるしく進んだ時代であった。

⑤　社会制・世界政府

こうした現段階の世界は、南北の生活水準格差を解消する努力が仮に実現したとしても、そのことが、地球環境問題のさらなる深刻化を招いてしまうという袋小路に陥っている。かかる難問を解決するためには、先進国を先頭に大量生産・大量消費・大量廃棄型の社会を適正消費・資源循環型の未来社会へと転換しなければならない。それを阻む巨大な多国籍企業の世界的活動を規制するためには、企業や国家の支配から少なくとも精神的に自立した市民たちの世界的規模での連帯が必要であり、その意味での「世界市民」[53]に支えられたさまざまなレベルでの国際的組織の活動、将来的には世界政府の形成が課題となろう。それは直接生産者が生産手段の所有を社会的・民主的なかたちで回復する過程であり、そうした未来社会が構築できるかどうかに二一世紀以降の人類史＝世界史の存続がかかっているように思われる。

各時代の直接生産者の生産手段に対する所有の在り方としては、本稿では無所有の②奴隷制と、④資本制とを挟むかたちで、①共同所有から、③自己保有、さらに⑤社会的所有へと段階的に推展していくこと、その意味では④資本制もまた経過的・一時的な社会に過ぎないことを強調した。来るべき未来社会＝社会制の具体的内容をここで明確にする用意はないし、帰納的方法に立つ本稿としては過去の経験に照らして展望する以上のことをすべきでないが、二〇世紀における社会主義の実験が挫折した最大の原因が、直接生産者による社会的所有が建前と化し、党＝国家官僚による独占的所有になり終わった点にあったことを想起すると、国家や企業あるいは組合などの組織において労働主体が自己の所有主体としての機能を発揮できるような組織原理と組織運用（すなわち民主主義）がなければならないことだけは明白であろう[54]。

以上述べてきた世界史についての実証研究に基づいた帰納的検討により、かつてマルクスが提起した社会構成体の諸段階を、われわれは世界史の基本的な道筋として改めて確認することができるように思う。ここでの確認はあくまでも仮説的なものである。それは依拠した実証的成果がまだ不十分であり、私の勉強がさらに不十分だという意味でも仮説だというだけでなく、段階の法則的把握自体がもともと歴史家による主体的な構成概念であるという意味でも仮説的なものでしかない。また、マルクス没後一世紀以上に及ぶ期間になされた膨大な実証研究は、世界史の展開が極めて多様であったことを明らかにしており、どの地域にも同じ法則が貫かれるといった単線的発展段階論は全く成り立たないことも判明した。諸段階を実現できた時期には地域によってズレがあり、段階の飛び越えや行き詰まりの現象が起こることもしばしばある。そして、同じ段階にあってもそれぞれの社会の具体的な在り方は大きく異なり、そうした段階差や異質性を梃子にした収奪関係が世界的規模で働いてきていることも事実である。しかし、それにもかかわらず、少なくとも直接生産者のレベルで見た限りでの人類は、前近代においても各地域においても、若干の時間的ズレを伴いつつも徐々に似通った段階の社会を形成してきたことが判明したように思う。紀元元年前後の世界における血縁共同体の基本的消滅とさまざまなタイプの奴隷制の展開、紀元一〇〇〇年前後の世界における小経営の一般化とそれを支配する家産制・封建制の展開、そして紀元二〇〇〇年の現代世界全体を覆うかに見える大量の賃労働者の発生は、そうした世界史的な諸段階の画期性を端的に示す現象にほかならない。各地域の具体的歴史像は、その意味での共通な世界史的な諸段階を踏まえたうえでの異質な諸類型として位置づけられる必要があろう。

その際問題となるのは、そうして共通の基礎構造をもつ多様な諸社会が、若干の時間的ズレを伴いつつも、なぜ出現したのかということである。共通の気象の変化などの客観的条件の変化にそれぞれ独自に対応しながらいわば必然的に生じたのか、それとも地域間をつなぐ人間移動や経済交流の影響によって生じたのか、が明らかにされなければならない。社会構成体の段階的発展の必然性を法則的に究明しようとする試みは、かつて大塚久雄氏によって基礎的範疇に即して行われ[55]、それを受けつつ塩沢君夫・近藤哲生『経済史入門』[56]において試みられたが、いずれも抽象度がきわめて高いため、なぜ特定地域での移行が可能（ないし不可能）であったかについてのより包括的・具体的な検討が必要と思われる。そうした試みは、本稿とは異なる視角からではあるが、足立啓二『専制国家史論』[57]のようなかたちで進められつつあり、本稿が、血縁共同体の解体と古典古代国家の形成について、鉄製農具の普及とともに世界宗教や古代哲学の役割にも触れ、小経営の一般化をもたらした世界各地での「農業革命」の進展について言及し、さらに、イギリス産業革命の前提としての宗教革命・科学革命・市民革命の役割にまであえて言及したのも、そのためのささやかな試みにほかならない。文化の相互交流については、かつて言われたような、オリエントからすべてが始まるといった一元的な古代文化伝播論や、西ヨーロッパのみが近代を作る力があったという一元的な近代文化伝播論とは異なるかたちで、相互交流の実態を明らかにすることが、今後の大きな検討課題である。そのような試みは、たとえば川勝平太氏によるインド木綿の西方への伝播と東方への伝播の研究(58)のように、さまざまなかたちですでに始まっているが、まだアイディアの域にとどまっている場合が多く、実証的には今後の検討に大きく委ねられている。そのような検討を進めていくことをとおして、各地域間の相互関係を含んだかたちでの、古代以来の「構造的な世界史」(ウォーラーステインのそれとは異なる意味での「世界システム」史)を構築することができるであろう。

注

(1)　たとえば、キャロル・グラック「戦後史学のメタヒストリー」(『岩波講座日本通史　別巻1』一九九五年)は、日本の「進歩的歴史学の風景は広範で、多様な立場、方法、アプローチを含んでいた。彼らを結び付けていたのは現状に対するはっきりした対抗的立場と、より良い近代(その内容は多様であっても)へ方向づけられた歴史研究であった」とし、そうした「進歩的歴史学を意味した「戦後歴史学」は、一九四五年にはじまり、五〇年代後半に下降線をたどったものの、六〇年代安保の後にやや持ちなおし、一九七〇年代にようやく「終わった」といわれる」と述べている。また、中村政則氏は、近著『明治維新と戦後改革——近現代史論』(校倉書房、一九九九年)の「あとがき」において、「戦後歴史学」の「戦後」とは、反戦・平和・民主主義などの価値理念を指し、戦後歴史学は、これらの理念に向かって、問題意識を研ぎ澄まし、方法を鍛えていった」こと、一九六〇年代の高度経済成長による日本社会の劇的な構造変化が、そうした戦後歴史学の存立基盤を揺るがし、一九七〇年代の社会史、一九八〇年代のポスト・モダニズムの台頭を招いたが、それらは戦後歴史学にとってかわる新しいパラダイムを構築したわけではないことを指摘している。

(2)　日本における一九七〇年前後の大学紛争が、当時の先進諸国における社会変革の一環であったことは改めて指摘するまでもない。それは社会変革としては挫折したが、文化的・イデオロギー的には大きな影響をもった。この点を強調する議論として、ウォーラーステイン『アフター・リベラリズム――近代世界システムを支えたイデオロギーの終焉』(原著一九九五年、松岡利道訳、藤原書店、一九九七年)を参照。もっとも、大学紛争の影響を受けつつ歴史研究を始めた若手研究者の業績が日本で出始めるのは、中村政則氏の意見のとおり、一九七〇年代後半からではないかと思われる。日本近代史分野での筆者のごく身近な経験に即していえば、一九七五年刊行の筆者も参加した大石嘉一郎編『日本産業革命の研究　上・下』(東京大学出版会)と、一九七九年刊行の安田常雄『日本ファシズムと民衆運動』(れんが書房新社)および同年度の歴史学研究会大会での武田晴人報告「日本帝国主義の経済構造」(『歴史学研究』別冊特集)との間に、戦後歴史学と現代歴史学の切れ目があるように思われる。ちなみに、東大紛争の本格化した一九六八年四月当時の筆者は最若手の教授会メンバー、安田、武田氏はそれぞれ学部四年、一年であった。

(3)　同報告は、高橋幸八郎『市民革命の構造』(御茶の水書房、一九五〇年)の第一篇(および第二篇)として収録・刊行されている。同報告の基礎をなす発想が一九三四年以来の大塚久雄氏や松田智雄氏との討論を背景に練り上げられたものであることは、最近亡くなられた松田智雄氏の回顧(住谷一彦・和田強編『歴史への視線――大塚史学とその時代』日本経済評論社、一九九八年)などから明らかである。

(4)　遠山茂樹『戦後の歴史学と歴史意識』(岩波書店、一九六八年)八一―八二頁。

(5)　この点については、土地制度史学会の一九九七年度春季総合研究会での「経済史における人間像――大塚史学の方法をめぐって」と題する諸報告、とりわけ岩尾龍太郎氏の報告「大塚久雄のロビンソン解釈の問題点」から示唆をえた。総合研究会での討論の内容は『土地制度史学』第一五七号(一九九七年一〇月)の「会報」に簡単に記されており、大塚氏が従僕フライデーを捨象したのは、国内市場を重視したためだという説明が田中豊治氏によってなされたが、なぜあえて国内市場に問題を限定したかは明らかにされなかった。以下に述べるのは、その点についての私なりの理解である。

(6)　毛利健三『自由貿易帝国主義』(東京大学出版会、一九七八年)、吉岡昭彦『近代イギリス経済史』(岩波書店、一九八一年)、同『帝国主義と国際通貨体制』(名古屋大学出版会、一九九九年)。

(7)　大会報告は、江口朴郎『帝国主義と民族』(東京大学出版会、一九五四年)前篇第一章「帝国主義の諸問題」として収録された。同書前篇第二章第一節「日本帝国主義の成立」は、日本帝国主義が日露戦争以降に成立したとみる通説を批判し、日清・日露戦争間に国際的契機から早熟的に成立せしめられたと言う問題提起を試み、井上清『日本帝国主義の成立』(岩波書店、一九六八年）の見解の先駆の位置を占めたが、江口・井上説は国内的・経済的基盤と帝国主義的対外活動との関連を問う姿勢が欠けている点が問題となろう（石井寛治「成立期日本帝国主義の一断面」『歴史学研究』第三八三号、一九七二年、のち、石井寛治『近代日本金融史序説』東京大学出版会、一九九九年、第一二章）。また、こうした見方は、帝国主義世界体制のもとでは日本も帝国主義化することなくしては「自己の存立を維持できなかった」（江口前掲書、八六頁）という国際的規定性を極度に強調する見方を伴い、後に日露戦争までの政治指導者の判断への一定の肯定的評価を生むことにもなった。そうした問題を孕みつつも、日本史を超えた世界史ないし国際関係史の分野での江口氏の学問的影響は、氏が一二年間にわたって委員長を務めた歴史学研究会や長く教員を務めた東京大学その他の大学院での活動を通じて極めて広範囲に及んでいる（斉藤孝ほか編『思索する歴史家江口朴郎』青木書店、一九九一年、参照）。

（8）　永原慶二氏は、この点について、「歴史像という、我々のひとつの考えの道具みたいなものはね、日本史研究会のほうが先に出したんです。初めは歴史像という概念そのものにちょっとびっくりした。我々は「発展法則」ばかりやってたわけだけれども……「歴研」もそれは非常に強く受け止める形になったんですね」と回顧されている（歴史学研究会編『戦後歴史学と歴研のあゆみ』青木書店、一九九三年、八八頁）。

（9）　板垣雄三「歴史学の科学性のために」（『歴史学研究』第二六三号、一九六二年）は、世界史の基本法則の再検討と世界史像の再構成は「ふたつの異なった作業と理解すべきではない」とし、基本法則が「固定した不変の本質として扱われる危険」を自戒すべきことを述べつつ、「基本法則と歴史像とは実はわれわれの科学的な努力の目標の収斂するひとつの点でなければならない」としている。これだけではその含意を理解しにくいが、板垣氏が「近代史の方法のためのプロローグ」（『歴史学研究』第二五〇号、一九六一年）において、「全般的な観点の固定化がおこっているという場合、私はそれが主として与えられたシェーマを適用するという研究態度に起因していると思う。……われわれはまず近代史の各分野で解決を迫られている「新鮮な」事実は何かを明らかにすること、理論上の不明、困難、矛盾を列挙する仕事をすべきだと思う」と当時の研究状況を批判し、「特殊性の認識の蓄積は一般性の認識の発展における飛躍を準備せざるをえない」と論ずるのを読むと、氏は、既成の基本法則をはみ出す歴史事実の発見→基本法則の再検討・組み替え→新たな基本法則を土台にした歴史像の再構成、という一連の作業が繰り返し必要だと主張しておられたようである。そうだとすれば、長期研究計画の目標としては、両者を「または」という言葉でつなぐべきではなかったのではあるまいか。

（10）　古田元夫「地域区分論」（『岩波講座世界歴史1』一九九八年）四二頁。

(11) 同グループが刊行した河野健二・飯沼二郎編『世界資本主義の形成』(岩波書店、一九六七年)が、「世界体制としての資本主義の普遍的構造」の究明を目指しつつも、世界資本主義は依然として諸国民経済が交渉する「場」として理解されるにとどまっていたのに対し、本書では世界資本主義こそが実在であり、国民経済はその二次的・派生的な構築物に過ぎないとする点で、理論的に大きく転換した。本書所収の「討論」によると、転換の契機は宇野経済学の内部批判として出現した鈴木・岩田理論の摂取にあり、そのためもあって基本的には「北」の資本主義国中心の議論にとどまり、「南」の従属世界から立論する従属理論のような発想を欠いたため、議論のインパクトは限られていた。

(12) A・G・フランク『世界資本主義と低開発』(大崎正治ほか訳、柘植書房、一九七九年)に収録された論文は一九六四—六八年に執筆されたものであるが、日本での影響が強まるのは一九八〇年代のことであった。また、一九七〇年に原著が公刊されたS・アミン『世界的規模における資本蓄積』の邦訳が現われたのは、一九七九—八一年(野口祐・原田金一郎ほか訳、柘植書房より三分冊)のことであった。

(13) 一九七九年公刊の『資本主義世界経済』(藤瀬浩司・日南田静真ほか訳、I・II、名古屋大学出版会、一九八七年)では、資本主義の本質は、〈賃労働〉でなく〈市場〉にあるとしていたウォーラーステインは、一九八五年一〇月、八三歳のF・ブローデルを囲むシンポジウムでは、資本主義の鍵となる要素は〈市場〉でなく〈独占〉だというブローデル説に賛成して、次のように述べている。「今から四〇年前には、資本主義における市場の役割はかなり明らかであると思われていました。……封建制は前＝市場体制として、社会主義は脱＝市場体制として、それぞれ示される傾向があったのです。……封建社会についての研究は、一九四五年以降、飛躍的に発展しました。それによれば、いわゆる自然経済の枠内で自足的な生活をもっぱら営む閉じた構造として、封建社会を理解することはできないのです。実際に、市場はいたる所に存在してきました。封建制というこの歴史体制が機能するさいの理論には、市場が非常に密接に絡んでいたのです。……これと同様に、現実に存在している社会主義は、しばらく前から、市場へとむかうある種の傾向を示しています。……したがって、封建制の現実と社会主義の現実は、かつての理論図式とは食い違っているわけです。さらにまた、資本主義の現実がこの理論図式の誤りを示していることも事実です。じつはこの点においてこそ、ブローデル教授の著作は決定的な役割をはたしたのです。……教授は資本主義についての議論を逆転します。つまり、歴史的な資本主義体制の鍵となる要素として市場を考えるよりも、むしろその役割を独占に与えるわけです。……これはまさしく視点における革命であって、現在までほとんど看過されてきたことです」(福井憲彦・松本雅弘訳『ブローデル　歴史を語る』新曜社、一九八七年、一五三—一五五頁)。こうなると、ウォーラーステインのかつての流通主義的な資本主義把握は、その有効性を完全に失うことになる。

(14) この点については、森田桐郎編著『世界経済論――〈世界システム〉アプローチ』(ミネルヴァ書房、一九九五年)、および、森田桐郎『世界経済論の構図』(有斐閣、一九九七年)を参照。

(15) 一例を挙げれば、F・ブローデルは、その著『物質文明・経済・資本主義　一五―一八世紀　Ⅲ―1世界時間1』(原著一九七九年、村上光彦訳、みすず書房、一九九六年)において、「帝国と世界=経済」について、「イマニュエル・ウォーラーステインの見方によれば、帝国が存在するところではかならず、底流をなす世界=経済は発達することができず、その発展を阻止されてしまったのである。……これはわたし個人の考え方だが、帝国が圧迫をこととし、自国のさまざまの領土の個別的利益のことなどほとんど念頭になかったばあいでも、世界=経済はそういう帝国の束縛のもとで小突かれたり監視されたりしながら、帝国の境界を大幅に乗り越えて活動し、組織立てられてゆくばあいがあったのである」(五七―五八頁)と述べている。

(16) 金子勝「アフター・ウォーラーステイン」(『大航海』二一号、一九九八年)。同『反経済学』(新書館、一九九九年)第九章「近未来社会への構想力」は、それをもとにした書き下ろしである。

(17) 講座派ないし大塚史学系譜の「内部主義的バイアス」と世界システム論ないし従属論系譜の「外部主義的バイアス」を、国民国家のもつ内部監視と対外戦争の両機能に注目することによって批判的に克服しようという提言が、山之内靖氏によってなされていることも注目されよう(同『日本の社会科学とヴェーバー体験』筑摩書房、一九九九年)。

(18) K・マルクス『資本論』第六編第四七章「資本制地代の発生史」(長谷部文雄訳、青木書店、第三部)一一一五頁。

(19) 高橋幸八郎『市民革命の構造』(御茶の水書房、一九五〇年)「序」を参照。そこには、「西ヨーロッパの市民革命は、封建的土地所有――封建社会の基柢――を範疇として排除しえたことによって、直接生産者の人格的自律=個性の自由を解き放つことが出来た。……しかし、その解放は、労働力の商品化というブルジョワ的発展の基本線においてなされたのであり、このような商品形態をとる労働力の社会的存在形態こそ、近代市民社会の歴史的規定性――必然と限界――なのであり、そのうちに近代市民社会規範に対する批判体系が含まれている」と記されている。

(20) 三木亘『世界史の第二ラウンドは可能か』(平凡社、一九九八年)は、近代西欧文明を「野蛮」な軍事文明と捉えて全面否定しており、ここの言葉でいえば、生産力=破壊力の後者のみを浮かび上らせている。これまで没却されてきた破壊力の側面を鋭く指摘した点は評価すべきであるが、歴史のトータルな評価としてはあまりに一面的だと言わざるをえない。

(21)　徐朝龍『長江文明の発見』(角川選書、一九九八年)。

(22)　歴史学研究会編『世界史年表』(岩波書店、一九九四年)による。以下、とくに断らない場合の年表的事実は、同書による。

(23)　たとえば、前川和也「古代メソポタミヤとシリヤ・パレスティナ」(『岩波講座世界歴史2』一九九八年)は、紀元前三千年紀のシュメール都市国家について述べ、前田徹「初期メソポタミヤ社会論」(同上書)はそれを氏族的紐帯を基礎とし統一国家へ発展するものと評価し、尾形禎亮「古代エジプト」(同上書)も紀元前三〇〇〇年頃に強力な中央集権国家が出現したことを論じた。ところが、鶴間和幸「中華の形成と東方世界」(『岩波講座世界歴史3』一九九八年)が殷周時代の都市国家の存在を論じているのに対し、岡村秀典「農耕社会と文明の形成」(同上書)は、殷王朝を氏族制邑共同体を土台とする邑制国家の連合体的権力とみる松丸道雄説(同「殷周国家の構造」『岩波講座世界歴史　古代4』一九七〇年)を、そうした累層的な集落間構造は前三千年紀の「酋邦(首長制)社会」にすでに現われたもので国家の基本構造ではないとして否定し、前二千年紀に氏族制的紐帯による「酋邦社会」の解体のうえに「初期国家」が徐々に成立すると論じた。岡村説は、氏族共同体の解体を国家成立の前提条件とするエンゲルス流の国家論に立っているが、「初期国家」の基礎が何であるか不明確であり、むしろ松丸説を活かして「酋邦社会」が古代専制国家に発展すると見做すべきではないかと思われる。

(24)　石井寛治『日本経済史〔第2版〕』(東京大学出版会、一九九一年)一一―二四頁。日本の史実については、とくに断らない限り同書による。ただし、縄文農耕についての同書の否定的な叙述は、ここ一〇年間の相次ぐ考古学的発見によって訂正される必要がある。たとえば、小山修『縄文学への道』(日本放送出版協会、一九九六年)参照。

(25)　紀元前一二〇〇年頃ミケーネ世界が崩壊し、「暗黒時代」と称される混乱のなかで鉄器時代が始まり、ギリシアではポリスが成立し、交易の拡大によって錫・銅・鉄資源の乏しさを補ったこと、前一〇〇〇年にはイタリア半島にも鉄器時代が訪れたことについては、古山正人・本村凌二「地中海世界と古典文明」(『岩波講座世界歴史4』一九九八年)参照。前八〇〇年ころからインドのガンジス川流域で鉄製農具による農業生産の向上が見られるようになったことについては、山崎元一「南アジア世界」(『岩波講座世界歴史6』一九九九年)参照。エジプトについては、「末期王朝時代のエジプトが衰退の一途を辿ったのは、前一二〇〇年頃のヒッタイト王国の滅亡を契機にオリエント世界が鉄器時代にはいったのに対し、エジプトは鉄資源をもたなかったことが最大の理由であろう」(尾形禎亮、前掲「古代エジプト」)と指摘されている。なお、それとの関連で、一九世紀初めのエジプトの機械制工業化の試みも、鉄の技術を欠くために挫折したと指摘されていることが注目される(冨岡倍雄『機械制工業経済の誕生と世界化』御茶の水書房、一九九七年)。

(26)　中国では紀元前七―六世紀に普通と逆にまず鋳鉄として出現して鉄製農具を生み出し、鍛鉄による兵器が青銅兵器に取って代わったのは漢代のことという（西嶋定生『中国古代の社会と経済』東京大学出版会、一九八一年）。杜石然ほか編著『中国科学技術史　上・下』（原著一九八二年、川原秀城ほか訳、東京大学出版会、一九九七年）も遅くとも前六世紀には独自の鋳鉄技術が開発されたとしている。技術史家の窪田蔵郎「鉄のルーツを探る」（新日本製鉄広報企画室編『鉄の文化史』東洋経済新報社、一九八四年）は、「シルクロードを経由して中国に入った製鉄技術は、そこで青銅器の生産技術と摺合して長足の進歩を遂げ、鍛造技術の影は薄れて鋳造技術が主流となり、世界で最も早く鉄器を鋳造できる技術水準に飛躍した。……鉄器鋳造の技術は、中国から中近東方面へシルクロードを通って逆輸出」されたとするが、中国への最初の製鉄技術移転の具体的経緯は明らかにしていない。

(27)　日本の弥生時代に鉄素材の生産が行われていたかどうかは論争の的であるが、一九九五年四月に福岡県庄原遺跡から前二世紀の製鉄跡が出土したことなどからみて、弥生製鉄そのものは存在したようである。しかし、本格化は六世紀以降である（上垣外憲一『聖徳太子と鉄の王朝』角川選書、一九九五年）。

(28)　この点については、社会構成体論とは観点が異なるが、村上泰亮『文明の多系史観　世界史再解釈の試み』（中公叢書、一九九八年）第四章参照。キリスト教の出現は、イスラエルの民のバビロン捕囚（前五九七―前五三八）とその時に集成された旧約聖書を前提としている。仏陀は前四八三年、孔子は前四七九年にそれぞれ没した。ソクラテスの処刑は、前三九九年。村上氏が世界宗教に含めるヒンドゥー教は血縁的原理の克服の点で大きな限界があった。イスラム教はアラブの血縁的絆を否定した点で、ユダヤ教と異なる世界宗教性をもっていたが、古代の宗教とは基盤となった経済段階が異なる。

(29)　本村凌二・鶴間和幸「帝国と支配――古代の遺産」（『岩波講座世界歴史5』一九九八年）は、政治・文化史的視点から秦漢帝国とローマ帝国が、いずれも後世の原点として大きな影響を与える古典的意義をもった点で共通しているとしている。それは、おそらく儒教やキリスト教という普遍性の強い宗教を基礎としていることと関係があろう。その意味でインドでは仏教を基礎とするマウリア王朝が古典的意義をもつ可能性を有していたが、長続きせずに挫折した。

(30)　マウリア王朝のアショーカ王は全インドを統一し、仏教を奨励したが、この時代になって初めて奴隷が農作業に大規模に用いられたという（シャルマ『古代インドの歴史』原著一九七七年、山崎利男・山崎元一訳、山川出版社、一九八五年）。もっとも、シャルマ自身は、古代インド社会は奴隷制社会ではなく、カースト制の最下層であるシュードラが古代には奴隷の役割を担ったとしているが、そのこと自体が、古代インドの奴隷制的特徴を示唆している。

(31)　石井寛治、前掲『日本経済史（第2版）』二五―二八頁。

(32)　かつては旧ソ連の歴史家を中心に、遊牧社会の氏族制的構造は遺制に過ぎないとする「遊牧封建社会論」が唱えられたが（山田信夫「遊牧封建社会論」『中世史講座5』学生社、一九八五年）、それは反封建主義という政治的要請に引きずられた議論であった。遊牧民社会の特徴が「族長をいただく氏族・部族単位の社会」であったことは周知のとおりであるが、一三・一四世紀のモンゴル帝国が初めて世界史という統合体を出現させたように中央ユーラシアの統合機能はあらためて評価される必要がある（杉山正明「中央ユーラシアの歴史構図」『岩波講座世界歴史11』一九九七年）。

(33)　中村哲前掲書は、塩沢君夫氏のように「アジア的生産様式」を世界史の普遍的段階とすることに反対しつつ、アジアの「国家的奴隷制」は、その下の小経営が自立性を強めて耕地を私有すると「国家的農奴制」に移行すると述べ、また、ギリシア・ローマの奴隷制大経営の生産力は家父長制奴隷主の小経営に較べて決して高くなかったとしている。しかし、そのようにヨーロッパとアジアを切り離す議論は、太田秀通『ミケーネ社会崩壊期の研究』（岩波書店、一九六八年）ひとつを想起しても成立しないし、「アジア的生産様式」＝「国家的奴隷制」のときから「小経営」の自立性を強調するのは、土地と労働力がきわめて不安定であったことを考えただけでも到底納得しがたい。

(34)　豪族（富豪）については、五井直弘「後漢王朝と豪族」（『岩波講座世界歴史　古代4』一九七〇年）、渡辺信一郎『中国古代社会論』（青木書店、一九八六年）、重近啓樹「秦漢帝国と豪族」（『岩波講座世界歴史5』一九九八年）を参照。ただし、重近論文が「漢帝国の存在基盤」をアプリオリに「小農民体制」と断定しているのは疑問である。

(35)　開発領主については、永原慶二『日本の中世社会』（岩波書店、一九六八年）六三―七四頁、石井進『鎌倉武士の実像』（平凡社、一九八七年）を参照。

(36)　阪口明「支配の果実と代償――ローマ奴隷制社会論」（『岩波講座世界歴史4』一九九八年）の紹介するホプキンスの議論を参照。奴隷の役割としては、いずれの地域でも所有者の社会的威信を支える家内労働という点で共通している。ギリシアやローマのような戦士共同体の戦争捕虜は労働奴隷として大小の経営で働いて所有者の軍事活動を支えたのに対し、イスラムの奴隷は生産活動よりも軍事活動が重要であったという。もっともイスラム以前の古代西アジアにおける奴隷は数が多く生産活動を担っていたようである。たとえば、旧約聖書ネヘミヤ記には、前五世紀後半にバビロン捕囚から解放された四万人余りのイスラエル人には男女奴隷七三三七人が付いていたこと、没落して娘を他人の奴隷にしなければならない者がいたことが記されている。ただし、イスラエル人出自の奴隷は七年目ごとに解放する取り決めになっていたため、奴隷の多くは異邦人だった。

(37) 大澤正昭「唐・宋期における農業生産力と経営の発展」(『中世史講座2』学生社、一九八七年)。

(38) 井上泰男「ヨーロッパ中世における農業の展開と村落共同体」(『中世史講座2』学生社、一九八七年)。

(39) 山崎利男「インドにおける中世世界の成立」(『中世史講座1』学生社、一九八二年)、小谷汪之「インド封建社会論」(『中世史講座5』学生社、一九八五年)、辛島昇『地域からの世界史5 南アジア』(朝日新聞社、一九九二年)。

(40) 佐藤次高「西アジアにおける中世世界の成立」(『中世史講座1』学生社、一九八二年)、加藤博『文明としてのイスラム』(東京大学出版会、一九九五年)、A・Y・アルハサンほか『イスラム技術の歴史』(原著一九九二年、多田博一ほか訳、平凡社、一九九九年)。

(41) 紀元一〇〇〇年ごろにフランスとその周辺地域で本格的な封建社会が誕生したとする学説については、江川温「ヨーロッパの成長」(『岩波講座世界歴史8』一九九八年)を見よ。

(42) この点については、石井寛治「幕末開港と外圧への対応」(石井寛治・原朗・武田晴人編『日本経済史一』東京大学出版会、二〇〇〇年)を参照。

(43) そのことは、一二世紀の西ヨーロッパ世界が、イスラム世界との接触によってはじめてギリシア文明の成果を吸収しえたという事柄だけからも明らかである(伊東俊太郎『十二世紀ルネッサンス　西欧世界へのアラビア文明の影響』岩波書店、一九九三年)。

(44) この点については、竹内啓『高度技術社会と人間』(岩波書店、一九九六年)第八章「科学技術の新段階と近代社会」から示唆を得た。

(45) イギリス産業革命をもたらした職人による各種繊維機械の発明は「科学とは独立に行われたもの」であったが、ワットによる蒸気機関の発明はグラスゴウ大学での科学的な実験の所産であった(D・S・L・カードウェル『技術・科学・歴史』原著一九七二年、金子務訳、河出書房新社、一九八二年)。一八世紀のイギリスでは、「科学と技術の相互作用」が広く認められたことの方が強調されるべきであろう(米倉誠一郎『経営革命の構造』岩波新書、一九九九年)。「計算可能性」が産業資本主義の発展にとって不可欠の条件をなす点については、M・ウェーバー『支配の社会学Ⅱ』(世良晃志郎訳、創文社、一九六二年)三六四—三六五頁を見よ。ここで記した三条件はあくまでも最低の必要条件であり、国際競争などの条件如何では、フランスのようにイギリスの圧力で産業革命が順調に展開しなくなることもあり、また、イスラム・インド・中国・

日本については、三条件のうち（1）＝勤勉さのように早くから存在したものもあったが、三条件全体が出揃わないうちにヨーロッパの産業革命が先行したと理解すべきである。その場合、鉄製機械を作る技術こそが決定的重要性を持ち、そこに産業革命がイギリスで最初に起こった理由を求める冨岡倍雄前掲『機械制工業経済の誕生と世界化』の議論は興味深いポイントを突いているが、古代以来製鉄技術が未発達のエジプトはともかく、その他の国々では鉄資源の制約を突破して近代的製鉄業を発展させ産業革命を展開していった経緯の方を重視したい。

(46) 村上陽一郎『近代科学と聖俗革命』（新曜社、一九七六年）は、キリスト教の徹底した人間中心主義から近代科学を支えるエトスが生まれたことを認めつつも、キリスト教からはアッシジの聖フランチェスコのような人間を含むすべての被造物の平等性を認めようとする主張も現われたことを指摘している。安易に東洋思想に向かう前に、むしろ一七世紀の科学革命へのデカルトらの啓蒙主義的解釈の克服に努めるべきだという議論は、キリスト教の立場からの議論として興味深いが、旧約聖書創世記第一章に「神は自分のかたちに人を創造された。すなわち、神のかたちに創造し、男と女に創造された。神は彼らを祝福して言われた。「生めよ、ふえよ、地に満ちよ、地を従わせよ。また海の魚と、空の鳥と、地に動くすべての生き物とを治めよ」」と記された「創造の秩序」の理解が人々の自然観に与えた影響は絶大であり、そうしたヘブライズムに基づく人間中心主義の克服はそう簡単ではないであろう。

(47) この点、方法的には、前述の太田秀通氏の「ヨコの思考様式」についての指摘を念頭においている。芝原拓自「アジア社会の変革と歴史学の任務」（『歴史学研究』第二五三号、一九六一年）は、「一六世紀が世界史の成立の時期では決してない。スペインやポルトガルは、基本的にいってアジア社会の『表面に触れた』だけであり、その社会の再生産の全基盤を崩壊しつくせない」と、早くから鋭い指摘を行っていた。謝世輝『世界史の変革　ヨーロッパ中心史観への挑戦』（吉川弘文館、一九八八年）もまた、大航海期の始まる一五〇〇年前後でなく産業革命期の始まる一八〇〇年前後をこそ転換期として重視すべきだと論じている。

(48) 斎藤修「産業革命――工業化の開始とその波及」（『岩波講座世界歴史22』一九九八年）参照。

(49) 石井寛治、前掲『日本経済史〔第2版〕』一八五頁、谷本雅之「もう一つの「工業化」――在来的産業発展論の射程」（『岩波講座世界歴史22』一九九八年）。

(50) 見田宗介『現代社会の理論――情報化・消費化社会の現在と未来』（岩波新書、一九九六年）。

(51) UNDP, *Human Development Report 1998*, Oxford University Press, pp. 174-175. この間の人口は、工業国が一〇億、一

二億、一三億と漸増するのに対して、開発途上国は二六億、四四億、五九億と急増するため、後者の都市人口比率が全世界の比率をますます大きく規定するようになる。

(52) 石弘光『地球環境報告Ⅱ』(岩波新書、一九九八年)。

(53) この「世界市民」は、最近の世界史の現実から構想したものであり、岡崎勝也「キリスト教的終末観と歴史」(『歴史学研究』第七二二号、一九九九年)が指摘するカントの「世界市民」を念頭においているわけではない。

(54) 『裏切られた革命』(原著一九三六年、藤井一行訳、岩波文庫、一九九二年)を著したトロツキーは、スターリンによるいわゆる社会主義憲法が制定された一九三六年に、ソ連を「資本主義と社会主義の中間にある、矛盾を含んだ社会である。……累積された矛盾がいっそう増大すると、社会主義に到達する可能性もあるが、資本主義へと後退する可能性もある。……社会主義へ向かう途上では、労働者が官僚を打倒しなければならない」と官僚国家を厳しく告発した。もちろん社会主義にもある種の「民主主義」があったことは事実であり、その内実が問題とされなければならない。そうした社会主義体制の批判的・総括的検討を試みたものとしては、塩川伸明『現存した社会主義――リヴァイアサンの素顔』(勁草書房、一九九九年)参照。

(55) 大塚久雄『共同体の基礎理論』(岩波書店、一九五五年、『大塚久雄著作集　第七巻』岩波書店、一九六九年、所収)、同「緒言」(『西洋経済史講座　第1巻』岩波書店、一九六〇年、『大塚久雄著作集　第四巻』岩波書店、一九六九年、所収)。

(56) 塩沢君夫・近藤哲生『経済史入門』(有斐閣新書、一九七九年、新版一九八九年)。

(57) 足立啓二『専制国家史論』(柏書房、一九九八年)。「社会統合の拡大とそれに照応する社会結合様式の展開過程として人類史を把え、単系発展理論に替わる段階と類型認識を探り出す」(一七四頁)ことを目指し、「農耕化以降の社会が育んできた集団的合議体制と指揮管理機構のうち、それぞれ一方を急激に拡張して、古典古代国家と中国専制国家が生まれ、日本古代国家は、社会実態としては分岐的に形成されていなかった」(一四〇頁)とする同書の主張からは教えられるところ大であった。直接生産者の段階的変化についての同書の把握は、社会結合の類型的相違にもかかわらず、本稿の理解と実質的には重なる部分が多いように思われる。

(58) 川勝平太『日本文明と近代西洋』(NHKブックス、一九九一年)。

(補記) 本稿は、一九九九年五月二二日に専修大学生田校舎において開催された歴史学研究会大会全体会「再考・方法としての戦争歴史学」における報告「戦後歴史学と世界史――基本法則論から世界システム論へ」の原稿を加筆・修正したもので、シリーズ歴史学の現在3、歴史学研究会編『戦後歴史学再考――「国民史」を超えて』（青木書店、二〇〇〇年六月）に収録されたものである。

付論2　個別的価値から普遍的価値へ
――東アジアを中心とする国際関係の歴史的基礎

一　課題の設定

ここでは、近現代の東アジアを中心とする国際関係の歴史的基礎を問題とする際の分析視角についての私の意見を申し上げたい。それはひとことで言うと、人類が動物と異なる社会を形成しはじめて以降、何をもって行動とりわけ政治的行動の指針となる最高の価値と考えてきたかということである。すなわち所属する共同体の指導者の価値判断を絶対的なものと考えるという個別的価値を重視する世界から、共同体を超えた多くの人々が共通して認めるような筋の通った見方を普遍的価値として尊重する世界へと、人類社会はどのように変化したか、その変化に如何なる問題がはらまれていたかということを問題としたい。

人類は今から約一万年前に食糧をみずから生産する技術を手に入れたことによって動物社会から分かれたが、最初の数千年は個々の家族は農業のために必ずいずれかの血縁共同体のメンバーとなることが必要であり、人間の社会関係は血縁関係による群れをなす動物社会とあまり違わなかった。ところが西暦紀元元年前後に人類はそうした生き方を克服して血縁共同体を超えた広く新しい人間関係を作り上げ、新しい国家権力を形成するようになり、そこで初めて技術的にも社会的にも動物社会一般と異なる人間社会を生み出したのである。ギリシア国家・ローマ帝国あるいは秦漢帝国などのいわゆる古典古代社会は、それまでの社会が個別の血縁共同体を代表する首長や君主の唱える個別的価値を最高の価値としたのと異なり、どの氏族や民族にも共通する普遍的価値に基づいた社会・国家の形成を目指すものであった。国際関係について言えば、それぞれの国家乃至地域が相互に厳しく対立するいわば殺し合いの段階から、しだいにお互いに認め合ったルールに基づいて協調関係を保つ段階へと変化してきたと言ってよい。

もっとも、こうした変化は一直線に進むものではなく、個別的価値と普遍的価値は互いに激しく対立し合いながら、ここ二千年の歴史を動かしてきたのであり、普遍的価値の捉え方にも大きな違いが生じてきた。以下、東アジアの歴史を主たる対象として、国際関係のあり方の基礎に如何なる価値が生み出され、認められてきたかを問題にしたい。

二　二〇世紀初頭の日中韓三国の状況

二〇世紀初頭の東アジアは相次ぐ戦乱による激動の時代であった。日清戦争（一八九四―九五年）、義和団戦争（一九〇〇年）、日露戦争（一九〇四―〇五年）によって、それまでの日本・中国・韓国三国の関係は大きく変容し、一九一〇年の日本による韓国併合、一九一一年の辛亥革命による清朝の滅亡の結果、東アジア三国において約二千年にわたって続いた王権による支配体制は、日本の天皇制を残して消滅した。

ここで、なぜ三国が近代世界において、そのような異なった状況に立ち至ったかを国家権力のあり方に焦点を絞って簡単に見ておこう。まず不思議に思われるのは、中国や韓国における王権（皇帝や国王）が、繰り返し交替しながらも一貫して実質的な権力を掌握する強力な存在であったのが、近代世界市場に強制的に編入されて以降、急速にその対外的な力を失ったのに対し、古代には強力な政治的権力であった日本の天皇制が、その後の武士階級の成長に伴い権力者としての実権をしだいに失ったにもかかわらず、近代に入って突然強大な権力を握るようになったことである。

これは、一八五三年にアメリカのペリーが艦隊を率いて日本開国を迫ってきたことへの対応に、権力者の江戸幕府が失敗し、代わって柔軟な対応能力をもつ新政権が天皇を頂点にいただいて誕生したためであった。幕府は欧米の艦隊の戦闘力が圧倒的な優位を持っていることを知って、開国止むなしと判断し、貿易に関する通商条約についても独断で調印した。しかし、これは日本の独立を危うくするものだとする批判を浴び、とくに外国人嫌いの孝明天皇が将軍に対して外国人を排除するように要求すると、それに逆らえず、幕府の権威は失墜した。なぜなら、鎌倉幕府、室町幕府、江戸幕府と相次いで武士階級が政治支配権を握ったように見えながらも、武士は武力という実力に頼るのみで支配の正統性を自分で証明することができず、源頼朝、足利尊氏、徳川家康は、何れも征夷大将軍という役目を天皇から与えられて初めて政治支配権を握ることができたからである。

一八六八年一月三日の王政復古の宣言で、新政府はすべてを「神武創業の始まりに」遡って実施すると述べた。神話上の初代天皇である「神武天皇」の時代まで遡るということは、江戸幕府という武士による支配を廃止するだけでなく、その前からあった摂政関白制度という公家（＝貴族）による支配も廃止するということであり、天皇による統治の一点を除く過去の一切の支配体制を否定することによって政治支配体制全体を刷新する条件を作ったのである(1)。同年四月六日に薩摩・長州両藩を主力とする官軍（＝反幕府軍）が幕府の拠点であった江戸城総攻撃を中止した時に、京都御所では明治天皇が五箇条の誓文を発布して「全てのことを公の議論で決める」ことを誓うとともに、天皇が「みずから全てのことを統括する」と宣言した。この時点で、近代議会制と古代天皇制とを組み合わせた複合的権力を作る方向が定まったと言ってよい。

明治政府は、成立するや否や彼らが従来主張してきた攘夷路線をやめて、開国路線に切り替えた。孝明天皇が死去し、若い明治天皇が即位していたために路線転換は容易であった。その後、政府は、民衆が国会開設を要求する自由民権運動に対応しつつ一八八九年二月に大日本帝国憲法を制定したが、その際、一面で近代議会制を取り入れるとともに、他面では古代天皇制の伝統と称して、天皇に議会の招集権、官吏の任命権、陸海軍の統帥権、宣戦講和や条約の締結権といった強力な「大権」を認めた。東アジア三国の中で日本がもっとも急速に近代化できたのは、近代天皇制自体がもつそうした新しさと古さをあわせもつ柔軟な性格に根差していたが、同時に日本の近代化は技術的・外面的なものに止まり、基本的人権の理念や民主主義の精神など近代西洋が立脚した普遍的価値については、大日本帝国憲法は決して十分には吸収できなかった。

中国・韓国の場合は、古典古代国家としての秦漢帝国（前二二一―二二〇）以降、広義の儒教思想が政治システムの基本として定着した。ここで「広義の儒教思想」と述べたのは、秦帝国における法家を儒教から異端として排除するのではなく、道徳第一で慣習法を重視する儒家の徳治思想に対して、法律第一で成文法を重視する法家の法治思想（現代風に言えば罪刑法定主義）も、儒教思想に含めて理解するためである(2)。「徳治国家」においては、皇帝や国王は天命を受けて民衆に仁政を施す役割を担うものとされ、隋代の五八七年、高麗の九五八年には科挙制が始まり儒教の教養を身に付けた国家官僚が試験によって選別されるようになった。中国では後漢滅亡後、国家保護の下で仏教が栄えたが、唐代の九世紀半ばになると弾圧対象と化し、韓国の高麗王朝（九一八―一三九二）は仏教を建国理念としたが儒教の役割も重要とされ、李氏朝鮮（一三九二―一九一〇）になると仏教は弾圧された(3)。もともと仏教には独自の政治思想が欠けており、国家に保護されつつ国家鎮護の役割を果たしていたが、財政負担のみが目立つようになると弾圧されたと言えよう。儒教思想においては、皇帝や国王が悪政をほしいままにした場合は革命によって権力者を取り換えることが認められた。しかし、そのためには少なくとも数十年という長い期間が必要であり、欧米諸国などからの外圧が加えられた際に日本のように短期間で権力を交替させることは困難であった。

もっとも、一九世紀中葉に中国と韓国でも近代化への努力が始まったが、旧来の権力が主導する改革は容易でなく、中国の洋務派官僚や韓国の開化派官僚による近代産業の移植は日本のようには進まなかった。それは、移植の仕事が官僚の特権とされ、民間人は協力させられることはあっても主導権は少数の官僚が握っていたからである。そのことは、日本のように民間企業が続々と勃興する「企業勃興」としての産業革命への道が閉ざされていたことを意味していた。[4]それればかりでなく、恣意的な課税などによる負担が近代企業の発展を阻害した。[5]総じて国内では依然強力な王権と旧い考えの儒教官僚が近代化を阻む要因であった。そこで、日清戦争後になると、中国では政治体制を近代化する変法運動が発足したが、保守派の反撃にあって挫折し、大韓帝国（一八九七年一〇月宣布）における皇帝権力の強化のもとでの民間産業の育成も成功しなかった。[6]こうして日露戦争を画期として韓国の事実上の植民地化が進むと同時に、中国では孫文らによる革命運動が広がりを増し、一九一二年には立憲共和制としての中華民国が誕生したのである。

三　血縁共同体社会を克服する古典古代社会

ここで、「課題の設定」で簡単に触れた古典古代社会の歴史的意義について、やや立ち入って考えておきたい。一万年前に食糧生産を開始してから二〇世紀に至る人類の歴史の諸段階を包括的に把握する方法として、私は、マルクスの社会構成体論が現在でも、もっとも有効な仮説的枠組みであると考えるが、主として日本での研究成果をもとにその段階把握を表示すると、付論1で示した年表のようになる。[7]段階区分の基準は、直接生産者の社会的存在形態であり、最左欄に示したように、第一段階は紀元前八〇〇〇年に始まった農業を営む血縁共同体のメンバーとして耕地や農具を共同所有する共同体成員が直接生産者である段階、続いて紀元元年前後から鉄製農具が普及して血縁共同体から個別の大経営が独立し労働力として奴隷が働く第二段階、さらに一〇世紀前後の農業革命によって農地の集約化が進み農奴としての自立的小経営が一般化する第三段階、そして産業革命を通じて資本制大経営が中心となり賃労働者が増加する第四段階が設定できる。もちろん、同じ段階でも地域によって現われ方はさまざまな類型があり、時期的なズレも大きく時には段階の飛び越えも見られるが、少なくとも直接生産者のレベルで見た場合には、各地域の人類は徐々に似通った社会を形成してきた。紀元元年前後の世界においては血縁共同体が基本的に消滅して、さまざまなタイプの奴隷制が展開し、紀元一〇〇〇年前後の世界では小経営が一般化して、それを支配する家産制支配ないし封建制支配が展開し、紀元二〇〇〇年前後の現代には世界全体を覆うかに見える大量の賃労働者が発生している。なお、ここでは、社会主義は二一世紀以降に民主的な世界政府の下でグローバルな大経営の行動がコントロールされる第五段階として設定されている。

第二段階に含まれる「古典古代」(antik, Antike) というのは、マルクスやエンゲルスの場合にはギリシア・ローマの時代を指す言葉であり、それ以前の古代オリエントを含む「古代」(alt, Altertum) とは区別して用いられていた。メソポタミアやエジプトなどの古代オリエントだけを指す場合には、「アジア的」ないし「古代アジア的」という表現が用いられているが、地域概念である「アジア」を用いることは、アジア社会の停滞論的把握と繋がるため適切ではない(8)。ここでは、「アジア的共同体」という誤解されやすい用語に代えて「血縁共同体」という用語を用いることにしたい。すなわち、「古典古代」社会とは、血縁共同体を土台とする社会を打ち破った新しい社会であると考えたい。そうした新しい社会を生み出した原動力としては、先に述べたような鉄製農具の普及による血縁共同体の解体という事実が挙げられるが(9)、経済面での変化だけでは血縁関係を重視する人々の考え方までが消滅するとは限らない。その意味では、ギリシア哲学やキリスト教の教えが、人間の社会的結合において血縁関係に最高の価値を認めるそれまでの発想を批判したことが大きな意味を持った。例えば新約聖書は、イエスが弟子と肉親との関係にくさびを打ち込もうとしたことを次のように記している。

「地上に平和をもたらすために、わたしがきたと思うな。平和でなく、つるぎを投げ込むためにきたのである。わたしがきたのは、人をその父と、娘をその母と、嫁をそのしゅうとめと仲たがいさせるためである。そして家の者が、その人の敵となるであろう。わたしよりも父または母を愛する者は、わたしにふさわしくない。わたしよりもむすこや娘を愛する者は、わたしにふさわしくない。(10)」

これはイエスがその弟子たちに完全な服従を要求していることを述べた箇所であるが、モーセの十戒にある「あなたの父と母を敬え(11)」という戒律を否定しかねないほどの激しい勢いで語られていることが注目される。すなわち、イエスは血縁関係を至高の価値とする当時の状況のもとで、その関係をみずから克服して従って来るようにと述べたのであり、この箇所はイエスに従う信者に、最小の血縁共同体としての家族に埋没している状態から個人として自立するよう促す聖句として大きなインパクトを与えた(12)。

ところで、「古代」一般と異なる「古典古代」という呼び方は、その後の歴史展開において基準となるような普遍的価値がそこに含まれていることを意味していた。近代ヨーロッパ社会にとってギリシア・ローマ社会の思想と制度が基準として大きな意味をもったとすれば、東アジア世界の展開において基準となるような普遍的価値は何だったのであろうか。最近では、「秦漢帝国は、後世の政治の原点」であるだけでなく、「秦漢時代四〇〇年の文化は、ヨーロッパにおけるギリシア・ローマの古典文化と同じような役割を果した。後世に大きな影響を与え続けたという意味では、東方世界における古典文化と呼んでもよい(13)」と評価されるようになった。ここでいう「東方世界における古典文化」が儒教と道教という二重文化であり、とくに漢代に政治理念として本格的に採用された儒教文化であることは言うまでもない。

儒教については、それは宗教ではなく儒学と呼ぶべきだという意見が強いが、人間生活の究極的な意味と価値への問いを宗教的な問いであるとすれば、儒教はそれなりに答えをもっており宗教と見ることができる。すなわち、宇宙を支配する普遍的理念である「道」を実現することに人間生活の最高の意味があるとするのが儒教の教えである。「道」とは、「血の共同体や特殊の政治的共同体を超えた、宇宙に妥当する真理と正義という理念[14]」である。言い換えれば、儒教は、個別的価値をもつに過ぎない特定の政治的人格が、何が正義であり真理であるかを決めるという考え方を否定し、「徳」をもって「民」への仁政を行うという普遍的基準としての「天命」に照らして政治のあり方を判断すべきだと考え、「民」を虐げる皇帝は「天命」に違反したものとして革命の対象とされるべきだと主張した。さらに、そうした考え方の一環として、皇帝を支える官僚が、世襲でなく科挙という登用試験によって選ばれるという実力主義の合理的なシステムが開発された。

もっとも、そうした儒教の普遍主義については、「道」の具体的内容をなす倫理は君臣・父子・夫婦・兄弟・朋友という具体的秩序に即したものであり、「個体としての人間という発想はきわめて乏しい」だけでなく、「そこでの基本的な徳は孝であり、家共同体の倫理である」という重大な限界があることも指摘されている[15]。しかし、キリスト教が個人を対象とした結果、政治倫理としては具体的な内容を避けて、「カイザルのものはカイザルに、神のものは神に返しなさい[16]」というイエスの言葉や、「すべての人は、上に立つ権威に従うべきである[17]」という使徒パウロの言葉に示されるように、政治と宗教の二元論を認めるものに過ぎなかったのに対して、具体的秩序の中での人間の倫理を扱う儒教は、政治のあり方に関する強力な指針を与えることができたのである。

このように、東西の古典古代社会の出現は、血縁共同体という個別的価値を重視する社会に代えて、血縁によらない社会結合と国家形成を重視する普遍的価値に基づく社会を生み出すことになったが、実際の歴史展開はそう簡単でなく、古くからの血縁重視の伝統はその後の二千年の人類史を通じて根強く存続した。近代世界においては問題となるのは民族による国家の形成と活動を求めるナショナリズムの発展である。民族とは何かについては多様な見方があるが、ここでは「同一の血縁的結びつきという信仰を土台とする習俗の共同体」[18]として考えておきたい。すなわち人種が身体的特徴による分類であるのに対して民族は文化＝習俗に基づいた分類であり、その基礎には血縁的結びつきという「信仰」が横たわっているのである。それは歴史的に遡っていくと西暦紀元前の血縁共同体にまで辿り着く共同体的結合なのであり、それ自体の維持・発展を至高の価値とするエゴイスティクな傾向を本質的に含んでいる。そうしたエゴイズムが抑制される場合にはナショナリズムは民族共同体を纏め上げる健全な役割を果たすが、エゴイズムへの歯止めが外れた場合は対外膨張を行い他の民族共同体への圧迫・支配を行うことになり易い。近代東アジアの歴史の大きな画期となった日清戦争は、日本政府がその外交姿勢の弱さを批判する国内のナショナリズムの動きの機先を制しようと強引に引起した戦争であった。したがって、平和な世界を作るには、個々の民族の利害を超えた規範をもつ国際関係の構築が必要となるが、近代世界はそうした関係の構築には成功しなかった。現代の国際関係を考察する場合には、ナショナリズムのもつこのような両面的性格に注意することが大切であり、エゴイズムの抑制装置として古典古代社会が出発点となって生み出された普遍的価値が如何なる形で働きうるかが問題とされねばならない。

四　個別的価値と普遍的価値の相克

そこで次に、日本を例に取って、氏族・民族ないし王権といった個別的価値を重視する立場から、世界の人々に認められる普遍的価値を重視する立場へと如何に変わってきたか、その限界はどこにあったかを問題としよう。

日本の古代天皇制国家は中国の律令制を模倣して七世紀に確立したが、科挙による官僚の登用が挫折したため、地方政治は解体しつつある血縁共同体の首長が世襲的に担当した。彼等が後に武士階級として中央政治に進出することになる。推古女帝の摂政であった聖徳太子が六〇四年に作った「十七条憲法」は官僚の心得を説いた訓示であり、仏教・儒教の説く普遍的価値への深い理解に基づく中央集権国家への方向を指し示した。民に対する仁政を説き（第五条）、和の精神を強調している（第一条）点では儒教思想の受容が窺われるが、「我必ずしも聖に非ず、彼必ずしも愚に非ず、共に是れ凡夫のみ」（第一〇条）として自己に関する普遍的罪意識を媒介にしてエゴイズムの抑制を図っている箇所には仏教思想の影響が窺われる。だが、その後に形成された日本の律令制はこうした仏教・儒教思想に基づく方向へは進まず、王権による統治の正統性は天皇家の起源が神につながる旧い家系であるという神話に求められ、「天命」による仁政という儒教思想の中心概念は日本では拒絶された。天皇家の宗教とされる神道は内容のある教義を持たずに専ら神社への参拝を重んずる儀式宗教であり、その価値は天皇家とその信奉者にのみ通用する個別的価値にとどまったが、武士階級の権力である幕府政治もみずから権力の正統性を証明することができず、天皇家の権威に頼ったことは前述のとおりである[19]。

近代日本の指導者は、すでに述べたように憲法を作り日清戦争に勝利することによって、帝国主義国としての道を歩み出したが、その指導理念はどのようなものだったのであろうか。日本の攻撃的ナショナリズムの活動を正当化するための格好のイデオロギーとなったのは、ドイツで盛んな国家間競争を重視するタイプの社会ダーウィニズム（社会進化論）であった。ドイツ思想の研究家で帝国大学総長や帝国学士院長を歴任する加藤弘之の紹介によれば、この議論は、人類社会は野蛮未開の太古から文明開化の今日に至るまで優勝劣敗の生存競争が行われる「一大修羅場」であり、優秀なものが劣悪なものを圧倒して制する点では「彼の動植物社会と全く異なる所」がないという主張であった[20]。ダーウィンの進化論を人類の歴史にも当て嵌めるこの議論は、農業を開始して動物世界から分離した血縁共同体の歴史を事実上視野に含め、一見学問的な印象を与えるが、血縁共同体を至高の価値とする争いへの批判として紀元元年前後に相次いで出現した古代哲学・世界宗教の意義をまったく否定する議論である。加藤によれば、道徳や倫理は時代とともに変わるものであり、儒教の性善の教えも根拠がないものとされた。こうした考え方が、文部省に関係する倫理学者の間にも広まった結果、一九〇〇年には小学校の修身徳目からキリスト教的な「良心」と儒教的な「人道」が削除された。その影響が広まった結果、日本人の帝国主義的心性のなかにあるものは、個別的価値に過ぎない天皇家への忠誠のみとなり、世界に通用する普遍的価値は一片も無くなったと言わなければならない[21]。

ここで視野を日本から世界全体へ広げて考えてみよう。一九世紀中葉の古典的自由主義においては、個人間の〈自由〉な競争を通じてこそ社会が発展するという価値規範がイデオロギーとして主張されていたのに対して、帝国主義の時代のイデオロギーの代表は、前述のように一切の普遍的な価値規範を否定するニヒリズムとしての社会ダーウィニズム（社会進化論）であった。社会進化論は現在では死語となっているが、一八六〇年代から二〇世紀初頭にかけては全世界に急速に伝播され、大きな思想的役割を果たした[22]。例えばホブソンは名著『帝国主義論[23]』において、「帝国主義の科学的弁護」という章を設け、イギリスのK・ピアソンらが民族の維持と進歩のためには他の民族との絶えざる闘争に勝利しなければならず、それは「人類についての生物学的見解である」と論じ、地球は最高の「社会的能率」を有する人種によって開発されることが望ましいと述べていることを紹介し、かかる信念こそは帝国主義の主な道徳的支柱だと批判した。イギリスでは、H・スペンサーによって個人間の自由競争こそが社会の深化をもたらすとして自由主義政策を擁護する社会進化論が唱えられ、アメリカへ伝わったとされるが、そのイギリスでもK・ピアソン流の国家間の生存闘争を重視する社会進化論もまた存在したのである。そうしたタイプの社会進化論は、ドイツにおいてもっとも盛んに唱えられた。ヴェーラーの『ドイツ帝国[24]』は、「その機能的意義からみて、社会ダーウィニズムは支配諸集団に対して彼らの進歩との一致をも、現状の必然性をも、保証することができた。同時にそれは労働者階級――あるいはまた植民地諸民族――の解放の要求を、生存競争における価値の低い劣等者の無益ないきり立ちとして片付けることを可能にする」と性格付け、その影響はナチズムにおいて頂点に達したと位置づけた。

こうして第一次世界大戦の始まる直前の世界、とりわけヨーロッパ世界においては、帝国主義のイデオロギーである社会ダーウィニズムに裏打ちされた各国ナショナリズムが立ち並び、激しく競っていた。そうした帝国主義段階特有の緊迫したイデオロギー状況こそが、セルビヤを巡って動き出した開戦への動きを一挙に全ヨーロッパ規模の大戦へと拡大したのである。(25) 第一次世界大戦の開始を必然化した帝国主義的なナショナリズムは、放置すれば直ちに競って対外膨張に走る共通性を備えていたのであり、第一次世界大戦後はその制御のための国際組織や平和思想への期待が大きくなった。だが、実際にはそうした期待は満たされなかった結果、第二次世界大戦が起こり、その後の今日においても人類は攻撃的ナショナリズムへの世界的規模での制御を行うことができていない。

もっとも、二〇世紀中葉の米ソ冷戦体制のもとでは、核戦争の脅威が高まりつつもそれを制御する民衆の動きが盛んであり、普遍的価値としての〈平等〉を強調する社会主義に対抗するためには資本主義側も福祉国家の建設を進めてきた。一九四五年の敗戦後の日本は、アメリカによる占領の下で戦後改革を行い、基本的人権の原理に立ち国民主権を定めた日本国憲法を制定した。憲法前文にある通り、国民主権は「人類普遍の原理」であり、日本国民は敗戦という経験を経て初めて普遍的価値に沿って生きる道を選ぶことができた。しかし、アメリカはベトナム戦争を通じて、その唱える自由と民主主義が全くの虚偽のイデオロギーに過ぎないことが露呈され、世界の進路を方向付けるリーダーシップを喪失した。

さらに冷戦後の二〇世紀末以降の世界は、アメリカを中心とする資本主義側では倫理的規範を全く欠いた市場原理主義的な新自由主義が支配的潮流となって世界経済を攪乱しており、旧社会主義側はロシアも中国も市場経済化の生み出す国内格差への配慮を欠く分だけ対外緊張を作り出して国民統合を図っている。このままでは、双方の理念なき膨張を目指す攻撃的ナショナリズムの暴走は止まるところを知らないであろう。最近の自民党政府が「日本を取り戻そう」と訴えている憲法改定の路線は、天皇を「元首」とし戦争放棄をやめることを中身とするものであるが、天皇家という個別的価値に再びしがみついて歩むことになれば、その「日本」の進路は、西暦紀元前の血縁共同体段階の世界へと向かうものであり、日本人が動物的段階に近い野蛮な社会結合と国際対立に戻ることを意味している。

五　古典古代からの二大潮流の分岐と収斂

こうした世界史の現状は、古典古代以来の普遍的価値に立った社会結合と国家形成が、どこかに大きな限界をもっていたことを示すものに他ならない。その点で注目されるのは、同じく普遍性の追求を試みる際に、中国と西欧においては、それぞれ特有の偏りが見られることである。

中国の場合は、王権の時代は何れも社会・国家の基本原理としては儒教思想を採用しており、そうした普遍的価値が承認されていたために度々支配者の交替が見られたが、二〇世紀初頭からは王権が消滅したためその後の歴史を連続して論ずることは困難である。それにもかかわらず、社会と国家のあり方を普遍的価値に基づいて構想するという点では、一貫した試みがあった。辛亥革命を指導した孫文が掲げた「三民主義」（民族・民権・民生）は、「民族」とは五族（漢・満・蒙・回・蔵）協和なのか漢民族中心の「中華民族」なのか曖昧であり、「民権」とは民衆を基礎とするものなのかエリートが中心なのか曖昧だという問題点を含みながらも、革命を牽引する普遍的理念として高い価値を持つものであった。また、一九二四年の神戸における講演で、孫文が西洋の「武力で人間を圧迫する」文化を「覇道文化」、東洋の「仁義、道徳の文化」を「王道文化」とした上で、日本民族は「西方の覇道の番犬となるのか、東方の王道の干城となるのか」と日本人に迫ったことも、東アジアにおける帝国主義日本の進路への鋭い批判として普遍的意義を持つものであった(26)。

にもかかわらず、二千年にわたる歴史過程においては中国でも日本と同様に個別的価値に属する王権の拡張や内紛、歯止めを失ったナショナリズムの動きがあり、最近そうした「中華民族」の対外膨張の動きが目立っていることは否定できない。儒教が唱えた「民」のための仁政という普遍的価値を現代において実現するためには、いかなる政治理念と政治体制が必要なのであろうか。かつて秦帝国が試みた法律を重視する「法治国家」体制は、あまりに過酷な法の適用を試みたために短期間で崩壊し、漢帝国の時代に入ってから法律という形式にこだわるよりも儒家官僚によって実質的に良い政治がなされることが大切だという「徳治国家」の伝統が徐々に形成された(27)。もっとも、何れの場合でも皇帝は法律を超えた存在であり、「地上の神」(28)とも称すべき存在であった。しかし、秦帝国から前漢帝国にかけて「法治国家」の試みがあったという歴史的事実は、国家編成の中での「法」の位置づけが変化すれば、最高権力者を超える存在としての「法」の出現の可能性もまたあったことを意味するものとして注目に値しよう。儒教による「徳治国家」の特徴は、皇帝の使命は「法」を形式的に遵守することよりも民の生活をその「徳」によって豊かにすることにあるとされ、「仁政」が実質を失った時には皇帝は「天命」を失ったと見做され、革命による王朝交代が正当化された点にあり、そうした限定に担保される形で「法治国家」への発展が阻まれていた。現代中国が毛沢東主義という形で実質的合理性を重視するマルクス主義を受容した歴史的前提としては、前述のような形式的合理性よりも実質的合理性を重んじる「徳治国家」思想の伝統があったと言えよう。

それに対して、西欧ではローマ帝国以降、法律という形式的合理性に依拠して人間行動を律しつつ自由と平等を追求する「法治国家」の伝統が形成されてきた(29)。では、如何にして国王や領主といった政治権力者を超える存在としての「法」、政治権力者もそれに服さなければならないものとしての「法」が形成されたのであろうか。マックス・ヴェーバーの説明のひとつは、市民たちが権力者の与える非合理的特権に依拠する代わりに契約の法的拘束力を確実に保証するような法秩序を要求するようになるためには、「自由」な市場経済が一定の広がりを確保することが必要であった。そうした市民の要求に支えられつつ、ローマ法の継受を通じて形成された専門法律家が法典編纂を推し進め、家産君主＝絶対王政の支配も革命によって倒されると、そこに自立的な実定法体系が展開することになったという(30)。

そうだとすれば、「法治国家」の確立までには、西洋においても一千数百年という長期の歴史が必要だったことになり、ローマ帝国や漢帝国という東西の古典古代社会から直ちに「法」を巡る分岐が明確な形で生じたわけではないことになろう。しかし、「自由」な市場経済の発展ということでは、中国の方が歴史的には西洋を上回る進展を見せていたことを想起すると、西洋における「法治国家」への動きを推進し、一三世紀にはイギリス国王も訴訟の対象になりえたという事実[31]を生んだのは、単に「自由」な市場経済の発展度という経済的要因だけではないと言わなければならない。ヴェーバーのいまひとつの説明では、西洋中世における家産制が身分制的＝分権的な性格（その極限としての封建制）をもち東洋のような家父長制的＝専制的な性格を持たなかったために、とくに戦時の裁判において君主と武装能力を備えた傘下の仲間の参加によって決定がなされる形で君主権力が制限され、法が彼らを支配することを可能にしたという[32]。そうであるならば、西洋中世における権力の非専制的性格が「法治国家」への道を準備し、市場経済の発展はそうした権力構造を前提にして初めて「法治国家」への展開を推進できたということになろう。

だが、一九世紀に入ると、そのような西欧起源の近代主義の立場は、自由と平等という形式を重んじるにとどまり、それらの普遍的価値を実質的には実現できないとするマルクス主義からの厳しい批判を浴びることとなった。そして二〇世紀に入ると、マルクス主義者はソ連では国家権力を握るが、彼らは政治制度という形式を重視せずに良い政治を行う実質があれば済むという一種の「徳治国家」を目指した結果、スターリニズムのような独裁政治を生むことになった。中国が受け継いだマルクス主義は、そのような特質を持った思想・体制だったのであり、中国伝来の「徳治国家」の流れは、そうしたマルクス主義の受容に際して親和的な基盤となった。

西欧で発展した「法治国家」体制が実質的合理性に乏しいという難点を持ち、西欧資本主義の末裔たるアメリカでは市場体制という形式原理が最重要視された結果、国内に巨大な経済的・社会的格差を生んでいるとすれば、社会主義の末裔たる現代中国の「徳治国家」体制は政治面での形式的合理性が未完成のため、建前とした平等な社会建設が行き詰まった際の民衆の不満の行きどころがなく、権力は対外膨張によって国内不満を逸らすという危険な道を選択しがちである。「民」の幸福（自由と平等）を実現するためには、形式的合理性と実質的合理性を同時に備えた政治理念と政治体制を創造することが必要であり、そのためには東西の古典古代に発する普遍的価値追求の「徳治国家」と「法治国家」という二大潮流への分岐がそれぞれ含んだ実質重視と形式重視という特有の偏りを直視し、それらを統合・収斂させる道を模索するしかあるまい。すなわち、二一世紀の世界史を導いてゆく立場としては近代主義と社会主義をより高次元で統合した新たな普遍的価値が求められていると言えよう。そうした国内改革を経ることによって初めて、国際関係を攪乱する攻撃的ナショナリズムの制御のための国際協同作業も実効あるものとなるように思われる。

注

（1）井上勲『王政復古』（中公新書、一九九一年）三三三―三四一頁。
（2）加地伸行『儒教とは何か』（中公新書、一九九〇年）九六―一〇七頁。
（3）姜在彦『朝鮮儒教の二千年』（朝日新聞社、二〇〇一年、講談社学術文庫、二〇一二年）一二〇頁。
（4）石井寛治『日本の産業革命』（朝日新聞社、一九九七年、講談社学術文庫、二〇一二年）二一―四三頁。
（5）朱蔭貴『国家干預経済与中日近代化』（東方出版社、一九九四年）。
（6）李憲昶著、須川英徳・六反田豊監訳『韓国経済通史』（法政大学出版局、二〇〇四年）二八七―二九五頁。
（7）石井寛治「戦後歴史学と世界史――基本法則論から世界システム論へ」（歴史学研究会編『戦後歴史学再考』青木書店、二〇〇〇年）。本書付論1所収。
（8）太田秀通『世界史認識の思想と方法』（青木書店、一九七八年）二〇〇―二一〇頁。
（9）古代日本では六世紀になると製鉄が行われて鉄製農具が増産され、「世帯共同体」の家父長がそれを所有するようになって血縁共同体から自立した（石井寛治『日本経済史〔第2版〕』東京大学出版会、一九九一年、二四―二五頁）。古代朝鮮では紀元前一世紀から製鉄が行われ、四世紀には鉄製農具の生産が急増して、それを所有する「豪民層」の自立が進んだ（李憲昶前掲『韓国経済通史』二九―三一頁）。

(10)「マタイによる福音書第一〇章三四―三七節」（『新約聖書』日本聖書協会、一九五四年改訳）。

(11)「出エジプト記第二〇章一二節」（『旧約聖書』日本聖書協会、一九五五年改訳）。

(12) 大塚久雄「近代化の人間的基礎」（『大塚久雄著作集　第八巻』岩波書店、一九六九年）二二一―二三五頁。

(13) 本村凌二・鶴間和幸「帝国と支配――古代の遺産」（『岩波講座世界歴史5　帝国と支配』岩波書店、一九九八年）五二頁。

(14)『丸山眞男講義録［第四冊］日本政治思想史一九六四』（東京大学出版会、一九九八年）一五一頁。

(15) 前掲『丸山眞男講義録［第四冊］日本政治思想史一九六四』一五三頁。

(16)「マルコによる福音書第一二章一七節」（前掲『新約聖書』、一九五四年改訳）。

(17)「ローマ人への手紙第一三章一節」（前掲『新約聖書』、一九五四年改訳）。

(18) 大塚久雄「現代とナショナリズムの両面性」（『大塚久雄著作集　第六巻』岩波書店、一九六九年）三一一頁。最近のナショナリズム論は、アーネスト・ゲルナー（Ernest Gellner）の『民族とナショナリズム』（Nations and Nationalism）や、ベネディクト・アンダーソン（Benedict Anderson）の『想像の共同体』（Imagined Communities）のように、民族共同体は近代産業社会において初めて出現するものであり、しかも実体というより人々がイメージとして抱く想像上の共同体だとする見方が強い。しかし、きわめて根強い民族感情を明らかにするためには、近代の民族共同体の前提をなす人間の共同体的結合の歴史的な古さを強調する必要があると思う。

(19) 江戸時代の武士の間には儒教思想が「天命」による「仁政」という普遍的価値を削除した形であるが広まっていた。ペリー来航の際に儒者横井小楠は「有道の国は通信を許し、無道の国は拒絶すべきだ」と儒教の普遍的立場に立っての対応を主張したが、支持者は乏しいまま小楠は一八六九年に攘夷論者によって暗殺された。攘夷論者の多くは日本を神国とする素朴な排外主義者であったが、勝海舟らは「攘夷のための開国」論を説いた。

(20) 以下、加藤弘之と社会ダーウィニズムについては、宮地正人『国民国家と天皇制』（有志舎、二〇一二年）参照。加藤のそうしたドイツ流の社会進化論が、中国の梁啓超によって受容され、梁啓超の論著が韓国の愛国啓蒙運動に伝えられ、運動論に対してマイナスの影響を与えたことについては、佐々充昭「韓末における「強権」的社会進化論の展開」（『朝鮮史研究会論文集』第四〇号、二〇〇二年）参照。

（21）一八九〇年一〇月に明治天皇が下した「教育ニ関スル勅語」は、儒教的徳目若干を掲げているとはいえ、「仁政」という普遍的価値に基づいて民衆が権力者を批判的に評価する儒教倫理の核心部分が全く欠落しており、最大の狙いはいざという時には「臣民」が天皇家という個別的価値のために命を捧げて戦うように教え込むことであった。教育勅語の解説を担当した井上哲次郎帝国大学教授は、国家を最高の価値とするドイツ流の国家有機体説を援用しつつ、日本人は日本古来の「国体」を維持すべく努めるべきだとし、国家を超越する普遍的倫理を説くキリスト教についても、これを厳しく非難した（宮地正人同上書を参照）。

（22）田中浩『近代政治思想史』（講談社学術文庫、一九九五年）。

（23）ホブソン『帝国主義論』（原著一九〇二年、岩波文庫、矢内原忠雄訳、一九五二年）。

（24）ヴェーラー『ドイツ帝国』（原著一九七三年、未来社、大野英二・肥前榮一訳、一九八三年）。

（25）二〇一四年六月の政治経済学・経済史学会春季総合研究会では第一次世界大戦開始百周年を記念して、開戦の謎を解く試みがなされ、民衆のナショナリスティックな感情の高揚が大きな役割を果たしたことが強調された。だが、そうした漠然としたナショナリズムの指摘は、開戦原因の謎の究明に新たな謎を追加することに終わっている。

（26）飯島渉・久保亨・村田雄二郎編『シリーズ20世紀中国史1　中華世界と近代』（東京大学出版会、二〇〇九年）参照。

（27）西嶋定生『中国の歴史2　秦漢帝国』（講談社、一九七四年）三〇四頁以降。

（28）J・K・フェアバンク『中国の歴史』（ミネルヴァ書房、大谷敏夫・太田秀夫訳、一九九六年）八六頁。

（29）なぜ、西欧では法によって人間の行動を律する「法治」が発展し、中国では為政者の仁政に期待する「徳治」が続いたかを説明することは容易でないが、西欧に広まったキリスト教の人間観が原罪を重視する一種の性悪説であるのに対して、儒教の人間観が性善説を基本としているという違いが関係していることは間違いなかろう。しかし、それは人間観の相違であって、人間の客観的タイプが基本的に異なるわけでは決してないように思われる。

（30）中野敏男『近代法システムと批判』（弘文堂、一九九三年）九四頁以下。

（31）マックス・ヴェーバー『法社会学』（創文社、世良晃志郎訳、一九七四年）二五三頁。

（32）同上書、三一四—三二二頁。

（補記）本稿は、二〇一三年一〇月一二日に中国天津の南開大学日本研究所において開催された「二〇世紀における東アジア国際関係の変容」と題する国際シンポジウムでの基調講演「個別的価値から普遍的価値へ——二〇世紀東アジアの国際関係の基礎」の原稿を大幅に加筆・修正したものである。加筆に際しては、二〇一四年一〇月一八日の政治経済学・経済史学会秋季大会（青山学院大学）での原朗・三和良一・権上康男氏とのパネル「二一世紀における経済史研究の課題と方法」での担当報告「社会主義と近代主義――古典古代からの分岐と収斂」を参照した。

あとがき

本書の成り立ちを思い起こすと、二〇〇六年五月のある日、若手研究者たちの研究会に呼ばれて、「近代日本経済史再考」という題で話をしたことが出発点だったような気がする。早稲田大学大学院の博士課程に在学中の谷ヶ城秀吉君（現・名城大学准教授）の世話で同大学に集まった早稲田大学、東京大学、慶應義塾大学などの大学院生二十数名を相手に、前年一一月に東京大学出版会から刊行された大石嘉一郎『日本資本主義百年の歩み――安政の改革から戦後改革まで』を手掛かりとして、研究史上の問題点がどこにあり、今後何を如何に分析する必要があるかを喋らせてもらった。その時、同書の大きな問題点は、叙述が戦後改革で終わっていることにあり、今後は戦前と戦後を一貫した日本資本主義史の通史を書く必要があると論じたところ、その会合に出席していた東京大学出版会の山本徹氏に捕まって、そういうことを言った以上、ご自分でその本を是非書いて下さいと言われてしまった。その時は、書きかけている両替商の実証研究（『経済発展と両替商金融』有斐閣、二〇〇七年刊）と執筆の約束のある日本帝国主義史（『帝国主義日本の対外戦略』名古屋大学出版会、二〇一二年刊）を出したあとで良ければ書きましょうと気楽に約束したが、今から考えて見ると、その後まもなく亡くなられた大石嘉一郎氏と若手研究者の間をつなぐというのっぴきならない大役を引き受けてしまったことになる。

ところが、二〇一三年に入って、いざ書き始めようとすると、事柄はそう簡単ではないことが分かってきた。教科書風の通史を書くとしても、四半世紀近く前に書いた『日本経済史〔第2版〕』（東京大学出版会、一九九一年）のような、最新の雑誌論文にまで目配りした通史となると厖大なエネルギーが必要であり、後期高齢者の仲間入りした自分には到底それだけの能力がないことが分かっただけでなく、現役教師の役を退いた自分がそのような大部なテキストを使うことはなく、後輩の同僚も使わないだろうということに気がついたのである。そこで、対象を日本近現代史に限定し、万遍なく目配りした通史的叙述でなく、問題があることが分かっているが未解決の論点に絞った問題史的叙述とすることにした。その場合、経済社会の「構造」全体を動態的に把握するとともに、構造を支えつつ動かしていく人間「主体」が何を考えていたかという思想の問題にまで視野を広げるという一種の政治経済史的アプローチを試みることとし、それを表現するために書名も「歴史構造」の前に「日本資本主義」でなく「資本主義日本」という言葉を置くことにした。この点は、前著『帝国主義日本の対外戦略』の執筆に際して考え抜いた従来の経済史研究の分析方法への反省に基づくものである。

こうして二〇一三年四月に作成した三部一五章からなる構想に従って、執筆を開始したが、未解決の論点ばかり拾ったため若干なりとも自分なりに分析を深めようとすると独自の資料調査が必要となり、大学退職時毎に国内外の大学へ資料類をまとめて寄贈したこともあって、東京大学経済学図書館、同大学社会科学研究所図書館、同大学総合図書館、大東文化大学図書館、および、国立国会図書館の議会官庁資料室、新聞資料室などに通って図書や資料を漁る日々が続いた。この間、大東文化大学経済研究所の岡村與子教授の研究会での報告・討論から多くを学ばせて頂いたこと、同大学の大杉由香教授には私の草稿に対する綿密なコメントを頂戴したことに対して感謝したい。また、二〇一三年六月の日本学士院例会第一部会と二〇一四年六月の地方金融史研究会月例会での私の報告に対して、参加諸兄姉から有益なコメントを頂いたことにも感謝したい。さらに、二〇一三年一〇月に、中国天津市の南開大学日本研究院で開かれた国際シンポジウムにおいて「個別的価値から普遍的価値へ――二〇世紀東アジアの国際関係の基礎」と題する基調講演をする機会が与えられたことは、攻撃的ナショナリズムの歴史的淵源に関する世界史的考察を深める機会となり、二〇一四年一〇月に青山学院大学で開かれた政治経済学・経済史学会大会のパネル「二一世紀における経済史研究の課題と方法」における報告「社会主義と近代主義――古典古代からの分岐と収斂」は、古典古代以来の普遍的価値の追求が、形式的合理性を偏重する「法治国家」と実質的合理性を偏重する「徳治国家」に分裂したために生じた問題性を考察する機会となった。これらの機会を準備して下さった東京大学大学院以来の先輩である三和良一青山学院大学名誉教授に厚くお礼申し上げる。

このようにして、二〇一四年九月には、短い序章、終章を挟む三部一五章の本論に、付論として一九九九年五月の歴史学研究会大会での報告「戦後歴史学と世界史」および前記報告「個別的価値から普遍的価値へ」の増補版を付け加えた本書の原稿を仕上げることができた。四半世紀前の前掲『日本経済史〔第2版〕』の「はしがき」で、私は、同書の欠陥として、日本帝国主義と近代天皇制の分析が足りないことを指摘した。二〇一二年に刊行した前著『帝国主義日本の対外戦略』によって、日本帝国主義の分析をある程度深めることができたとすれば、付論「個別的価値から普遍的価値へ」によって、近代天皇制の世界史的視野からの理解を若干深めることができたと思うが、社会ダーウィニズムとの具体的関係など今後詰めなければならない新たな問題領域が出てきたと言えよう。また、本書において提起した満洲事変と陸軍軍縮の関係についても、具体的関連の史料的裏付けは今後の課題である。このように、歴史の実証研究は、そうとう高い実証の山を乗り越えたと思った途端に、また新たな山が見えてくる場合が多いことを自覚しなければならない。本書は前著『帝国主義日本の対外戦略』とワンセットになる私のいわば遺言第二作であり、二〇一五年二月に喜寿を迎える私が、何時まで研究を続けられるか心許ないが、許されるならば、妻摩耶子の助けを借りつつ、新たに見えてきた諸問題にさらに取り組みたいと願っている。

本書は目次構成をザット眺めただけでは教科書風の啓蒙書に見えるが、私としては、中身は新たな問題分析と問題提起からなる専門書のつもりである。表現はできるだけ平易で明快にしようと努めたので、経済史や歴史学を専攻しなかった方々にも十分理解して頂けるものと思う。出版をめぐる状況が厳しいなかで刊行を引き受けて下さった東京大学出版会、とくに足掛け一〇年近く原稿を待って頂いた編集担当の山本徹氏には心からお礼を申し上げる。

二〇一四年一二月　木枯らしの吹く寓居の書斎にて

石井寛治

大石嘉一郎著　日本資本主義百年の歩み　四六　二六〇〇円

石井寛治著　日本経済史〔第2版〕　A5　二八〇〇円

三和良一著　概説日本経済史　近現代〔第3版〕　A5　二五〇〇円

橋本寿朗著　大恐慌期の日本資本主義　A5　五八〇〇円

呂寅満著　日本自動車工業史　A5　七六〇〇円

原朗著　日本戦時経済研究　A5　八二〇〇円

石井寛治・原朗・武田晴人編　日本経済史〔全6巻〕　A5　各四八〇〇～五八〇〇円

著者略歴

1938 年　東京に生れる.
1960 年　東京大学経済学部卒業.
　　　　東京大学教授，東京経済大学教授を経て，
現　在　東京大学名誉教授，日本学士院会員，経済学博士.

主要著書

『日本蚕糸業史分析』（1972 年，東京大学出版会）
『近代日本とイギリス資本』（1984 年，東京大学出版会）
『大系日本の歴史 12　開国と維新』（1989 年，小学館／1993 年，小学館ライブラリー）
『日本経済史〔第 2 版〕』（1991 年，東京大学出版会）
『日本の産業革命』（1997 年，朝日選書／2012 年，講談社学術文庫）
『近代日本金融史序説』（1999 年，東京大学出版会）
『経済発展と両替商金融』（2007 年，有斐閣）
『帝国主義日本の対外戦略』（2012 年，名古屋大学出版会）

資本主義日本の歴史構造

2015 年 2 月 3 日　初　版

［検印廃止］

著　者　石井寛治《いしいかんじ》

発行所　一般財団法人　東京大学出版会
代表者　古田元夫
153-0041 東京都目黒区駒場4-5-29
http://www.utp.or.jp/
電話 03-6407-1069　Fax 03-6407-1991
振替 00160-6-59964

印刷所　株式会社平文社
製本所　誠製本株式会社

ISBN 978-4-13-040270-5　Printed in Japan

索　引

あ　行

アームストロング社　38
アルムストロンク，サー　27
秋本典夫　23
浅井良夫　222, 223, 241
麻田貞雄　141, 197
浅沼稲次郎　249
足立啓二　321, 332
アナール派　309
安孫子麟　200
阿部武司　59, 67, 75
尼崎紡　56, 57
アミン，S.　308, 325
雨宮昭一　206, 220, 223
アメリカ・タバコ会社　39
鮎川義介　169
荒川憲一　177, 196
有沢広巳　214, 222
有馬哲夫　252, 258
安在邦夫　98
アンダーソン，B.　99, 351
安定成長　3, 227, 228, 230, 298
安藤英治　120
安藤信正　19
安藤良雄　115, 122, 123, 187, 199, 222, 241, 242
「イ・アイ・イ」グループ　283
飯島渉　352
飯田賢一　59, 241
飯沼二郎　308, 325
イエス　340, 341
五十嵐武士　222
井川克彦　16, 68, 75
井口和起　100
池田勇人　218, 247, 248
池田敬正　23
石井寛治　5, 6, 22, 23, 39, 40, 41, 59, 60, 61, 68, 75, 77, 98, 99, 120, 122-124, 140, 142, 143, 160, 161, 198, 200, 220, 222, 240, 324, 327, 329-331, 350
石井晋　243
石井進　329
石井孝　10, 11, 21
石井摩耶子　21
石黒忠篤　209
石田孫太郎　60
石田礼助　113
石橋湛山　95, 100, 128, 135, 140, 142
石原莞爾　185
石弘光　332
石母田正　3, 5
板垣雄三　324
一億総中流　247
市来俊男　121
一代交雑蚕種　51
井出英策　159
伊東俊太郎　330
伊藤隆　143
伊藤忠兵衛　130
伊藤悌造　140
伊藤博文　26, 33, 82, 90
伊藤博文内閣　86
伊藤正直　123, 160, 241, 285, 294, 295
稲畑勝太郎　131
井上勲　98, 350
井上勝生　23
井上清　323
井上準之助　145, 147
井上哲次郎　88
井上泰男　330
井上洋一郎　161
猪木武徳　240, 242
猪木正道　220
イノベーション　286
井深大　232
李憲昶　99, 350
今井五介　51
今井清一　178, 305
今井幹夫　40, 59

今西林三郎 131
伊牟田敏充 201
井村喜代子 260, 274
岩尾龍太郎 323
岩倉使節団 27, 49
岩倉具視 32, 33
岩田規久男 148, 159
岩田平兵衛 18
岩本純明 221
インターナショナル石油会社 39
インド綿糸 43, 48
インド綿花積取契約 48
ヴィッカーズ社 38
ウィルソン, S. 160
ヴェーバー, M. 104, 120, 318, 330, 348, 352
ヴェーラー, H. 106, 120, 121, 345, 352
上田美和 259
上原専祿 304
ヴェルサイユ講和条約 127
ウェルシュ, E. C. 213
ヴォーゲル, E. F. 273
ウォーラーステイン, I. 304, 308-310, 323, 325
宇垣一成 134
宇田川勝 122, 161, 177, 260
内海孝 40
内田芳明 105, 120
生方敏郎 83, 99
梅渓昇 58
梅森直之 142
海野福寿 41, 99
江川温 330
江口圭一 144, 176
江口朴郎 304, 305, 323
江田三郎 249
江田ビジョン 249, 250
エッシュ・リリアンタール商会 27
エンゲルス, F. 108, 312
袁世凱 93
遠藤公嗣 222
王政復古 337
近江銀行 115
大石嘉一郎 5, 122, 123, 146, 159, 201, 323, 355
大内力 148, 159, 250, 258
大江志乃夫 100
大門正克 199, 240
大来佐武郎 222
大隈重信 26, 32
大河内一男 69, 70, 76
大阪瓦斯 38
大阪軍縮促進会 137
大阪商業会議所 130
大阪紡績 35, 46, 56
大澤正昭 330
大島健一 126
大島清 146, 159
大島久幸 123
大杉由香 356
太田赳 274
大谷嘉兵衛 35-37
太田秀通 302, 305, 307, 329, 331, 350
大塚史学 303, 304, 308
大塚久雄 99, 303, 321, 332, 351
大塚良太郎 40
大津定美 264, 273
大野英二 121
大橋周治 241
大橋孝兵衛(佐野屋) 19
大橋訥庵 19
大場隆広 243
大浜忠三郎 18
大豆生田稔 124
大和田啓気 221
岡崎勝也 332
岡崎哲二 60, 189, 194, 199, 201, 223, 243
小笠原長行 26
尾形禎亮 327
岡部貞雄 241
岡村與子 356
岡村秀典 327
岡本幸雄 59
小川功 123
小川環樹 40
小川原宏幸 90, 99, 100
翁邦雄 274
沖縄 255
荻野喜弘 223
小口組 51
奥野正寛 60, 201
小倉武一 201
尾崎行雄 128, 130, 133
尾高煌之助 76
小沼正 145

小野正作　70
小野商店　57
オリエンタル銀行　25, 26, 35

か　行

カードウェル, D. S. L.　330
開化派官僚　338
海軍航空廠　164
開明社　31
科学革命　318
科挙制　338
篭山京　76
家産官僚制国家　316
加地伸行　350
加島銀行　115
春日豊　59
粕谷誠　5, 241
加瀬和俊　191, 200, 240
片桐庸夫　141
片倉組　51
片倉兼太郎　31
勝海舟　82
桂太郎　96
加藤完治　153
加藤寛治　135
加藤幸三郎　59
加藤友三郎　133
加藤博　330
加藤弘之　81, 87, 99, 344
加藤祐三　21
過度経済力集中排除法　213
金澤史男　274, 275
金子直吉　113
金子勝　281, 293, 310, 326
鐘淵紡　56, 57
株式担保金融　54
上垣外憲一　328
神栄株式会社　58
上條宏之　40, 59
カルドー, M.　108, 121
川勝平太　322, 332
河田彦三郎　19
川田稔　122, 144
河西卓弥　243
河野健二　308, 325
韓国併合　92, 96
姜在彦　350
間接金融　237
かんばん　232
漢陽製鉄所　47
機械戦　2, 103
企画院　126, 186
機関銀行　114, 115
企業別組合　211
企業勃興　29, 30, 32
菊池恭三　46
菊池教中　19
菊池英博　293, 294
岸信介　166-168, 253
木谷勤　121
橘川武郎　160, 242, 293, 294
奇兵隊　20
義兵闘争　92
基本的人権　205, 300
木村源七　18
逆U字型仮説　116
逆コース　212
救農土木事業　152
旧平価解禁派　148
教育基本法　208, 209
教育勅語　88, 208
共同運輸会社　29
清川雪彦　60
居留地貿易　25
吉良芳恵　41
キリスト教　342
金貨兌換　119
銀行等資金運用令　193
近代主義　349
近代的人間類型　303
近代天皇制国家　83, 90
近代文化伝播論　322
銀本位制　30, 34
金融恐慌　114
金融債　239
金融新体制　193
金輸出禁止　118
勤労新体制確立要綱　195
金禄公債　29
窪田蔵郎　328
久保亨　352
久保義三　221
久米邦武　40, 60
グラック, C.　322

栗本勇之介　131
グリン, J.　12
クルマイヒ, G.　121
黒岩俊郎　241
桑田熊蔵　73
軍需会社法　193
軍縮国民同志会　136
軍縮国民同盟　137, 138
軍需工業動員法案　126
郡是製糸　57
軍用自動車補助法　165
経済新体制　188, 190
警察予備隊　208
計算可能性　318
形式的合理性　348, 349
傾斜生産方式　215
京浜工業地帯　65
血縁共同体　4, 85, 312, 313, 335, 340, 343
ゲルナー, E.　99, 351
原蚕種製造所　51
現代歴史学　301, 307
減量経営　237
権力的対応　15
小泉純一郎内閣　287
五井直弘　329
纐纈厚　142
香西泰　240, 241, 274
工場法　49, 71, 74
構造改革路線　249, 250
公的資金投入　279
高度成長　3, 225, 226, 228, 230, 231, 237, 298
豪農路線　34
工部大学校　44, 46
孝明天皇　80
康有為　93
合理的資本主義　104, 105
コーエン, T.　211
五箇条の誓文　82, 337
小金義照　166, 167
国債引受シンジケート　114
国際連盟主催軍縮会議　127, 137
国産乗用車無用論　233
国民国家　309
国民車育成要綱案　233
国民主権　205, 206
国民所得倍増計画　247
国立銀行　29, 31, 32, 35
小作料統制令　192
個人株主　156, 157
個人財産税　237
個人投資家　53, 158, 238
古代(alt, Altertum)　340
五大銀行　114
古代専制国家　4, 312
古代文化伝播論　322
小谷汪之　330
国家公務員法　208
古典古代(antik, Antike)　340
古典古代国家　4, 338
古典古代社会　336
小林和子　201
小林吟右衛門　18
小林謙一　76
小林茂　23
小林龍夫　142
小林英夫　189, 200
小福田晧文　178, 198
個別的価値　4, 83, 89, 292, 299, 335, 336, 342, 346, 347
小堀聡　239, 242
駒込武　6
米騒動　119, 120
小山修　327
混合組合　211
権上康男　294
近藤哲生　6, 67, 75, 321, 332

さ　行

西園寺公望　97, 139
三枝博音　59
斎藤修　331
斎藤恒三　46, 49
斎藤康彦　160
財閥解体　213
財閥独占の確立　115
在来織物業　30
在来産業論　64
在来的経済発展論　64
佐伯尚美　280, 292
坂井昭夫　274
佐賀香織　141
阪口明　329
坂本一登　41
佐口和郎　201, 202

佐々充昭　100, 351
雑業層　69
薩長交易　20
佐藤栄作　254
佐藤昌一郎　259
佐藤次高　330
佐藤俊樹　257
サミュル・サミュル商会　39
沢井実　242
佐和隆光　272, 275
産業革命　25, 35, 52, 63, 64, 66, 86, 317, 318, 339
産業組合　151
産業国家　248
産業報国会　195
蚕糸業法　51
三種の神器　226
産地買付　15, 36
産米増殖計画　120
三洋証券　282
塩川伸明　332
塩沢君夫　6, 75, 321, 332
塩田庄兵衛　302
直輸出　34
事業金融　194, 195
時局共同融資団　193
重近啓樹　329
重光葵　254
資源局　126
自作農創設維持事業　209
士志田征一　241
「市場原理主義」タイプの新自由主義　287, 292, 346
事前協議　255, 256
実質的合理性　348, 349
実地方式(OJT)　236
幣原喜重郎　207
紫藤章　58, 60
自動車製造事業法　166, 169
ジニ係数　116, 245, 246
地主的土地所有　192
四宮正親　241
芝浦製作所　38
柴垣和夫　199, 241
柴孝夫　122
柴田善雅　201
芝原拓自　305, 308
渋沢栄一　26, 46, 86, 132, 133, 141
資本主義日本　1, 2, 297
島川雅史　259
島田福太郎　41
清水洋二　200
清水吉二　41
市民革命　318
シムズ, R.　22
志村嘉一　156, 161
下関戦争　25
下村治　247
ジャーディン・マセソン商会　9, 11, 15, 17, 35
社会構成体　311, 320, 321
社会主義　346
社会主義協会　249
社会ダーウィニズム　87, 89, 93, 94, 106, 292, 297, 344-346, 357
「社会的市場経済」タイプの新自由主義　287
社会派ドラマ　253
社会民主主義　250
謝世輝　331
シャルマ, R. S.　328
上海事変　163
朱蔭貴　40, 350
宗教改革　317
重慶進攻作戦　173, 174
重慶無差別爆撃　175
十五銀行　114, 115
私有財産権　29
従属的独立　218, 219, 299
従属論的アプローチ　308
住宅金融専門会社　279
集団就職　236
集団的自衛権　291
十七条憲法　343
自由民権運動　34, 81, 207
儒教　80, 338, 342, 344
儒教的民本主義　90
シュタイン, L. S.　82, 208
ジュネーヴ軍縮会議　135
商業金融　194, 195
小経営生産様式論　313
庄司吉之助　60
小商品生産者化　209
象徴天皇制　206
聖徳太子　4, 343
商人的対応　14, 15, 19

上毛繭糸改良会社 33
縄文農耕 312
条約改正 34, 38
正力松太郎 235, 252
昭和恐慌 145
昭和天皇 206, 219, 224
食糧危機 210
徐朝龍 327
職工事情 71
所得倍増計画 254
白石正一郎 20
白川方明 274
自立的小経営 316
辛亥革命 89, 92, 347
人格承認要求 196
秦漢帝国 4, 313, 338, 341
新谷尚紀 239
愼蒼宇 100
新中間大衆 247
神道 344
進藤榮一 223
「人道目的」説 11
新平価解禁論 148
人民告諭書 81
末野興産グループ 280
末弘厳太郎 210
菅山真次 202, 242
杉山伸也 5, 23, 223
杉山正明 329
鈴木邦夫 201, 243
鈴木健二 198
鈴木淳 42, 70, 76
鈴木商店 113
鈴木武雄 123
鈴木恒夫 243
鈴木俊夫 42
鈴木淑夫 267, 274, 275
スタンダード石油会社 39
スミス・ベーカー商会 36
澄田智 266, 268, 271
住友銀行 278
隅谷三喜男 69, 71, 76, 77, 145, 149, 159
征夷大将軍 3
生産調査会 71, 73
生産力＝破壊力 311, 318, 319
生産力拡充計画 185
政治経済史的アプローチ 5, 356
政治的資本主義 103, 104
政商路線 34
盛宣懐 28
製鉄業奨励法 111
政府紙幣 32
政令二〇一号 212
世界経済 309
世界史 301
世界システム 310, 322
世界システム論 304, 308, 309
世界史像 302, 306
世界史の基本法則 302, 303, 306
世界資本主義的アプローチ 308
世界市民 320
世界宗教 313
世界大恐慌 139
世界帝国 309
瀬木耿太郎 242
石油危機 227, 237
摂津紡 56
戦後改革 230
全国金満家大番付 154
全国商業会議所連合会 131
戦後民主主義 301
戦後歴史学 301
戦時緊急措置法 192
戦時金融金庫 194
戦時体制源流論 217
戦車 109
戦争放棄 206, 207
せんだみのる 39
全日本民間労働組合連合会(連合) 288
全日本労働総同盟(同盟) 288
全般的危機論 251
総力戦 2, 103, 125, 126, 207
曽国藩 93
曽田三郎 58
ソニー 232
ゾルゲ, R. 184
ソ連社会主義 265
尊王攘夷運動 20
孫文 92, 94, 347

た 行

第一次世界大戦 103, 106
大艦巨砲主義 109, 182
耐久消費財 2, 216, 226

第十九銀行　58
大衆消費社会　226-228, 252, 298, 319
大正政変　97
大正デモクラシー　207
大正天皇　95, 97
第七十四国立銀行　36
第二次日韓協約　90
大日本産業報国会　195
大日本蚕糸会　73
大日本帝国憲法　2, 82, 205, 208, 297, 337
台湾銀行　114, 115
台湾事件　29
高垣節夫　242
高島炭鉱　35
高島千代　98
高杉洋平　143
高須屋清兵衛　15
高橋幸八郎　302, 311, 323, 326
高橋是清　86, 147
高橋善七　59
高橋昇　122, 241
高畑誠一　113
高村直助　39, 59, 61, 67, 72, 75, 77, 115, 121-123, 258
高山社　50
高山長五郎　50
瀧井一博　98, 220
侘美光彦　147, 159
竹内啓　241, 330
竹内長正　60
竹尾治右衛門　156
武田長兵衛　18
武田晴人　5, 124, 160, 216, 223, 240, 242, 247, 257, 258, 260, 323
竹原友三郎　156
竹前栄治　211, 221, 222
竹村弥兵衛　18
田崎公司　98
田島弥平　50
橘木俊詔　257
田附政次郎　130
田中彰　23
田中角栄　248, 250
田中義一　134
田中豊治　323
田中直毅　241
田中浩　352
田中正俊　21
谷本雅之　40, 64, 75, 331
煙草専売法　39
田畑忍　99
ダレス, J. F.　219
ダワー, J.　218, 223
単線的発展段階論　321
団琢磨　70
地域史　306
地位等級制度　29, 81
チェン, J.　93, 100
地球温暖化　319
地租改正　29, 81
秩禄処分　29
千葉功　96, 100
中級資本　58
中国社会主義　265
長期的「高成長」　227, 228, 298
張謇　43
長州藩越荷方　20
朝鮮戦争　218
長幸男　145, 158, 159
直接生産者の社会的存在形態　311
土田宏成　141
堤孝晃　243
鶴間和幸　5, 327, 328, 351
鶴見誠良　61
ディキンソン, F.　142
ディグラス, R.　263, 273
帝国主義的心性　96
適正技術　30, 45
鉄製農具　312, 340
寺内正毅　96
寺谷武明　122
寺西重郎　61, 150, 159, 161
暉峻衆三　200, 221, 241
天津条約　15
デント商会　11, 17
天皇機関説　97
天賦人権論　87, 207
ドアティ, M. J.　122
統一的国内市場　66
東京電燈　38
東京渡辺銀行　114
「東山」地域　65
東条英機　139
東條由紀彦　76

杜石然　328
統制会　188
遠山茂樹　20, 98, 302, 305, 306, 323
独占禁止法　213
徳治国家　338, 348–350
徳富蘇峰　96
独立の精神　299
土地ころがし　271
土地投機　271
戸塚秀夫　71, 76
ドッジ・ライン　215
外海鉄次郎　130, 131
富岡製糸場　26, 27, 30
冨岡倍雄　327, 331
土門周平　122
外山亀太郎　51
豊下楢彦　223, 224
豊田喜一郎　169
豊田自動織機製作所自動車部　168
トヨタ自動車　233
トヨタ生産システム　233
鳥山淳　259
奴隷制大経営　313
トロツキー, L. D.　332

な　行

内地雑居　38
内地通商　15
内務省　27
中井銀行　115
中井英基　58
永江雅和　221
中川清　124
長島修　59, 159, 199
中島飛行機　176
中曽根康弘　235
中曽根康弘内閣　287
永田鉄山　109, 134
中西聡　5
中西新太郎　252, 258
中野敏男　352
中野武営　86, 132
中林真幸　41, 61, 68, 75
永原慶二　302, 329
中原雅夫　23
永岑三千輝　198
中村哲　308, 313, 329
中村善右衛門　50
中村惣兵衛　18
中村隆英　64, 75, 147, 159, 190, 199, 200, 222
中村正直　81
中村政則　39, 59, 207, 217, 220, 222–224, 274, 322
中山弘正　273
奈倉文二　42, 121
ナショナリズム　14, 85, 342, 346, 350
成田龍一　141
成瀬治　302
南京条約　15
二交替制深夜業　49
西周　81
錦戸右門　60
西嶋定生　328, 352
西谷敏　222
西田美昭　221
西成田豊　69, 76, 199
西野肇　259
二十一箇条要求　111
二重米価制　192
日銀担保株　56
日独伊三国同盟　180
日米安全保障条約　217, 253, 299
日米原子力協定　235
日米船鉄交換　111
日米貿易摩擦　256
日米和親条約　9
日産自動車　168
日清戦争　83
二瓶剛男　264, 273
日本開発銀行　238
日本共産党　251
日本共同証券株式会社　194
日本銀行　56, 58, 266, 268, 271
日本興業銀行　238
日本工業倶楽部　126
日本坑法　35
日本国憲法　205, 346
日本債券信用銀行　282
日本史研究会　305
日本資本主義　1
日本社会党　249
日本製鋼所　38
日本石油会社　39
日本長期信用銀行　238, 282

日本的経営　286
日本鉄道会社　35
日本電氣　38
日本不動産銀行　238
日本綿糸　48
日本郵船会社　28, 29, 46
日本労働組合総評議会(総評)　288
ニューマン, W. L.　12, 22
熱河作戦　164
年次改革要望書　289, 290
ノイマン, F.　200
農業革命　316
農村救済請願運動　153
農村経済更生運動　152
農地改革　209, 210
野沢屋惣兵衛　15
野村証券　277
野村実　197, 198
野呂榮太郎　61
野呂景義　47
ノンバンク　269, 271, 282

は　行

パーマー, A. H.　12, 13
萩原製糸場　35
萩原彦七　37
朴宗根　99
幕藩体制　3, 317
橋本健二　246, 257
橋本寿朗　122, 146, 159, 199, 201
橋本龍太郎内閣　287
長谷川公一　242
長谷川信　241
秦郁彦　178, 197
旗手勲　40
八八艦隊　129
服部之總　14, 22, 306
鳩山一郎　253
羽仁五郎　304
馬場宏二　123
濱岡光哲　131
浜村彰　222
濱屋雅軌　22
林瀬平　57
林田治男　39, 59
林玲子　23
速水美智子　40
原朗　5, 146, 199, 240
原善三郎　17
原敬　126
原田熊雄　144
原富太郎　51
原山浩介　258
原彬久　249, 258
バロック的退廃　109, 182
阪神工業地帯　65
範多龍太郎　156
半藤一利　198
坂野潤治　100
坂野正高　21
ビースリー, W. G.　10, 21
引取商　15, 16, 18, 19
非合理的資本主義　103-105
非正規雇用者　286
ビックス, H.　224
火野葦平　171, 172
百貨店　151
兵藤釗　76, 221, 222, 242
平生釟三郎　140, 141
平沼専蔵　17
平野聡　100
平野紡績　46
平間洋一　121
広田四哉　160, 243
フェアバンク, J. K.　352
ブキャナン, J.　121
福井静夫　198
福沢諭吉　81, 82
福祉元年　248
福祉国家　248, 346
福島正夫　98
藤井信幸　258, 259
藤岡甚三郎　50
富士住建グループ　280
藤田銀行　114
藤田平太郎　156
藤村瞬一　178
藤村通　39
藤原彰　170, 178, 305
復金インフレ　215
物資動員計画　185
普遍的価値　4, 89, 206, 207, 292, 299, 300, 335, 336, 342, 344, 346, 347
普遍的原理　313

フライデー 303
プラザ合意 3, 266
ブラック・マンデー 267
フランク, A. G. 308, 325
ブリュナ, P. 27, 44, 45
古島敏雄 69, 76
古田元夫 324
古山正人 327
ブレトンウッズ体制 228, 229
ブローデル, F. 309, 325, 326
不破哲三 258
米穀法 120
ベッケール, J.=J. 121
ペリー, M. 11, 13
ペレストロイカ 264
変法運動 93
「貿易目的」説 11
封建的危機 317
封建的主従制 317
法人株主 156, 157
紡績独占の確立 115
紡績連合会 67
法治国家 348-350
ポートマン, A. L. C. 26
細谷千博 197
北海道拓殖銀行 282
北海道炭礦汽船 38
ホプキンス, K. 316
ホブソン, J. A. 345, 352
洞富雄 178
堀越二郎 176
本郷隆盛 98
本多熊太郎 128, 140
本田浩邦 273
本田由紀 243

ま 行

前川和也 327
前川太郎兵衛 16
前田哲男 178
前田徹 327
前田正名 34
牧原憲夫 99
孫崎享 253, 254, 259, 288, 290, 294
増田知子 98
松浦利隆 60
松浦正孝 120, 200
松浦玲 97
松岡駒吉 210
松岡洋右 180
マッカーサー, D. 206, 207
松方デフレ 33, 34
松方正義 86
松下幸之助 231, 253
松下電器 231
松田智雄 323
松丸道雄 327
松本新八郎 302
松本貴典 241
マディソン, A. 272
マニュファクチュア 30
マルクス, K. 311, 320, 326
マルクス主義 349
丸山眞男 351
満洲移民 139, 152
満洲移民史研究会 160
満洲事変 139, 357
マンチェスター商業会議所 10
三重野康 271
三重紡績 46, 56, 57
三上一夫 97
三木亘 326
みずほグループ 283
水本和実 224
見田宗介 258, 331
三井家 17
三井組 35
三井住友銀行 283
三井物産 113, 213
三井三池炭鉱 235
三菱会社 28, 29
三菱航空機 176
三菱重工業 112
三菱商事 213
三菱東京 UFJ 284
水俣病 248
南次郎 138
南亮進 116, 123, 242, 243, 257
美濃部達吉 97
三宅明正 222
宮崎章 222
宮崎忠恒 243
宮崎正康 222
宮崎正義 185

宮島英昭　243
宮田節子　199
宮地正人　22, 86, 99, 351, 352
ミュール紡績機　49
三和良一　5, 42, 147, 159, 222, 239, 294, 357
民主主義　320
民族大移動　236, 237
民族的防壁　25, 30
閔妃殺害　85
民本主義　207
武藤山治　130, 140
村井兄弟商会　39
村上勝彦　38, 41
村上泰亮　247, 257, 328
村上陽一郎　331
村田雄二郎　352
村山高　58
室山義正　218, 223
明治天皇　82, 90, 97
メインバンク　238
毛利健三　304, 323
茂木惣兵衛　17, 36
持株会社整理委員会令　213
茂木敏夫　100
本村凌二　5, 327, 328, 351
森川英正　160
森田桐郎　326
森武麿　200
森谷正規　241
モレル, E.　44

や　行

谷ヶ城秀吉　355
夜業禁止規定　71
八木與三郎　131
安川雄之助　113, 122
安田常雄　144, 252, 257, 258, 323
安田浩　98, 100
安場保吉　240
柳沢遊　199
柳沢治　190, 200, 202
柳田邦男　177
八幡製鉄所　47
山一証券　282
山口和雄　40, 61, 75
山口吉郎兵衛　19
山崎志郎　197-199, 201
山崎利男　330
山崎広明　198-200
山崎元一　327
山十組　51
山田直匡　59
山田信夫　329
山田盛太郎　75, 216, 223
ヤマト国家　312
山梨半造　134
山之内靖　125, 140, 326
山辺丈夫　46, 49, 70
山本五十六　164, 182
屋良朝苗　255
ユトランド海戦　108
輸入棉花関税　48
呂寅満　167, 177
養蚕農民の収奪　68
洋務運動　93
洋務派官僚　338
ヨーロッパ中心史観　306
預金金利協定　114
横井小楠　79
横須賀造船所　25
横浜生糸売込問屋　15, 31, 57
横浜御用所　17
横浜正金銀行　34
横山宏章　94, 100
義井博　121
吉岡昭彦　304, 323
吉川洋　242, 243, 294
吉田悟郎　302
吉田茂　217, 219
吉田松陰　80
吉田裕　178, 187, 197, 199
吉見俊哉　294
吉村屋忠兵衛　15
米川伸一　61
米倉誠一郎　330

ら　行

陸軍軍縮　357
李鴻章　28, 93
リゾート法　271
梁啓超　93
臨海工業地帯　234
リング紡績機　49
臨時海軍軍事調査会　109

臨時軍事調査委員会　109
臨時資金調整法　193
輪船招商局　28
ルーブル合意　266
レイ, H. N.　26
零式艦上戦闘機　164, 175
レーガン, R.　262, 265
歴史学研究会　302, 305, 306
労働関係調整法　211
労働基準法　211
労働組合法　210
労働争議調停法　211
労働法学　212
ローマ帝国　4
ロッシュ, L.　13, 25
ロビンソン・クルーソー　303
ロンドン軍縮会議　127, 135

わ　行

ワーグナー, G.　45
ワイリー, P. B.　21
若尾謹之助　156
若槻礼次郎　135
ワシントン軍縮会議　127
和田一夫　169, 177, 242
渡辺信一郎　329
渡辺惣樹　22
渡辺福三郎　17

アルファベット

BIS 規制　289
CIA（アメリカ中央情報局）　252
IMF 八条国化　229
NHK　252
OECD 加盟　229
TBS　252
UFJ 銀行　284